강정훈
감정평가 및 보상법규

강정훈 편저

2차 | 암기장 제5판

박문각 감정평가사

어느새 감정평가사 제2차 시험이 제37회에 접어들어 다시 새로운 도전을 준비하는 수험생 여러분과 함께 『감정평가 및 보상법규 암기장』 제5판을 선보이게 되었습니다. 해마다 시험을 준비하는 수험생 여러분의 치열한 고민과 노력, 그리고 제도와 판례가 끊임없이 변화하는 현실을 마주할 때마다, **감정평가 및 보상법규**라는 과목이 지니는 무게와 책임을 다시금 깊이 실감하게 됩니다.

감정평가 및 보상법규는 감정평가사 제2차 시험과목 중에서도 단순한 암기나 요약만으로는 결코 정복할 수 없는 과목입니다. 방대한 법령 체계와 복잡한 판례 구조, 그리고 추상적 개념과 구체적 사안의 결합은 수험생들로 하여금 항상 '어떻게 정리하고, 어떻게 답안으로 구현할 것인가'라는 근본적인 고민을 하게 만듭니다. 이에 본서는 단순한 요약집을 넘어, 기본서의 논리 구조를 그대로 유지하면서도 이를 실제 답안지 형식으로 전환할 수 있도록 돕는 실전형 암기장을 목표로 집필·개정되었습니다.

이번 제5판에서는 기존 제4판의 장점을 유지하되, 최근 수험 경향과 법제·판례의 변화를 보다 적극적으로 반영하였습니다. 특히 2026년 2월 현재 시행 중인 「공익사업을 위한 토지 등의 취득 및 보상에 관한 법률」, 「부동산 가격공시에 관한 법률」, 「감정평가 및 감정평가사에 관한 법률」의 개정 내용을 빠짐없이 반영하여, 수험생 여러분께서 최신 법령기준에 따라 학습하실 수 있도록 하였습니다. 더 나아가, 최근 대법원 판례의 흐름과 국토교통부 정책자료, 그리고 학계의 주요 연구 성과까지 종합적으로 검토하여 기존 내용 대비 보완·수정·확장된 부분을 명확히 구분하고 강조하였습니다.

특히 이번 제5판에서 새롭게 강조한 부분은 단순한 분량 증가가 아니라, '출제 가능성과 답안 활용도'라는 실질적 기준에 따른 재정렬입니다. 중요 쟁점을 A·B·C급으로 구분하되, 그 기준을 보다 명확히 하여 수험생 여러분이 제한된 시간 속에서도 효율적으로 학습전략을 세울 수 있도록 하였습니다. 이는 단순히 많이 아는 공부가 아니라, 시험장에서 실제로 써먹을 수 있는 공부를 지향한 결과입니다.

또한 본서의 가장 큰 특징 중 하나는, 여전히 그리고 더욱 강하게, 수험에 필요한 거의 모든 내용을 '답안 형식'으로 정리하였다는 점입니다. 그동안 수험가에서는 **감정평가 및 보상법규**의 내용을 이해하더라도 이를 답안지 문장으로 옮기는 과정에서 큰 어려움을 겪는 경우가 많았습니다. 이에 이번 개정판에서는 문장 구조, 논점 배열, 판례의 배치 방식까지 세심하게 다듬어, 수험생 여러분께서 자연스럽게 답안 작성 연습까지 병행하실 수 있도록 하였습니다. 이는 제5판에서 특히 의도적으로 보완·강조한 부분이며, 기존 제4판과 구별되는 중요한 변화라 할 수 있습니다.

아울러 토지보상법상 손실보상 각론 부분에 대하여는, 김원보 전 회장님께서 허락해 주신 토지보상법 해설서를 토대로 핵심 내용을 충실히 요약·정리할 수 있었던 점을 다시 한 번 깊이 감사드립니다. 그동안 상대적으로 소홀히 다루어졌던 손실보상 각론을 보다 입체적이고 체계적으로 정리함으로써, 수험생 여러분께서 피상적인 암기를 넘어 **감정평가 및 보상법규** 전체 구조를 넓고 깊게 이해할 수 있는 계기가 되기를 기대합니다. 특히 최근 출제 경향을 고려할 때, 손실보상 각론의 비중은 앞으로 더욱 커질 가능성이 높으며, 이는 **감평행정법** 중심으로 치우쳐 있던 수험 경향을 균형 있게 바로잡는 중요한 전환점이 될 것이라 생각합니다.

다만 분명히 말씀드리고 싶은 점은, 이 책은 어디까지나 '암기장'이며 '요약서'라는 사실입니다. 이동 중이거나 짧은 휴식시간, 혹은 학습의 마무리 단계에서 핵심사항을 정리하고 점검하기 위한 도구이지, 이 책 한 권만으로 감정평가사 시험에 합격할 수 있다고 생각해서는 안 됩니다. 반드시 **감정평가 및 보상법규 기본서**를 통해 전체적인 흐름과 체계를 이해하신 후, 본서를 활용하여 그 내용을 답안지에 어떻게 구현할 것인지 반복적으로 연습하시기를 권해 드립니다.

끝으로, 본 『**감정평가 및 보상법규 암기장**』이 제5판으로 출간되기까지 물심양면으로 도움을 주신 박용 회장님과 노일구 부장님을 비롯한 출판사 관계자 여러분께 진심 어린 감사의 말씀을 드립니다. 아울러 늘 곁에서 묵묵히 응원해 준 사랑하는 아내 김설현, 딸 강서은, 아들 강동윤에게 이 자리를 빌려 깊은 사랑과 고마운 마음을 전합니다. 또한 본서의 자료 편집과 오타 수정에 많은 도움을 준 김가연 예비감정평가사님과 강정훈 법규베타님들에게 감사드립니다.

치열한 경쟁 속에서도 끝까지 포기하지 않고 도전하고 계신 모든 감정평가사 수험생 여러분께, 이 책이 작은 이정표이자 든든한 동반자가 되기를 진심으로 기원합니다. "내 인생에 포기는 없다. 될 때까지 한다."는 마음가짐으로 한 걸음씩 나아가신다면, 반드시 최종 합격이라는 결실에 도달하시리라 믿습니다.
감사합니다.

감정평가 및 보상법규 연구실에서
편저자 **강정훈**

감정평가사란?

감정평가란 토지 등의 경제적 가치를 판정하여 그 결과를 가액으로 표시하는 것을 말한다. 감정평가사(Certified Appraiser)는 부동산·동산을 포함하여 토지, 건물 등의 유무형의 재산에 대한 경제적 가치를 판정하여 그 결과를 가액으로 표시하는 전문직업인으로 국토교통부에서 주관, 산업인력관리공단에서 시행하는 감정평가사시험에 합격한 사람으로 일정기간의 수습과정을 거친 후 공인되는 직업이다.

시험과목 및 시험시간

가. 시험과목(감정평가 및 감정평가사에 관한 법률 시행령 제9조)

시험구분	시험과목
제1차 시험	❶ 「민법」중 총칙, 물권에 관한 규정 ❷ 경제학원론 ❸ 부동산학원론 ❹ 감정평가관계법규(「국토의 계획 및 이용에 관한 법률」, 「건축법」, 「공간정보의 구축 및 관리 등에 관한 법률」 중 지적에 관한 규정, 「국유재산법」, 「도시 및 주거환경정비법」, 「부동산등기법」, 「감정평가 및 감정평가사에 관한 법률」, 「부동산 가격공시에 관한 법률」 및 「동산·채권 등의 담보에 관한 법률」) ❺ 회계학 ❻ 영어(영어시험성적 제출로 대체)
제2차 시험	❶ 감정평가실무 ❷ 감정평가이론 ❸ 감정평가 및 보상법규(「감정평가 및 감정평가사에 관한 법률」, 「공익사업을 위한 토지 등의 취득 및 보상에 관한 법률」, 「부동산 가격공시에 관한 법률」)

나. 과목별 시험시간

시험구분	교시	시험과목	입실완료	시험시간	시험방법
제1차 시험	1교시	❶ 민법(총칙, 물권) ❷ 경제학원론 ❸ 부동산학원론	09:00	09:30~11:30(120분)	객관식 5지 택일형
	2교시	❹ 감정평가관계법규 ❺ 회계학	11:50	12:00~13:20(80분)	

제2차 시험	1교시	❶ 감정평가실무	09:00	09:30~11:10(100분)	과목별 4문항 (주관식)
	중식시간 11:10 ~ 12:10(60분)				
	2교시	❷ 감정평가이론	12:10	12:30~14:10(100분)	
	휴식시간 14:10 ~ 14:30(20분)				
	3교시	❸ 감정평가 및 보상법규	14:30	14:40~16:20(100분)	

※ 시험과 관련하여 법률·회계처리기준 등을 적용하여 정답을 구하여야 하는 문제는 시험시행일 현재 시행 중인 법률·회계처리기준 등을 적용하여 그 정답을 구하여야 함

※ 회계학 과목의 경우 한국채택국제회계기준(K-IFRS)만 적용하여 출제

다. 출제영역 : 큐넷 감정평가사 홈페이지(www.Q-net.or.kr/site/value) 자료실 게재

응시자격 및 결격사유

가. 응시자격 : 없음

※ 단, 최종 합격자 발표일 기준, 감정평가 및 감정평가사에 관한 법률 제12조의 결격사유에 해당하는 사람 또는 같은 법 제16조 제1항에 따른 처분을 받은 날부터 5년이 지나지 아니한 사람은 시험에 응시할 수 없음

나. 결격사유(감정평가 및 감정평가사에 관한 법률 제12조, 2023.8.10. 시행)

다음 각 호의 어느 하나에 해당하는 사람

1. 파산선고를 받은 사람으로서 복권되지 아니한 사람
2. 금고 이상의 실형을 선고받고 그 집행이 종료(집행이 종료된 것으로 보는 경우를 포함한다)되거나 그 집행이 면제된 날부터 3년이 지나지 아니한 사람
3. 금고 이상의 형의 집행유예를 받고 그 유예기간이 만료된 날부터 1년이 지나지 아니한 사람
4. 금고 이상의 형의 선고유예를 받고 그 선고유예기간 중에 있는 사람
5. 제13조에 따라 감정평가사 자격이 취소된 후 3년이 지나지 아니한 사람. 다만 제6호에 해당하는 사람은 제외한다.
6. 제39조 제1항 제11호 및 제12호에 따라 자격이 취소된 후 5년이 지나지 아니한 사람

★ **차례** ★

CONTENTS | PREFACE | GUIDE

감정평가 및 보상법규

주요 쟁점

쟁점 01 공용수용과 공공성   A급

Ⅰ 공용수용

1. 의의 및 취지
공용수용이란 손실보상을 전제로 공공필요를 위하여 타인의 재산권을 법률의 힘에 의하여 강제적으로 취득하는 것을 말한다.

2. 요건
사업내용의 공공성, 법률에 근거한 수용권의 발동과 법률에 의한 수용절차의 규제, 수용으로 인한 재산상 손실에 대한 정당한 보상을 요건으로 한다.

Ⅱ 공공성(공공필요)

1. 의의(공용수용의 본질적인 제약요건)
재산권에 대한 공권적 침해는 "공공필요"에 의해서만 행해질 수 있는바, 공공필요(공공성)는 공용침해의 실질적 허용요건이자 본질적 제약요소이다. 이러한 공공성은 대표적인 불확정 개념으로, 시대적 상황과 국가정책의 목표에 따라 가변적이기 때문에 명확한 개념의 정의가 어려우며, 정치·사회·경제적 여건 등과 국가의 목적에 의하여 그 내용이 결정될 수밖에 없다.

2. 공공성의 판단
공공성 개념의 추상성은 명확한 공공성의 판단근거를 요구하며, 이는 헌법 제37조 제2항의 비례의 원칙의 단계적 심사를 통해 구체화된다.

3. 공공성 개념의 확대화 경향
현대 복리행정의 이념, 사회국가의 요청에 의하여 과거에 공공성이 인정되지 아니한 부분에 대하여도 공공성을 넓게 인정하는 경향이 있다.

Ⅲ 공용수용과 공공성

1. 공용수용과 공공성의 관계
공용수용 요건으로서 공공성은 공용수용의 실질적 요건이자 공용수용의 본질적인 제약요건이다.

2. 공공성 확보방법
(1) 입법에 의한 공공성 확보

토지보상법은 제한적 열거주의를 채택하여 제4조에 공공필요가 있는 사업을 수용적격사업으로 규정하여 열거하고 있다.

(2) 사업인정에 의한 공공성 확보

사업인정은 토지를 수용 또는 사용하기 위한 전제 절차이고, 이에 대한 결정을 하기 위해서는 해당 사업이 공공성을 지니고 있는지 판단하여야 한다. 그러나 공공성은 추상적 개념에 불과하여 법률로 정할 수 없기 때문에 행정청으로 하여금 개별·구체적으로 이를 판단하기 위하여 이 제도를 두고 있다. 공공성은 사업인정 시에 비례의 원칙을 적용하여 판단한다.

(3) 계속적인 공공성의 보장

토지보상법 제23조, 제24조에서는 사업인정 실효를 규정하여 공익사업의 계속성을 보장하고, 제91조에서는 환매권을 통해 공익사업의 계속성을 담보하고 있다. 이 외에도 다양한 개별법에서 계속적인 공공성 보장을 위한 규정을 두고 있다.

Ⅳ 결

공용수용은 헌법상 재산권 보장의 예외적 조치로서 공공성이 인정되는 경우에만 인정될 수 있다. 반면, 공공성 개념은 현대 복리국가 이념 추구에 따라 확대되고 있는바, 이는 개인의 재산권에 대한 침해의 개연성을 높인다. 따라서 엄격한 공공성의 판단이 공용수용에 있어 선행되어야 할 것이다.

쟁점 02 공공적 사용수용(사적 공용수용) ▶ 제19회 기출 A급

Ⅰ 의의

공공적 사용수용이란 특정한 공익사업을 위하여 사적 주체가 타인의 특정한 재산권을 법률의 힘에 의해 강제적으로 취득하는 것이다. 판례는 사용수용을 인정하고 있다.

Ⅱ 필요성

공익상의 필요, 공익사업의 증대, 민간활력의 도입, 공행정의 민간화 등에서 그 필요성을 찾을 수 있다. 다만, 영리추구를 주목적으로 하는 사기업이 사업시행자인 경우에는 공공성의 엄격한 판단이 요구되며, 공공복리를 계속적으로 실현하기 위한 제도적 장치가 필요하다.

Ⅲ 유형

우리나라에서는 확립된 판례나 축적된 학설이 없다. 독일의 경우 생존배려형 사기업과 경제적 사기업으로 구별하여 사용수용의 가능성을 판단한다. 생존배려형 사기업의 경우에는 원칙적으로 그들을 위한 공용침해가 허용되고, 경제적 사기업의 경우에는 이윤추구가 주목적이고, 지역발전이나 고용증대 등의 공적 이익은 부수적인 효과로 보기 때문에 예외적으로 엄격한 요건하에서만 허용된다고 본다.

Ⅳ 공공적 사용수용과 공공성

1. 사용수용의 요건

공공필요, 재산권에 대한 공권력, 법률의 근거, 정당한 보상으로써 공용수용의 요건과 동일하지만 사적주체에 의한 수용이라는 점에서 차이가 있고, 사용수용에서는 사기업의 사익추구로 인하여 공공성이 특히 중요하다. 이윤추구가 목적인 사기업은 사업의 계속성이 보장되지 않고 중간에 어떠한 이유로 사업이 중단될 가능성이 존재하기 때문이다.

2. 대상사업과 공공성

사인이 행하는 대상사업에 대하여 공공성은 ① 토지보상법 제4조 규정에 의한 수용적격사업이나, 국토교통부장관이 사업인정 시 반영되고, ② 기타 개별법에서 사업인정이 의제되는 실시계획승인 등에 의해 공공성을 판단한다. 그때 그 기준으로 공공성은 광의의 비례원칙에 의해 제 이익형량이 선행되어야 하고, 사기업이라는 특성상 일정기간 이상 계속 수행될 것이 요구된다.

Ⅴ 계속적 공익실현의 보장수단

1. 보장책의 필요성 및 법적 근거

경제적 사기업은 이윤추구가 목적인바 언제든지 사업을 중도에 포기할 가능성이 있으므로 보장책이 필요하게 된다. 공익사업의 계속성을 담보하기 위한 법적·제도적 장치에 대한 요청은 헌법 제23조 제3항에 근거하고 있다. 보장책에 대한 요구가 헌법규정으로부터 직접 도출되는 것이므로 법률적 근거를 요하지 않는다는 견해가 있으나, 우리 헌법은 "법률로써 하되"라고 규정하고 있으므로 보장책 없는 공용침해 법률은 위헌·위법하다 할 것이다.

2. 보장수단

(1) 환매권(토지보상법 제91조)과 사업인정 실효(동법 제23조, 제24조)

환매권은 토지보상법에서 공익사업의 계속성을 담보하기 위한 수단으로 규정되어 있는 것으로서 가장 일반적인 것이다. 그러나 환매권 행사 시 공행정주체의 개입 없이 환매권자에 의해서만 행사된다는 점에서 공익사업의 계속성 보장책으로는 미흡하다는 지적이 있다. 또한 토지보상법에서는 사업인정의 실효제도를 규정하여 수용법 관계의 조속한 확정을 바라는 피수용자를 보호하고 간접적으로 공익사업의 계속성을 보장한다.

(2) 입법적 통제 및 사법적 통제

입법적 통제로 민간투자법에서는 사업시행자에 대한 감독·명령과 처분, 위반 시 벌칙 규정 등을 규정하고 있으나, 민간자본유치 촉진에 역점을 둔 까닭에 공익사업의 계속성 담보에 대해서는 미흡하다는 지적이 있다. 사법적 통제수단으로는 공익사업의 계속성 보장책이 헌법 제23조 제3항의 공공필요의 요건을 충족하지 못한 경우에는 위헌·위법한 침해라 하여 행정쟁송의 제기, 헌법소원 등의 제기가 있다.

Ⅵ 부대사업과 사용수용

1. 문제의 소재

민간투자법 제21조에서는 사업시행자의 투자비 보전 및 정상적인 운영을 도모하기 위해 부대사업을 해당 민간투자사업과 연계하여 시행할 수 있다고 규정하였다. 이는 사회기반시설의 설치사업 자체의 채산성을 보전하게 한다는 일종의 수익성 보장을 위한 장치인바 공공성과 관련하여 인정 여부가 문제된다.

2. 부대사업의 사용수용 인정 여부

실시계획고시에 부대사업까지 포함시킨 것은 원활한 사업추진을 도모하기 위한 것으로 이해해야지 부대사업은 사적 이윤 동기에 의한 행위에 불과한바, 실시계획고시에 의해 사업인정이 의제된다고 하더라도 부대사업을 위한 수용까지 허용된다고 보는 것은 우리 국민의 정서에 비추어 타당하지 않다고 판단된다. 이러한 문제는 관련규정의 불명확성에 기인한 것으로 수용이 가능한 사업과 그렇지 못한 사업을 구별할 수 있도록 법률에서 관계규정을 명확하게 할 필요가 있다고 사료된다.

쟁점 03 공용수용의 당사자   B급

I 의의

당사자란 공익사업을 위해 토지 등을 취득하는 사업시행자와 토지 등을 양도하는 토지소유자 및 관계인을 말한다. 토지수용의 당사자는 수용권의 주체인 수용자와 수용목적물인 재산권의 주체인 피수용자가 된다.

II 수용권자

1. 수용권의 주체에 관한 학설

(1) 문제점

수용권자는 공익사업의 주체로서 사업시행자는 공익사업을 수행하는 자를 말한다. 수용권의 주체가 국가 이외의 공공단체 및 사인인 경우 수용권의 주체가 누구인가에 관한 견해가 대립한다.

(2) 학설

① **국가수용권설** : 공용수용의 본질을 국가에 의한 재산권의 박탈이라고 보는 견해로, 수용권은 국가만이 가질 수 있으며, 사업주체는 수용청구권을 갖는다고 보는 견해이다.
② **사업시행자수용권설** : 공용수용의 본질을 공익사업을 위한 재산권의 강제적 취득이라고 보는 견해로 수용권을 공용수용의 효과를 향유할 수 있는 능력이라고 보며, 사업시행자를 수용권의 주체로 보는 견해이다.
③ **국가위탁권설** : 수용권은 국가에 귀속되는 국가적 공권인데, 국가는 사업인정을 통해 국가적 공권인 수용권을 사업시행자에게 위탁한 것으로 보는 견해이다.

(3) 판례

대법원은 사업인정을 일정한 절차를 거칠 것을 조건으로 수용권을 설정해 주는 설권적 행정처분이라 판시하여 사업시행자수용권설의 입장이다.

(4) 검토

국가가 수용의 효과를 야기한다고 하더라도 수용권은 수용의 효과를 향유할 수 있는 능력이라고 볼 수 있으므로 사업시행자수용권설이 타당하다.

2. 수용권자의 법적 지위(권리와 의무)

(1) 권리

타인토지출입권(제9조), 수용권(제19조), 사업인정신청권(제20조), 토지 및 물건조사권(제27조), 협의성립확인신청권(제29조), 재결신청권(제28조), 행정쟁송권(제83조 내지 제85조), 토지소유권의 원시취득권(제45조), 대행청구권(제44조), 대집행신청권(제89조) 등이 있다.

(2) 의무

손실보상의무(제61조), 피수용자의 재결신청에 응할 의무(제30조), 수용목적물이 멸실된 경우의 위험부담(제46조), 수용의 법적절차 준수의무 등이 있다.

(3) 권리 · 의무의 승계

수용절차의 지연 및 중단을 방지하고 공익사업의 원활한 수행 및 피수용자의 권리보호를 위하여 수용권자의 권리와 의무는 그 사업을 승계한 자에게 이전된다(제5조).

Ⅲ 수용권의 객체(피수용자)

1. 피수용자의 범위

(1) 토지소유자(토지보상법 제2조 제4호)

토지소유자란 공익사업에 필요한 토지의 소유자를 말한다.

(2) 관계인(토지보상법 제2조 제5호)

관계인이란 사업시행자가 취득 또는 사용할 토지에 관하여 지상권 등 토지에 관한 소유권 외의 권리를 가진 자 또는 그 토지에 있는 물건에 관하여 소유권 그 밖의 권리를 가진 자를 말한다.

(3) 피수용자의 제한

사업인정고시 이후 권리를 취득한 자는 기존의 권리를 승계한 자를 제외하고는 관계인에 포함되지 아니한다. 사업인정은 피수용자의 범위를 결정하는 시간적 제한의 기준이 된다.

2. 피수용자의 법적 지위

(1) 권리

의견제출권(제15조), 사업인정 및 재결 시 문서열람권 및 의견진술권(제21조, 제31조), 재결신청청구권(제30조), 잔여지 등의 매수 또는 수용청구권(제74조), 보상청구권(제79조), 손실보상청구권(제23조, 제24조), 환매권(제91조), 행정쟁송제기권(제83조 내지 제85조) 등이 있다.

(2) 의무

사업시행자의 토지출입에 따른 인용의무(제11조), 토지 등의 보전의무(제25조), 수용목적물의 인도 또는 이전의무(제43조) 등이 있다.

(3) 권리 · 의무의 승계

사업시행자의 권리 · 의무는 그 사업을 승계한 자에게 이전하며, 이 법에 의하여 행한 절차 그 밖의 행위는 사업시행자 · 토지소유자 및 관계인의 승계인에게도 그 효력이 미친다.

쟁점 **04** **공용수용의 목적물** B급

I 의의 및 취지

공용수용의 목적물이란 수용의 객체로서 토지, 물건의 소유권 그 밖에 권리를 말한다. 이는 ① 피수용자의 권리보호를 위해 확장되기도 하며, ② 수용제도의 본질, 목적물의 성질상 제한되기도 한다.

II 종류 및 확정

1. 종류

토지보상법 제3조에서는 ① 토지 및 이에 관한 소유권 외의 권리, ② 토지와 함께 필요로 하는 입목, 건물, 그 밖에 토지에 정착된 물건 및 이에 관한 소유권 외의 권리, ③ 광업권, 어업권, 양식업권 또는 용수권, ④ 토지에 속한 흙, 돌, 모래, 자갈에 관한 권리를 규정하고 있다.

2. 확정

목적물은 공익사업을 위한 제 절차 중 사업인정의 세목고시에 의하여 수용목적물의 범위가 확정된다. 따라서 수용목적물의 범위에 대한 다툼은 사업인정의 다툼으로 이어지게 된다.

III 목적물의 제한

1. 일반적 제한(수용제도 본질상의 제한)

공용수용의 목적물은 재산권 보호 측면에서 필요최소한도 내에서 이루어져야 하며, 비대체적이어야 한다. 이때 필요최소한도는 비례의 원칙을 통해 판단된다.

2. 토지의 세목고시에 따른 제한

수용목적물은 사업인정의 고시 중 토지세목에 포함된 물건에 한한다. 따라서 토지세목고시에 포함되지 않는 물건은 확장수용의 경우를 제외하고는 수용목적물이 되지 못한다.

3. 수용목적물의 성질에 따른 제한

목적물의 성질상 치외법권 토지, 국·공유지, 사업시행자 소유토지, 공익사업에 이용되고 있는 토지 등은 수용의 목적물이 되지 못한다.

쟁점 05 공물의 수용가능성
(국공유재산법 및 국유림법 등이 적용을 받지 않는 사인 소유 공물 전제) A급

I 문제점

공물이란 국가·지방자치단체 등의 행정주체에 의하여 직접적으로 행정목적에 공용된 개개의 유체물을 말한다. 토지보상법 제19조 제2항은 특별한 필요가 있는 경우에 수용할 수 있다고 보는데 용도폐지 여부와 특별한 필요의 해석 논의가 필요하다.

II 용도폐지 선행 여부

1. 학설

① 긍정설 : 공물을 사용하고 있는 기존의 사업의 공익성보다 해당 공물을 수용하고자 하는 사업의 공익성이 큰 경우에 해당 공물에 대한 수용이 가능해지며, '공익사업에 수용되거나 사용되고 있는 토지 등'에는 공물도 포함된다고 본다. 따라서 용도폐지의 선행행위가 없이도 수용이 가능하다고 본다.

② 부정설 : 공물을 수용에 의하여 다른 행정목적에 제공하는 것은 해당 공물의 본래의 목적에 배치되므로, 공물 그 자체를 직접 공용수용의 목적으로 할 수 없고 공용폐지가 선행되어야 한다고 본다.

2. 판례(풍납토성, 광평대군묘역)

① 풍납토성 판례 : (구)문화재보호법은 지방자치단체 또는 지방자치단체의 장에게 시·도지정문화재뿐 아니라 국가지정문화재에 대하여도 일정한 권한 또는 책무를 부여하고 있고, 문화재보호법에 해당 문화재의 지정권자만이 토지 등을 수용할 수 있다는 등의 제한을 두고 있지 않으므로, 국가지정문화재에 대하여 관리단체로 지정된 지방자치단체의 장은 문화재보호법 제83조 제1항 및 토지보상법에 따라 국가지정문화재나 그 보호구역에 있는 토지 등을 수용할 수 있다(대판 2017두71031).

② 광평대군묘역 : (구)토지수용법은 제5조의 규정에 의한 제한 이외에는 수용의 대상이 되는 토지에 관하여 아무런 제한을 하지 아니하고 있을 뿐만 아니라, 토지수용법 제5조, 문화재보호법 제20조 제4호, 제58조 제1항, 부칙 제3조 제2항 등의 규정을 종합하면 구 문화재보호법(1982.12.31. 법률 제3644호로 전문 개정되기 전의 것) 제54조의2 제1항에 의하여 지방문화재로 지정된 토지가 수용의 대상이 될 수 없다고 볼 수는 없다(대판 95누13241).

3. 검토

학설과 판례를 검토해 볼 때 결국 더 큰 공익이 존재한다면 용도폐지 없이 수용할 수 있다고 보는 학설과 대법원 판례가 타당하다고 판단된다.

Ⅲ 특별한 필요의 판단기준(비례의 원칙)

토지보상법 제19조 제2항에 규정되어 있는 "특별한 필요"에 대하여 공익성이 더 큰 사업의 경우 특별한 필요가 인정될 수 있다는 것을 비례의 원칙을 통해 검토하여야 할 필요가 있다. 비례의 원칙은 행정목적을 달성하기 위한 수단과 목적 사이에 <u>합리적인 비례관계가 필요하다는 것</u>이고 이는 적합의 원칙, 필요성의 원칙, 상당성의 원칙의 단계적인 심사구조를 통해 그 비례관계를 판단한다.

쟁점 06 확장수용   A급

I 의의 및 취지, 종류

확장수용이란 특정한 공익사업을 위하여 필요한 범위를 넘어서는 재산권의 수용을 말한다. 수용은 필요최소한도 원칙이나, 피수용자의 권리보호 및 사업의 원활한 시행을 위하여 취지가 인정된다. 토지보상법상 규정된 확장수용에는 완전수용(제72조), 잔여지수용(제74조), 이전수용(제75조) 등이 있다.

II 확장수용의 법적 성질

1. 문제점

확장수용이 일반적으로 피수용자의 청구에 의해 이루어진다는 점에서 그 법적 성질에 대하여 견해가 나뉘며, 적용법규 및 쟁송형태 등이 달라지는 데 실익이 있다.

2. 학설

① **사법상 매매설** : 확장수용은 피수용자의 청구에 의하여 사업시행자가 피수용자의 재산권을 취득하는 것이므로, 사업시행자의 재산취득은 피수용자와의 합의에 의하여 이루어지는 사법상의 매매행위라고 한다.

② **공용수용설** : 확장수용이 공용수용에 있어서 하나의 특수한 예이기는 하나, 그 본질에 있어서는 일반의 공용수용과 다를 바 없다는 점에서 공용수용이라 한다.

③ **공법상 특별행위설** : 확장수용은 일반적으로 피수용자의 청구에 의하여 이루어지고 해당 공익사업의 필요한도를 넘는다는 점에서 수용이 아니라 일종의 특별한 공법행위라고 본다.

3. 판례

잔여지수용청구권이 그 요건을 구비한 때에는 토지수용위원회의 특별한 조치를 기다릴 것 없이 청구에 의하여 수용의 효과가 발생하므로 이는 형성권의 성질을 갖는다고 판시한바 공용수용설의 입장이다.

4. 검토

확장수용은 피수용자의 청구를 요건으로 하는 사업시행자의 일방적인 권리취득행위로 볼 수 있기에 그 본질은 다른 일반적인 수용과 다를 바 없으므로 공용수용으로 보는 것이 타당하다.

III 완전수용(토지보상법 제72조)

1. 의의 및 근거

완전수용이란 토지소유자가 받게 되는 토지이용의 현저한 장해 내지 제한에 따른 수용보상을 가능하게 하기 위해 마련된 제도이다. 따라서 완전수용은 '사용에 갈음하는 수용'이라고도 하며, 토지보상법 제72조에 근거를 두고 있다.

2. 내용

① 토지의 사용기간이 3년 이상인 경우, ② 토지의 사용으로 인하여 토지의 형질이 변경되는 경우, ③ 사용하고자 하는 토지에 그 토지소유자의 건축물이 있는 때를 요건으로 한다. 완전수용의 청구권은 토지소유자만이 가지며, 사업시행자나 관계인은 갖지 못한다. 이 경우 관계인은 사업시행자 또는 토지수용위원회에 그 권리의 존속을 청구할 수 있다.

Ⅳ 잔여지수용(토지보상법 제74조)

1. 의의 및 취지

잔여지수용이란 동일한 소유자에게 속하는 일단의 토지의 일부가 취득됨으로 인하여 잔여지를 종래의 목적에 사용하는 것이 현저히 곤란한 경우 토지소유자의 청구에 의해 일단의 토지의 전부를 매수하거나 수용하는 것을 말한다. 이는 손실보상정책의 일환으로 부여된 것으로서 피수용자의 권리보호에 취지가 인정된다.

2. 법적 성질

확장수용의 성질을 공용수용으로 보면 공권으로 봄이 타당하며, 판례는 요건충족 시에 토지수용위원회의 특별한 조치를 기다릴 것 없이 청구에 의하여 수용의 효과가 발생하므로 형성권적 성질을 가진다고 판시하였다.

3. 잔여지수용의 요건

(1) 토지보상법 제74조

> **제74조(잔여지 등의 매수 및 수용 청구)**
> ① 동일한 소유자에게 속하는 일단의 토지의 일부가 협의에 의하여 매수되거나 수용됨으로 인하여 잔여지를 종래의 목적에 사용하는 것이 현저히 곤란할 때에는 해당 토지소유자는 사업시행자에게 잔여지를 매수하여 줄 것을 청구할 수 있으며, 사업인정 이후에는 관할 토지수용위원회에 수용을 청구할 수 있다. 이 경우 수용의 청구는 매수에 관한 협의가 성립되지 아니한 경우에만 할 수 있으며, 사업완료일까지 하여야 한다.
> ② 제1항에 따라 매수 또는 수용의 청구가 있는 잔여지 및 잔여지에 있는 물건에 관하여 권리를 가진 자는 사업시행자나 관할 토지수용위원회에 그 권리의 존속을 청구할 수 있다.
> ③ 제1항에 따른 토지의 취득에 관하여는 제73조 제3항을 준용한다.
> ④ 잔여지 및 잔여지에 있는 물건에 대한 구체적인 보상액 산정 및 평가방법 등에 대하여는 제70조, 제75조, 제76조, 제77조, 제78조 제4항, 같은 조 제6항 및 제7항을 준용한다.

(2) 토지보상법 시행령 제39조 제1항

> **제39조(잔여지의 판단)**
> ① 법 제74조 제1항에 따라 잔여지가 다음 각 호의 어느 하나에 해당하는 경우에는 해당 토지소유자는 사업시행자 또는 관할 토지수용위원회에 잔여지를 매수하거나 수용하여 줄 것을 청구할 수 있다.

> 1. 대지로서 면적이 너무 작거나 부정형(不定形) 등의 사유로 건축물을 건축할 수 없거나 건축물의 건축이 현저히 곤란한 경우
> 2. 농지로서 농기계의 진입과 회전이 곤란할 정도로 폭이 좁고 길게 남거나 부정형 등의 사유로 영농이 현저히 곤란한 경우
> 3. 공익사업의 시행으로 교통이 두절되어 사용이나 경작이 불가능하게 된 경우
> 4. 제1호부터 제3호까지에서 규정한 사항과 유사한 정도로 잔여지를 종래의 목적대로 사용하는 것이 현저히 곤란하다고 인정되는 경우

(3) 토지보상법 시행령 제39조 제2항(제1항 각 호 판단할 때 종합적으로 고려하여야 할 사항)

① 잔여지의 위치, 형상, 이용상황 및 용도지역
② 공익사업 편입토지의 면적 및 잔여지의 면적

4. 절차

협의취득은 사업시행자에게 잔여지를 매수하여 줄 것을 청구할 수 있으며, 수용취득은 사업시행자에게 매수를 청구하거나, 매수에 관한 협의가 성립되지 아니한 경우 토지수용위원회에 수용을 청구한다.

5. 효과

① **잔여지의 취득** : 사업시행자는 매수청구에 의한 경우 수용목적물을 승계취득하며, 잔여지를 수용하는 경우 수용목적물을 원시취득하고, 목적물에 존재하던 모든 권리는 소멸한다.
② **관계인의 권리보호** : 매수 또는 수용청구가 있는 잔여지 및 잔여지에 있는 물건에 관하여 권리를 가진 자는 사업시행자나 관할 토지수용위원회에 그 권리의 존속을 청구할 수 있다(제74조 제2항).
③ **사업인정의 의제** : 사업인정고시가 된 후 사업시행자가 잔여지를 매수하는 경우 그 잔여지에 대하여는 사업인정(법 제20조) 및 사업인정고시(법 제22조)가 된 것으로 본다(제74조 제3항).
④ **손실보상** : 잔여지 및 잔여지에 있는 물건에 대한 구체적인 보상액 산정 및 평가방법 등에 대하여는 토지보상법 규정을 준용한다(제74조 제4항).

Ⅴ 이전수용(토지보상법 제75조)(이전에 갈음하는 수용)

1. 의의 및 요건

건축물 등은 이전비 보상이 원칙이나, ① 건축물 등을 이전하기 어렵거나 그 이전으로 인하여 건축물 등을 종래의 목적대로 사용할 수 없게 된 경우, ② 이전비가 그 물건의 가격을 넘는 경우, ③ 사업시행자가 공익사업에 직접 사용할 목적으로 취득하는 경우 등 이전에 갈음하여 수용하는 것을 말하며, 토지보상법 제75조에 근거를 두고 있다.

2. 법적 성질

수용효과가 발생하므로 공용수용의 성질을 가지며, 공권이면서 형성권이다.

VI 확장수용과 권리구제

1. 이의신청(토지보상법 제83조 제1항)

확장수용의 재결이나 확장수용의 거부에 이의가 있는 자는 재결서 정본을 받은 날부터 30일 이내에 이의신청을 할 수 있다. 행정소송법 제18조 및 토지보상법 제83조의 규정상 이의신청은 특별법상 행정심판으로 임의적 절차이며, 이의신청을 거치지 않고 바로 행정쟁송의 제기가 가능하다.

2. 확장수용에 대한 행정소송의 형태(보상금증감청구소송의 가능성)

(1) 문제점

확장수용의 결정은 토지수용위원회의 재결에 의해 결정되므로 재결에 대한 일반적인 불복수단이 적용될 것이다. 이 경우 토지보상법 제85조 제2항의 보상금증감청구소송의 심리범위에 손실보상의 범위가 포함되는지에 따라 실효적인 쟁송형태가 달라지게 된다.

(2) 학설

① **취소소송설** : 보상금증감청구소송은 보상금의 다과만을 대상으로 하며, 확장수용은 범위문제이므로 재결에 대해 다투어야 하므로 항고소송만 가능하다고 본다.

② **보상금증감청구소송설** : 손실보상의 범위와 보상금액은 밀접한 관련성을 가지고 있고, 보상금증감청구소송의 인정취지가 보상금에 관한 다툼을 신속히 종결하려는 것이므로 이런 취지를 고려하여 보상금증감청구소송을 제기할 수 있다고 보는 견해이다.

③ **손실보상청구소송설** : 확장수용청구권은 형성권이므로 청구권의 행사에 의해 수용의 효과가 발생하여 손실보상청구권이 존재한다는 점을 논거로 일반 당사자소송을 제기하여야 한다는 견해이다.

(3) 판례

수용효과가 생기는 형성권의 성질을 지니므로, 토지소유자의 수용청구를 받아들이지 아니한 토지수용위원회의 재결에 대하여 토지소유자가 불복하여 제기하는 소송은 토지보상법 제85조 제2항에 규정되어 있는 '보상금의 증감에 관한 소송'에 해당하고, 피고는 토지수용위원회가 아니라 사업시행자로 하여야 한다(대판 2010.8.19, 2008두822).

(4) 검토

분쟁의 일회적 해결이라는 보상금증감청구소송의 취지와, 보상의 범위에 따라 보상금액이 달라지는 사정 등을 고려하여 보상금증감청구소송설이 타당하다.

쟁점 **07**　공익사업의 준비　　　　　　　　C급

I　공익사업의 준비

1. 의의 및 취지

공익사업의 준비란 사업시행자가 공익사업의 시행을 위해 행하는 준비행위로서, 타인이 점유하는 토지에 출입하여 측량·조사를 하거나 장해물을 제거하는 등의 일련의 행위를 말한다. 공익사업의 원활한 준비와 사업목적에 적합한지 여부를 판단하도록 배려하는 데 취지가 인정된다.

2. 법적 성질

타인토지에 출입 및 장해물 제거의 법적 성질에 대해 ① 이는 자연적 자유를 회복시켜 준다는 점에서 허가로 보는 견해, ② 억제적 금지의 해제인 예외적 승인으로 보는 견해, ③ 사용권을 형성하므로 특허라고 보는 견해가 있다. 생각건대, 사업시행자에게 해당 토지를 일시적으로 사용할 수 있는 권리가 부여된다는 점에서 특허의 성질을 갖는다고 보며, 이처럼 학문상 허가가 아닌 새로운 권리의 설정 측면이 특허의 성질을 갖는다고 보면 출입허가는 재량행위로 평가된다.

II　타인토지에의 출입(토지보상법 제9조)

1. 의의 및 근거

토지보상법 제9조 이하에서는 공익사업의 시행을 위한 준비절차로서 타인의 토지에 출입하여 측량·조사를 행하거나 장해물의 제거 등의 행위를 할 수 있도록 규정하고 있다.

2. 법적 성질

타인토지출입은 공용제한 중 사용제한이며 일시적 사용으로 볼 수 있다. 또한 이는 사실행위로써 행정조사이며, 권력적 사실행위에 해당한다.

3. 절차(허가 - 통지 - 출입)

사업시행자가 특별자치도지사, 시장·군수·구청장의 허가를 받아야 하며, 출입 5일 전까지 그 일시 및 장소를 특별자치도지사, 시장·군수·구청장에게 통지해야 한다. 일출 전이나 일몰 후에는 점유자의 승낙 없이 출입할 수 없으며, 출입하고자 하는 때에는 증표 등을 휴대하여야 한다.

4. 효과

① 사업시행자에게는 타인토지출입권, 사용기간 만료 시 반환 및 원상회복 의무 등이 발생하며, ② 토지소유자에게는 손실보상청구권, 인용의무 등이 발생한다.

III 　**장해물의 제거 등(토지보상법 제12조)**

1. 의의 및 근거

측량·조사 시 장해물 제거 등을 해야 할 부득이한 사유가 있는 경우 소유자 및 점유자의 동의를 얻어야 하고, 동의를 얻지 못한 때에는 허가를 받아 장해물 제거를 할 수 있다는 것으로 토지보상법 제12조에 근거를 두고 있다.

2. 법적 성질

장해물 제거 등의 행위는 공용제한 중 부담제한으로서 사업제한에 해당된다.

3. 절차

장해물의 제거 등을 하고자 하는 경우에는 소유자 및 점유자의 동의를 얻거나 시장 등의 허가를 받아야 하며, 이 경우 소유자 및 점유자의 의견을 들어야 한다. 소유자 및 점유자에게 3일 전 통지하고 신분을 표시하는 증표나 허가증을 휴대·제시하여야 한다.

4. 효과

장해물의 제거 등은 사실행위로서 법적인 효과가 발생하지는 않으나, 이를 수인하여야 할 의무가 발생한다. 또한 장해물 제거로 인해 발생한 손실에 대한 손실보상청구권, 사용기간 만료 시 반환 및 원상회복의무, 기타 행정쟁송권이 발생한다.

IV 　**권리구제**

1. 피수용자(토지소유자) 입장

(1) 사전적 권리구제

출입허가 시 통지, 장해물 제거 시 의견청취 등의 제도가 있으며, 예방적 금지소송과 가처분이 사전적 권리구제의 방법으로 논의될 수 있으나, 판례에서는 이를 인정하지 않고 있다.

(2) 사후적 권리구제

① **행정쟁송** : 타인토지출입, 장해물 제거 행위는 권력적 사실행위로써 처분성이 인정되므로 행정쟁송으로 다툴 수 있다.

② **국가배상과 결과제거청구** : 위법한 행정조사로 인하여 신체 또는 재산상의 손해를 입은 경우 국가배상법에 따른 손해배상청구가 가능하며, 위법한 상태가 지속되는 경우 결과제거청구권을 행사할 수 있다.

③ **손실보상** : 사업시행자는 적법한 행정조사로 인해 발생한 손실을 보상하여야 하고, 손실을 입은 자는 손실이 있는 것을 안 날부터 1년, 발생한 날부터 3년 이내에 청구하여야 한다.

④ **손실보상의 재결에 대한 불복** : 손실보상청구권을 공법적 원인에 의한 공권으로 보고, 보상금결정 재결의 처분성을 인정하면 수용재결에 대한 불복방법과 같이 이의신청을 거친 후 보상금증감청구소송을 제기하여 불복할 수 있다.

2. 사업시행자 입장

(1) 허가신청을 거부한 경우

출입허가 신청에 대한 거부는 처분성이 인정되는바, 거부처분에 대한 권리구제수단으로서 의무이행심판, 거부처분취소소송, 의무이행소송, 집행정지, 가처분 등의 논의가 가능하다.

(2) 허가신청에 대해 부작위한 경우

부작위에 대해서는 의무이행심판, 부작위위법확인소송, 의무이행소송, 가처분 등의 논의가 가능하다.

쟁점 08 　사업인정 전 협의취득　　　　　　　B급

I 　의의 및 취지(토지보상법 제16조)

협의란 공익사업에 필요한 토지 등을 공용수용절차에 의하지 아니하고, 사업시행자와 피수용자 간 임의적 합의에 의하여 수용목적물의 권리를 취득하는 것을 말한다. 이는 협의절차를 통해 최소침해의 원칙을 구현하고 토지소유자 및 관계인에게 해당 공익사업의 취지를 이해시켜 신속하게 사업을 수행하고자 함에 취지가 있다.

II 　법적 성질

1. 문제점(논의 실익)

사업인정 전 협의의 법적 성질에 따라 분쟁 시 쟁송형태와 적용법규가 달라짐에 구별 실익이 있다.

2. 학설

① **공법상 계약설** : 협의 불성립 시 차후에 수용 등의 강제절차가 예정되어 있고, 그 공익적 성격으로 인하여 수용에 의한 취득과 동일한 효과가 발생하므로 공법상 계약으로 보는 견해이다.

② **사법상 계약설** : 사업인정 전 협의는 당사자 간의 협의에 의하므로, 사법상 매매와 다를 바 없다는 견해이다.

3. 판례

대법원은 협의취득은 공공기관이 사경제주체로서 행하는 사법상 계약의 실질을 가지는 것으로 사법상 계약으로 본다.

4. 검토

협의취득은 대등한 지위에서 사경제주체로서 토지 등을 매매하는 행위와 다를 바 없다고 보이는바, 사법상 계약으로 보는 것이 타당하다고 본다.

III 　절차

① 토지·물건조서 작성과 함께 소유자와 관계인의 서명날인을 받는다.

② 보상계획을 공고, 열람하고 이의가 있는 경우 서면으로 이의제기를 한다.

③ 사업시행자는 보상에 관하여 30일 이상의 협의기간을 두고 협의 및 계약체결의 절차를 거친다.

IV 　협의의 효과

사업시행자는 토지소유자 및 관계인에게 보상금을 지급하고 공익사업에 필요한 토지 등을 취득하게 된다. 이 경우 취득은 승계취득으로서 등기를 요하게 된다.

쟁점 09 사업인정 A급

> **토지보상법 제20조(사업인정)**
> ① 사업시행자는 제19조에 따라 토지등을 수용하거나 사용하려면 대통령령으로 정하는 바에 따라 국토교통부장관의 사업인정을 받아야 한다.
> ② 제1항에 따른 사업인정을 신청하려는 자는 국토교통부령으로 정하는 수수료를 내야 한다.

I 의의 및 취지

사업인정이란 공용수용의 제1단계 절차로서 공익사업을 토지 등을 수용 또는 사용할 사업으로 결정하는 것을 말한다. 사업인정은 절차를 법정화함으로써 피수용자의 권리를 보호하고, 수용행정의 적정화를 기하는 사전적 권리구제수단으로써 그 취지가 인정된다.

II 법적 성질

1. 처분성 – 형성적 행정행위

국토교통부장관이 토지보상법 제20조에 따라서 사업인정을 함으로써 수용권이 설정되므로, 이는 국민의 권리에 영향을 미치는 처분이다. 판례는 일정한 절차를 거칠 것을 조건으로 수용권을 설정하는 형성적 행정행위라고 판시한 바 있다.

2. 재량행위

토지보상법 제20조에서는 "사업인정을 받아야 한다."고 규정하고 있어 법문언의 표현이 불명확하나, 국토교통부장관이 사업인정 시에 이해관계인의 의견청취를 거치고 사업과 관련된 제이익과의 형량을 거치는바 재량행위이다. 판례 또한 사업의 공익성 여부를 모든 사항을 참작하여 구체적으로 판단해야 하므로 행정청의 재량에 속한다고 판시한 바 있다.

3. 제3자효 행정행위

사업시행자에게는 수익적 효과를, 제3자인 피수용자에게는 침익적 효과를 동시에 발생시키는바, 제3자효 행정행위이다.

※ 토지보상법상 사업인정과 사업인정고시의 법적 성질 ▶ 제34회 기출

사업인정의 법적 성질	사업인정 고시의 법적 성질
형성적 행정행위로 처분성 있음 재량행위 특허의 성질 제3자효 행정행위	토지보상법 제22조는 사업인정 고시는 효력발생 요건이라고 보면서 특허로서 행정행위로 보는 것이 타당하다는 견해가 다수임.

Ⅲ 사업인정의 요건

① 토지보상법 제4조 공익사업에 해당할 것
② 사업을 시행할 공공필요성(공익성)이 있을 것
③ 비례의 원칙을 통해 공익성을 판단할 것
④ 사업시행자의 공익사업 수행능력과 의사가 있을 것

> **■ 사업인정 요건 관련 판례(사업시행자의 공익사업수행능력과 의사가 없으면 수용권 남용)**
>
> 공익성을 상실하거나 사업인정에 관련된 자들의 이익이 현저히 비례의 원칙에 어긋나게 된 경우 또는 사업시행자가 해당 공익사업을 수행할 의사나 능력을 상실하였음에도 여전히 그 사업인정에 기하여 수용권을 행사하는 것은 공익목적에 반하는 수용권의 남용에 해당하여 허용되지 않는다(대판 2011.1.27, 2009두1051).

Ⅳ 사업인정의 절차

① 사업시행자가 국토교통부장관에게 사업인정을 신청하면, ② 국토교통부장관은 관계기관 및 시·도지사와 협의를 하고, ③ 중앙토지수용위원회와 협의(공익성 협의 내지 공익성 검토)하고 이해관계인의 의견을 청취해야 한다. ④ 사업인정을 하는 경우 사업시행자, 토지소유자 및 관계인에게 통지하고 관보에 고시하여야 한다.

> **■ 공익성 협의(공익성 검토)기준(2025년 토지수용업무편람기준 – 중앙토지수용위원회)**
> ☞ **공익성 판단의 구분**
>
> 공익성 판단기준은 형식적 심사와 실질적 심사로 구분하여 판단
> - 형식적 심사는 「토지보상법」 제4조에 따른 공익사업인지 여부, 의견수렴 및 사업시행절차의 준수여부 등 형식적 요건을 판단
>   - 공익사업에 해당하지 않는 경우에는 공익성 협의를 반려
>   - 의견수렴절차와 사업시행절차를 이행하지 않은 경우에는 보완요구 또는 각하
> - 실질적 심사는 헌법상 공공필요의 요건에 따라 사업의 공공성과 토지수용의 필요성으로 구분하여 공익성에 대한 실질적 내용을 판단
>   - 사업의 공공성 심사는 ① 사업시행의 공공성, ② 사업시행자의 유형, ③ 근거법률의 목적 및 상위계획의 부합성, ④ 사업의 공공기여도, ⑤ 공익의 지속성, ⑥ 시설의 대중성을 심사
>   - 수용의 필요성 심사는 ① 피해의 최소성, ② 방법의 적절성, ③ 사업의 시급성, ④ 사업시행자의 사업수행능력을 평가

Ⅴ 사업인정 고시의 효력

① 사업인정은 그 고시가 있는 날로부터 즉시 효력이 발생하며, ② 사업시행자에게는 수용권의 설정, 토지물건조사권(제27조), 협의성립확인신청권(제29조), 재결신청권(제28조) 등의 효력이 발생하고, ③ 토지소유자에게는 수용목적물의 범위확정, 피수용자의 범위확정, 토지등 보전의무(제25조), 재결신청청구권(제30조) 등의 효력이 발생한다.

VI 사업인정의 효력소멸

1. 재결신청기간의 경과로 인한 실효(제23조)

사업시행자가 사업인정의 고시가 있은 날부터 1년 이내에 재결신청을 하지 아니한 때에는 사업인정고시가 있은 날부터 1년이 되는 날의 다음 날에 사업인정은 그 효력을 상실한다. 이는 토지수용절차의 불안정 상태를 장기간 방치하지 않기 위함이다.

2. 사업의 폐지 · 변경으로 인한 실효(제24조)

사업인정고시가 있은 후 사업의 폐지 또는 변경 등으로 인하여 토지 등을 수용 또는 사용할 필요가 없게 된 경우에 신고 받은 시 · 도지사는 이를 고시해야 하며, 고시된 내용에 따라 사업인정의 전부 또는 일부는 효력을 상실한다. 이는 계속적 공익실현을 담보하기 위한 것이다.

VII 권리구제

1. 피수용자의 권리구제

① **사전적 권리구제수단** : 사전적 권리구제제도로서 토지보상법 제21조에 의견청취절차 규정이 있으며, 재산권의 침해를 받는 국민은 예방적 금지소송과 가처분을 권리구제수단으로 취할 수 있으나, 판례는 이를 인정하고 있지 않다.

② **사후적 권리구제수단** : 사업인정이 위법한 경우에는 행정쟁송 및 국가배상청구가 가능하다. 적법한 사업인정으로 인해 손실이 발생한 경우에는 토지보상법상 규정이 없어, 요건을 충족하는 경우 보상규정 흠결의 문제로 다루어질 것이다. 다만, 토지보상법 제23조, 제24조에서 사업인정의 실효 등으로 인한 손실보상을 규정하고 있다.

2. 사업시행자의 경우

① **거부한 경우** : 사업인정신청 후 거부 시 의무이행심판, 거부처분취소소송 등을 제기할 수 있으며, 의무이행소송 인정 여부에 대해서는 판례는 부정설의 입장이다. 가구제에 대해서는 거부처분과 관련하여 집행정지 가능성이 문제되며, 이를 위해 가처분을 준용할 수 있는지 문제되나 판례는 부정설의 입장이다. 위법한 사업인정의 거부로 손해가 발생 시 국가배상청구가 가능하다.

② **부작위한 경우** : 사업인정의 부작위 시, 의무이행심판, 부작위위법확인소송 등을 제기할 수 있으며, 의무이행소송 인정 여부에 대해서는 판례는 부정설의 입장이다. 가구제에 대해서는 현행 행정소송법에서는 집행정지 가능성이 문제되며, 이를 위해 가처분을 준용할 수 있는지 문제되나, 판례는 부정설의 입장이다. 부작위로 인한 손해를 입은 자는 국가배상법에 따라 국가배상이 가능할 것이다.

3. 제3자의 권리구제

사업인정에 대한 직접 상대방은 사업시행자라 할 수 있고, 사업인정에 대한 제3자란 토지수용자와 관계인, 간접손실을 받을 자, 사업시행지구 밖의 인근 주민이 될 수 있다. 이는 원고적격과 관련하여 문제된다.

Ⅷ 사업인정 관련문제(사업인정과 재결의 관계)

1. 사업인정의 구속력

토지수용위원회는 행정쟁송에 의하여 사업인정이 취소되지 않는 한 그 기능상 사업인정 자체를 무의미하게 하는, 즉 사업의 시행이 불가능하게 되는 것과 같은 재결을 행할 수는 없다.

2. 하자승계

사업인정에 하자가 있지만 재결이 진행된 경우, 재결에 대한 불복쟁송에서 사업인정의 하자를 주장할 수 있는지의 하자승계가 문제될 수 있다. 판례는 ① 사업인정의 목적은 목적물의 공익성 판단이고, ② 재결은 수용범위의 확인인바 양자는 별개의 독립된 법률효과로 하자승계를 부정한다.

3. 검토

공익의 목적을 위해 현실적 문제에서 판례는 하자승계를 부정했지만 국민의 권리보호 측면에서 하자승계를 긍정하는 것이 일면 타당하다고 생각된다.

■ 토지보상법상 사업인정고시의 법적 성질 ▶제34회 기출 A급

토지보상법 제22조(사업인정의 고시)
① 국토교통부장관은 제20조에 따른 사업인정을 하였을 때에는 지체 없이 그 뜻을 사업시행자, 토지소유자 및 관계인, 관계 시·도지사에게 통지하고 사업시행자의 성명이나 명칭, 사업의 종류, 사업지역 및 수용하거나 사용할 토지의 세목을 관보에 고시하여야 한다.
② 제1항에 따라 사업인정의 사실을 통지받은 시·도지사(특별자치도지사는 제외한다)는 관계 시장·군수 및 구청장에게 이를 통지하여야 한다.
③ 사업인정은 제1항에 따라 고시한 날부터 그 효력이 발생한다.

1. 행정행위로서의 성격

사업인정은 행정청이 공익사업을 수행할 자에게 토지 등의 강제수용 권한을 부여하는 행위로, 이는 특허에 해당된다. 특허는 특정 개인이나 단체에게 권리를 설정하거나 특수한 권한을 부여하는 행정행위이다.

사업인정고시는 이러한 사업인정 행위의 결과를 일반 대중에게 공표하는 절차로서, 공고·고시행위의 성격을 가진다. 이는 사업인정이 효력을 가지게 되는 것을 외부에 알리는 법적 요건이며, 사업인정 고시를 함으로써 효력이 발생된다.

2. 확정적 행정행위로서의 성격

사업인정고시는 해당 사업이 공익성을 충족하며 법적 요건을 만족하였다는 점에서 확정적 행정행위로 볼 수 있다. 사업인정 고시된 내용은 특별한 사유가 없는 한 변경되거나 취소할 수 없다.

3. 공익성과 토지보전의무등 사인의 권리 제한

사업인정고시는 공익사업의 필요성을 인정하고 강제수용권을 부여함으로써 토지소유자 등의 재산권을 제한하게 된다. 이는 헌법상 재산권 보장 원칙과의 조화를 이루어야 하며, 사업인정고시로서 토지보전의무가 생기는 만큼 이후 사업시행자의 정당한 보상이 전제되어야 한다.

4. 행정소송 제기와 집행정지 신청

사업인정 자체는 행정행위로서 처분성을 가지므로, 이에 대해 피수용자와 이해관계인이 불복할 경우 행정소송의 대상이 될 수 있다.

사업인정고시 이후 공익사업에 따른 수용재결이나 이의신청 등 절차가 진행되므로, 고시에 대한 불복은 관련 절차와 결부되어 판단하여야 한다. 취소소송을 제기하면서 사업인정고시의 효력의 집행정지를 신청하기 위해서는 사업인정고시도 처분에 해당되어야 한다.

5. 토지보상법상 법적 근거와 절차

토지보상법 제19조에 따라 사업시행자가 사업인정을 신청하고, 국토교통부장관 또는 관할 행정청이 이를 심사하여 승인한다. 사업인정고시는 이를 관보 또는 공보에 게재하여 고시하며, 고시된 시점부터 강제수용권이 발생한다.

6. 소결

사업인정고시는 효력발생요건으로 강제수용권을 발생시키는 행정행위로서 특허적 성격을 가지며, 동시에 고시·공고행위로서의 절차적 역할을 담당한다. 사업인정고시는 행정소송의 대상이 될 수 있는 처분에 해당하며, 공익성과 재산권 보호 간의 균형을 유지해야 한다. 사업인정고시에 대한 효력 집행정지를 신청하기 위해서는 반드시 처분에 해당되어야 하기 때문에 처분성에 대한 논란은 없다고 판단된다.

쟁점 **10** 사업인정의제제도   B급

I 문제점

현행 「택지개발촉진법」, 「주택법」, 「국토의 계획 및 이용에 관한 법률」, 「도로법」 등 개별법에서는 사업인정을 의제하는 특례규정을 두고 있다. 사업인정의제제도는 형식적으로는 개개의 공익사업의 특성을 반영하여 사업인정의 예외를 인정하는 것이지만 실질적 법치주의에 반하는 문제점이 있다(문제로 출제될 시, 사업인정의 의의, 법적 성질을 함께 써줄 것).

II 사업인정의제제도의 의의

사업인정의제란 개별법률들이 개별적으로 정하고 있는 일정한 절차가 있는 경우 이를 토지보상법의 사업인정이 있는 것으로 보도록 하는 것을 말한다.

III 사업인정의제제도의 법적 문제점

1. 공공성 판단의 문제

사업인정은 토지를 수용 또는 사용하기 위한 전제절차이고, 공공성을 개별·구체적으로 판단하는 절차이다. 그러나 개별법상 사업인정의제는 이러한 공공성 판단이 미흡하다는 문제가 있다.

2. 이해관계인 등의 절차참여 배제

토지보상법 제21조에 의하여 사업인정 시 이해관계인의 의견을 청취하도록 규정하고 있으나, 개별법상 사업인정을 의제하는 실시계획인가 등에서는 이해관계인의 의견을 듣는 절차를 두고 있지 아니한 경우가 있어 문제된다. 최근 토지보상법 제21조 제2항과 제3항이 신설되어 일부 보완된 상태이다.

3. 토지세목고시절차의 부재

사업인정을 의제하는 개별법에서는 토지세목고시 등을 생략하여 절차를 간소화하여, 토지소유자는 자신의 토지가 공익사업에 편입되는지조차도 알지 못하여 사업인정절차에 참여할 수 없고, 또한 사업인정에 대하여 행정쟁송을 제기할 기회마저 잃게 되는 문제를 야기하고 있다.

4. 재결신청기간 규정(법 제23조)의 배제로 인한 문제

토지보상법상의 사업인정 효력기간인 1년은 사문화되었고 사업시행자는 개별법의 규정에 의거 사업시행기간 내에는 언제나 재결신청을 할 수 있게 된다. 이에 따라 사업인정 후 재결신청이 지연되어 피수용자는 형질변경금지 등의 재산권 행사에 많은 불이익이 있게 된다.

5. 기타

사업인정의제는 사업신청 권한이 없는 시·도지사 또는 다른 행정청이 승인하거나 승인권자가 직접 시행하는 사업에 대해서까지 사업인정을 받은 것으로 보도록 규정하여 수용권 주체의 정당성에 의문이 있을 수 있으며, 재결청을 대부분 중앙토지수용위원회로 하고 있기에 지역에 따른 수용절차의 번잡이나 비용의 증가를 피하기 어려운 문제점 등이 있을 수 있다.

Ⅳ 개정 법령에 대한 검토

1. 개정 토지보상법 규정 검토

최근 토지보상법 제4조 제8호의 개정과 제4조의2 별표규정을 신설하고, 제21조 제2항 및 제3항을 신설하여 개별법률에서 토지보상법상 사업인정으로 의제되는 경우에도 중앙토지수용위원회 및 사업인정에 이해관계가 있는 자의 의견을 듣도록 개정되었다.

2. 개정 토지보상법의 의의

개정법률을 통해 ① 무분별한 공익사업의 확대제한, ② 사업인정의제절차의 개선, ③ 공익성 순위 결정의 개선을 도모하였다.

Ⅴ 개선방안

1. 단기적 개선방안

사업의 홍보 등을 통해 사업의 계획과정에 지역주민의 참가가 적극적으로 이루어져 사전적 권리구제가 이루어질 수 있도록 하여야 할 것이다.

2. 장기적 개선방안

사업인정의제제도는 공익사업주체의 편의만을 도모하는 편법적인 제도로서 입법적인 개선이 필요할 것으로 보인다. 최근 토지보상법 제21조 제2항 및 제3항을 신설하여 중앙토지수용위원회 및 별표에 규정된 법률에 따라 사업인정이 의제되는 경우에는 개별법률에서 의견청취절차를 규정하고 있지 않은 경우에도 토지보상법에 의해 의견청취절차를 거치도록 하고 있다. 다만, 이를 강제하는 실효규정이 없어 사실상 한계가 있는바 강제하는 실효규정을 두고 전체 법률로 확대되어야 할 것이다.

Ⅵ 결

공용수용절차에 있어서 사업인정은 피수용자의 이해관계를 충분히 반영함으로써 절차적 정당성을 확보함과 아울러 국민들과 공익사업의 타당성을 공유하는 중요한 과정이기도 하다. 비록 강제적인 절차로 진행할 수밖에 없는 불가피한 조치이지만, 공사익 형량의 과정은 반드시 행해져야 하고, 사업인정의제제도는 원천적으로 이를 봉쇄하는 조치로써 매우 엄격하게 이루어져야 할 것이다. 공익사업과 관련 총괄청을 두어 사전 타당성 검토와 사후 재평가의 과정을 거치는 피드백 과정을 통해 투명하고 공정한 공익사업이 실행되어야 할 것이다. 토지보상법 제21조 개정법률에서는 별표에 규정된 법률에 따라 사업인정의제 시 이해관계인의 의견청취규정을 두었으나 이를 강제하는 실효규정이 없어 그 한계가 있다.

쟁점 11 토지·물건조서의 작성 C급

Ⅰ 의의 및 취지

토지·물건조서란 공익사업을 위하여 수용 또는 사용을 필요로 하는 토지와 그 토지상에 있는 물건의 내용을 사업시행자가 작성하는 문서를 말한다. 토지·물건조서의 작성은 공용수용의 제2단계 절차로서, 수용 또는 사용할 토지 및 물건의 내용을 확정하는 절차이다. 이는 분쟁의 사전예방, 절차진행의 원활화 등에 취지가 있다.

Ⅱ 법적 성질

타인토지출입조사행위는 권력적 사실행위이며, 행정조사이자 일시적 사용제한에 해당한다. 토지·물건조서 작성행위는 비권력적 사실행위이다.

Ⅲ 조서작성의 절차

사업시행자는 토지 및 물건조서를 작성하여 서명 또는 날인을 하고 토지소유자 및 관계인의 서명 또는 날인을 받아야 한다. 토지소유자 및 관계인이 서명을 하지 아니하거나 할 수 없는 경우에 사업시행자는 해당 조서에 그 사유를 기재하여야 한다.

Ⅳ 토지·물건조서의 효력

1. 진실의 추정력(법 제27조 제3항)

진실의 추정력이란 별도의 입증 없이도 일응 진실한 것으로 추정하는 것으로, 토지·물건조서는 피수용자가 이의를 제기한 경우를 제외하고는 그 조서의 내용에 관해 증거력을 다투지 못한다. 단, 기재사항이 진실에 반함을 입증하는 경우에는 예외로 한다.

2. 하자 있는 조서의 효력

① 내용상 하자 있는 조서의 효력

내용상 하자는 물적 상태, 권리관계에 대한 오기, 틀린 계산 등의 사실과 다른 기재가 있을 수 있으며, 이러한 내용상 하자는 진실의 추정력으로 조서의 기재가 진실에 반하는 것을 입증하기 전에는 그 효력을 부인할 수 없다. 단, 반증에 의해 번복이 가능하며 이 경우 입증책임은 토지소유자나 관계인에게 있다.

② 절차상 하자 있는 조서의 효력

절차상 하자는 서명·날인의 누락이나 누락사유의 기재의 누락 등의 하자로서, 절차상 하자 있는 조서는 진실의 추정력이 인정되지 아니한다. 따라서 이의제기 없이도 이의를 제기할 수 있다. 단, 피수용자의 추인이 있는 경우에는 적법하다.

③ 하자 있는 조서가 재결에 미치는 효력

조서작성의 하자를 이유로 재결단계에서 이를 다툴 수 있는지 여부가 문제된다. 판례는 조서작성의 절차상 하자는 기재에 대한 증명력에 관하여 추정력이 인정되지 않는다는 것일 뿐, 수용재결 또는 이의재결의 효력에 영향을 미치지 않는다고 판시하였다. 생각건대 조서가 토지수용위원회의 심리상 중요하기는 하나 유일한 증거방법이 아니고, 조서의 기재 내용에 토지수용위원회의 사실인정을 구속하는 법률상의 힘이 부여되는 것이 아니기 때문에 재결에 영향이 없는 것으로 봄이 타당하다.

V 권리구제

1. 사전적 권리구제(이의부기)

조서작성 시 토지소유자 등과 사업시행자의 의견이 일치하지 아니하는 경우에는 피수용자는 이의를 부기하고 서명·날인할 수 있으며, 이에 이의부기된 내용은 수용재결에 의하여 판단하게 된다.

2. 행정쟁송

조서작성행위는 비권력적 사실행위이므로 행정쟁송으로 다툴 수 없다. 조서작성을 위한 타인토지출입 측량·조사행위는 권력적 행정조사로서 권력적 사실행위이므로 처분성이 인정되어 항고쟁송으로 다툴 수 있으나, 짧은 시간 안에 완성되는 것이므로 협의 소익이 없어 각하될 가능성이 높다. 다만, 장기간을 요하는 측량·조사행위는 협의 소익이 인정될 수 있고, 집행정지 신청이 필요하다.

3. 손실보상

사업시행자는 타인이 점유하는 토지에 출입하여 측량·조사함으로써 발생하는 손실을 보상하여야 한다(제27조 제4항). 손실보상에 관하여는 손실보상의 청구(제9조 제5항), 협의결정(제9조 제6항), 재결신청(제9조 제7항)의 규정을 준용한다(제27조 제5항).

쟁점 **12** 사업인정고시 후 협의취득   B급

I 의의 및 취지(토지보상법 제26조)

사업인정 후 협의란 사업인정의 고시가 있은 후에 사업시행자가 수용목적물을 취득하거나 소멸시키기 위하여 피수용자와 합의하는 것으로 공용수용의 제3단계 절차이다. 이는 협의절차를 통해 최소침해의 원칙을 구현하고, 토지소유자 및 관계인에게 해당 공익사업의 취지를 이해시켜 신속하게 사업을 수행하고자 함에 취지가 있다.

II 필수절차인지 여부

토지보상법은 "사업시행자는 토지 등에 대한 보상에 관하여 토지소유자 및 관계인과 성실하게 협의하여야 한다."(제26조 제1항, 제16조)고 규정하면서, "사업인정 이전에 협의절차를 거쳤으나 협의가 성립되지 아니한 경우로써, 토지·물건조서의 내용에 변동이 없는 때에는 협의절차를 생략할 수 있다."(제26조 제2항)고 규정하고 있어, 원칙상 필수적 절차인데, 사업인정 전후 협의 중에서 하나의 협의는 생략할 수 있지만 한 번의 협의는 반드시 거쳐야 하는 필수적 절차이다.

III 법적 성질

1. 문제점

사업인정 후 협의와 관련하여 분쟁이 발생한 경우 적용법규 및 소송형태와 관련하여 법적 성질이 문제된다.

2. 학설

① **사법상 계약설** : 협의는 대등한 지위에서 토지 등에 관한 권리를 취득하기 위하여 행하는 임의적 합의이고, 수용권 행사가 아닌 사법상의 매매계약과 성질상 동일한 것으로 보는 견해이다.

② **공법상 계약설** : 협의는 사업시행자가 국가적 공권의 주체로서 수용권을 실행하는 방법의 하나이며, 협의가 성립되지 않으면 재결에 의하게 된다는 점에서 수용계약이라고 할 수 있는 공법상 계약이라고 보는 견해이다.

3. 판례

대법원은 수용권의 주체에 관하여 사업시행자수용권설의 입장에 있지만 사업인정 이후의 협의 그 자체는 사법상 법률행위에 불과하다고 판시하여 사법상 계약설의 입장이다.

4. 검토

협의는 수용권의 주체인 사업시행자가 사실상의 공권력의 담당자로서 우월적인 지위에서 공익을 실현하는 공용수용절차의 하나이므로 공법상 계약으로 볼 수 있다. 따라서 사업인정 이후의 협의에 대하여는 공법이 적용되며, 그에 대한 분쟁은 공법상 당사자소송으로 하는 것이 타당하다.

Ⅳ 협의의 방법과 절차

1. 협의방법

사업시행자는 토지 등에 대한 보상에 관하여 토지소유자 및 관계인과 성실하게 협의하여야 한다(법 제16조). 성실한 협의란 사업의 목적·계획 등을 성의 있고 진실하게 설명하여 이해할 수 있도록 하는 것을 말한다.

2. 협의의 당사자

협의는 토지소유자 및 관계인 등 피수용자 전원을 대상으로 하되, 개별적으로 하여야 한다. 또한 협의는 진정한 권리자와 하여야 한다.

3. 협의의 절차

협의를 하려는 경우에는 보상협의요청서에 ① 협의기간·협의장소 및 협의방법, ② 보상의 시기·방법·절차 및 금액, ③ 계약체결에 필요한 구비서류를 통지하여야 한다. 다만, 토지소유자 및 관계인을 알 수 없거나 그 주소·거소 또는 그 밖에 통지할 장소를 알 수 없을 때에는 공고로써 갈음할 수 있다(시행령 제8조 제1항).

4. 협의기간

협의기간은 특별한 사유가 없으면 30일 이상으로 하여야 한다(시행령 제8조 제3항). 협의의 최대기간에 대하여 수용절차상 재결 전까지를 시한으로 하므로, 협의의 최대기간 역시 사업인정고시일로부터 1년 이내에 하여야 한다.

5. 협의의 내용(범위)

협의의 범위는 토지조서 및 물건조서의 작성범위 내이어야 한다. 일정한 절차에 따라 작성된 토지조서 및 물건조서는 진실성의 추정을 받는 효력이 있으므로 그 범위를 넘어서는 원칙적으로 협의할 수 없다. 따라서 협의는 ① 수용하거나 사용할 토지의 구역 및 사용방법, ② 손실보상, ③ 수용 또는 사용의 개시일과 기간, ④ 그 밖에 이 법 및 다른 법률에서 규정한 사항 등에 대하여 행하여야 한다(법 제50조).

Ⅴ 협의의 효과

1. 협의성립의 효과

협의가 성립하면 공용수용의 절차는 종결되고, 수용의 효과가 발생한다. 즉, 사업시행자는 수용 또는 사용의 개시일까지 보상금을 지급 또는 공탁하고, 피수용자는 그 시기까지 해당 토지·물건을 인도하거나 이전함으로써, 사업시행자는 목적물에 대한 권리를 취득하고 피수용자는 그 권리를 상실한다.

이때, 사업시행자가 토지·물건을 취득하는 형태가 원시취득인지 승계취득인지 문제되나, 협의는 계약이므로 그것이 공법상 계약이라 하더라도 승계취득으로 봄이 타당하다. 따라서 협의취득의 경우에는 종전의 소유자의 권리 위에 존재하던 부담·제한은 모두 사업시행자에게 그대로 승계된다.

2. 협의불성립의 효과

협의가 불성립한 경우 사업시행자는 토지수용위원회에 재결신청을 할 수 있는 권리가 인정되고, 이에 상응하여 피수용자에게는 재결신청의 청구권이 인정된다.

VI 협의에 대한 다툼

협의성립 후 협의성립 확인 전에 계약체결상의 하자로서 착오를 이유로 협의의 법률관계의 효력을 부인할 수 있다 할 것이다. 공법상 계약설에 의하면 공법상 당사자소송을 제기하여야 하고, 사법상 계약설에 의하면 민사소송을 제기하여 다툴 수 있다. 공법상 계약설에 따르는 경우에는 개별법상 명문규정이 없는 경우 계약에 관한 사법의 규정이 적용될 것이나, 공공적 특성 때문에 공법원리에 의하여 제한을 받는다.

VII 관련문제

1. 위험부담의 이전

(1) 문제점(토지보상법 제46조)

민법의 채무자위험부담주의의 예외로서, 토지보상법 제46조는 재결 후에 사업시행자가 위험부담을 지도록 규정하고 있는바 협의성립 후 목적물이 멸실된 경우에도 적용될 수 있는지 문제된다.

(2) 판례의 태도

토지보상법 제46조상의 위험부담의 이전 규정의 취지는 피수용자의 권익보장을 위하여 인정된 제도로 협의성립 후 귀책사유 없이 목적물이 멸실된 경우에도 적용되는 것이 타당하다고 생각된다. 판례도 토지를 매수하고 지상입목에 대하여 적절한 보상을 하기로 특약하였다면 보상금이 지급되기 전에 그 입목이 멸실된 경우에도 보상을 하여야 한다고 판시한 바 있다.

2. 사업시행자가 보상금을 지급하지 않은 경우(재결실효 규정의 준용 여부)

(1) 문제점

협의가 성립하여 계약을 체결하였으나, 사업시행자가 계약의 내용에 따라서 손실보상의무를 이행하지 아니하는 경우 피수용자의 보호가 문제된다. 이에 대하여 토지보상법 제42조(재결실효) 규정을 준용하자는 견해와 준용할 수 없다는 견해가 있다.

(2) 재결실효의 규정이 준용되는지 여부

현행 토지보상법상 협의의 실효에 관한 명문의 규정이 없으므로 재결실효의 규정을 적용할 수 없다고 본다. 따라서 피수용자는 사업시행자가 손실보상의무를 이행하지 아니하는 경우에는 계약의 불이행에 대한 손해배상의 청구, 이행강제, 계약해제 등을 주장할 수 있다고 본다. 협의는 공법상 계약으로 보는 것이 타당하므로 공법상 당사자소송에 의하면 될 것이다. 다만, 판례에 의하면 민사소송으로 해결한다.

(3) 인도·이전의무를 이행하지 아니하는 경우(대행·대집행 규정의 준용 여부)

후술함

쟁점 13 협의성립확인(토지보상법 제29조) A급

I 의의 및 취지(토지보상법 제29조)

협의성립확인이란, 협의가 성립한 경우 사업시행자가 수용재결의 신청기간 이내에 피수용자의 동의를 얻어 관할 토지수용위원회에 협의성립확인을 받음으로써 재결로 간주하는 제도를 말한다. 이는 계약불이행에 따른 위험을 방지하고 원활한 공익사업의 진행을 도모함에 취지가 인정된다.

II 법적 성질

① 법률관계의 존부 또는 정부를 판단하는 행위로 협의성립확인을 강학상 확인으로 보는 견해가 있고, ② 의문 또는 다툼이 없는 특정한 사실 또는 법률관계의 존부를 공적 권위로서 이를 증명하는 행위인 공증으로 보는 견해가 있으며, ③ 협의성립확인을 재결로 간주(법 제29조 제4항)하기 때문에 처분으로 보고 있다. 판례에서는 협의성립확인이 이루어지면 협의의 성립이나 내용을 다툴 수 없어 실질적 확정력이 부여되기 때문에 〈처분〉이라고 판시하고 있다.
④ 생각건대, 토지보상법 제29조 제4항에서는 재결로 간주하고 판례의 태도에 따라 실질적 확정력이 부여되기 때문에 처분으로 보면서 강학상 확인의 성격도 있다고 보는 것이 타당하다고 판단된다.

III 협의성립확인의 요건 및 절차

1. 협의성립확인의 신청요건(법 제29조 제1항)

당사자 사이에 협의가 성립한 후에 수용재결의 신청기간 내에 토지소유자 및 관계인의 동의를 얻어 관할 토지수용위원회에 협의성립확인을 신청할 수 있다.

2. 일반적 절차(법 제29조 제2항)

사업시행자는 피수용자의 동의를 얻어 관할 토지수용위원회에 신청함으로써 협의성립확인을 한다.

3. 공증에 의한 절차(법 제29조 제3항)

공증인의 공증을 받아 관할 토지수용위원회에 확인을 신청하고 이것을 수리함으로써 협의성립이 확인된 것으로 본다.

IV 협의성립확인의 효력

1. 수용재결로 간주(법 제29조 제4항)

협의성립확인은 이 법에 따른 재결로 보며, 재결의 효과와 같은 동일한 효과가 발생한다. 따라서 이때의 목적물에 대한 권리의 취득은 원시취득이 된다.

2. 협의에 대한 차단효 발생

사업시행자, 토지소유자 및 관계인은 협의의 성립이나 내용에 대하여 다툴 수 없는 확정력이 발생한다.

3. 확인의 실효 여부

협의성립확인은 재결로 간주되므로, 협의에서 정한 보상의 시기까지 보상을 하지 않으면 재결 실효규정이 적용되어 확인의 효력은 상실된다 볼 것이다. 이때 협의의 효력도 상실되는지 논란이 있으나, 협의는 계약이므로 계약불이행의 문제가 발생되고, 곧바로 협의의 효력이 상실된다고 볼 수는 없다.

V 권리구제

1. 협의성립확인에 대한 불복

협의성립확인이 있게 되면 재결로 간주되므로, 재결에 대한 불복과 동일한 절차에 의해 토지보상법 제83조, 제85조에 따라 이의신청 및 행정소송 제기를 할 수 있다.

2. 협의 자체에 대한 불복

협의성립확인의 차단효로 인하여 법리적으로는 협의성립확인의 효력(재결로 간주)을 소멸시킨 후에 협의 자체에 대한 법률관계에 대하여 판례에 태도에 따르면 〈민사소송〉을 제기할 수 있고, 다수설에 따르면 〈공법상 당사자소송〉을 제기할 수 있다. 다만 실무적으로는 이를 이원적으로 분리해서 불복하는 것은 이미 보상금을 수령한 피수용자 입장에서는 소모적인 논쟁이어서 보상현장에서는 거의 불복이 없는 실정이어서 이론적으로만 생각해 볼 수 있는 논제이다.

VI 문제점 및 개선방안

피수용자는 재결의 효과가 발생하는 사실을 명확히 인식하지 못하고 동의할 수 있다. 또한 공증에 의할 경우 의견제출 기회도 부여받지 못하므로 협의성립확인이 있다는 사실을 알 수 없는 경우가 있다. 이런 문제점을 해결하기 위해 협의성립확인과정상 피수용자의 절차참여 방안이 모색되어야 하고, 동의요구 시 확인의 효과를 고지하는 사전고지제도를 도입할 필요성이 인정된다.

VII 최근 대법원 2016두51719 판결

■ **협의성립확인 시에 진정한 토지소유자 동의를 요한다는 최근 핵심판례**
[대판 2018.12.13, 2016두51719[협의성립확인신청수리처분취소]

【판시사항】
① 협의성립의 확인신청에 필요한 동의의 주체인 토지소유자는 협의 대상이 되는 '토지의 진정한 소유자'를 의미하는지 여부(적극)
② 사업시행자가 진정한 토지소유자의 동의를 받지 못한 채 등기부상 소유명의자의 동의만을 얻은 후 관

련 사항에 대한 공증을 받아 위 제29조 제3항에 따라 협의성립의 확인을 신청하였으나 토지수용위원회
가 신청을 수리한 경우, 수리 행위가 위법한지 여부(원칙적 적극)
③ 이와 같은 동의에 흠결이 있는 경우 진정한 토지소유자 확정에서 사업시행자의 과실 유무를 불문하고
수리행위가 위법한지 여부(적극) 및 이때 진정한 토지소유자가 수리행위의 위법함을 이유로 항고소송
으로 취소를 구할 수 있는지 여부(적극)

【판결요지】

공익사업을 위한 토지 등의 취득 및 보상에 관한 법률(이하 '토지보상법'이라 한다) 제29조에서 정한 협의
성립 확인제도는 수용과 손실보상을 신속하게 실현시키기 위하여 도입되었다. 토지보상법 제29조는 이를
위한 전제조건으로 협의 성립의 확인을 신청하기 위해서는 협의취득 내지 보상협의가 성립한 데에서 더
나아가 확인 신청에 대하여도 토지소유자 등이 동의할 것을 추가적 요건으로 정하고 있다. 특히 토지보상
법 제29조 제3항은, 공증을 받아 협의 성립의 확인을 신청하는 경우에 공증에 의하여 협의 당사자의 자발
적 합의를 전제로 한 협의의 진정 성립이 객관적으로 인정되었다고 보아, 토지보상법상 재결절차에 따르는
공고 및 열람, 토지소유자 등의 의견진술 등의 절차 없이 관할 토지수용위원회의 수리만으로 협의 성립이
확인된 것으로 간주함으로써, 사업시행자의 원활한 공익사업 수행, 토지수용위원회의 업무 간소화, 토지소
유자 등의 간편하고 신속한 이익실현을 도모하고 있다.

한편 토지보상법상 수용은 일정한 요건하에 그 소유권을 사업시행자에게 귀속시키는 행정처분으로서 이로
인한 효과는 소유자가 누구인지와 무관하게 사업시행자가 그 소유권을 취득하게 하는 원시취득이다. 반면,
토지보상법상 '협의취득'의 성격은 사법상 매매계약이므로 그 이행으로 인한 사업시행자의 소유권 취득도
승계취득이다. 그런데 토지보상법 제29조 제3항에 따른 신청이 수리됨으로써 협의 성립의 확인이 있었던
것으로 간주되면, 토지보상법 제29조 제4항에 따라 그에 관한 재결이 있었던 것으로 재차 의제되고, 그에
따라 사업시행자는 사법상 매매의 효력만을 갖는 협의취득과는 달리 확인대상 토지를 수용재결의 경우와
동일하게 원시취득하는 효과를 누리게 된다.

이처럼 간이한 절차만을 거치는 협의 성립의 확인에, 원시취득의 강력한 효력을 부여함과 동시에 사법상
매매계약과 달리 협의 당사자들이 사후적으로 그 성립과 내용을 다툴 수 없게 한 법적 정당성의 원천은
사업시행자와 토지소유자 등이 진정한 합의를 하였다는 데에 있다. 여기에 공증에 의한 협의 성립 확인
제도의 체계와 입법 취지, 그 요건 및 효과까지 보태어 보면, 토지보상법 제29조 제3항에 따른 협의 성립
의 확인 신청에 필요한 동의의 주체인 토지소유자는 협의 대상이 되는 '토지의 진정한 소유자'를 의미한다.
따라서 사업시행자가 진정한 토지소유자의 동의를 받지 못한 채 단순히 등기부상 소유명의자의 동의만을
얻은 후 관련 사항에 대한 공증을 받아 토지보상법 제29조 제3항에 따라 협의 성립의 확인을 신청하였음에
도 토지수용위원회가 신청을 수리하였다면, 수리 행위는 다른 특별한 사정이 없는 한 토지보상법이 정한
소유자의 동의 요건을 갖추지 못한 것으로서 위법하다. 진정한 토지소유자의 동의가 없었던 이상, 진정한
토지소유자를 확정하는 데 사업시행자의 과실이 있었는지 여부와 무관하게 그 동의의 흠결은 위 수리 행위
의 위법사유가 된다. 이에 따라 진정한 토지소유자는 수리 행위가 위법함을 주장하여 항고소송으로 취소를
구할 수 있다.

쟁점 14　사업인정 전·후 협의 비교　　　　　　　　　　　　　　C급

구분	사업인정 전 협의	사업인정 후 협의
	공통점	
취지	사업시행자와 토지소유자 및 관계인 간의 임의적 합의를 전제로 한다는 점에서 '최소침해의 원칙을 구현'하고 원활한 공익사업의 시행을 도모하기 위한 취지	
계약의 형태	양자 모두 공공성이 인정되고, 공공용지의 취득을 위한 것으로 쌍방적 행위인 계약의 형태	
협의의 내용	목적물의 범위, 목적물의 취득시기, 손실보상의 구체적 내용	
취득의 효과	모두 계약에 의한 승계취득	
	차이점	
법적 성질	학설·판례 모두 사법상 계약설	학설 : 공법상 계약설 판례 : 사법상 계약설
적용법규	사법이 전면적으로 적용	토지보상법을 기본으로 하여 없는 사항에 대해서 사법의 일반법리적 규정 적용, 이 외에 사법규정도 유추적용
협의성립 확인제도	협의성립확인제도 없음	사업인정 후 협의제도에만 인정
협의 불성립 시 효과	사업인정을 신청	재결을 신청 및 재결신청청구권
권리구제	민사소송	공법상 당사자소송 (단, 판례는 민사소송)
	양자의 관계	
절차상 선후관계	사업인정고시 전·후에 따른 선후관계. 다만, 사업인정 전 협의에서 결정된 사항은 사업인정 후 협의에 대한 구속력이 없음.	
절차생략규정	사업인정 전 협의를 거쳤으나 협의 불성립 시 조서내용에 변경이 없는 때에는 사업인정 후 협의절차 생략가능. 단, 상대방이 협의를 요구할 때에는 협의 필요	
	협의와 협의성립확인의 관계	
법적 성질	판례의 태도에 따르면 협의는 사법상, 계약이며, 협의성립은 토지보상법 제29조 제4항에 의거 재결로 간주되어 공법적 관계로 처분성 인정	
취득효과	• 협의에 의한 취득은 계약에 의한 승계취득 • 협의성립확인을 받으면 재결로 간주되어 원시취득	
성립효과	• 협의가 성립되면 협의 내용에 따른 계약의 효과 • 협의성립확인이 되면 재결과 동일한 효과로 손실보상, 환매권, 인도·이전의무, 대행·대집행청구권, 위험부담의 이전 등의 효과가 발생	
권리구제	• 판례에 의하면 사업인정 전·후 협의는 사법상 계약으로 보는바 민사소송 • 협의성립확인은 재결로 간주되어 협의성립 내용에 대해 직접 다툴 수 없고 재결에 대한 불복으로 제83조 이의신청 및 제85조 행정소송 제기	

쟁점 15　재결신청청구권(토지보상법 제30조)　　A급

토지보상법 제30조(재결 신청의 청구)
① 사업인정고시가 된 후 협의가 성립되지 아니하였을 때에는 토지소유자와 관계인은 대통령령으로 정하는 바에 따라 서면으로 사업시행자에게 재결을 신청할 것을 청구할 수 있다.
② 사업시행자는 제1항에 따른 청구를 받았을 때에는 그 청구를 받은 날부터 60일 이내에 대통령령으로 정하는 바에 따라 관할 토지수용위원회에 재결을 신청하여야 한다. 이 경우 수수료에 관하여는 제28조 제2항을 준용한다.
③ 사업시행자가 제2항에 따른 기간을 넘겨서 재결을 신청하였을 때에는 그 지연된 기간에 대하여 「소송촉진 등에 관한 특례법」 제3조에 따른 법정이율을 적용하여 산정한 금액을 관할 토지수용위원회에서 재결한 보상금에 가산(加算)하여 지급하여야 한다.

I　의의 및 취지(토지보상법 제30조)

재결신청청구권은 사업인정 후 협의가 성립되지 않은 경우 피수용자가 사업시행자에게 서면으로 재결신청을 조속히 할 것을 청구하는 권리이다. 이는 피수용자에게는 재결신청권을 부여하지 않았으므로 수용법률관계의 조속한 안정과 재결신청지연으로 인한 피수용자의 불이익을 배제하기 위한 것으로서 사업시행자와의 형평의 원리에 입각한 제도이다.

II　성립요건

1. 당사자 및 청구형식

청구자는 토지소유자 및 관계인이며, 피청구자는 사업시행자와 대행자이다. 청구형식은 서면에 의하여야 하며, 판례는 신청서 일부 누락도 청구의사가 명백하다면 효력이 있다고 본다.

2. 청구기간

(1) 원칙

토지소유자 등은 사업시행자에게 협의기간 만료일부터 재결신청기간 만료일(사업인정고시일부터 1년 내)까지 재결을 신청할 것을 청구할 수 있다.

(2) 예외

㉠ 협의 불성립 또는 불능 시, ㉡ 사업인정 후 상당 기간이 지나도록 사업시행자의 협의통지가 없는 경우, ㉢ 협의기간 내에도 협의 의사가 전혀 없는 경우(협의 불성립이 명백한 경우) 재결신청이 가능하다고 본다. 단, 협의기간이 종료되는 시점부터 60일을 기산한다. 이에 대해 토지보상법 제30조 제2항은 청구가 있은 날부터 60일 이내에 재결을 신청해야 한다고 규정하고 있으므로 기간종료 후부터 기산하는 것은 타당하지 않다는 비판이 있다. 대법원 2010두9457 판결에서는 토지소유자 및 관계인이 그 협의기간이 종료하기 전에 재

결신청의 청구를 한 경우에는 사업시행자가 협의기간이 종료하기 전에 협의기간을 연장하였다고 하더라도 토지보상법 제30조 제2항에서 정한 60일의 기간은 당초의 협의기간 만료일로부터 기산하여야 한다고 판시하고 있는바, 판례의 태도가 타당하다고 판단된다.

Ⅲ 재결신청청구의 효과

재결신청을 받은 사업시행자는 청구가 있은 날부터 60일 이내에 관할 토지수용위원회에 재결을 신청하여야 한다. 또한 사업시행자가 피수용자로부터 재결신청의 청구를 받은 날로부터 60일을 경과하여 재결을 신청한 때에는 그 경과한 기간에 대하여 재결보상금에 가산하여 지연가산금을 지급하여야 한다(토지보상법 제30조 제3항).

Ⅳ 권리구제

1. 사업시행자가 재결신청을 거부하거나 부작위하는 경우

(1) 항고쟁송 가능 여부

토지소유자는 재결을 직접 신청할 수 없고 민사소송 이행불가, 거부, 부작위, 일반적인 경우 직접 법률관계의 변동이 없기 때문에 행정쟁송을 할 수 없다고 종전에는 보았으나, 최근 판례는 재결신청청구에 대해 거부처분취소소송으로 다툴 수 있다고 판시하였다.

> **재결신청청구거부에 대하여 거부처분취소소송으로 다툼** ▶ 제32회 기출
>
> 공익사업을 위한 토지 등의 취득 및 보상에 관한 법률 제28조, 제30조에 따르면, 편입토지 보상, 지장물 보상, 영업·농업보상에 관해서는 사업시행자만이 재결을 신청할 수 있고 토지소유자와 관계인은 사업시행자에게 재결신청을 청구하도록 규정하고 있으므로, 토지소유자나 관계인의 재결신청청구에도 사업시행자가 재결신청을 하지 않을 때 토지소유자나 관계인은 사업시행자를 상대로 거부처분취소소송 또는 부작위위법확인소송의 방법으로 다투어야 한다(대판 2019.8.29, 2018두57865).

(2) 민사소송 또는 공법상 당사자소송의 가능성

판례는 가산금제도로 사업시행자의 재결신청의무를 강제하고 있으며, 사업인정의 실효규정에 따른 손실보상 규정을 이유로 민사소송 등에 의한 방법으로 그 이행을 청구할 수 없다고 판시하였다. 이러한 판례의 태도에 비추어 공법상 당사자소송으로 인정하기 어렵다.

2. 지연가산금에 대한 다툼

지연가산금은 손실보상과는 다른 "법정 지연손해배상금"의 성격을 갖지만, 판례는 지연가산금은 수용보상금과 함께 수용재결로 정하도록 규정하고 있으므로 이에 대한 불복은 수용보상금의 증액에 관한 소에 의하여야 한다.

Ⅴ 재결실효 및 재결신청의 실효와 사업인정의 효력

재결의 효력이 상실되면 재결신청 역시 그 효력을 상실하게 되고, 사업인정의 고시가 있은 날로부터 1년 이내에 재결신청을 하지 않는 것이 되었다면 사업인정도 효력을 상실하게 된다.

VI 문제점

사업시행자가 재결신청청구를 받고도 재결을 신청하지 않을 경우, 단지 경과된 기간에 한하여 가산금 규정만을 부과하고 있다는 점에서 이는 토지수용에 따른 문제를 조속히 해결하고자 하는 토지소유자의 권리보호에 미흡한 제도라 할 것이다. 따라서 재결신청청구권의 효력을 사업시행자에 대한 요구권에 한정하지 아니하고 직접 토지수용위원회에 재결신청이 이루어지는 효력을 부여하는 정도로 강화할 필요가 있다.

쟁점 16 재결신청권(토지보상법 제28조) B급

> **토지보상법 제28조(재결의 신청)**
> ① 제26조에 따른 협의가 성립되지 아니하거나 협의를 할 수 없을 때(제26조 제2항 단서에 따른 협의 요구가 없을 때를 포함한다)에는 사업시행자는 사업인정고시가 된 날부터 1년 이내에 대통령령으로 정하는 바에 따라 관할 토지수용위원회에 재결을 신청할 수 있다.
> ② 제1항에 따라 재결을 신청하는 자는 국토교통부령으로 정하는 바에 따라 수수료를 내야 한다.

I 사업시행자의 재결신청권

토지보상법 제28조(재결의 신청)에서는 "① 제26조에 따른 협의가 성립되지 아니하거나 협의를 할 수 없을 때(제26조 제2항 단서에 따른 협의 요구가 없을 때를 포함한다)에는 사업시행자는 사업인정고시가 된 날부터 1년 이내에 대통령령으로 정하는 바에 따라 관할 토지수용위원회에 재결을 신청할 수 있다."라고 규정하고 있어 사업인정 후에 협의가 성립되지 아니하거나 협의를 할 수 없을 때 사업시행자는 사업인정고시가 된 날부터 1년 이내에 재결신청을 하도록 규정하고 있다. 개별법률에서는 사업인정고시가 된 날로부터 사업기간 내 재결신청을 하도록 일반적으로 규정하고 있는 특징이 있다.

II 사업시행자에게만 재결신청권을 인정

1. 사업시행자에게만 재결신청권을 부여한 이유

사업시행자에게만 재결신청권을 인정하는 이유는 결국 사업시행자가 예산을 확보한 상태에서 재결신청을 해야 재결이 실효되지 않기 때문에 사업시행자의 예산확보를 전제로 재결신청을 하도록 하고 있는 것이다. 이는 사업의 장기화를 방지하고 사업시행자가 추진하고자 하는 공익사업의 사업계획에 맞추어 예산확보와 예산집행으로 사업의 안정성이 확보되어 진행할 수 있도록 보장하기 위한 것이다.

2. 사업시행자에게만 재결신청권을 부여한 타당성

① 사업시행자가 공익사업을 통해 그 결과를 향유하는 수용권의 주체이고 예산확보를 통해 원활한 공익사업의 시행을 보장할 수 있다는 점, ② 사업시행자에 대응하여 피수용자에게 재결신청청구권을 부여하여 공평의 원칙을 꾀한 점, ③ 사업인정고시 후 1년 이내에 재결신청을 하지 않으면 사업인정도 실효된다는 점, ④ 사업시행자가 공익사업 예산을 확보하지 않은 상태에서 재결이 나오고 수용의 개시일에 보상금 지급공탁을 하지 않으면 재결이 실효되어 공익사업이 백지화된다는 점을 고려할 때 사업시행자에게만 재결신청권을 부여하는 것이 타당하다고 판단된다.

Ⅲ **재결신청권에 대한 문제점과 개선방안**

1. 사업시행자에게만 재결신청을 부여한 문제점

(1) 사업시행자의 독점적 재결신청의 폐해

사업시행자가 공익사업의 구역과 보상을 결정하는 재결에 대한 재결신청권을 독점적으로 행사함으로 인하여 결국 공익사업에 대한 보상금 지급 여부는 사업시행자의 판단에 맡겨진 바, 개별법률에서 사업기간 내에 사업시행자가 고의적으로 사업인정고시 후에 재결신청을 하지 않으면 피수용자는 토지보상법 제25조에 따라 토지보전의무만을 이행하는 불합리한 결과를 초래하게 된다.

(2) 피수용자의 재결신청청구권 제도의 한계

재결신청청구권제도는 단순히 가산금 의무만 부과하고 있다는 점에서, 토지수용에 따른 문제를 조속히 해결하고자 하는 토지소유자의 권리보호에 미흡한 제도로서 한계가 존재한다.

2. 재결신청제도의 개선방안

사업시행자에게만 재결신청권을 부여한 취지는 결국 충분한 예산을 확보하여 보상금을 지급토록 하는 취지이다. 이는 토지소유자가 사업시행자의 보상 협의에 응하거나 수용의 개시일에 사업시행자가 보상금을 지급 또는 공탁함으로써 보상금을 받을 수 있는 제도적 한계 때문에 이러한 문제점이 야기되는 것이다. 그러므로 일본토지수용법과 같이 가격시점을 사업인정고시일 기준으로 하고 공익사업을 강제적으로 진행하기 위해서는 필수적으로 예산을 확보한 상태에서 사업인정고시를 하도록 하며, 그렇게 한다면 피수용자가 언제든지 보상금을 청구할 수 있도록 법령을 정비한다면 이러한 사업시행자에게만 재결신청을 하도록 하는 폐해는 방지할 수 있을 것으로 생각된다.

쟁점 17 화해   C급

I   화해의 의의 및 법적 성질 등(토지보상법 제33조)

> **토지보상법 제33조(화해의 권고)**
> ① 토지수용위원회는 그 재결이 있기 전에는 그 위원 3명으로 구성되는 소위원회로 하여금 사업시행자, 토지소유자 및 관계인에게 화해를 권고하게 할 수 있다. 이 경우 소위원회는 위원장이 지명하거나 위원회에서 선임한 위원으로 구성하며, 그 밖에 그 구성에 필요한 사항은 대통령령으로 정한다.
> ② 제1항에 따른 화해가 성립되었을 때에는 해당 토지수용위원회는 화해조서를 작성하여 화해에 참여한 위원, 사업시행자, 토지소유자 및 관계인이 서명 또는 날인을 하도록 하여야 한다.
> ③ 제2항에 따라 화해조서에 서명 또는 날인이 된 경우에는 당사자 간에 화해조서와 동일한 내용의 합의가 성립된 것으로 본다.

화해조서는 법원에서 당사자 간 합의된 내용을 기재하고 이를 판결과 동일한 효력을 가지도록 하는 문서이다. 토지보상법상 화해란 재결에 의하지 아니하고 토지수용위원회에서 사전에 분쟁을 해결하기 위한 의사 합치 제도이다. 토지보상법상 화해는 재결에 의하지 않고 신속한 분쟁해결을 위한 취지가 있다. 화해의 법적 성질에 대하여 학계에서는 공법영역에서 양 당사자가 서로 양보하여 분쟁을 해결하는 약정으로써 일종의 공법상 계약의 성질을 갖는 것으로 보는 일부 견해도 있고, 재판상 화해로 확정판결과 동일한 효력이 있다고 보는 견해도 있으나, 다수의 견해는 재결로 보는 것이 타당하다고 보여진다.

II   토지보상법상 화해의 절차

1. 화해의 권고

토지보상법 제33조 제1항에서 1단계로 화해의 권고를 규정하고 있어 관할 토지수용위원회는 그 재결이 있기 전에는 그 위원 3명으로 구성되는 소위원회로 하여금 사업시행자, 토지소유자 및 관계인에게 화해를 권고하게 할 수 있다.

2. 화해조서의 작성

그 다음 단계로 화해조서의 작성단계로 화해가 성립되었을 때에는 해당 토지수용위원회는 화해조서를 작성하여 화해에 참여한 위원, 사업시행자, 토지소유자 및 관계인이 서명 또는 날인을 하도록 하여야 한다.

III   토지보상법에서 화해조서의 효력

토지보상법에서는 토지 등의 수용 및 보상 절차에서 발생할 수 있는 분쟁을 해결하기 위해 관할 토지수용위원회에서 3인의 소위원회를 두어 법원의 중재·조정 절차와 같은 화해제도를 규정하고 있다. 이 과정에서 작성된 화해조서는 다음과 같은 효력을 가진다고 볼 수 있다.

1. 당사자 간의 합의 성립 간주

화해조서에 서명 또는 날인이 된 경우에는 당사자 간에 화해조서와 동일한 내용의 합의가 성립된 것으로 본다.

2. 재결의 효력을 인정해야 한다는 견해

결국 화해조서에 의한 합의가 성립된 경우에는 토지수용위원회에서 3인의 소위원회를 통해 화해 조서를 작성하게 함으로써 사실상 재결의 효력과 동일한 효력이 발생된다고 볼 수 있다.

3. 확정판결과 동일한 효력을 인정해야 한다는 견해

화해조서는 민사소송법 제220조에 따라 확정판결과 동일한 효력을 가지며, 이는 강제집행의 기초가 될 수 있다고 보는 견해가 있다. 즉, 당사자 간 합의된 내용은 이후 별도의 소송 없이도 법적 구속력을 갖는다고 보는 것이다.

4. 제소 금지

화해조서가 작성되면, 당사자는 동일한 사안에 대해 다시 소송을 제기할 수 없다(일사부재리 원칙). 이는 분쟁의 신속한 종결과 안정성을 도모하기 위한 것이다.

5. 보상금 지급 및 강제집행 가능성

화해조서에 따라 공익사업 시행자는 보상금을 지급할 의무를 지며, 이를 이행하지 않을 경우 토지소유자는 강제집행을 신청할 수 있다.

Ⅳ 화해조서의 효력 제한

화해조서는 강력한 효력을 가지지만, 다음과 같은 사유로 효력이 제한될 수 있다.

1. 무효 사유로 볼 수 있는 경우

강박, 사기 등으로 인해 화해가 성립된 경우, 이는 민법상 취소 또는 무효 사유에 해당될 수 있다.

2. 합의 내용의 불법성이 인정되는 경우

화해조서 내용이 법령에 명백히 위반되는 경우, 효력이 부인될 수 있다.

Ⅴ 결

토지보상법에 따른 화해조서는 재결의 효력을 갖는다는 견해도 있고, 확정판결과 동일한 효력을 가진다는 견해도 있다. 어쨌든 화해조서는 분쟁의 신속한 해결과 법적 안정성을 보장한다고 볼 수 있다. 다만, 무효 사유나 불법성이 인정되는 경우 그 효력이 쟁점이 될 수 있는바, 화해 조서 작성 전에 피수용자는 신중한 검토가 필요하다고 보여진다. 토지보상법 제33조에서는 화해조서에 대하여 별도의 불복 규정을 두고 있지 않아 재결의 불복으로 볼 것인지, 재판상 화해로 볼 것인지는 학계의 논의로 남겨두도록 한다. 본 필자는 해당 화해조서는 재결의 효력을 부여하는 것으로 보는 것이 토지보상법상의 입법취지에 부합되는 것이라고 생각된다.

쟁점 18 재결(토지보상법 제34조) A급

I 의의 및 취지(토지보상법 제34조)

재결이란 사업인정의 고시 후 협의 불성립 또는 불능의 경우 사업시행자의 신청에 의해 관할 토지수용위원회가 행하는 공용수용의 종국적 절차이다. 수용재결은 수용의 최종단계에서 공익과 사익의 조화를 도모하여 수용목적을 달성함에 제도적 의미가 인정된다.

II 법적 성질

1. 형성적 행정행위

재결의 본질이 수용권의 내용을 확정하고 그 실행의 완성에 있으므로 형성적인 행정처분으로 보는 것이 타당하다. 대법원도 '일정한 법률효과의 발생을 목적으로 하는 점에서 일반의 행정처분과 다를 바 없다.'고 판시한 바 있다.

2. 기속행위 및 재량행위

수용목적의 필요성은 사업인정단계에서 판단하므로 토지수용위원회는 재결신청의 요건을 갖춘 경우 재결을 해야 하는 기속성이 인정된다고 본다. 다만, 손실보상금에 관하여는 토지수용위원회가 증액재결을 할 수 있다는 점에서 재량행위성을 갖는다.

3. 제3자효 행정행위

수용재결은 사업시행자에게는 재산권 취득의 수익적 효과를, 피수용자에게는 재산권 박탈의 침익적 효과를 부여하므로, 제3자효 행정행위이다.

4. 준사법적 행위 여부

양 당사자의 이해관계를 독립적인 행정기관에서 판단·조정하는 행위인 점에서 준사법적 작용의 성질을 갖는다는 견해가 통설이다.

III 재결의 요건과 절차

1. 수용재결의 요건

(1) 주체 요건(토지보상법 제49조)

토지등의 수용과 사용에 관한 재결을 하기 위하여 국토교통부에 중앙토지수용위원회를 두고, 특별시·광역시·도·특별자치도(이하 "시·도"라 한다)에 지방토지수용위원회를 둔다.

(2) 내용상 요건(토지보상법 제50조)

① 토지수용위원회의 재결사항은 다음 각 호와 같다.

㉠ 수용하거나 사용할 토지의 구역 및 사용방법

ⓛ 손실보상

ⓒ 수용 또는 사용의 개시일과 기간

ⓔ 그 밖에 이 법 및 다른 법률에서 규정한 사항

② 토지수용위원회는 사업시행자, 토지소유자 또는 관계인이 신청한 범위에서 재결하여야 한다. 다만, 제1항 제2호의 손실보상의 경우에는 증액재결을 할 수 있다.

(3) 형식상 요건(토지보상법 제34조)

토지수용위원회의 재결은 서면으로 하며, 재결서에는 주문 및 그 이유와 재결일을 적고, 위원장 및 회의에 참석한 위원이 기명날인한 후에 그 정본을 사업시행자, 토지소유자 및 관계인에게 송달하여야 한다.

2. 수용재결의 절차

(1) 재결의 신청(토지보상법 제28조)

사업인정고시 후 협의가 불성립된 경우 사업시행자는 직권 또는 청구에 의해 관할 토지수용위원회에 1년 내에 재결을 신청할 수 있다.

(2) 공고, 열람 및 의견제출(토지보상법 제31조)

토지수용위원회는 재결신청서를 접수하였을 때 지체 없이 이를 공고하고, 공고한 날로부터 14일 이상 관계 서류의 사본을 일반인이 열람할 수 있도록 하여야 한다(제1항). 공고를 하였을 때는 관계 서류의 열람기간 중에 토지소유자 및 관계인은 의견을 제시할 수 있다(제2항).

(3) 심리 및 의견진술(토지보상법 제32조)

토지수용위원회는 제31조 제1항에 따른 열람기간이 지났을 때에는 지체 없이 해당 신청에 대한 조사 및 심리를 하여야 한다(제1항). 토지수용위원회는 심리를 할 때 필요하다고 인정하면 사업시행자, 토지소유자 및 관계인을 출석시켜 그 의견을 진술하게 할 수 있다(제2항).

(4) 재결(토지보상법 제34조)

토지수용위원회의 재결은 서면으로 한다(제1항). 제1항에 따른 재결서에는 주문 및 그 이유와 재결일을 적고, 위원장 및 회의에 참석한 위원이 기명날인한 후 그 정본을 사업시행자, 토지소유자 및 관계인에게 송달하여야 한다(제2항).

Ⅳ 재결의 효력

1. 행정처분의 일반적 효력

재결은 행정행위로서 행정행위의 구속력, 공정력, 확정력, 강제력 등이 발생한다. 특히 준사법적 행위로서 재결청의 직권에 의한 취소 또는 변경이 제한되는 불가변력이 발생한다.

2. 토지보상법상의 효과(구속력의 구체적 내용)

사전보상 실현 및 사업의 원활한 시행을 위해 수용재결 시와 수용개시일로 효력발생시기를 달리하고 있다. ① '수용재결 시'에는 손실보상청구권, 담보물권자의 물상대위권, 인도·이전의무, 위험부담 이전의 효과가 생기고, ② '수용개시일'에는 사업시행자에게는 목적물의 원시취득 및 대행·대집행권, 토지소유자에게는 환매권 등의 효과가 발생한다.

V 재결의 실효(토지보상법 제42조)

1. 의의 및 취지

재결의 실효란 유효하게 성립한 재결에 대해 객관적 사실의 발생에 의해 그 효력이 당연히 상실되는 것을 말한다. 이는 수용의 개시일까지 보상금을 지급공탁하지 않는 경우 실효를 규정하고 있으며 사전보상원칙을 이행하기 위함에 취지가 있다.

2. 재결의 실효사유

사업시행자가 수용·사용의 개시일까지 관할 토지수용위원회가 재결한 보상금을 지급·공탁하지 않는 경우 재결의 효력이 상실된다. 재결 이후 수용·사용의 개시일 이전에 사업인정이 취소 또는 변경되면, 그 고시 결과에 따라 재결의 효력은 상실된다. 다만, 보상금의 지급 또는 공탁이 있은 후에는 이미 수용의 효과가 발생하는 것이므로 재결의 효력에는 영향이 없다.

3. 권리구제

사업시행자는 재결이 실효됨으로 인해 토지소유자 또는 관계인이 입은 손실을 보상하여야 한다. 손실의 보상은 손실이 있은 것을 안 날부터 1년, 발생한 날부터 3년 이내에 청구하여야 하며, 보상액은 사업시행자와 손실을 입은 자가 협의하여 결정하되, 협의 불성립 시 관할 토지수용위원회에 재결을 신청할 수 있다. 실효 여부에 대하여 다툼이 있는 경우에는 실효확인소송을 제기할 수 있다.

4. 관련문제(재결의 실효와 재결신청효력, 사업인정의 효력)

재결의 효력이 상실되면 재결신청 또한 그 효력이 상실되는 것이므로 고시가 있은 날로부터 1년 이내 재결신청을 하지 않은 것으로 되었다면 사업인정도 역시 효력을 상실하여 결국 수용절차 일체가 백지상태로 환원된다(대판 1987.3.10, 84누158)고 판시한 바 있다.

VI 재결 불복

토지보상법은 공익사업의 원활한 수행과 피수용자의 권리구제의 신속을 도모하기 위해 법 제83조 내지 제85조에서 이의신청과 행정소송에 관한 명시적인 규정을 두어 일반법인 행정쟁송법에 대한 특례를 규정하고 있다. 따라서 토지보상법에 규정이 없는 사항에 대해서는, 행정심판법 제3조 제1항 및 행정소송법 제8조 제1항에 의거 일반법인 행정심판법 및 행정소송법이 적용된다. 이러한 재결의 불복에 대해 상세히 후술하도록 한다.

VII 최근 재결 이후 수용개시일 이전에 협의가 가능하다고 본 대법원 판례

■ 대판 2017.4.13, 2016두64241[수용재결무효확인]

【판결요지】

[1] 공익사업을 위한 토지 등의 취득 및 보상에 관한 법률(이하 '토지보상법'이라 한다)은 사업시행자로 하여금 우선 협의취득 절차를 거치도록 하고, 협의가 성립되지 않거나 협의를 할 수 없을 때에 수용재결취득 절차를 밟도록 예정하고 있기는 하다. 그렇지만 일단 토지수용위원회가 수용재결을 하였더라도 사업시행자로서는 수용 또는 사용의 개시일까지 토지수용위원회가 재결한 보상금을 지급 또는 공탁하지 아니함으로써 재결의 효력을 상실시킬 수 있는 점, 토지소유자 등은 수용재결에 대하여 이의를 신청하거나 행정소송을 제기하여 보상금의 적정 여부를 다툴 수 있는데, 그 절차에서 사업시행자와 보상금액에 관하여 임의로 합의할 수 있는 점, 공익사업의 효율적인 수행을 통하여 공공복리를 증진시키고, 재산권을 적정하게 보호하려는 토지보상법의 입법 목적(제1조)에 비추어 보더라도 수용재결이 있은 후에 사법상 계약의 실질을 가지는 협의취득 절차를 금지해야 할 별다른 필요성을 찾기 어려운 점 등을 종합해 보면, 토지수용위원회의 수용재결이 있은 후라고 하더라도 토지소유자 등과 사업시행자가 다시 협의하여 토지 등의 취득이나 사용 및 그에 대한 보상에 관하여 임의로 계약을 체결할 수 있다고 보아야 한다.

[2] 중앙토지수용위원회가 지방국토관리청장이 시행하는 공익사업을 위하여 갑 소유의 토지에 대하여 수용재결을 한 후, 갑과 사업시행자가 '공공용지의 취득협의서'를 작성하고 협의취득을 원인으로 소유권이전등기를 마쳤는데, 갑이 '사업시행자가 수용개시일까지 수용재결보상금 전액을 지급·공탁하지 않아 수용재결이 실효되었다.'고 주장하며 수용재결의 무효확인을 구하는 소송을 제기한 사안에서, 갑과 사업시행자가 수용재결이 있은 후 토지에 관하여 보상금액을 새로 정하여 취득협의서를 작성하였고, 이를 기초로 소유권이전등기까지 마친 점 등을 종합해 보면, 갑과 사업시행자가 수용재결과는 별도로 '토지의 소유권을 이전한다는 점과 그 대가인 보상금의 액수'를 합의하는 계약을 새로 체결하였다고 볼 여지가 충분하고, 만약 이러한 별도의 협의취득 절차에 따라 토지에 관하여 소유권이전등기가 마쳐진 것이라면 설령 갑이 수용재결의 무효확인 판결을 받더라도 토지의 소유권을 회복시키는 것이 불가능하고, 나아가 무효확인으로써 회복할 수 있는 다른 권리나 이익이 남아 있다고도 볼 수 없다고 한 사례

쟁점 19 재결의 불복   A급

I 이의신청(토지보상법 제83조)(특별법상 행정심판)

1. 의의 및 성격

관할 토지수용위원회의 위법, 부당한 재결에 불복이 있는 토지소유자 및 사업시행자가 중앙토지수용위원회에 이의를 신청하는 것을 말한다. 수용재결과 보상재결 중 어느 한 부분만에 대하여 불복이 있는 경우에도 이의신청의 대상이 되며, 특별법상 행정심판에 해당하며 임의주의 성격을 갖는다.

2. 청구요건

수용재결, 보상재결에 이의가 있는 경우 재결서 정본을 받은 날부터 30일 이내에 처분청을 경유하여 중앙토지수용위원회에 이의를 신청할 수 있다. 사업시행자가 수용재결에 불복하는 경우 자기가 산정한 보상금을 지급하고 그 금액과 토지수용위원회가 재결한 보상금의 차액을 공탁해야 한다. 이 경우 보상금을 받을 자는 이의신청재결의 종결 시까지 이를 수령할 수 없다.

3. 이의신청의 효과

중앙토지수용위원회는 이의신청에 대하여 심리 · 재결하여야 한다. 또한 토지보상법 제88조에 따라 이의신청은 사업의 진행 및 토지의 수용 또는 사용을 정지시키지 아니한다.

4. 이의재결의 효력

① 중앙토지수용위원회는 이의신청을 받은 경우 재결이 위법 또는 부당하다고 인정하는 때에는 그 재결의 전부 또는 일부를 취소하거나 보상액을 변경할 수 있다. ② 보상금 증액 시 재결서의 정본을 받은 날부터 30일 이내에 사업시행자는 보상금을 받을 자에게 증액된 보상금을 지급하여야 한다. ③ 쟁송기간 도과 등으로 이의재결이 확정된 경우에는 확정판결이 있는 것으로 보고 재결서 정본은 집행력 있는 판결의 정본과 동일한 효력을 갖는 것으로 본다.

5. 원처분주의를 명시한 대법원 판결

> ■ 【대판 2010.1.28, 2008두1504[수용재결취소등]
>
> 【판시사항】
>
> 토지소유자 등이 수용재결에 불복하여 이의신청을 거친 후 취소소송을 제기하는 경우 피고적격(= 수용재결을 한 토지수용위원회) 및 소송대상(= 수용재결)
>
> 【판결요지】
>
> 공익사업을 위한 토지 등의 취득 및 보상에 관한 법률 제85조 제1항 전문의 문언 내용과 같은 법 제83조, 제85조가 중앙토지수용위원회에 대한 이의신청을 임의적 절차로 규정하고 있는 점, 행정소송법 제19조 단서가 행정심판에 대한 재결은 재결 자체에 고유한 위법이 있음을 이유로 하는 경우에 한하여 취소소송의 대상으로 삼을 수 있도록 규정하고 있는 점 등을 종합하여 보면, 수용재결에 불복하여 취소소송을 제기하

Ⅱ 취소소송(토지보상법 제85조 제1항)

1. 의의 및 유형

재결에 대한 취소소송이란 관할 토지수용위원회의 위법한 재결이나 중앙토지수용위원회의 위법한 이의재결의 취소나 변경을 구하는 소송을 말한다. 재결에 불복하는 사업시행자, 토지소유자 및 관계인은 재결취소소송, 무효 또는 실효를 주장하는 경우에는 무효등확인소송을 제기할 수 있다.

2. 취소소송의 제기 요건 및 취소소송의 제기 효과

(1) 취소소송의 제기 요건

토지보상법 제85조 제1항은 "제34조의 규정에 의한 재결에 대하여 불복이 있는 때에는 재결서를 받은 날부터 90일, 이의신청을 거친 때에는 이의신청에 대한 재결서를 받은 날부터 60일 이내에 각각 행정소송을 제기할 수 있다."고 규정하여 원처분주의를 명시하고 있다. 따라서 1차 수용재결의 관할 토지수용위원회를 피고로 원처분을 대상으로 하여 소를 제기할 수 있다.

(2) 취소소송의 제기 효과

행정소송법 제23조(집행부정지의 원칙), 토지보상법 제88조(처분효력의 부정지)에 의거 행정소송의 제기는 사업의 진행 및 수용, 사용의 효과를 정지시키지 않는다.

3. 심리 및 판결

심리의 내용은 요건심리와 본안심리로 구분되며, 심리의 방식은 행정소송법의 심리규정이 그대로 적용된다. 판결은 각하, 기각, 인용, 사정판결이 가능하며, 위법성의 판단시점 및 판결의 효력은 행정소송법이 그대로 적용된다.

4. 판결의 효력

인용판결이 있게 되면 소송당사자와 관할 토지수용위원회는 판결의 내용에 따라 구속되며 사업시행자가 행정소송을 제기하였으나 그 소송이 각하, 기각 또는 취소된 경우에는 법정이율을 적용하여 산정한 금액을 보상금에 가산하여 지급해야 한다. 다만 판례는 "사업시행자가 수용재결에 불복하여 이의신청을 한 후 다시 이의재결에 불복하여 행정소송을 제기하였으나 행정소송이 각하·기각 또는 취하된 경우, 지연가산금에 관한 공익사업을 위한 토지 등의 취득 및 보상에 관한 법률 제87조 제1호가 적용되는지 문제 된 사안에서, 위 경우 공익사업을 위한 토지 등의 취득 및 보상에 관한 법률 제87조 제2호가 적용되어 사업시행자는 이의재결서 정본을 받은 날부터 판결일 또는 취하일까지의 기간에 대하여 지연가산금을 지급할 의무가 있고, 위 경우에까지 공익사업을 위한 토지 등의 취득 및 보상에 관한 법률 제87조 제1호가 동시에 적용되지 않는다."라고 판시하고 있다.

> **■ 대판 2022.4.14, 2021두57667[공탁된 지연가산금에 대한 가산금청구의 소]**
> **【판시사항】**
> 사업시행자가 수용재결에 불복하여 이의신청을 한 후 다시 이의재결에 불복하여 행정소송을 제기하였으나 행정소송이 각하·기각 또는 취하된 경우, 지연가산금에 관한 공익사업을 위한 토지 등의 취득 및 보상에 관한 법률 제87조 제1호가 적용되는지 문제 된 사안에서, 위 경우 공익사업을 위한 토지 등의 취득 및 보상에 관한 법률 제87조 제2호가 적용되어 사업시행자는 이의재결서 정본을 받은 날부터 판결일 또는 취하일까지의 기간에 대하여 지연가산금을 지급할 의무가 있고, 위 경우에까지 공익사업을 위한 토지 등의 취득 및 보상에 관한 법률 제87조 제1호가 동시에 적용되지 않는다고 한 사례

III 보상금증감청구소송(토지보상법 제85조 제2항)

1. 의의 및 취지

보상금증감청구소송은 보상금 증감의 다툼에 대하여 직접적인 이해당사자인 사업시행자와 토지소유자 및 관계인이 소송의 제기를 통해 직접 다툴 수 있도록 하는 당사자소송이다. 이는 재결 자체의 취소 없이 보상금과 관련된 분쟁을 일회적으로 해결하여 신속한 권리구제를 도모함에 취지가 있다.

2. 소송의 성질

(1) 형식적 당사자소송

형식적 당사자소송이란 처분 등을 원인으로 하는 법률관계에 관한 소송으로 실질적으로 처분 등의 효력을 다투면서 법률관계의 일방 당사자를 피고로 하여 제기하는 소송을 말한다. 현행 토지보상법 제85조에서는 형식적 당사자소송임을 규정하고 있다.

과거 (구)토지수용법에서는 재결청을 피고로 하는 규정이 있어 필요적 공동소송으로 제기하였으나 2002년도 개정법률에서 재결청이 삭제됨으로써 현재 형식적 당사자소송임을 명확히 하고 있다.

> **■ (구)토지수용법에서 "재결청"이라는 개념이 삭제된 시기는 2002년이며, 재결청 삭제 배경 및 내용은 다음과 같다.**
> **1. 기존 재결청 개념(2002년 이전)**
> 2002년 이전에는 "재결청"이라는 용어가 존재하였으며, 이는 수용재결을 담당하는 기관을 통칭했다. 당시 재결청은 중앙토지수용위원회 및 지방토지수용위원회가 역할을 수행하고 있었다.

> ### 2. 2002년 개정(재결청 삭제)
>
> 2002년 개정으로 "재결청"이라는 용어가 삭제되었으며, 대신 "관할 토지수용위원회"라는 개념이 명확하게 자리 잡았다. 수용재결은 중앙토지수용위원회(국토교통부 설치) 및 지방토지수용위원회(광역 시·도 설치)에서 담당하도록 규정되었다.
>
> ### 3. 재결청 삭제의 意義
>
> "재결청"이라는 용어가 사라졌다고 해서 기능이 사라진 것은 아니며, 관할 토지수용위원회가 재결을 담당하는 기관으로 계속 역할을 수행하고 있다. 이러한 변화는 법 체계의 정비 및 용어의 명확화를 위한 개편의 일환이었고, 그동안 보상소송에서 재결청이 필요적 공동소송으로 소송당사자로 들어갔지만 실질적으로는 사업시행자가 보상금을 지급하기 때문에 불필요한 행정력 낭비라고 보아 삭제하였다. (구)토지수용법에서 '재결청'이라는 용어가 삭제된 시기는 2002년 개정 당시이며, 이후 현재까지 "중앙토지수용위원회"와 "지방토지수용위원회"가 수용재결을 담당하고 있다. 그런 차원에서 지금은 명실상부한 형식적 당사자소송이라고 할 수 있다.

(2) 확인·급부소송

① 학설

㉠ 법원이 재결을 취소하고 보상금을 결정하여 형성소송이라고 하는 견해, ㉡ 법원이 정당보상액을 확인하고 금전지급을 명하거나 과부과된 부분을 돌려줄 것을 명하는 확인·급부소송이라는 견해가 대립한다.

② 판례

판례는 이의재결에서 정한 보상금액이 증액, 변경될 것을 전제로 하여 보상금의 지급을 구하는 확인·급부소송으로 판시하였다.

③ 검토

형성소송설은 권력분립에 반할 수 있으며, 보상액 확인 및 부족액의 급부를 구하고, 일회적 권리구제를 도모하기 위해 확인·급부소송으로 보는 것이 타당하다.

3. 소송의 제기요건

(1) 소송의 당사자

손실보상금에 관한 법률관계의 당사자인 피수용자와 사업시행자에게 당사자적격이 인정된다.

(2) 소송의 대상

형식적 당사자소송의 대상은 법률관계이다. 따라서 보상금증감청구소송은 관할 토지수용위원회가 행한 재결로 형성된 법률관계인 보상금의 증감에 관한 것을 소송의 대상으로 삼아야 하며 보상금의 증감에 관한 사항 외에는 소송의 대상이 될 수 없다. 토지보상법은 행정소송법 제19조에 입각한 원처분주의를 채택한 것으로 해석되는바, 이의재결에 고유한 위법이 있는 경우를 제외하고는 원재결로 형성된 법률관계인 보상금의 증감에 관한 것을 소송의 대상으로 삼아야 한다.

(3) 제소기간

당사자소송은 원칙적으로 제소기간의 제한이 없으나, 토지보상법 제85조 제1항의 취소소송의 제소기간을 보상금증감청구소송에 적용하고 있다. 즉 재결서를 받은 날부터 90일 이내에, 이의신청을 거친 때에는 이의신청에 대한 재결서를 받은 날부터 60일 이내에 관할법원에 제기할 수 있다.

4. 심리 및 판결

(1) 심리의 범위

손실보상금의 증감, 손실보상의 방법(금전보상, 채권보상 등), 보상항목의 인정(잔여지보상 등의 손실보상의 인정 여부), 이전이 곤란한 물건의 수용보상, 보상면적 등을 심리한다. 보상액의 항목 상호 간 유용에 대해 대법원은 행정소송의 대상이 된 물건 중 일부 항목에 관한 보상액이 과소하고 다른 항목의 보상액은 과다한 경우에는 그 항목 상호 간의 유용을 허용하여 과다부분과 과소부분을 합산하여 보상금액을 결정해야 한다고 판시한바 있다.

(2) 법원의 판결(판결의 효력)

법원이 직접 보상금을 결정함으로 소송당사자는 판결의 결과에 따라 이행하여야 하며, 중앙토지수용위원회는 별도의 처분을 할 필요가 없다.

5. 관련문제(청구의 병합)

수용재결취소소송과 보상금증감청구소송의 병합 여부에 대하여 구법과 달리 현행 민사소송법 제70조에서 주관적·예비적 병합을 인정하고 있으므로 수용재결에 대한 취소소송을 주관적으로, 보상금증감청구소송을 예비적으로 병합할 수 있다.

6. 보상금증감청구소송에 대한 대법원 판례 유형

[1] 구 '공익사업을 위한 토지 등의 취득 및 보상에 관한 법률'(2007.10.17. 법률 제8665호로 개정되기 전의 것) 제74조 제1항에 규정되어 있는 잔여지 수용청구권은 손실보상의 일환으로 토지소유자에게 부여되는 권리로서 그 요건을 구비한 때에는 잔여지를 수용하는 토지수용위원회의 재결이 없더라도 그 청구에 의하여 수용의 효과가 발생하는 형성권적 성질을 가지므로, 잔여지 수용청구를 받아들이지 않은 토지수용위원회의 재결에 대하여 토지소유자가 불복하여 제기하는 소송은 위 법 제85조 제2항에 규정되어 있는 '보상금의 증감에 관한 소송'에 해당하여 사업시행자를 피고로 하여야 한다(대판 2010.8.19, 2008두822).

[2] 구 공익사업을 위한 토지 등의 취득 및 보상에 관한 법률(2007.10.17. 법률 제8665호로 개정되기 전의 것) 제78조 제5항, 제7항, 같은 법 시행규칙 제54조 제2항 본문, 제3항의 각 조문을 종합하여 보면, 세입자의 주거이전비 보상청구권은 그 요건을 충족하는 경우에 당연히 발생하는 것이므로, 주거이전비 보상청구소송은 행정소송법 제3조 제2호에 규정된 당사자소송에 의하여야 한다. 다만, 구 도시 및 주거환경정비법(2007.12.21. 법률 제8785호로 개정되기 전의 것) 제40조 제1항에 의하여 준용되는 구 공익사업을 위한 토지 등의 취득 및 보상에 관한 법률 제2조, 제50조, 제78조, 제85조 등의 각 조문을 종합하여 보면, 세입자의 주거이전비 보상에 관하여 재결이 이루어진 다음 세입자가 보상금

의 증감 부분을 다투는 경우에는 같은 법 제85조 제2항에 규정된 행정소송에 따라, 보상금의 증감 이외의 부분을 다투는 경우에는 같은 조 제1항에 규정된 행정소송에 따라 권리구제를 받을 수 있다(대판 2008.5.29, 2007다8129).

[3] 구 공익사업을 위한 토지 등의 취득 및 보상에 관한 법률(2013.3.23. 법률 제11690호로 개정되기 전의 것, 이하 '토지보상법'이라 한다) 제26조, 제28조, 제30조, 제34조, 제50조, 제61조, 제83조 내지 제85조의 규정 내용과 입법 취지 등을 종합하면, 공익사업에 영업시설 일부가 편입됨으로 인하여 잔여 영업시설에 손실을 입은 자가 사업시행자로부터 구 공익사업을 위한 토지 등의 취득 및 보상에 관한 법률 시행규칙(2014.10.22. 국토교통부령 제131호로 개정되기 전의 것) 제47조 제3항에 따라 잔여 영업시설의 손실에 대한 보상을 받기 위해서는, <u>토지보상법 제34조, 제50조 등에 규정된 재결절차를 거친 다음 그 재결에 대하여 불복이 있는 때에 비로소 토지보상법 제83조 내지 제85조에 따라 권리구제를 받을 수 있을 뿐이다. 이러한 재결절차를 거치지 않은 채 곧바로 사업시행자를 상대로 손실보상을 청구하는 것은 허용되지 않는다.</u>

재결절차를 거쳤는지 여부는 보상항목별로 판단하여야 한다. 피보상자별로 어떤 토지, 물건, 권리 또는 영업이 손실보상대상에 해당하는지, 나아가 보상금액이 얼마인지를 심리·판단하는 기초 단위를 보상항목이라고 한다. 편입토지·물건 보상, 지장물 보상, 잔여 토지·건축물 손실보상 또는 수용청구의 경우에는 원칙적으로 개별물건별로 하나의 보상항목이 되지만, 잔여 영업시설 손실보상을 포함하는 영업손실보상의 경우에는 '전체적으로 단일한 시설 일체로서의 영업' 자체가 보상항목이 되고, 세부 영업시설이나 영업이익, 휴업기간 등은 영업손실보상금 산정에서 고려하는 요소에 불과하다. 그렇다면 영업의 단일성·동일성이 인정되는 범위에서 보상금 산정의 세부요소를 추가로 주장하는 것은 하나의 보상항목 내에서 허용되는 공격방법일 뿐이므로, 별도로 재결절차를 거쳐야 하는 것은 아니다(대판 2018.7.20, 2015두4044).

[4] 어떤 보상항목이 공익사업을 위한 토지 등의 취득 및 보상에 관한 법령상 손실보상대상에 해당함에도 관할 토지수용위원회가 사실을 오인하거나 법리를 오해함으로써 손실보상대상에 해당하지 않는다고 잘못된 내용의 재결을 한 경우에는, 피보상자는 관할 토지수용위원회를 상대로 그 재결에 대한 취소소송을 제기할 것이 아니라, 사업시행자를 상대로 공익사업을 위한 토지 등의 취득 및 보상에 관한 법률 제85조 제2항에 따른 보상금증감소송을 제기하여야 한다(대판 2019.11.28, 2018두227).

7. 손실보상금 증액 청구 소송에서 압류·추심명령으로 인해 당사자적격이 상실되는지

■ **대판 2022.11.24, 2018두67 전원합의체[손실보상금]**
<손실보상금 증액 청구 소송에서 압류·추심명령으로 인해 당사자적격이 상실되는지가 문제된 사건>

【판시사항】

공익사업을 위한 토지 등의 취득 및 보상에 관한 법률에 따른 토지소유자 또는 관계인의 사업시행자에 대한 손실보상금 채권에 관하여 압류 및 추심명령이 있는 경우, 채무자인 토지소유자 등이 보상금의 증액을 구하는 소를 제기하고 그 소송을 수행할 당사자적격을 상실하는지 여부(소극)

【판결요지】

공익사업을 위한 토지 등의 취득 및 보상에 관한 법률(이하 '토지보상법'이라 한다) 제85조 제2항에 따른 보상금의 증액을 구하는 소(이하 '보상금 증액 청구의 소'라 한다)의 성질, 토지보상법상 손실보상금 채권의 존부 및 범위를 확정하는 절차 등을 종합하면, 토지보상법에 따른 토지소유자 또는 관계인(이하 '토지소유자 등'이라 한다)의 사업시행자에 대한 손실보상금 채권에 관하여 압류 및 추심명령이 있더라도, 추심채권자가 보상금 증액 청구의 소를 제기할 수 없고, 채무자인 토지소유자 등이 보상금 증액 청구의 소를 제기하고 그 소송을 수행할 당사자적격을 상실하지 않는다고 보아야 한다. 그 상세한 이유는 다음과 같다.

① 토지보상법 제85조 제2항은 토지소유자 등이 보상금 증액 청구의 소를 제기할 때에는 사업시행자를 피고로 한다고 규정하고 있다. 위 규정에 따른 보상금 증액 청구의 소는 토지소유자 등이 사업시행자를 상대로 제기하는 당사자소송의 형식을 취하고 있지만, 토지수용위원회의 재결 중 보상금 산정에 관한 부분에 불복하여 그 증액을 구하는 소이므로 실질적으로는 재결을 다투는 항고소송의 성질을 가진다. 행정소송법 제12조 전문은 "취소소송은 처분 등의 취소를 구할 법률상 이익이 있는 자가 제기할 수 있다."라고 규정하고 있다. 앞서 본 바와 같이 보상금 증액 청구의 소는 항고소송의 성질을 가지므로, 토지소유자 등에 대하여 금전채권을 가지고 있는 제3자는 재결에 대하여 간접적이거나 사실적·경제적 이해관계를 가질 뿐 재결을 다툴 법률상의 이익이 있다고 할 수 없어 직접 또는 토지소유자 등을 대위하여 보상금 증액 청구의 소를 제기할 수 없고, 토지소유자 등의 손실보상금 채권에 관하여 압류 및 추심명령이 있더라도 추심채권자가 재결을 다툴 지위까지 취득하였다고 볼 수는 없다.

② 토지보상법 등 관계 법령에 따라 토지수용위원회의 재결을 거쳐 이루어지는 손실보상금 채권은 관계 법령상 손실보상의 요건에 해당한다는 것만으로 바로 존부 및 범위가 확정된다고 볼 수 없다. 토지소유자 등이 사업시행자로부터 손실보상을 받기 위해서는 사업시행자와 협의가 이루어지지 않으면 토지보상법 제34조, 제50조 등에 규정된 재결절차를 거친 뒤에 그 재결에 대하여 불복이 있는 때에 비로소 토지보상법 제83조 내지 제85조에 따라 이의신청 또는 행정소송을 제기할 수 있을 뿐이고, 이러한 절차를 거치지 않은 채 곧바로 사업시행자를 상대로 손실보상을 청구하는 것은 허용되지 않는다.

이와 같이 손실보상금 채권은 토지보상법에서 정한 절차로서 관할 토지수용위원회의 재결 또는 행정소송 절차를 거쳐야 비로소 구체적인 권리의 존부 및 범위가 확정된다. 아울러 토지보상법령은 토지소유자 등으로 하여금 위와 같은 손실보상금 채권의 확정을 위한 절차를 진행하도록 정하고 있다. 따라서 사업인정고시 이후 위와 같은 절차를 거쳐 장래 확정될 손실보상금 채권에 관하여 채권자가 압류 및 추심명령을 받을 수는 있지만, 그 압류 및 추심명령이 있다고 하여 추심채권자가 위와 같은 손실보상금 채권의 확정을 위한 절차에 참여할 자격까지 취득한다고 볼 수는 없다.

③ 요컨대, 토지소유자 등이 토지보상법 제85조 제2항에 따라 보상금 증액 청구의 소를 제기한 경우, 그 손실보상금 채권에 관하여 압류 및 추심명령이 있다고 하더라도 추심채권자가 그 절차에 참여할 자격을 취득하는 것은 아니므로, 보상금 증액 청구의 소를 제기한 토지소유자 등의 지위에 영향을 미친다고 볼 수 없다. 따라서 보상금 증액 청구의 소의 청구채권에 관하여 압류 및 추심명령이 있더라도 토지소유자 등이 그 소송을 수행할 당사자적격을 상실한다고 볼 것은 아니다.

쟁점 **20** 사업인정과 수용재결의 불복방법상 차이 B급

I 사업인정과 수용재결의 구분

구분	사업인정	재결
적용법률의 차이	사업인정에 대해서는 토지보상법상 명문의 불복규정을 두고 있지 않다. 사업인정의 불복은 행정심판법 및 행정소송법이 적용된다.	토지보상법은 재결에 대해서만 불복규정을 두고 있다(제83조 내지 제85조). 따라서 특별법 우선원칙에 따라 재결은 행정심판법 및 행정소송법에 우선하여 토지보상법의 규정이 적용된다.
불복사유의 차이	사업인정은 실체적·절차적 하자를 불복사유로 삼되, 사업인정에 대한 재량권의 일탈·남용 여부가 사유로 인정된다.	수용재결은 실체적·절차적 하자 이외에 보상금의 증감을 불복사유로 할 수 있다(보증소 가능).
행정심판의 차이		
① 처분청 경유주의	행정심판법의 일반원리에 의하는바 임의주의를 취한다.	처분청 경유주의를 취한다.
② 심판청구기간	안 날로부터 90일, 있은 날로부터 180일 이내에 청구하여야 한다.	재결서 정본을 받은 날부터 30일 이내에 청구하여야 한다.
③ 심판기관의 차이	중앙행정심판위원회가 심리·의결한다.	중앙토지수용위원회가 심리·의결한다.
④ 이의재결의 효력		토지보상법 제86조에 의거 이의재결이 확정되는 경우 소송법적 확정력이 부여된다(집행력 있는 판결의 정본과 동일한 효력).
행정소송의 차이		
① 소송의 대상	행정심판임의주의, 원처분주의를 취한다.	이의신청은 임의주의, 토지보상법상 원처분주의를 취한다.
② 제소기간의 차이	행정소송법에 의해 안 날로부터 90일, 있은 날로부터 1년 이내 제소가 가능하다.	재결서를 받은 날부터 90일 이내, 이의신청을 거친 경우 60일 이내에 제소하도록 규정되어 있다.
③ 손실보상의 차이	실효 등과 같이 그로 인해 발생하는 손실에 한해 손실보상청구권이 인정된다.	수용재결은 손실보상을 직접 결정하는 절차로 그 자체가 손실보상을 인정해주는 구제수단이다.
④ 사전적 권리구제	협의, 의견청취의 절차를 거친다.	공고, 공문서의 열람, 의견진술 등의 절차를 거치며, 행정절차법 시행령 제2조 제7호에 의해 적용이 제외된다.

Ⅱ 사업인정과 수용재결의 공통점

① **항고쟁송이 가능** : 둘 다 처분에 해당하여 항고쟁송을 통한 불복이 가능하다.
② **항고쟁송의 제기효과** : 쟁송제기 시 중앙토지수용위원회, 중앙행정심판위원회는 심리·재결 의무, 집행부정지의 효과가 발생한다.
③ **실효 시 손실보상** : 사업인정 및 재결의 실효로 손실발생 시 손실보상이 요구된다.
④ **사전적 권리구제로서 참여절차** : 사업인정 시에는 의견청취절차가, 재결 시에는 공고, 문서열람, 의견진술절차 등의 절차가 요구된다.

Ⅲ 사업인정과 수용재결의 관계(관련 판례)

1. 사업인정의 구속력

관련 판례(2004두8538)

구 토지수용법(2002.2.4. 법률 제6656호 공익사업을 위한 토지 등의 취득 및 보상에 관한 법률 부칙 제2조로 폐지)은 수용·사용의 일차 단계인 사업인정에 속하는 부분은 사업의 공익성 판단으로 사업인정기관에 일임하고 그 이후의 구체적인 수용·사용의 결정은 토지수용위원회에 맡기고 있는바, 이와 같은 토지수용절차의 2분화 및 사업인정의 성격과 토지수용위원회의 재결사항을 열거하고 있는 같은 법 제29조 제2항의 규정 내용에 비추어 볼 때, 토지수용위원회는 행정쟁송에 의하여 사업인정이 취소되지 않는 한 그 기능상 사업인정 자체를 무의미하게 하는, 즉 사업의 시행이 불가능하게 되는 것과 같은 재결을 행할 수는 없다.

2. 하자의 승계

① 관련 판례(2009두11607)

도시계획사업허가의 공고 시에 토지세목의 고시를 누락하거나 사업인정을 함에 있어 수용 또는 사용할 토지의 세목을 공시하는 절차를 누락한 경우, 이는 절차상의 위법으로서 수용재결 단계 전의 사업인정 단계에서 다툴 수 있는 취소사유에 해당하기는 하나 더 나아가 그 사업인정 자체를 무효로 할 중대하고 명백한 하자라고 보기는 어렵고, 따라서 이러한 위법을 들어 수용재결처분의 취소를 구하거나 무효확인을 구할 수는 없다.

② 관련 판례(2017두40372)

2개 이상의 행정처분이 연속적 또는 단계적으로 이루어지는 경우 선행처분과 후행처분이 서로 합하여 1개의 법률효과를 완성하는 때에는 선행처분에 하자가 있으면 그 하자는 후행처분에 승계된다. 이러한 경우에는 선행처분에 불가쟁력이 생겨 그 효력을 다툴 수 없게 되더라도 선행처분의 하자를 이유로 후행처분의 효력을 다툴 수 있다. 그러나 선행처분과 후행처분이 서로 독립하여 별개의 법률효과를 발생시키는 경우에는 선행처분에 불가쟁력이 생겨 그 효력을 다툴 수 없게 되면 선행처분의 하자가 중대하고 명백하여 선행처분이 당연무효인 경우를 제외하고는 특별한 사정이 없는 한 선행처분의 하자를 이유로 후행처분의 효력을 다툴수 없는 것이 원칙이다. 다만 그 경우에도 선행처분의 불가쟁력이나 구속력이 그로 인하여 불이익을 입게 되는 자에게 수인한도를 넘는 가혹함을 가져오고, 그 결과가 당사자에게 예측가능한 것이 아니라면, 국민의 재판받을 권리를 보장하고 있는 헌법의 이념에 비추어 선행처분의 후행처분에 대한 구속력을 인정할 수 없다.

3. 소결

판례는 양자는 별개의 법률효과를 목적으로 하기 때문에 하자의 승계는 인정되지 않는다고 보고 있으며 판례의 태도가 타당하다고 판단된다. 다만 공익사업에서 사업인정과 수용재결은 궁극적으로 피수용자의 재산권에 대한 강제취득을 통한 공익의 실현이라는 관점에서 동일한 법적 효과를 추구한다는 측면을 고려하면 법률효과의 형식논리로만 볼 것이 아니라 실질적 법적 추구 목적과 결과를 가지고 판단해 본다면 하자의 승계를 긍정하는 견해도 일면 타당성이 있다고 생각된다.

쟁점 21 　공용수용의 효과　　　　　　　　　　　　　　　　B급

I　개설

공용수용의 효과는 재결로 인하여 사업시행자가 공익사업에 필요한 목적물을 취득하고, 그 목적물에 대한 권리자인 토지소유자와 관계인은 그 권리를 상실하게 되는 권리변동이 생긴다. 사업시행자에는 보상금을 지급 공탁함으로써 권리를 취득하고, 피수용자는 손실보상을 받게 되는데 이하에서 사업시행자에 대한 효과와 피수용자에 대한 효과를 구체적으로 살펴보기로 한다.

II　사업시행자에 대한 효과

1. 권리의 취득으로서 소유권 이전

공용수용이 이루어지면 수용된 토지, 건물, 권리 등의 소유권은 사업시행자에게 이전된다. 수용 개시일(수용재결에서 정한 일자)에 소유권이 자동으로 이전되며, 별도의 등기 없이도 사업시행자가 소유권을 취득하게 된다. 피수용자의 재산권이 사업시행자 앞으로 원시취득하게 됨으로써 사업시행자는 재결로 인한 취득을 선호한다. 수용에 의한 부동산에 관한 물권의 취득은 등기를 요하지 아니한다고 규정함으로써(민법 제187조 본문), 부동산 물권 변동 시 취하고 있는 형식주의의 예외를 인정하고 있다. 다만 수용의 경우에도 취득한 소유권을 타인에게 처분하기 위해서는 등기하여야 한다고 규정하고 있다. 일반적으로 사업시행자의 권리취득은 토지의 경우에는 취득수용이고, 토지 이외 재산권은 소멸수용의 형태라고 보는 것이 타당하다.

2. 수용의 대가로서의 손실보상금 지급의무

수용 대상이 된 토지나 물건의 보상금은 토지보상법에 따라 적법하게 감정평가법인등의 보상평가를 하여 해당 보상금을 지급의무가 생긴다. 토지의 보상금은 수용재결인 가격시점을 기준으로 공시지가기준보상을 하며, 토지 이외 재산권은 감정평가법인등의 공정한 보상감정평가액을 기준으로 한다. 사업시행자는 보상금을 지급·공탁함으로써 소유권을 정당하게 이전받을 권리를 가진다. 사업시행자는 천재지변 시 토지사용 또는 시급한 토지사용의 경우를 제외하고는 수용 또는 사용의 개시일까지 관할 토지수용위원회가 재결한 보상금을 지급하여야 한다(토지보상법 제40조 제1항)고 규정하고 있다.

3. 대행 및 대집행으로 목적물 인도 이전확보

토지보상법 제44조에 따라 ① 토지나 물건을 인도하거나 이전하여야 할 자가 고의나 과실 없이 그 의무를 이행할 수 없을 때, ② 사업시행자가 과실 없이 토지나 물건을 인도하거나 이전하여야 할 의무가 있는 자를 알 수 없을 때에는 특별자치도지사, 시장·군수 또는 구청장은 사업시행자의 청구에 의하여 토지나 물건의 인도 또는 이전을 대행하여야 한다.

또한 피수용자가 수용 대상 토지나 물건을 자발적으로 인도하지 않을 경우, 사업시행자는 토지보상법 제89조에 따라 행정대집행법 등 관련 규정에 따라 강제로 인도받을 수 있다. 다만 직접

강제는 명시적인 규정이 있는 경우에만 가능하기 때문에 토지보상법에서는 규정이 없어 적용 가능하지 않다.

4. 위험부담이전(토지보상법 제46조)

토지수용위원회의 재결이 있은 후 수용하거나 사용할 토지나 물건이 토지소유자 또는 관계인의 고의나 과실 없이 멸실되거나 훼손된 경우 그로 인한 손실은 사업시행자가 부담한다.

5. 반환 및 원상회복의 의무(토지보상법 제48조)

사업시행자는 토지나 물건의 사용기간이 끝났을 때나 사업의 폐지·변경 또는 그 밖의 사유로 사용할 필요가 없게 되었을 때에는 지체 없이 그 토지나 물건을 그 토지나 물건의 소유자 또는 그 승계인에게 반환하여야 한다.

사업시행자는 토지소유자가 원상회복을 청구하면 미리 그 손실을 보상한 경우를 제외하고는 그 토지를 원상으로 회복하여 반환하여야 한다.

Ⅲ   피수용자에 대한 효과

1. 피수용자가 가진 권리의 소멸

수용된 토지나 물건에 대해 기존에 설정된 모든 제한물권(저당권, 지역권 등)과 채권 등의 권리는 원칙적으로 소멸한다. 다만, 보상금에 대해 해당 권리자들이 우선 변제를 받을 권리를 가지게 된다.

2. 손실보상청구권

재결이 있게 되면 피수용자는 사업시행자에 대하여 손실보상청구권이 발생한다. 수용사용의 개시일까지 사업시행자가 보상금을 지급공탁하지 않으면 재결은 실효된다는 점에서 피수용자에 대한 보상금 지급의무를 강제하고 있다.

3. 토지·물건의 인도이전 의무

토지소유자 및 관계인과 그 밖에 토지소유자나 관계인에 포함되지 아니하는 자로서 수용하거나 사용할 토지나 그 토지에 있는 물건에 관한 권리를 가진 자는 수용 또는 사용의 개시일까지 그 토지나 물건을 사업시행자에게 인도하거나 이전하여야 한다(동법 제43조).

4. 담보물권자의 물상대위

담보물권의 목적물이 수용되거나 사용된 경우 그 담보물권은 그 목적물의 수용 또는 사용으로 인하여 채무자가 받을 보상금에 대하여 행사할 수 있다. 다만, 그 보상금이 채무자에게 지급되기 전에 압류하여야 한다(동법 제47주).

5. 환매권

토지보상법상 환매권은 수용된 토지가 본래의 공익사업 목적으로 사용되지 않거나 사용이 중단된 경우, 원래의 토지 소유자가 해당 토지를 우선적으로 다시 매수할 수 있는 권리이다. 이는 토지 소유자의 재산권 보호를 위한 제도이고, 수용된 토지가 사업이 폐지된 경우 불필요하게 방치되거나 다른 목적으로 사용되는 것을 방지하는 역할을 한다(동법 제91조).

Ⅳ 결(관련 분쟁 해결)

피수용자는 수용재결 및 토지등의 보상금에 관한 이의가 있을 경우, 중앙토지수용위원회에 이의신청을 하거나 행정법원에 행정소송을 제기할 수 있다. 하지만 수용 자체의 효력은 이러한 분쟁과 무관하게 발생한다. 이와 같이 공용수용의 효과는 사업시행자의 공익사업의 원활한 수행을 위한 효과 측면과 피수용자의 재산권을 보호하는 효과 측면의 조화를 이루어야 할 것이다.

쟁점 22 　보상금의 지급 또는 공탁[토지보상법 제40조]　　　　B급

I 보상금의 공탁 의의 및 취지(토지보상법 제40조)

보상금의 공탁이란 사업시행자가 보상금을 관할 공탁소에 공탁함으로써 보상금 지급에 갈음하게 하는 것을 말한다. 이는 재결실효 방지, 사전보상원칙의 실현 및 담보물권자의 권익보호 도모에 취지가 인정된다.

II 법적 성질

1. 보상금 지급의무를 면하기 위한 경우(제40조 제2항 제1호, 제2호)

판례는 공탁은 보상금 지급의무에 갈음되어 재결실효를 방지할 목적이 있으므로 변제공탁과 다를 바 없다고 판시하였다. 생각건대, 사업시행자가 토지수용위원회가 재결한 보상금을 공탁하는 경우에는 그로써 보상금 지급에 갈음하게 되는바, 변제공탁으로 봄이 타당하다.

2. 재결로 결정된 보상금에 사업시행자가 불복하는 경우(제40조 제2항 제3호)

사업시행자가 불복이 있는 경우라 하더라도 재결에서 정한 보상금 전액이 지급 또는 공탁되어 보상금 지급에 갈음하고 이로써 재결이 실효되는 것을 방지하기 위한 것이므로 변제공탁으로 봄이 타당하다.

3. 압류 또는 가압류에 의하여 보상금의 지급이 금지된 경우(제40조 제2항 제4호)

이에 대하여 변제공탁으로 보는 판례와 집행공탁으로 보는 판례가 모두 존재한다. 생각건대, 압류 또는 가압류에 의하여 보상금의 지급이 금지된 경우 공탁을 함으로써 채무가 변제되는 것으로 볼 수 있으므로 변제공탁으로 봄이 타당하다.

4. 검토

토지보상법 제40조에 의한 공탁은 동조 제2항에 따른 일정한 경우 사업시행자의 보상금의 지급의무를 이행하기 위함과 재결의 실효방지 등을 위한 것으로서, 민법상 변제공탁과 다를 바 없다고 판단된다.

> **■ 토지보상법 제40조 제2항이 변제 공탁인 이유**
>
> 토지보상법 제40조 제2항에서는 토지소유자 또는 관계인이 보상금을 수령하지 않거나, 이를 받을 사람이 분명하지 않을 경우, 보상금을 공탁할 수 있도록 규정하고 있다.
> 이 공탁이 "변제공탁"인 이유는 다음과 같다.
>
> **1. 공탁의 목적 : 채무의 면제**
>
> 변제공탁(변제자력이 있는 자가 변제의 제공을 했음에도 채권자가 수령하지 않거나 수령할 수 없는 경우, 변제자가 법원에 공탁함으로써 변제의 효력을 발생시키는 공탁)인지 여부는 채무자가 공탁을 통해 채무를 면하려는 목적이 있는지가 핵심이다. 토지보상법 제40조 제2항에서 공탁하는 보상금은

사업시행자가 토지소유자나 관계인에게 지급해야 하는 보상금이다. 즉, 사업시행자는 보상금 지급 의무(채무)를 부담하는 채무자이고, 토지소유자나 관계인은 이를 받을 채권자이다. 이때, 채권자인 토지소유자가 보상금을 받지 않거나, 채권자를 특정할 수 없을 경우, 사업시행자가 법원에 보상금을 공탁하면 사업시행자의 변제의무가 소멸한다. 이는 변제공탁의 요건과 일치한다.

2. 공탁의 사유 : 변제의 제공 후 수령 거부 또는 불확지

민법상 변제공탁(민법 제487조)은 다음과 같은 사유가 있을 때 가능하다.

① 채권자가 변제의 제공을 받지 않음(수령 거부)

② 채권자가 누구인지 알 수 없음(불확지)

③ 채권자가 변제를 받을 수 없는 상황(예 실종)

토지보상법 제40조 제2항의 공탁도 토지소유자 또는 관계인이 보상금 수령을 거부하거나 받을 사람이 분명하지 않을 때 가능하므로, 변제공탁의 요건과 동일하다.

3. 다른 공탁(담보공탁, 집행공탁)과의 비교

① 담보공탁 : 특정 의무 이행을 담보하기 위한 공탁(예 가처분 신청 시 담보 제공)

② 집행공탁 : 강제집행 절차에서 공탁하는 경우(예 경매절차에서 배당 공탁)

③ 이와 달리, 토지보상법 제40조 제2항 공탁은 단순히 사업시행자의 보상금 지급 의무를 면하게 하는 목적이므로 변제공탁에 해당한다.

4. 토지보상법상 정당한 공탁이 이루어진 경우의 효과

사업시행자가 보상금을 공탁하면 보상금 지급의무가 소멸한다. 즉, 토지소유자나 관계인이 공탁금을 수령하든 말든 사업시행자는 더 이상 지급 책임이 없다. 이는 변제공탁의 법적 효과와 동일하다.

5. 공탁 관련 대법원 판례

대법원은 토지보상법 제40조 제2항 공탁은 변제공탁의 성격을 가지며, 사업시행자는 공탁과 동시에 보상금 지급의무에서 벗어난다고 판시한 바 있다(대판 2001.6.12, 99다35178 판결 등).

6. 소결

제40조 제2항 공탁이 변제공탁인 이유

① 사업시행자가 부담하는 보상금 지급의무(채무)를 면제받기 위한 목적

② 토지소유자가 수령하지 않거나 받을 자가 불분명한 경우 가능, 변제공탁 요건과 일치

③ 정당한 공탁과 동시에 사업시행자의 보상금 지급의무가 소멸

④ 대법원 판례도 이를 변제공탁으로 해석

따라서 토지보상법 제40조 제2항 공탁은 사업시행자의 변제의무를 소멸시키는 효과를 가지므로 "변제공탁"이 타당하다고 생각된다.

Ⅲ 공탁의 요건

1. 내용상 요건(법 제40조 제2항)

① 보상금을 받을 자가 그 수령을 거부하거나 보상금을 수령할 수 없을 때

② 사업시행자의 과실 없이 보상금을 받을 자를 알 수 없을 때

③ 관할 토지수용위원회가 재결한 보상금에 대하여 사업시행자가 불복할 때

④ 압류 또는 가압류에 의하여 보상금의 지급이 금지되었을 때

2. 형식상 요건

① 재결 당시 수용목적물의 소유자 또는 관계인이 수령권자가 된다.

② 토지보상법은 토지소재지의 공탁소에 보상금을 공탁할 수 있도록 하고 있다.

③ 공탁은 현금보상의 원칙상 현금으로 하여야 하나, 사업시행자가 국가인 경우에는 채권으로 공탁이 가능하다.

Ⅳ 공탁의 효과

1. 정당한 공탁의 효과

보상금의 지급의무를 이행한 것으로 보아 수용 또는 사용개시일에 목적물을 원시취득한다.

2. 미공탁의 효과

수용의 개시일까지 보상금을 공탁하지 아니하면 재결의 효력은 상실된다. 단, 이의재결에 의한 증액된 보상금은 공탁하지 않아도 이의재결은 실효되지 않는다(이의재결 실효규정 없음, 대판 88누3963).

3. 하자 있는 공탁

① 요건 미충족, ② 일부공탁, ③ 조건부 공탁의 경우 공탁의 효과가 발생하지 않는다. 따라서 수용·사용의 개시일까지 공탁의 하자가 치유되지 않으면 재결은 실효되고 손실보상의무를 부담하게 된다.

Ⅴ 공탁금 수령의 효과

1. 정당한 공탁금 수령의 효과

아무런 이의유보 없이 공탁금을 수령한다면 수용법률관계의 종결효과를 가져온다고 볼 수 있다. 그러나 이의유보를 남긴 경우 수용·사용개시일이 도과하더라도 수용법률관계는 종결되지 않는다고 본다.

2. 하자 있는 공탁금 수령의 효과

① 이의유보 후 수령한 경우 하자치유는 인정되지 않는다. 판례는 묵시적 표현(구두)으로도 이의유보가 가능하다고 본다.

② 이의유보 없이 수령한 경우에는 하자치유가 인정되어 보상금 수령거부의사를 철회한 것으로 본다.

③ 쟁송제기를 이의유보로 볼 수 있는가에 대하여 판례는 수령 당시 단순히 소송이나 이의신청을 하고 있다는 사실만으로 묵시적 공탁의 수령에 관한 이의를 유보한 것과 같이 볼 수 없다고 하나, 최근 대법원은 단순한 사실이 아닌 경우 소송 중 사실을 종합적으로 판단하여 묵시적 유보로 본 바 있다.

VI 공탁제도의 문제점 및 개선방안

1. 공탁요건에 대한 이해 부족

토지보상법에서 공탁의 요건을 규정하고 있기는 하나, 사업시행자의 이해 부족으로 인해 공탁 요건에 해당하지 않음에도 불구하고 공탁하는 사례가 많으며, 이로 인해 보상금 지급의무 불이행으로 재결이 실효되는 사태가 발생하여 사업진행을 곤란하게 하는 경우가 있다.

2. 이의유보 있는 공탁금 수령

공탁금을 수령함에 있어 보상금에 불복이 있거나 공탁에 하자가 있는 경우 이의를 유보한 후 공탁금을 수령해야 함에도 불구하고 이의유보 없이 보상금을 수령하여 이의제기를 더 이상 할 수 없는 불이익이 발생하고 있다.

3. 개선방안

공탁에 대한 세부규정이 미흡하므로 쉽게 공탁제도를 이해할 수 있는 해설서 등을 발간하여 피수용자나 사업시행자의 불이익을 최소화시킬 필요가 있다.

VII 최근 대법원 판례에서는 묵시적 이의유보로 판결

토지수용절차에서 보상금 수령 시 사업시행자에 대한 이의유보의 의사표시는 반드시 명시적으로 하여야 하는 것은 아니므로(대판 1989.7.25, 88다카11053 참조), 위와 같이 원고가 이의재결에 따라 증액된 보상금을 수령할 당시 수용보상금의 액수를 다투어 행정소송을 제기하고 상당한 감정비용(그 이후 결정된 이의재결의 증액된 보상금을 초과하는 금액이다)을 예납하여 시가감정을 신청한 점, 원고가 수령한 이의재결의 증액 보상금은 원고가 이 사건 소장에 시가감정을 전제로 잠정적으로 기재한 최초 청구금액의 1/4에도 미치지 못하는 금액인 점, 수용보상금의 증감만을 다투는 행정소송에서 통상 시가감정 외에는 특별히 추가적인 절차비용의 지출이 요구되지는 않으므로 원고로서는 이의재결의 증액 보상금 수령 당시 이 사건 소송결과를 확인하기 위하여 더 이상의 부담되는 지출을 추가로 감수할 필요는 없는 상황이었던 점, 피고 소송대리인도 위와 같은 증액 보상금의 수령에 따른 법률적 쟁점을 제1심에서 즉시 제기하지 아니하고 그로부터 약 6개월이 경과하여 원심에서 비로소 주장하기 시작한 점 등에 비추어 보면, 이미 상당한 금액의 소송비용을 지출한 원고가 이 사건 소장에 기재한 최초 청구금액에도 훨씬 못 미치는 이의재결의 증액분을 수령한 것이 이로써 이 사건 수용보상금에 관한 다툼을 일체 종결하려는 의사는 아니라는 점은 피고도 충분히 인식하였거나 인식할 수 있었다고 봄이 상당하고, 따라서 원고는 위와 같은 소송 진행 과정과 시가감정의 비용지출 등을 통하여 이의재결의 증액 보상금에 대하여는 이 사건 소송을 통하여 확정될 정당한 수용보상금의 일부로 수령한다는 묵시적인 의사표시의 유보가 있었다고 볼 수 있다(대판 2009.11.12, 2006두15462).

쟁점 23 토지 · 물건의 인도 등 거부 시 실효성 확보수단 A급

I 인도 · 이전의무(토지보상법 제43조)

토지소유자 및 관계인과 기타 수용 · 사용할 목적물에 대해 권리를 가진 자는 수용 또는 사용의 개시일까지 해당 토지나 물건을 사업시행자에게 인도하거나 이전하여야 한다.

II 대행(토지보상법 제44조)

1. 의의 및 취지

토지나 물건을 인도하거나 이전하여야 할 자가 고의나 과실 없이 그 의무를 수행할 수 없을 때 또는 사업시행자가 과실 없이 토지나 건물을 인도하거나 이전하여야 할 의무가 있는 자를 알 수 없을 때 사업시행자의 청구에 의하여 특별자치도지사, 시장 · 군수 또는 구청장이 대행하는 것으로 사업의 원활한 시행을 위해 인정된다.

2. 법적 성질

토지보상법 규정상 행정대집행의 일종으로 봄이 타당하고, 직접강제를 인정한 것으로 볼 수는 없다.

3. 요건 및 절차

인도 · 이전의무자가 고의, 과실 없이 의무를 이행할 수 없거나 사업시행자가 과실 없이 의무자를 알 수 없을 때 사업시행자의 청구에 의하여 대행한다.

4. 대행청구대상의 범위

수용목적물이 아니더라도 사업추진에 방해가 되는 것이면 대행청구의 대상이 된다고 본다.

III 대집행(토지보상법 제89조)

1. 의의 및 취지

의무자가 행정상 의무(법령등에서 직접 부과하거나 행정청이 법령등에 따라 부과한 의무를 말한다. 이하 이 절에서 같다)로서 타인이 대신하여 행할 수 있는 의무를 이행하지 아니하는 경우 법률로 정하는 다른 수단으로는 그 이행을 확보하기 곤란하고 그 불이행을 방치하면 공익을 크게 해칠 것으로 인정될 때에 행정청이 의무자가 하여야 할 행위를 스스로 하거나 제3자에게 하게 하고 그 비용을 의무자로부터 징수하는 것이다(행정기본법 제30조 제1항 제1호). 토지보상법 제89조에서도 대집행을 규정하고 있는데 이하에서 그 요건을 살펴보기로 한다.

2. 요건

(1) 토지보상법상 요건(법 제89조)

① 이 법 또는 이법에 의한 처분으로 인한 의무를 이행하여야 할 자가 의무를 이행하지

않거나, ② 기간 내 의무를 완료하기 어려운 경우, ③ 의무자로 하여금 그 의무를 이행하게 하는 것이 현저히 공익을 해한다고 인정되는 사유가 있는 경우 사업시행자가 시·도지사나 시장·군수 또는 구청장에게 대집행을 신청할 수 있다고 규정하고 있다.

(2) 행정대집행법상 요건(행정대집행법 제2조)

① 공법상 대체적 작위의무의 불이행이 있을 것, ② 다른 수단으로 이행의 확보가 곤란할 것, ③ 불이행을 방치함이 심히 공익을 해할 것의 요건을 모두 충족해야 한다.

(3) 행정기본법상 대집행의 요건(행정기본법 제30조 제1항 제1호)

행정청은 행정목적을 달성하기 위하여 필요한 경우에는 법률로 정하는 바에 따라 필요한 최소한의 범위에서 다음의 어느 하나에 해당하는 조치를 할 수 있다.

> **행정대집행** : 의무자가 행정상 의무(법령 등에서 직접 부과하거나 행정청이 법령 등에 따라 부과한 의무를 말한다. 이하 이 절에서 같다)로서 타인이 대신하여 행할 수 있는 의무를 이행하지 아니하는 경우 법률로 정하는 다른 수단으로는 그 이행을 확보하기 곤란하고 그 불이행을 방치하면 공익을 크게 해칠 것으로 인정될 때에 행정청이 의무자가 하여야 할 행위를 스스로 하거나 제3자에게 하게 하고 그 비용을 의무자로부터 징수하는 것

(4) 의무이행자 보호(법 제89조 제3항)(용산참사)

국가나 지방자치단체는 의무를 이행해야 할 자의 보호를 위하여 노력해야 한다. 이는 공익사업 현장에서 인권침해 방지를 위한 노력을 강구하고자 하는 입법적 취지가 있다.

3. 인도·이전의무가 대집행의 대상인지

(1) 문제점

인도·이전의무는 비대체적 작위의무인데 토지보상법 제89조에서는 의무로 규정하고 있는바 행정대집행법의 특례규정으로 보아 대집행을 실행할 수 있는지가 문제된다. 즉, 인도를 신체의 점유로써 거부하는 경우 이를 실력으로 배제할 수 있는지가 문제된다.

(2) 학설

① 토지보상법 제89조는 수용자 본인이 인도한 것과 같은 법적 효과 발생을 목적으로 하므로 대집행을 긍정하는 견해와, ② 제89조의 의무도 대체적 작위의무에 한정된다고 보아 부정하는 견해가 있다.

(3) 판례

① 도시공원시설인 매점점유자의 점유배제는 대체적 작위의무에 해당하지 아니하므로 대집행의 대상이 아니라고 판시하였다.

② 토지보상법 제89조의 '인도'에는 명도도 포함되는 것으로 보아야 하고, 이러한 명도의무는 그것을 강제적으로 실현하면서 직접적인 실력행사가 필요한 것이지 대체적 작위의무라고 볼 수 없으므로 특별한 사정이 없는 한 행정대집행법에 의한 대집행의 대상이 될 수 있는 것은 아니라고 판시하였다.

③ 철거의무 약정을 하였다 하더라도 그 명도의무는 사법상의 매매 내지 사법상 계약의 성질을 갖는 것이므로 대집행의 대상이 아니라고 판시한 바 있다.

> **■ 대판 2006.10.13, 2006두7096[건물철거대집행계고처분취소]**
>
> **【판결요지】**
>
> [1] 행정대집행법상 대집행의 대상이 되는 대체적 작위의무는 공법상 의무이어야 할 것인데, 구 공공용지의 취득 및 손실보상에 관한 특례법(2002.2.4. 법률 제6656호 공익사업을 위한 토지 등의 취득 및 보상에 관한 법률 부칙 제2조로 폐지)에 따른 토지 등의 협의취득은 공공사업에 필요한 토지 등을 그 소유자와의 협의에 의하여 취득하는 것으로서 공공기관이 사경제주체로서 행하는 사법상 매매 내지 사법상 계약의 실질을 가지는 것이므로, 그 협의취득 시 건물소유자가 매매대상 건물에 대한 철거의무를 부담하겠다는 취지의 약정을 하였다고 하더라도 이러한 철거의무는 공법상의 의무가 될 수 없고, 이 경우에도 행정대집행법을 준용하여 대집행을 허용하는 별도의 규정이 없는 한 위와 같은 철거의무는 행정대집행법에 의한 대집행의 대상이 되지 않는다.
>
> [2] 구 공공용지의 취득 및 손실보상에 관한 특례법(2002.2.4. 법률 제6656호 공익사업을 위한 토지 등의 취득 및 보상에 관한 법률 부칙 제2조로 폐지)에 의한 협의취득 시 건물소유자가 협의취득대상 건물에 대하여 약정한 철거의무는 공법상 의무가 아닐 뿐만 아니라, 공익사업을 위한 토지 등의 취득 및 보상에 관한 법률 제89조에서 정한 행정대집행법의 대상이 되는 '이 법 또는 이 법에 의한 처분으로 인한 의무'에도 해당하지 아니하므로 위 철거의무에 대한 강제적 이행은 행정대집행법상 대집행의 방법으로 실현할 수 없다.

(4) 검토

대집행은 국민의 권익침해의 개연성이 높으므로 토지보상법 제89조의 의무를 법치행정의 원리상 명확한 근거 없이 비대체적 작위의무로까지 확대해석할 수 없다고 할 것이다.

Ⅳ 비대체적 작위의무의 불이행의 대책

독일은 실력행사를 규정하고, 일본은 공무집행방해죄 등을 적용하고 있으며, 우리나라는 실무상 인도불응 시 소유권이전등기 및 명도소송을 활용하고 있다. 공익사업의 홍보 및 피수용자와 관계개선을 통하여 자발적 인도를 도모하는 것이 중요하고, 입법적으로 직접강제 및 실효성 확보수단의 법적 근거를 마련해야 할 것이다.

Ⅴ 인도 거부 시 대행규정의 적용 가능성

대행규정은 의무자의 고의, 과실이 없을 것을 요건으로 하기 때문에 의무자가 인도, 이전을 고의적으로 거부하는 경우에 대책으로 논의되기는 어렵다.

쟁점 24　관할 토지수용위원회(중앙토지수용위원회 및 지방토지수용위원회)　C급

I 개설

토지수용위원회는 사업시행자와 토지소유자 또는 관계인과의 사이에서 수용이나 손실보상에 관한 다툼을 당사자가 주장하는 바에 따라 공정·중립의 입장에서 판단하고, 이를 최종적으로 재결하는 준사법적 행정기관이다. 토지수용위원회의 역할은 공정한 심리 절차에 의하여 피수용자를 확정하고 손실보상을 결정하는 것을 주로 한다. 이와 같은 임무를 실현하기 위해 위원회는 독립성을 지니고, 이에 소속되는 위원의 신분을 보장하고 있다.

II 성격

1. 합의제 행정기관

토지수용위원회는 독립된 행정기관으로서, 토지수용위원회가 구성 위원의 합의에 의해 독립적으로 수용·사용에 관한 재결을 하는 점에서 합의제 행정기관이다.

2. 준사법적 행정기관

토지수용위원회는 토지 등의 수용·사용에 관한 재결 사항을 판단하고 결정하는 것을 임무로 하기 때문에 준사법적 행정기관으로서의 지위를 갖는다.

3. 의결기관이면서 행정청의 지위

중앙토지수용위원회 및 지방토지수용위원회의 회의는 법령에 따른 구성원 과반수의 출석과 출석위원 과반수의 찬성으로 의결한다. 그리고 그 의결된 내용을 당사자에게 행정청으로서 재결서를 보낸다.

4. 독립된 행정기관으로 신분보장 및 공무원 의제

토지수용위원회의 공정성이 의심되는 경우 제척·기피·회피제도를 두고 있으며, 토지수용에 관해 학식과 경험이 풍부한 자 등이 위원이 되는바 독립성 및 전문성이 인정되는 기관이다. 토지수용위원회 위촉위원은 해당 토지수용위원회의 의결로 ① 신체상 또는 정신상의 장해로 그 직무를 수행할 수 없을 때, ② 직무상의 의무를 위반하였을 때에 해당하는 사유가 있다고 인정된 경우를 제외하고는 재임 중 그 의사에 반하여 해임되지 아니한다. 또한 토지수용위원회의 위원 중 공무원이 아닌 사람은 「형법」이나 그 밖의 법률에 따른 벌칙을 적용할 때에는 공무원으로 본다.

Ⅲ 토지수용위원회의 설치와 구성

1. 중앙토지수용위원회

토지등의 수용과 사용에 관한 재결을 하기 위하여 국토교통부에 중앙토지수용위원회를 두고, 중앙토지수용위원회는 위원장 1명을 포함한 20명 이내의 위원으로 구성하며, 위원 중 대통령령으로 정하는 수의 위원은 상임(常任)으로 한다. 중앙토지수용위원회의 위원장은 국토교통부장관이 되며, 위원장이 부득이한 사유로 직무를 수행할 수 없을 때에는 위원장이 지명하는 위원이 그 직무를 대행한다. 중앙토지수용위원회의 위원장은 위원회를 대표하며, 위원회의 업무를 총괄한다.

2. 지방토지수용위원회

토지등의 수용과 사용에 관한 재결을 하기 위하여 특별시·광역시·도·특별자치도(이하 "시·도"라 한다)에 지방토지수용위원회를 둔다. 지방토지수용위원회는 위원장 1명을 포함한 20명 이내의 위원으로 구성한다. 지방토지수용위원회의 위원장은 시·도지사가 되며, 위원장이 부득이한 사유로 직무를 수행할 수 없을 때에는 위원장이 지명하는 위원이 그 직무를 대행한다. 지방토지수용위원회의 위원은 시·도지사가 소속 공무원 중에서 임명하는 사람 1명을 포함하여 토지 수용에 관한 학식과 경험이 풍부한 사람 중에서 위촉한다.

Ⅳ 토지수용위원회의 관할

1. 관할의 범위(토지보상법 제51조)

① 중앙토지수용위원회는 국가 또는 시·도가 사업시행자인 사업, 수용하거나 사용할 토지가 둘 이상의 시·도에 걸쳐 있는 사업의 재결을 한다.

② 지방토지수용위원회는 중앙토지수용위원회 이외의 사업의 재결(시·도 해당 관할의 사업)을 한다.

2. 관할 범위 내 재결의 종류

① 중앙토지수용위원회는 관할 범위 내 국가 또는 시·도가 사업시행자인 사업, 수용하거나 사용할 토지가 둘 이상의 시·도에 걸쳐 있는 사업의 재결을 하고, 지방토지수용위원회의 1차 재결에 대한 불복으로서 이의재결을 한다.

② 지방토지수용위원회는 관할 범위 내 중앙토지수용위원회 이외의 사업의 재결을 한다.

Ⅴ 재결사항(토지보상법 제50조 제1항)

① 수용하거나 사용할 토지의 구역 및 사용방법

② 손실보상

③ 수용 또는 사용의 개시일과 기간

④ 그 밖에 이 법 및 다른 법률에서 규정한 사항

쟁점 25 **보상협의회**(토지보상법 제82조)　　　　　　　　　　　　C급

I　보상협의회의 의의 및 취지(토지보상법 제82조)

토지보상법에 따라 설치되는 보상협의회는 공익사업 시행 과정에서 발생하는 보상 문제를 원활히 해결하기 위해 마련된 제도이다. 이 보상협의회는 보상에 대한 공정성과 적법성을 확보하고, 보상 관련 분쟁을 예방하거나 조정하는 역할을 한다. 보상업무에 관한 사항을 협의하기 위해서 시·군·구에 설치하는 합의제 기관이지만 법적 성격에는 단순한 자문기관이라는 의견이 지배적이다.

II　보상협의회의 성격

1. 자문기관이며 심의기관

보상협의회는 설치 목적이나 명칭 등을 고려할 때 의견 수렴 내지는 자문기관으로서의 성격을 갖는 것에 불과하며, 중요사항을 의결하여 외부에 공표하는 기관은 아니고 단순한 심의기관에 불과하다고 보여진다.

2. 임의적 및 의무적 보상협의회

(1) 임의적 보상협의회(토지보상법 시행령 제44조)

토지보상법 제82조 제1항 각 호 외의 부분 본문에 따른 보상협의회는 해당 사업지역을 관할하는 특별자치도, 시·군 또는 구(자치구를 말한다. 이하 이 조에서 같다)에 설치한다. 공익사업을 시행하는 지역이 둘 이상의 시·군 또는 구에 걸쳐 있는 경우에는 해당 시장·군수 또는 구청장(자치구의 구청장을 말한다. 이하 이 조에서 같다)이 협의하여 보상협의회를 설치할 시·군 또는 구를 결정하여야 한다.

(2) 의무적 보상협의회(토지보상법 시행령 제44조의2)

해당 공익사업지구 면적이 $10만m^2$ 이상, 토지등의 소유자가 50인 이상인 경우에 정하는 규모 이상의 공익사업을 시행하는 경우 의무적으로 설치해야 한다. 토지보상법 제82조 제1항 각 호 외의 부분 단서에 따른 보상협의회는 제2항에 해당하는 공익사업에 대하여 해당 사업지역을 관할하는 특별자치도, 시·군 또는 구(자치구를 말한다. 이하 이 조에서 같다)에 설치한다.

III　보상협의회의 주요 특징 및 역할

1. 설치 목적

공익사업 시행자가 토지 등의 소유자 및 이해관계자와의 보상 문제를 협의하고 조정하기 위한 기구이다. 보상과 관련된 갈등을 줄이고 합의를 원활히 이루도록 지원한다.

2. 구성

보상협의회는 ① 토지소유자 및 관계인, ② 법관, 변호사, 공증인 또는 감정평가나 보상업무에 5년 이상 종사한 경험이 있는 사람, ③ 해당 지방자치단체의 공무원, ④ 사업시행자가 참여함으로써 다양한 이해관계자를 포함하여 공정성과 투명성을 높이는 구조를 가진다.

Ⅳ 보상협의회의 협의사항

① 보상액 평가를 위한 사전 의견수렴에 관한 사항
② 잔여지의 범위 및 이주대책 수립에 관한 사항
③ 해당 사업지역 내 공공시설의 이전 등에 관한 사항
④ 토지소유자나 관계인 등이 요구하는 사항 중 지방자치단체의 장이 필요하다고 인정하는 사항
⑤ 그 밖에 지방자치단체의 장이 회의에 부치는 사항

Ⅴ 결

토지보상법상 보상협의회는 법적 기능이 강제화 되어 있는 것은 아니지만, ① 보상금 산정 및 지급에 관한 사항 검토, ② 보상 대상에 대한 적정성과 적법성 확인, ③ 보상금 산정의 공정성과 합리성 제고, ④ 보상 대상자와의 협의 및 이견 조정, ⑤ 법률에 따른 보상 절차 검토 및 의견 수렴등 보상과 관련한 갈등과 분쟁을 사전에 예방하고, 법적 소송으로 이어지는 것을 줄이는 데 기여함을 목적으로 하고 공익사업의 보다 원활한 추진과 국민의 재산권을 보호하는데 그 역할이 있다고 하겠다. 실무에서는 도로, 철도, 공항, 댐 등 대규모 공익사업 추진 시 보상금 산정을 둘러싼 분쟁이 발생할 경우, 보상협의회가 중재자로서 역할을 수행하고, 이 과정에서 피수용자와 사업시행자의 의견을 조율하여 합의 도출을 시도하기도 한다. 이와 같은 보상협의회는 공익과 사익의 균형을 맞추는 중요한 역할을 하며, 법적 기준에 따라 투명하게 운영되어야 할 것이다.

쟁점 26 위험부담의 이전[토지보상법 제46조]   C급

Ⅰ 의의 및 취지(토지보상법 제46조)

토지수용위원회의 재결이 있은 후 수용할 토지나 물건이 토지소유자 또는 관계인의 고의나 과실 없이 멸실 또는 훼손된 경우 그로 인한 손실을 사업시행자의 부담으로 하는 제도로서, 이는 민법 제537조의 채무자위험부담주의의 예외로서 피수용자의 권익보호에 취지가 인정된다.

Ⅱ 요건

1. 위험부담의 이전기간

위험부담이전은 재결에 의한 것이며, 사업시행자는 수용의 개시일에 소유권을 원시취득하므로 위험부담이 이전되는 기간은 수용재결이 있은 후부터 수용의 개시일까지이다.

2. 피수용자의 귀책사유가 없을 것

목적물의 멸실에 피수용자의 귀책사유가 있는 경우에는 피수용자가 그 위험부담을 지게 되며, 피수용자의 귀책사유가 없는 경우에 한하여 목적물의 멸실에 따른 위험부담을 면하게 된다.

3. 위험부담의 범위

위험부담은 목적물의 멸실·훼손 등에 한하고 목적물의 가격하락의 경우에는 적용되지 않는다.

Ⅲ 효과와 보상약정을 해제할 수 없다는 대법원 판결

수용목적물의 멸실·훼손에 대한 손실은 사업시행자가 부담하게 되며 보상금의 감액이나 면제를 주장할 수 없다. 판례는 지상입목에 대한 보상협약 후 목적물이 홍수로 멸실되었다고 하더라도 보상하기로 한 자는 이행불능을 이유로 보상약정을 해제할 수 없다고 판시하였다.

Ⅳ 토지소유자의 토지 등 인도의무에 목적물에 대한 하자담보책임이 포함되는지 여부 (소극)–수용재결이 있은 후에 수용 대상 토지에 숨은 하자가 발견되는 때

① (구)토지수용법에 의한 수용재결의 효과로서 수용에 의한 기업자(현 사업시행자)의 토지소유권취득은 토지소유자와 수용자와의 법률행위에 의하여 승계취득하는 것이 아니라, 법률의 규정에 의하여 원시취득하는 것이므로, 토지소유자가 (구)토지수용법 제63조의 규정에 의하여 부담하는 토지의 인도의무에는 수용목적물에 숨은 하자가 있는 경우에도 하자담보책임이 포함되지 아니하여 토지소유자는 수용시기까지 수용 대상 토지를 현존 상태 그대로 기업자(현 사업시행자)에게 인도할 의무가 있을 뿐이다.
② (구)토지수용법 제63조의 규정에 의하여 수용 대상 토지에 있는 물건에 관하여 권리를 가진 자가 기업자(현 사업시행자)에게 이전할 의무를 부담하는 물건은 같은 법 제49조 제1항에 의하여 이전료를 보상하고 이전시켜야 할 물건을 말한다.

③ 제3자가 무단으로 폐기물을 매립하여 놓은 상태의 토지를 수용한 경우, 위 폐기물은 토지의 토사와 물리적으로 분리할 수 없을 정도로 혼합되어 있어 독립된 물건이 아니며 (구)토지수용법 제49조 제1항의 이전료를 지급하고 이전시켜야 되는 물건도 아니어서 토지소유자는 폐기물의 이전의무가 있다고 볼 수 없다고 한 원심의 판단을 수긍한 사례

④ 수용재결이 있은 후에 수용 대상 토지에 숨은 하자가 발견되는 때에는 불복기간이 경과되지 아니한 경우라면 공평의 견지에서 기업자(현 사업시행자)는 그 하자를 이유로 재결에 대한 이의를 거쳐 손실보상금의 감액을 내세워 행정소송을 제기할 수 있다고 보는 것이 상당하나, 이러한 불복절차를 취하지 않음으로써 그 재결에 대하여 더 이상 다툴 수 없게 된 경우에는 기업자(현 사업시행자)는 그 재결이 당연무효이거나 취소되지 않는 한 재결에서 정한 손실보상금의 산정에 있어서 위 하자가 반영되지 않았다는 이유로 민사소송절차로 토지소유자에게 부당이득의 반환을 구할 수는 없다.
(대판 2001.1.16, 98다58511[손해배상(기)])

쟁점 27 담보물권자의 물상대위   C급

I 물상대위의 의의

물상대위란 약정담보물권에 있어서 그 목적물이 멸실·훼손 또는 공용징수로 인하여 보상금청구권 등으로 변하는 경우 그 청구권 등에 담보물권의 효력이 미치는 것을 말한다.

II 취지(토지보상법 제47조)

토지보상법 제47조는 "담보물권의 목적물이 수용·사용된 경우 그 담보물권은 채무자가 받을 보상금에 대하여 행사할 수 있다. 다만 그 지급 전에 압류하여야 한다."라고 규정하고 있다. 이는 공법상 보상청구권에 대해 대위권 행사를 확인적으로 인정하고, 사업인정고시일 이후 설정된 담보물권자의 지위를 보장하기 위해 규정의 취지가 인정된다.

III 물상대위의 요건

지급 전 압류를 법 제47조에서 규정하고 있으며, 판례는 압류를 반드시 본인이 할 필요는 없고 제3자가 해도 된다고 판시하고 있다. 이는 특정성이 유지·보전되는 한도 안에서 우선변제권을 인정하고자 함에 그 취지가 인정된다.

IV 담보권자의 권리구제

관계인인 담보물권자는 수용절차상 사전적 권리구제가 가능하다. 다만 수용재결에 대한 불복은 곤란한바, 토지보상법 제83조의 이의신청 및 제85조 제2항의 보상금증감청구소송은 가능하다고 할 것이다.

관계인이 아닌 담보물권자는 제83조의 이의신청 규정상 '이의 있는 자'에 해당하여 이의신청이 가능하다. 그러나 보상금증감청구소송은 관련규정상 곤란하지만 행정소송법 제16조 제3자의 소송참가 규정에 의거 소송의 참가가 가능할 것이다.

V 물상대위와 관련된 대법원 판례

중앙토지수용위원회가 수용대상 토지의 관계인의 주소로 송달한 재결서 정본이 반송되자 갑의 실제주소를 파악하기 위한 기본적인 조치도 없이 곧바로 공시송달의 방법으로 재결서 정본을 송달한 사안에서, 갑이 수용대상 토지의 수용보상금 중 일부에 대하여 물상대위권을 행사할 수 있는 기회를 잃게 됨으로써 피담보채권을 우선변제 받지 못하는 손해를 입었다고 보아 국가배상책임을 인정한 판례가 있다.

쟁점 **28** 환매권   A급

제91조(환매권)
① 공익사업의 폐지·변경 또는 그 밖의 사유로 취득한 토지의 전부 또는 일부가 필요 없게 된 경우 토지의 협의취득일 또는 수용의 개시일(이하 이 조에서 "취득일"이라 한다) 당시의 토지소유자 또는 그 포괄승계인(이하 "환매권자"라 한다)은 다음 각 호의 구분에 따른 날부터 10년 이내에 그 토지에 대하여 받은 보상금에 상당하는 금액을 사업시행자에게 지급하고 그 토지를 환매할 수 있다.
  1. 사업의 폐지·변경으로 취득한 토지의 전부 또는 일부가 필요 없게 된 경우 : 관계 법률에 따라 사업이 폐지·변경된 날 또는 제24조에 따른 사업의 폐지·변경 고시가 있는 날
  2. 그 밖의 사유로 취득한 토지의 전부 또는 일부가 필요 없게 된 경우 : 사업완료일
② 취득일부터 5년 이내에 취득한 토지의 전부를 해당 사업에 이용하지 아니하였을 때에는 제1항을 준용한다. 이 경우 환매권은 취득일부터 6년 이내에 행사하여야 한다.
③ 제74조 제1항에 따라 매수하거나 수용한 잔여지는 그 잔여지에 접한 일단의 토지가 필요 없게 된 경우가 아니면 환매할 수 없다.
④ 토지의 가격이 취득일 당시에 비하여 현저히 변동된 경우 사업시행자와 환매권자는 환매금액에 대하여 서로 협의하되, 협의가 성립되지 아니하면 그 금액의 증감을 법원에 청구할 수 있다.
⑤ 제1항부터 제3항까지의 규정에 따른 환매권은 「부동산등기법」에서 정하는 바에 따라 공익사업에 필요한 토지의 협의취득 또는 수용의 등기가 되었을 때에는 제3자에게 대항할 수 있다.
⑥ 국가, 지방자치단체 또는 「공공기관의 운영에 관한 법률」 제4조에 따른 공공기관 중 대통령령으로 정하는 공공기관이 사업인정을 받아 공익사업에 필요한 토지를 협의취득하거나 수용한 후 해당 공익사업이 제4조 제1호부터 제5호까지에 규정된 다른 공익사업(별표에 따른 사업이 제4조 제1호부터 제5호까지에 규정된 공익사업에 해당하는 경우를 포함한다)으로 변경된 경우 제1항 및 제2항에 따른 환매권 행사기간은 관보에 해당 공익사업의 변경을 고시한 날부터 기산(起算)한다. 이 경우 국가, 지방자치단체 또는 「공공기관의 운영에 관한 법률」 제4조에 따른 공공기관 중 대통령령으로 정하는 공공기관은 공익사업이 변경된 사실을 대통령령으로 정하는 바에 따라 환매권자에게 통지하여야 한다.
[헌법불합치, 2019헌바131, 2020.11.26, 공익사업을 위한 토지 등의 취득 및 보상에 관한 법률(2011. 8.4. 법률 제11017호로 개정된 것) 제91조 제1항 중 '토지의 협의취득일 또는 수용의 개시일(이하 이 조에서 "취득일"이라 한다)부터 10년 이내에' 부분은 헌법에 합치되지 아니한다. 법원 기타 국가기관 및 지방자치단체는 입법자가 개정할 때까지 위 법률조항의 적용을 중지하여야 한다.]

Ⅰ   환매권 일반

1. 의의 및 취지

환매권이란 수용의 목적물인 토지가 공익사업의 폐지·변경 그 밖의 사유로 인해 필요 없게 되거나, 수용 후 오랫동안 그 공익사업에 현실적으로 이용되지 아니할 경우, 수용 당시의 토지소유자 또는 그 포괄승계인이 보상금에 상당하는 금액을 지급하고 수용의 목적물을 다시 취득할 수 있는 권리를 말한다. 이는 재산권 존속보장 및 토지소유자의 소유권에 대한 감정존중을 도모하고 공평의 원칙에 취지가 인정된다.

2. 인정 근거

(1) 이론적 근거

피수용자의 감정존중(다수설) 및 공평의 원칙(판례)에서 찾는 견해와 재산권의 존속보장 및 정책적 배려에서 찾는 견해가 있다.

(2) 법적 근거

헌법상 재산권 보장이념을 구체화하여 토지보상법 제91조와 제92조에서 환매권에 관한 사항을 규정하였다. 환매권은 헌법의 재산권에 포함된 권리이지만 개별법의 명문의 규정이 없는 때에도 헌법을 직접적인 근거로 하여 환매권 행사가 가능한지 문제되나, 판례는 실정법의 근거가 있어야만 환매권을 행사할 수 있다는 취지의 판결을 한 바 있다.

3. 법적 성질

(1) 형성권

형성권이란 요건충족 시 형성적 효력이 발생하는 권리를 말하며 청구권과 달리 상대방이 동시이행항변권을 주장하지 못하는 권리이다. 환매권은 제척기간 내에 이를 일단 행사하면 형성적 효력으로 매매의 효력이 생기는 것으로 보고 있다.

(2) 공권인지 여부

① 문제점

환매권이 형성권인 점에 대해서는 학설과 판례가 일치하나, 공권과 사권에 대한 견해가 나뉜다. 논의실익은 환매권에 대한 다툼이 있는 경우 적용법규와 쟁송형태에 있다.

② 학설

㉠ **공권설** : 환매권은 공법적 원인에 의해 상실된 권리를 회복하는 제도이므로 공권력 주체에 대해 사인이 가지는 공법상 권리라고 보는 견해이다.

㉡ **사권설** : 환매권은 피수용자가 자기의 이익을 위하여 일방적으로 행사함으로써 환매의 효과가 발생하는 형성권으로 사업시행자의 동의를 요하지 않고, 이 권리는 공용수용의 효과로 발생하기는 하나 사업시행자에 의해 해제처분을 요하지 않는 직접 매매의 효과를 발생하는 것으로 사법상 권리로 보는 견해이다.

③ 판례

헌법재판소는 공익사업용지에 대한 환매권의 법적 성질을 사법상의 권리로 보고, 사업시행자의 환매권 행사를 거부하는 의사표시는 공권력의 행사가 아니라고 결정한 바 있다.

④ 검토

환매권은 공권에 의한 침해로 발생한 권리인바 공권으로 보는 견해가 일면 타당하나, 환매권은 자기이익을 위한 일방적 권리이므로 판례의 태도에 따라 사권으로 보는 것이 타당할 것이다.

Ⅱ 환매권의 행사요건

1. 환매권의 행사

환매권은 수용의 효과로서 수용의 개시일에 법률상 당연히 성립·취득하는 것이므로 토지보상법상 요건은 이미 취득·성립된 환매권을 현실적으로 행사하기 위한 행사요건의 검토가 필요하다.

2. 당사자 및 목적물

환매권자는 토지소유자 또는 그 포괄승계인이고, 상대방은 사업시행자 또는 현재의 소유자이다. 환매목적물은 토지소유권에 한한다. 단, 잔여지의 경우 접속된 부분이 필요 없게 된 경우가 아니면 환매는 불가하다.

3. 환매권의 행사요건

(1) 사업의 폐지·변경 그 밖의 사유로 필요 없게 된 때(토지보상법 제91조 제1항)

① 해당 사업의 폐지·변경으로 취득한 토지의 전부 또는 일부가 필요 없게 된 경우 사업이 폐지·변경된 날 또는 사업의 폐지·변경고시가 있는 날부터 10년 이내에, ② 그 밖의 사유로 취득한 토지의 전부 또는 일부가 필요 없게 된 경우 사업완료일로부터 10년 이내에 토지에 대하여 받은 보상금에 상당하는 금액을 사업시행자에게 지급하고 그 토지를 환매할 수 있다.

(2) 취득한 토지의 전부를 사업에 이용하지 아니한 때(토지보상법 제91조 제2항)

취득일부터 5년 이내에 취득한 토지의 전부를 해당 사업에 이용하지 아니하였을 때에는 취득일부터 6년 이내에 환매권을 행사하여야 한다. 여기서 토지의 전부란 사용·수용한 토지 전체를 말한다.

(3) 토지보상법 제91조 제1항 및 제2항의 행사요건 관계

토지보상법 제91조 제1항과 제2항은 요건을 서로 달리하고 있으므로 한 쪽의 요건에 해당되어도 다른 쪽의 요건을 주장할 수 있고, 국민의 권익보호를 위해 둘 중 긴 쪽의 요건을 적용할 수 있다고 봄이 타당하다.

4. 환매금액

환매금액은 원칙상 사업시행자가 지급한 보상금에 상당한 금액이며, 가격변동이 현저한 경우 양 당사자는 법원에 그 금액의 증감을 청구할 수 있다(보상금증감청구소송이 아니라 민사소송이다).

5. 환매권의 행사절차

(1) 사업시행자의 통지 또는 공고(토지보상법 제92조 통지의무)

사업시행자는 환매할 토지가 생겼을 때 지체 없이 환매권자에게 통지하거나 환매권자를 알 수 없는 경우 이를 공고하여야 한다.

(2) 환매권의 행사

환매권자는 환매금액을 지급하고 환매의사를 표시함으로써 환매권을 행사하게 된다. 환매권은 형성권으로 환매권자가 환매금액을 지급하고 일방적으로 환매의사를 표시함으로써 사업시행자의 동의와 관계없이 환매의 효과가 발생한다.

Ⅲ 환매권 행사의 효과와 소멸

1. 환매권 행사의 효력

(1) 환매권 행사의 효력발생시점

환매권자는 환매금액을 지급한 후 환매의사를 표시함으로써 환매를 한다.

(2) 환매권의 효력(대항력)

토지의 협의취득의 등기 또는 수용등기가 되어 있으면 제3자가 환매목적물을 취득하더라도 환매권자의 지위가 제3자의 지위보다 우선하여 환매권자는 제3자에 대하여 환매권 행사가 가능하다.

> [1] 구 공익사업을 위한 토지 등의 취득 및 보상에 관한 법률(2007.10.17. 법률 제8665호로 개정되기 전의 것) 제91조 제5항은 '환매권은 부동산등기법이 정하는 바에 의하여 공익사업에 필요한 토지의 협의취득 또는 수용의 등기가 된 때에는 제3자에게 대항할 수 있다.'고 정하고 있다. 이는 협의취득 또는 수용의 목적물이 제3자에게 이전되더라도 협의취득 또는 수용의 등기가 되어 있으면 환매권자의 지위가 그대로 유지되어 환매권자는 환매권을 행사할 수 있고, 제3자에 대해서도 이를 주장할 수 있다는 의미이다(대판 2017.3.15, 2015다238963).

2. 환매권 행사의 효과

① 환매권을 행사한 경우 물권적 효력설의 입장에서는 소유권 이전의 효과가 발생한다고 본다. 반면, ② 채권적 효력의 입장에서는 소유권이전등기청구 또는 소유권이전등기말소청구권이 발생하는 효과가 있다고 본다. 판례는 환매권의 행사에 대해 이는 채권적 효과로서 소유권이전등기청구권이 발생한다고 보며 10년을 시효로 소멸한다고 한다.

3. 환매권의 소멸

① 사업시행자는 제91조 제1항 및 제2항에 따라 환매할 토지가 생겼을 때에는 지체 없이 그 사실을 환매권자에게 통지하여야 한다. 다만, 사업시행자가 과실 없이 환매권자를 알 수 없을 때에는 대통령령으로 정하는 바에 따라 공고하여야 한다.

② 환매권자는 제92조 제1항에 따른 통지를 받은 날 또는 공고를 한 날부터 6개월이 지난 후에는 제91조 제1항 및 제2항에도 불구하고 환매권을 행사하지 못한다.

Ⅳ 환매권 행사의 제한(공익사업변환 특칙, 법 제91조 제6항)

1. 의의 및 취지

공익사업의 변환이란 공익사업이 다른 공익사업으로 변경된 경우, 별도의 절차 없이 해당 토지를 변경된 다른 공익사업에 이용하도록 하는 제도를 말하며, 이는 환매와 재취득이라는 무용한 절차의 반복을 방지하기 위한 제도이다.

2. 요건

(1) 사업시행자 요건

1) 원칙

사업인정을 받은 사업시행자가 국가·지방자치단체 또는 공공기관이어야 한다.

2) 사업시행자의 변경이 있는 경우에도 공익사업변환 특칙이 적용되는지 여부

① 학설

㉠ 공익사업변환은 공익성이 더 큰 공익사업으로 변경된 경우에 적용되는 규정으로 사업시행자의 변경까지 제한하는 것은 아니라는 긍정설과, ㉡ 환매권 행사제한규정은 환매권의 인정에 대한 예외적 규정이므로 좁게 해석되어야 하기에 부정하는 견해가 대립한다.

② 판례

대법원은 공익사업변환 특칙이 국가, 지방자치단체 또는 공공기관 등 사업시행자가 동일한 입장에서만 허용되는 것은 아니라고 하여 긍정하였다. 반드시 공공기관일 필요는 없지만 공공성이 있는 사업시행자가 해야 한다고 보고 있다.

③ 검토

환매권제도는 공공필요의 소멸이라는 수용본질의 한계상 인정되는 것이므로 이러한 취지에 반하는 예외적 규정은 좁게 해석함이 국민의 권리구제에 유리하다. 또한 현실적으로 행정청의 용도담합에 의해 환매권이 형해화(形骸化)되는 결과를 초래할 우려가 있으므로 사업시행자 변경 시에는 공익사업변환은 인정되지 않는 것으로 봄이 타당하다.

(2) 대상사업요건

변경 전 공익사업은 사업인정을 받아야 하고, 변경 후 공익사업은 토지보상법 제4조 제1호부터 제5호까지에 규정된 공익사업이어야 한다. 새로운 공익사업은 사업인정을 받거나 받은 것으로 의제되어야 한다.

(3) 사업시행자의 토지소유요건

공익사업을 위해 협의취득하거나 수용한 토지가 변경된 사업의 사업시행자가 아닌 제3자에게 처분된 경우에는 공익사업변환을 인정할 수 없다고 판시하여 사업시행자는 대상토지를 계속 소유하고 있어야 한다.

3. 공익사업변환의 효과

변환이 인정되면 환매권 행사가 제한되고 환매권의 행사기간은 관보에 공익사업의 변경을 고시한 날부터 기산한다. 판례는 새로 변경된 사업을 기준으로 다시 행사요건을 갖추지 못하는 한 환매권을 행사할 수 없고, 요건을 갖춘 경우에 행사기간은 사업의 변경을 관보에 고시한 날부터 기산한다고 판시하였다.

4. 공익사업변환의 위헌성

(1) 문제점

토지보상법 제91조 제6항은 공익사업변환에 해당하는 경우 환매권 행사를 제한하고 있다. 헌법은 재산권의 존속보장과 본질적 내용의 침해금지를 규정하고 있는바, 공익사업변환이 비례의 원칙 등에 위반되는지가 문제된다.

(2) 학설

① 합헌설(헌법재판소의 다수견해)은 공익사업변환제도는 공익사업의 신속한 수행이라는 목적의 정당성 및 대상사업의 범위를 제한하여 수단으로서 적정성이 인정된다고 본다. 또한 피해최소성의 원칙, 법익균형의 원칙에도 부합하여 헌법상 비례원칙에 위배되지 않는다고 본다.

② 위헌설은 계속적 변환을 인정 시 실질적으로 환매권 취득기회를 상실시켜 기본권 제한과 과잉금지의 원칙에 위배된다고 본다.

(3) 검토

공익사업의 변환은 환매권자의 참여가 배제된 상태에서 이루어지므로 최소침해, 법익균형에 문제가 있다고 볼 수 있다. 따라서 공익사업의 변환 특칙은 위헌적 소지가 많은 규정이라는 비판을 피할 수 없다.

5. 관련문제(사업인정 전 협의취득으로 인한 환매권에 공익사업변환 특칙의 적용 여부)

대법원은 구법하에서 사업인정 전 협의취득으로 인한 환매권에 공익사업변환 특칙이 적용된다고 보았다. 생각건대, 토지보상법 제91조 제6항은 사업인정을 받을 것을 규정하고 있는바, 사업인정을 받아서 취득한 후 공익사업이 변경된 경우만을 상정하여 규정하고 있으므로 사업인정 전 협의취득으로 인한 환매권 행사제한에 적용될 여지는 없다고 판단된다.

Ⅴ 환매권에 대한 권리구제

1. 환매권 행사에 대한 권리구제

환매권 행사요건의 성립 여부에 대한 다툼은 공권설의 입장에서는 공법상 당사자소송에 의할 것이며, 사권설의 입장에서는 민사소송(사업시행자 : 소유권확인의 소, 환매권자 : 소유권이전등기이행의 소)에 의하게 될 것이나, 실무상 민사소송에 의한다.

2. 환매금액에 대한 다툼

환매금액에 대한 다툼은 사업시행자 및 환매권자가 협의하되, 협의가 불성립할 경우 법원에 환매금액의 증감을 청구할 수 있다(보상금증감청구소송이 아니라, 민사소송에 의해 다툰다).

■ 환매권 관련 판례

1. 환매권 미통지로 인한 환매권 행사기간 경과 시 손해배상책임 판례

원소유자를 보호할 필요성 및 공평의 원칙 등 환매권을 규정한 입법이유에 비추어 환매권의 통지는 환매권 행사의 실효성을 보장하기 위한 것이라 할 것이므로 환매권 통지의 규정은 사업시행자의 법적인 의무를 정한 것이라고 보아야 한다. 그러므로 환매권 통지의무 위반으로 불법행위로 인한 손해배상책임이 발생한다(대판 2000.11.14, 99다45864).

2. 제3자에게 매매 등이 된 경우 환매권의 대항력(제91조 제5항) – 미기출

수용의 목적물이 제3자에게 이전되더라도 협의취득, 수용의 등기가 되어 있으면 환매권자의 지위가 그대로 유지되어 환매권자는 환매권을 행사할 수 있다. 즉 환매권이 발생한 때부터 제척기간이 도과로 소멸할 때까지 사이에 언제라도 환매권을 행사하고 이로써 제3자에게 대항할 수 있다(대판 2017.3.15, 2015다238963).

3. 환매권 상실 손해배상금액 판례

환매권 상실 당시의 감정평가금액 – (환매권 상실 당시 감정평가금액 – 지급보상금 × 지가상승률)(대판 2017.3.15, 2015다238963)

4. 환매권 제한, 공익사업변경 관련 판례(제91조 제6항) 종전 사업뿐만 아니라 새로운 사업도 사업인정을 받아야 환매권 행사가 제한된다. 초등학교, 중학교 학교부지 간 교환사건 – 미기출

제91조 제6항에 정한 공익사업의 변환은 같은 법 제20조에 규정에 의한 사업인정을 받은 공익사업으로 변경된 경우에 한하여 환매권의 행사를 제한하는 것이므로 사업인정이나 사업인정의제를 받은 것으로 볼 수 있는 경우에만 공익사업의 변환에 의한 환매권의 제한을 인정할 수 있다. 제3자에게 처분된 경우 공익사업의 변환을 인정할 여지도 없다(대판 2010.9.30, 2010다30782).

5. 공익사업의 변환 시 반드시 사업시행자가 공공기관이어야 하는가? (부정)

변경된 공익사업이 토지보상법 제4조 제1호 내지 제5호에 정한 공익사업에 해당하면 인정되는 것이지 변경된 공익사업의 시행자가 국가, 지방자치단체, 공공기관일 필요까지는 없다(대판 2015.8.19, 2014다201391).

■ 판례변경 : 토지보상법 제91조 제1항 10년 이내 부분 헌법불합치 결정

2020.11.26, 2019헌바131 헌법불합치 결정 토지보상법 제91조 제1항 10년 적용부분

헌법재판소는 2020년 11월 26일 재판관 6 : 3의 의견으로, 환매권의 발생기간을 제한한 공익사업을 위한 토지 등의 취득 및 보상에 관한 법률(2011.8.4. 법률 제11017호로 개정된 것) 제91조 제1항 중 '토지의 협의취득일 또는 수용의 개시일부터 10년 이내에' 부분이 헌법에 합치되지 아니한다는 결정을 선고하였다. [헌법불합치]

이에 대하여 위 조항이 재산권을 침해하지 아니한다는 재판관 이선애, 재판관 이종석, 재판관 이미선의 반대의견이 있다.

■ 사건개요

- 창원시는 2005.9.경 내지 2006.1.경 청구인들로부터 '괴정-외성 간 해양관광도로 개설공사'를 추진하기 위하여 '공익사업을 위한 토지 등의 취득 및 보상에 관한 법률'(이하 '토지보상법'이라 한다)에 따라 창원시 진해구 ○○ 등 6필지 토지(이하 '이 사건 토지'라 한다)에 관하여 공공용지 협의취득에 의한 소유권이전등기를 마쳤다.
- 창원시는 위 해양관광도로 개설공사를 진행하던 중 부산-진해 경제자유구역청이 추진하는 '남산유원지 개발계획'과 중복되는 부분이 있음이 밝혀져 사업진행을 보류하다가, 2017.5.25. 이 사건 토지를 위 해양관광도로 사업부지에서 제외하는 내용의 창원도시관리계획 결정(변경) 고시를 하였다(창원시 고시 제2017-102호).
- 청구인들은 2018.1.8. 창원시를 상대로 주위적으로 환매를 원인으로 한 소유권이전등기절차 이행을 구하고, 예비적으로 환매권 통지를 하지 않은 불법행위에 기한 손해배상을 구하는 소를 제기하였다.
- 청구인들은 위 소송 계속 중인 2019.3.14. 토지보상법 제91조 제1항에 대하여 위헌법률심판제청을 신청하였고, 2019.4.5. 위 신청이 기각되자 같은 달 19. 이 사건 헌법소원심판을 청구하였다.

■ 심판대상

- 이 사건 심판대상은 '공익사업을 위한 토지 등의 취득 및 보상에 관한 법률'(2011.8.4. 법률 제11017호로 개정된 것) 제91조 제1항 중 '토지의 협의취득일 또는 수용의 개시일(이하 이 조에서 "취득일"이라 한다)부터 10년 이내에' 부분(이하 '이 사건 법률조항'이라 한다)이 헌법에 위반되는지 여부이다.

[심판대상조항]

공익사업을 위한 토지 등의 취득 및 보상에 관한 법률(2011.8.4. 법률 제11017호로 개정된 것)

제91조(환매권)

① 공익사업의 폐지·변경 또는 그 밖의 사유로 취득한 토지의 전부 또는 일부가 필요 없게 된 경우 토지의 협의취득일 또는 수용의 개시일(이하 이 조에서 "취득일"이라 한다) 당시의 토지소유자 또는 그 포괄승계인(이하 "환매권자"라 한다)은 다음 각 호의 구분에 따른 날부터 10년 이내에 그 토지에 대하여 받은 보상금에 상당하는 금액을 사업시행자에게 지급하고 그 토지를 환매할 수 있다.

  1. 사업의 폐지·변경으로 취득한 토지의 전부 또는 일부가 필요 없게 된 경우 : 관계 법률에 따라 사업이 폐지·변경된 날 또는 제24조에 따른 사업의 폐지·변경 고시가 있는 날

  2. 그 밖의 사유로 취득한 토지의 전부 또는 일부가 필요 없게 된 경우 : 사업완료일

■ 결정주문

1. 공익사업을 위한 토지 등의 취득 및 보상에 관한 법률(2011.8.4. 법률 제11017호로 개정된 것) 제91조 제1항 중 '토지의 협의취득일 또는 수용의 개시일(이하 이 조에서 "취득일"이라 한다)부터 10년 이내에' 부분은 헌법에 합치되지 아니한다.

2. 법원 기타 국가기관 및 지방자치단체는 입법자가 개정할 때까지 위 법률조항의 적용을 중지하여야 한다.

■ 이유의 요지

환매권의 법적 성격과 심사기준

- 우리 헌법은 국민의 재산권 보장을 원칙으로 하고 예외적으로 공공필요 등 헌법상 요건을 갖춘 경우 토지수용 등을 인정하고 있다. 따라서 토지수용 등 절차를 종료하였다고 하더라도 공익사업에 해당 토지가 필요 없게 된 경우에는 토지수용 등의 헌법상 정당성이 장래를 향하여 소멸한 것이므로, 이러한 경우 종전 토지소유자가 소유권을 회복할 수 있는 권리인 환매권은 헌법이 보장하는 재산권의 내용에 포함되는 권리이다.

- 이 사건 법률조항은 '취득일로부터 10년 이내'로 환매권의 발생기간을 제한하고 있는데, 이러한 제한은 환매권의 구체적 행사를 위한 내용을 정한 것이라기보다는 환매권 발생 여부 자체를 정하는 것이어서 사실상 원소유자의 환매권을 배제하는 결과를 초래할 수 있으므로, 헌법 제37조 제2항에서 정한 기본권 제한입법의 한계를 준수하고 있는지 살펴본다.

과잉금지원칙 위반 여부

- 환매권의 발생기간을 제한한 것은 사업시행자의 지위나 이해관계인들의 토지이용에 관한 법률관계 안정, 토지의 사회경제적 이용 효율 제고, 사회일반에 돌아가야 할 개발이익이 원소유자에게 귀속되는 불합리 방지 등을 위한 것인데, 그 입법목적은 정당하고 이와 같은 제한은 입법목적 달성을 위한 유효적절한 방법이라 할 수 있다.
- 그러나 2000년대 이후 다양한 공익사업이 출현하면서 공익사업 간 중복·상충 사례가 발생하였고, 산업구조 변화, 비용 대비 편익에 대한 지속적 재검토, 인근 주민들의 반대 등에 직면하여 공익사업이 지연되다가 폐지되는 사례가 발생하고 있다. 2020년 6월 기준 토지취득절차 돌입 후 10년 6개월이 경과하였음에도 공사가 완료되지 않은 공익사업이 156건, 이를 위해 사인으로부터 취득한 토지가 약 14,000필지에 이른다.
- 이와 같은 상황에서 이 사건 법률조항의 환매권 발생기간 '10년'을 예외 없이 유지하게 되면 토지수용 등의 원인이 된 공익사업의 폐지 등으로 공공필요가 소멸하였음에도 단지 10년이 경과하였다는 사정만으로 환매권이 배제되는 결과가 초래될 수 있다. 다른 나라의 입법례에 비추어 보아도 발생기간을 제한하지 않거나 더 길게 규정하면서 행사기간 제한 또는 토지에 현저한 변경이 있을 때 환매거절권을 부여하는 등 보다 덜 침해적인 방법으로 입법목적을 달성하고 있다. 이 사건 법률조항은 침해의 최소성 원칙에 어긋난다.
- 이 사건 법률조항으로 제한되는 사익은 헌법상 재산권인 환매권의 발생 제한이고, 이 사건 법률조항으로 환매권이 발생하지 않는 경우에는 환매권 통지의무도 발생하지 않기 때문에 환매권 상실에 따른 손해배상도 받지 못하게 되므로, 사익 제한 정도가 상당히 크다.
- 그런데 10년 전후로 토지가 필요 없게 되는 것은 취득한 토지가 공익목적으로 실제 사용되지 못한 경우가 대부분이다. 토지보상법은 부동산등기부상 협의취득이나 토지수용의 등기원인 기재가 있는 경우 환매권의 대항력을 인정하고 있어 공익사업에 참여하는 이해관계인들은 환매권이 발생할 수 있음을 충분히 알 수 있다. 토지보상법은 이미 환매대금증감소송을 인정하여 당해 공익사업에 따른 개발이익이 원소유자에게 귀속되는 것을 차단하고 있다.
- 따라서 이 사건 법률조항이 추구하고자 하는 공익은 원소유자의 사익침해 정도를 정당화할 정도로 크다고 보기 어려우므로, 법익의 균형성을 충족하지 못한다.
- 결국 이 사건 법률조항은 헌법 제37조 제2항에 반하여 국민의 재산권을 침해하여 헌법에 위반된다.

헌법불합치결정과 적용중지

- 다만 이 사건 법률조항의 위헌성은 환매권의 발생기간을 제한한 것 자체에 있다기보다는 그 기간을 10년 이내로 제한한 것에 있다. 이 사건 법률조항의 위헌성을 제거하는 다양한 방안이 있을 수 있고 이는 입법재량 영역에 속한다. 이 사건 법률조항의 적용을 중지하더라도 환매권 행사기간 등 제한이 있기 때문에 법적 혼란을 야기할 뚜렷한 사정이 있다고 보이지는 않는다.
- 따라서 이 사건 법률조항 적용을 중지하는 헌법불합치결정을 하고, 입법자는 가능한 한 빠른 시일 내에 이와 같은 결정 취지에 맞게 개선입법을 하여야 한다.

■ 반대의견(재판관 이선애, 재판관 이종석, 재판관 이미선)

- 환매권은 헌법상 재산권의 내용에 포함되는 권리이나, 그 구체적인 내용과 한계는 법률에 의하여 정

해진다. 이 사건 법률조항은 환매권의 구체적인 모습을 형성하는 것임과 동시에 환매권 행사를 제한하는 것임을 염두에 두고 기본권 제한입법의 한계를 일탈한 것인지 살펴보아야 한다.

- 대체로 10년이라는 기간은 토지를 둘러싼 사업시행자나 제3자의 이해관계가 두껍게 형성되고, 토지의 사회경제적 가치가 질적 변화를 일으키기에 상당한 기간으로 볼 수 있다. 우리나라의 경우 부동산 가치 변화가 상당히 심하고, 토지를 정주 공간보다는 투자의 대상으로 인식하는 사회적 경향이 뚜렷하여 원소유자가 환매권을 행사하는 주된 동기가 상승한 부동산의 가치회수인 경우가 많다.
- 이러한 사정들을 고려하면, 이 사건 법률조항의 환매권 발생기간 제한이 환매권을 형해화하거나 그 본질을 훼손할 정도로 불합리하다고 볼 수 없다.
- 토지보상법은 5년 이내에 취득한 토지 전부를 공익사업에 이용하지 아니하였을 때 환매권을 인정하여 이 사건 법률조항에 따른 환매권 제한을 상당 부분 완화하고 있다. 취득일로부터 10년이 지난 뒤 해당 토지가 다른 공익사업에 편입되는 경우가 있는데, 이 경우에는 이 사건 법률조항으로 달성하고자 하는 토지의 효율적 이용이라는 공익이 작다고 할 수 없다.
- 개발이익 귀속과 관련하여서도, 이 사건 법률조항보다 장기간 환매권 발생기간을 인정하게 되면, 여러 공익사업이 지역개발사업으로 함께 시행되는 경우가 적지 않은 현실에서 해당 공익사업과 관계없는 인근 유사토지의 지가가 다른 지역개발사업에 의하여 현저히 상승하는 경우가 발생하고, 이 경우 사회일반의 이익으로 돌아가야 할 개발이익이 원소유자에게 귀속되는 불합리한 결과가 발생할 수 있다.
- 이 사건 법률조항의 환매권 발생기간 제한은 입법목적 달성을 위해 필요한 범위 내의 것이고 원소유자의 불이익이 달성하려는 공익보다 크다고 할 수 없다.
- 따라서 이 사건 법률조항은 기본권 제한 입법의 한계를 일탈하여 청구인들의 재산권을 침해한다고 볼 수 없다.

■ 결정의 의의

- 종래 이 사건 법률조항과 동일한 내용의 구 '공공용지의 취득 및 손실보상에 관한 특례법' 및 구 토지수용법 조항이 헌법에 위반되지 아니한다고 판시한 헌재 1994.2.24, 92헌가15 등 결정은 이 결정 취지와 저촉되는 범위 안에서 이를 변경한다.
- 이 사건은 토지보상법상 환매권의 발생기간을 일률적으로 10년으로 제한한 것이 국민의 재산권을 과도하게 제한하여 헌법에 위반된다고 한 결정이다. 입법자는 이 결정의 취지에 따라 최대한 빠른 시일 내에 개선입법을 하여 위헌적 상태를 제거하여야 한다.

쟁점 29 　토지보상법상 환매권의 대항력　　　　　　B급

I 　환매권의 의의

환매권이란 공익사업을 위해 수용된 토지가 일정한 사유로 필요 없게 된 경우, 원소유자 또는
그 상속인이 해당 토지를 다시 매수할 수 있는 권리를 말한다. 이는 토지보상법 제91조에서 규정
하고 있다.

II 　환매권의 법적 성질

1. 형성권적 성격

일정 요건이 충족되면 환매권자가 일방적인 의사표시로 토지를 환매할 수 있다.

2. 채권적 성격

대법원은 토지보상법상 환매권은 채권적 권리로 본다. 따라서 환매권자는 사업시행자에게 "다
시 매도할 것을 요구할 수 있는 채권적 권리"를 가지게 된다.

3. 환매권의 대항력

환매권의 대항력이란, 환매권자가 제3자에게도 환매권을 주장할 수 있는지를 의미한다. 즉,
공익사업을 시행한 사업시행자가 해당 토지를 제3자에게 처분한 경우에도 원소유자가 그 제3
자에게 직접 환매권을 행사할 수 있는지의 문제된다.

(1) 민사상 환매권의 대항력 문제

민사상 환매권은 채권적 권리이므로, 원칙적으로 제3자에게 대항할 수 없다. 즉, 사업시행
자가 수용한 토지를 다른 사람에게 팔아버리면, 원소유자는 그 제3자에게 직접 환매권을
행사할 수 없게 된다. 원소유자는 사업시행자에게 손해배상을 청구하는 방법으로 구제받
아야 한다.

(2) 토지보상법 제91조 제5항 대항력이 인정되는 경우

토지보상법 제91조 제5항에서는 "제1항부터 제3항까지의 규정에 따른 환매권은 「부동산등
기법」에서 정하는 바에 따라 공익사업에 필요한 토지의 협의취득 또는 수용의 등기가 되었
을 때에는 제3자에게 대항할 수 있다."라고 규정하여 환매권의 대항력을 인정하고 있다.

III 　환매권의 대항력 실무적 시사점

환매권을 행사하려면 환매권 발생 사유(미사용, 타용도 사용 등)를 입증해야 하며, 이를 위해 사
업시행자의 행위를 면밀히 살펴야 한다. 환매권의 대항력을 확보하려면 사업시행자의 토지취득
당시 협의등기나 수용의 등기가 된 내용에 대하여 명확히 해 두는 것이 중요하다. 환매권은 원칙

적으로 사업시행자에게만 행사할 수 있는 채권적 권리이므로, 사업시행자가 토지를 제3자에게 처분하면 제3자에게 직접 대항하기 어렵다. 그래서 환매권자가 환매권의 권리를 보호받으려면 토지보상법상 협의나 수용의 등기가 되어 있음을 확인하고, 사업시행자의 불법적인 처분이 행해지지 않도록 잘 파악해야 한다.

Ⅳ 환매권의 대항력 대법원 판례

■ 대판 2017.3.15, 2015다238963[손해배상(기)]

【판시사항】

[1] 구 공익사업을 위한 토지 등의 취득 및 보상에 관한 법률 제91조 제5항에서 정한 '환매권은 부동산등기법이 정하는 바에 의하여 공익사업에 필요한 토지의 협의취득 또는 수용의 등기가 된 때에는 제3자에게 대항할 수 있다.'의 의미

[2] 갑 지방자치단체가 도로사업 부지를 취득하기 위하여 을 등으로부터 토지를 협의취득하여 소유권이전등기를 마쳤는데, 위 토지가 택지개발예정지구에 포함되자 이를 택지개발사업 시행자인 병 공사에 무상으로 양도하였고, 그 후 택지개발예정지구 변경지정과 개발계획 변경승인 및 실시계획 승인이 고시되어 위 토지가 택지개발사업의 공동주택용지 등으로 사용된 사안에서, 택지개발사업의 개발계획 변경승인 및 실시계획 승인이 고시됨으로써 토지가 도로사업에 필요 없게 되어 을 등에게 환매권이 발생하였고, 을 등은 환매권이 발생한 때부터 제척기간 도과로 소멸할 때까지 사이에 언제라도 환매권을 행사하고, 이로써 제3자에게 대항할 수 있다고 한 사례

[3] 구 공익사업을 위한 토지 등의 취득 및 보상에 관한 법률상 원소유자 등의 환매권 상실로 인한 손해배상액을 산정하는 방법

【판결요지】

[1] 구 공익사업을 위한 토지 등의 취득 및 보상에 관한 법률(2007.10.17. 법률 제8665호로 개정되기 전의 것) 제91조 제5항은 '환매권은 부동산등기법이 정하는 바에 의하여 공익사업에 필요한 토지의 협의취득 또는 수용의 등기가 된 때에는 제3자에게 대항할 수 있다.'고 정하고 있다. 이는 협의취득 또는 수용의 목적물이 제3자에게 이전되더라도 협의취득 또는 수용의 등기가 되어 있으면 환매권자의 지위가 그대로 유지되어 환매권자는 환매권을 행사할 수 있고, 제3자에 대해서도 이를 주장할 수 있다는 의미이다.

[2] 갑 지방자치단체가 도로사업 부지를 취득하기 위하여 을 등으로부터 토지를 협의취득하여 소유권이전등기를 마쳤는데, 위 토지가 택지개발예정지구에 포함되자 이를 택지개발사업 시행자인 병 공사에 무상으로 양도하였고, 그 후 택지개발예정지구 변경지정과 개발계획 변경승인 및 실시계획 승인이 고시되어 위 토지가 택지개발사업의 공동주택용지 등으로 사용된 사안에서, 택지개발사업의 개발계획 변경승인 및 실시계획 승인이 고시됨으로써 토지가 도로사업에 더 이상 필요 없게 되어 협의취득일 당시 토지소유자였던 을 등에게 환매권이 발생하였고, 그 후 택지개발사업에 토지가 필요하게 된 사정은 환매권의 성립이나 소멸에 아무런 영향을 미치지 않으며, 위 토지에 관하여 갑 지방자치단체 앞으로 공공용지 협의취득을 원인으로 한 소유권이전등기가 마쳐졌으므로, 을 등은 환매권이 발생한 때부터 제척기간 도과로 소멸할 때까지 사이에 언제라도 환매권을 행사하고, 이로써 제3자에게 대항할 수 있다고 한 사례

[3] 구 공익사업을 위한 토지 등의 취득 및 보상에 관한 법률(2007.10.17. 법률 제8665호로 개정되기 전의 것, 이하 '토지보상법'이라 한다)상 원소유자 등의 환매권 상실로 인한 손해배상액은 환매권 상실 당시를 기준으로 한 목적물의 시가에서 환매권자가 환매권을 행사하였을 경우 반환하여야 할 환매가격을 공제한 금원이다. 환매권 상실 당시 환매목적물의 감정평가금액이 토지보상법 제91조 제1항에 정해진 '지급한 보상금'에 그때까지 사업과 관계없는 인근 유사토지의 지가변동률을 곱한 금액보다 적거나 같을 때에는 감정평가금액에서 '지급한 보상금'을 공제하는 방법으로 계산하면 되지만, 이를 초과할 때에는 [환매권 상실 당시의 감정평가금액 − (환매권 상실 당시의 감정평가금액 − 지급한 보상금 × 지가상승률)]로 산정한 금액, 즉 '지급한 보상금'에 당시의 인근 유사토지의 지가상승률을 곱한 금액이 손해로 된다.

쟁점 30 환매권의 법적 성질과 환매대금증액소송의 법적 성질 B급

I 논점의 정리

공익사업을 위한 토지등의 취득 및 보상에 관한 법률(이하 토지보상법)상 환매권의 법적 성질에 대하여 설명하고, 환매대금증액청구소송의 법적 성질에 대하여 민사소송인지 공법상 당사자소송인지 견해가 대립하는바, 관련 규정과 판례를 토대로 설명하고자 한다.

II 환매권의 의의, 취지 및 법적근거

환매권이란 공익사업에 필요하여 취득한 토지가 사업의 폐지·변경 기타 사유로 인해 필요 없게 되거나 또는 일정기간이 경과하도록 그 사업에 현실적으로 이용되지 아니하는 경우에 해당 토지 소유자이었던 자가 일정한 대가를 지급하고 원래의 토지를 다시 취득할 수 있는 권리를 말하며, 피수용자의 감정 존중과 재산권의 존속보장에 그 취지가 있다. 법적 근거로는 토지보상법 제91조에 근거한다.

III 환매권의 법적 성질

1. 환매권의 법적 성질

(1) 공권인지 사권인지 여부

1) 학설

① **공권설** : 환매제도는 공법적 수단에 의해 상실된 권리를 회복하는 제도로, 공법상 주체인 사업시행자에 대해 사인이 가지는 공법상 권리라고 한다. 공법적 원인에 기한 결과를 회복하는 수단 역시 공법적인 것이어야 함이 논리적이라 한다(유력설).

② **사권설** : 환매권은 환매권자 자신의 이익을 위해서 환매의 의사를 표시함으로써 토지를 재취득하는 것이라는 점, 환매권의 행사는 공익성의 소멸을 그 요건으로 하고 있으므로 사업시행자는 더 이상 수용권의 주체로서의 지위를 갖지 않는다는 점을 볼 때 환매권은 사법상 권리라고 본다.

2) 대법원 판례/헌법재판소 결정의 태도 - 사권

> **관련 판례(헌재 1994.2.24, 92헌마283)**
>
> 청구인들이 주장하는 환매권의 행사는 그것이 공공용지의 취득 및 손실보상에 관한 특례법 제9조에 의한 것이든, 토지수용법 제71조에 의한 것이든, 환매권자의 일방적 의사표시만으로 성립하는 것이지, 상대방인 사업시행자 또는 기업자의 동의를 얻어야 하거나 그 의사 여하에 따라 그 효과가 좌우되는 것은 아니다. 따라서 이 사건의 경우 피청구인이 설사 청구인들의 환매권 행사를 부인하는 어떤 의사표시를 하였다 하더라도, 이는 <u>환매권의 발생 여부 또는 그 행사의 가부에 관한 사법관계의 다툼을 둘러싸고 사전에 피청구인의 의견을 밝히고, 그 다툼의 연장인 민사소송절차에서 상대방의 주장을 부인하는 것에 불과하므로, 그것을 가리켜 헌법소원심판의 대상이 되는 공권력의 행사라고 볼 수는 없다.</u>

> **관련 판례(대판 2012.4.26, 2010다6611)**
>
> 한편 '국가보위에 관한 특별조치법 제5조 제4항에 의한 동원대상지역 내의 토지의 수용·사용에 관한 특별조치령' 제39조 제1항에 규정된 환매권 행사로 인한 매수의 성질은 사법상 매매와 같은 것으로서 환매 대상이 되는 것은 당초 국가가 수용한 목적물 내지 권리와 동일하다고 보아야 한다. 따라서 위와 같이 어느 공유자가 국가와 1필지 토지에 관하여 구분소유적 공유관계에 있는 상태에서 국가로부터 그 공유자가 가지는 1필지의 특정 부분에 대한 소유권을 수용당하였다가 그 후 환매권을 행사한 경우 그 공유자가 환매로 취득하는 대상은 당초 수용이 된 대상과 동일한 1필지의 특정 부분에 대한 소유권이고, 이와 달리 1필지 전체에 대한 공유지분이라고 볼 수는 없다.

3) 소결

생각건대, 공·사법의 구별은 법형식으로 이해할 것이 아니라, 법률관계 당사자와 추구하는 이익을 기준으로 보건대 수용법률관계가 목적을 달성하여 소멸한 후에도 사업시행자가 공권력의 주체라고 보기 어렵고(주체), 환매권은 공익을 위한 것이 아니라 전적으로 사인의 이익만을 위해 인정되는 권리(이익)이다. 따라서 환매권은 사법관계로서 사인이 가지는 권리 역시 사권인바 환매권에 대한 분쟁(환매가격)은 사법상의 민사소송절차에 의할 것으로 판단된다.

(2) 형성권과 채권적 효력설

1) 형성권

환매권은 제척기간 내에 이를 일단 행사하면 형성권으로 매매의 효력이 생기는 것으로서 〈형성권〉의 성질을 지니며, 판례에서도 환매요건이 발생하면 환매권자가 지급받은 보상금에 상당하는 금액을 사업시행자에게 미리 지급하고 일방적 의사표시를 함으로써 사업시행자의 의사와 관계없이 환매가 성립한다고 판시하고 있다.

> **관련 판례(대판 2012.8.30, 2011다74109)**
>
> 공익사업을 위한 토지 등의 취득 및 보상에 관한 법률 제91조에 의한 환매는 환매기간 내에 환매의 요건이 발생하면 환매권자가 지급 받은 보상금에 상당한 금액을 사업시행자에게 미리 지급하고 일방적으로 의사표시를 함으로써 사업시행자의 의사와 관계없이 환매가 성립한다. 따라서 환매기간 내에 환매대금 상당을 지급하거나 공탁하지 아니한 경우에는 환매로 인한 소유권이전등기 청구를 할 수 없다.

2) 채권적 효력설

환매권은 사업시행자에게 보상금에 상당한 금액을 지급하고 일방적 의사표시를 함으로써 환매가 성립하지만, 환매권 규정을 의사표시만으로 소유권을 회복하는 것으로 볼 수는 없다. 현재 소유자의 동의에 의해 양자간 매매계약이 성립하고 당사자 간 채권·채무 관계를 발생시키는 것으로 보아야 함으로 채권적 효력이 있다. 이때 소송은 소유권이전등기청구소송 내지 소유권등기말소청구소송의 유형을 취해야 한다.

3) 검토

판례의 태도에 따라 환매권은 형성권의 성질을 가지며, 채권·채무관계가 되는 것으로서 채권적 효력을 가진다고 봄이 타당하다. 따라서 환매권 의사표시를 하였음에도 불구하고 사업시행자의 이행이 없을 경우 소송의 형태는 소유권이전등기청구소송으로 하여야 한다.

2. 소결

관련 판례의 태도에 따르면 환매권은 〈사법상 권리〉이며, 일방적 의사표시를 함으로써 환매가 성립하는바 〈형성권〉의 성질을 가지며, 이에 따라 원토지소유자와 사업시행자간 채권·채무관계가 되는 것으로서 〈채권적 효력〉을 가진다고 봄이 타당하다고 판단된다.

Ⅳ 환매대금증액소송의 법적 성질

1. 환매대금증액소송의 의의 및 근거

환매대금증액소송이란 토지의 가격이 취득일 당시에 비하여 현저히 변동된 경우 사업시행자와 환매권자는 환매금액에 대하여 서로 협의하되, 협의가 성립되지 아니하면 그 금액의 증감을 법원에 청구할 수 있는 것을 말하며, 토지보상법 제91조 제4항에 근거한다.

2. 법적 성질과 소송의 형태

(1) 사권으로 민사소송(대판 2013.2.28, 2010두22368)

> **토지보상법 제91조 제4항(환매권)**
> 토지의 가격이 취득일 당시에 비하여 현저히 변동된 경우 사업시행자와 환매권자는 환매금액에 대하여 서로 협의하되, 협의가 성립되지 아니하면 그 금액의 증감을 법원에 청구할 수 있다.
>
> **토지보상법 시행령 제48조(환매금액의 협의요건)**
> 법 제91조 제4항에 따른 "토지의 가격이 취득일 당시에 비하여 현저히 변동된 경우"는 환매권 행사 당시의 토지가격이 지급한 보상금에 환매 당시까지의 해당 사업과 관계없는 인근 유사토지의 지가변동률을 곱한 금액보다 높은 경우로 한다.

> **대판 2013.2.28, 2010두22368[환매대금증감][미간행]**
> **【판시사항】**
> [1] 구 공익사업을 위한 토지 등의 취득 및 보상에 관한 법률 제91조에 규정된 환매권의 존부에 관한 확인을 구하는 소송 및 같은 조 제4항에 따라 환매금액의 증감을 구하는 소송이 민사소송에 해당하는지 여부(적극)
> [2] 구 공익사업을 위한 토지 등의 취득 및 보상에 관한 법률 제91조 제1항에서 정한 환매권 행사기간의 의미
>
> **【주문】**
> 원심판결을 파기하고, 사건을 서울고등법원에 환송한다.

> **【이유】**
> 상고이유를 판단한다.
> 1. 상고이유 제1점에 대하여
>   구 공익사업을 위한 토지 등의 취득 및 보상에 관한 법률(2010.4.5. 법률 제10239호로 일부 개정되기 전의 것. 이하 '구 공익사업법'이라 한다) 제91조에 규정된 환매권은 상대방에 대한 의사표시를 요하는 형성권의 일종으로서 재판상이든 재판 외이든 위 규정에 따른 기간 내에 행사하면 매매의 효력이 생기는 바(대법원 2008.6.26. 선고 2007다24893 판결 참조), 이러한 환매권의 존부에 관한 확인을 구하는 소송 및 구 공익사업법 제91조 제4항에 따라 환매금액의 증감을 구하는 소송 역시 민사소송에 해당한다.
>   – 중략 – 피고의 이 부분 상고이유 주장은 이유 없다.
>
> (출처 : 대판 2013.2.28, 2010두22368[환매대금증감])

(2) 공권으로 공법상 당사자소송(행정소송)(종전 판례 : 99두3416) – 현재는 규정이 삭제됨

> ■ **대법원 2000.11.28, 99두3416[환매대금이의재결처분취소]**
> **【판시사항】**
> [1] 공공용지의 취득 및 손실보상에 관한 특례법 제9조 소정의 환매권 행사 방법
> [2] 토지수용법 제75조의2 제2항에 의하여 사업시행자가 환매권자를 상대로 하는 환매가격의 증감에 관한 소송의 종류(= 공법상 당사자소송)
> [3] 환매권자의 환매대금 지급의무의 발생 시기(= 환매권 행사 시) 및 환매대상토지의 취득 당시 지급한 보상액과 재결이나 행정소송 절차에서 정한 환매가격과의 차액에 대한 지연손해금의 발생 여부(적극)
>
> **【판결요지】**
> [1] 공공용지의 취득 및 손실보상에 관한 특례법 제9조 제1항에 의하면 환매기간 내에 환매의 요건이 발생하는 경우, 환매대상토지의 가격이 취득 당시에 비하여 현저히 하락하거나 상승하였다고 하더라도, 환매권자는 수령한 보상금 상당액만을 사업시행자에게 미리 지급하고 일방적으로 매수의 의사표시를 함으로써 사업시행자의 의사와 관계없이 환매가 성립된다.
> [2] 공공용지의 취득 및 손실보상에 관한 특례법 제9조 제3항, 같은법 시행령 제7조 제1항, 제3항 및 토지수용법 제73조 내지 제75조의2의 각 규정에 의하면 토지수용법 제75조의2 제2항에 의하여 사업시행자가 환매권자를 상대로 하는 소송은 공법상의 당사자소송으로 사업시행자로서는 환매가격이 환매대상토지의 취득 당시 지급한 보상금 상당액보다 증액 변경될 것을 전제로 하여 환매권자에게 그 환매가격과 위 보상금 상당액의 차액의 지급을 구할 수 있다.
>
> (출처 : 대판 2000.11.28, 99두3416[환매대금이의재결처분취소])

(3) 소결 – 민사소송

과거 공특법은 환매대금 불복에 대하여 재결절차를 준용하도록 하여 공법상 당사자소송으로 되어 있었고 (구)토지수용법은 민사소송으로 되어 있었는데, 해당 법률이 2003년 1월 1일 통합이 되면서 법원(민사소송)에 제기하도록 규정되었다. 따라서 (구)공특법 재결절차 준용 규정은 삭제되어 현재는 사권으로 민사법원에서 환매대금증액청구소송을 수행하게 된다.

쟁점 31　환매대상 토지 가격 변동에 따른 환매대금증감청구권을 통한 선이행 또는 동시이행의 항변 주장 가능 여부　B급

甲의 소유권이전등기청구소송에서, A지방자치단체는 환매 대상 토지 가격의 상승에 따른 환매대금 증액청구권을 내세워 증액된 환매대금과 보상금 상당액의 차액을 지급할 것을 선(先)이행 또는 동시이행의 항변으로 주장할 수 있는지에 관하여 설명하시오.

I　논점의 정리

토지보상법 제91조 제4항 및 동법 시행령 제48조에서 현저히 변동된 경우에 해당되는지 여부와 이를 토대로 선이행 또는 동시이행 항변 가능성에 대하여 설명한다.

II　A 지방자치단체 환매대상 토지가격 상승 주장으로 "현저한 변동"

1. 토지보상법 제91조 제4항 규정

> **토지보상법 제91조 제4항(환매권)**
> 토지의 가격이 취득일 당시에 비하여 현저히 변동된 경우 사업시행자와 환매권자는 환매금액에 대하여 서로 협의하되, 협의가 성립되지 아니하면 그 금액의 증감을 법원에 청구할 수 있다.

2. 현저히 변동된 경우의 의미

토지보상법 시행령 제48조는 현저히 변동된 경우란, 환매권 행사 당시의 토지가격이 지급한 보상금에 환매 당시까지의 해당 사업과 관계없는 인근 유사토지의 지가변동률을 곱한 금액보다 높은 경우로 한다고 규정하고 있다.

> **토지보상법 시행령 제48조(환매금액의 협의요건)**
> 법 제91조 제4항에 따른 "토지의 가격이 취득일 당시에 비하여 현저히 변동된 경우"는 환매권 행사 당시의 토지가격이 지급한 보상금에 환매 당시까지의 해당 사업과 관계없는 인근 유사토지의 지가변동률을 곱한 금액보다 높은 경우로 한다.

3. 선이행 또는 동시이행 항변에 대한 대법원 판례

> **관련 판례(대판 2006.12.21, 2006다49277[소유권이전등기])**
> 공익사업을 위한 토지 등의 취득 및 보상에 관한 법률 제91조에 의한 환매는 환매기간 내에 환매의 요건이 발생하면 환매권자가 지급받은 보상금에 상당한 금액을 사업시행자에게 미리 지급하고 일방적으로 의사표시를 함으로써 사업시행자의 의사와 관계없이 환매가 성립하고, 토지 등의 가격이 취득 당시에 비하여 현저히 변경되었더라도 같은 법 제91조 제4항에 의하여 당사자 간에 금액에 관하여 협의가 성립하거나 사업시행자 또는 환매권자가 그 금액의 증감을 법원에 청구하여 법원에서 그 금액이 확정되지 않는 한, 그 가격이 현저히 등귀한 경우이거나 하락한 경우이거나를 묻지 않고 환매권을 행사하

기 위하여는 지급받은 보상금 상당액을 미리 지급하여야 하고 또한 이로써 족한 것이며, 사업시행자는 소로써 법원에 환매대금의 증액을 청구할 수 있을 뿐 환매권 행사로 인한 소유권이전등기 청구소송에서 환매대금 증액청구권을 내세워 증액된 환매대금과 보상금 상당액의 차액을 지급할 것을 선이행 또는 동시이행의 항변으로 주장할 수 없다.

4. 소결

토지보상법 시행령 제48조에 따라 판단하면 사안의 경우 A지방자치단체의 환매 대상 토지 가격의 상승은 현저한 변동에 해당한다고 봄이 타당하며, 관련 판례의 태도에 따라 A지방자치단체는 소로써 법원에 환매대금의 증액을 청구할 수 있을 뿐 환매권 행사로 인한 소유권이전등기 청구소송에서 환매대금 증액청구권을 내세워 증액된 환매대금과 보상금 상당액의 차액을 지급할 것을 선이행 또는 동시이행의 항변으로 주장할 수 없다고 판단된다.

쟁점 32 소유권이전등기말소청구소송 승소 여부[선결문제] B급

만약 乙의 토지에 대한 수용재결에 취소사유에 해당하는 하자가 있어 을이 환매권 행사 이전에 수용재결의 하자를 이유로 자신의 소유권 회복을 위한 소유권이전등기말소청구소송을 제기한 경우, 그 승소 여부를 검토하시오(단, 수용재결에 불가쟁력이 발생하였음).

I 논점의 정리

乙이 소유권이전등기말소청구소송을 제기한 경우의 승소 여부에 대하여 선결문제의 효력부인 가능 여부를 토대로 설명한다.

II 수용재결 등 관련 행정작용의 법적 성질

1. 수용재결의 의의(토지보상법 제34조, 제50조)

재결이란 사업인정의 고시가 있은 후 협의불성립 또는 불능의 경우에 사업시행자의 신청에 의해 관할 토지수용위원회가 행하는 공용수용의 종국적 절차를 말하며, 공익과 사익의 조화에 취지가 있다.

2. 수용재결의 법적 성질

① 재결은 수용권 자체의 행사가 아니라 수용권의 구체적 내용을 결정하고 권리취득 및 상실을 결정하는 〈형성적 행정행위〉로 봄이 타당하다. ② 토지수용위원회는 형식적 요건이 미비되지 않는 한 재결신청이 있으면 재결을 하여야 하므로, 재결의 발령 자체는 〈기속행위〉이다. 다만, 재결단계에서 공공성의 판단, 사업시행자의 사업수행의 의사나 능력을 판단한다는 점에 비추어 〈재량행위〉로 볼 수 있다. ③ 수용재결은 사업시행자에게는 재산권 취득의 수익적 효과를, 피수용자에게는 재산권 박탈의 침익적 효과를 부여하는바 복효적 행정행위 중 〈제3자효 행정행위〉에 해당한다.

> **관련 판례(대판 1993.4.27, 92누15789)**
> 토지수용에 관한 토지수용위원회의 수용재결은 구체적으로 일정한 법률효과의 발생을 목적으로 하는 점에서 일반의 행정처분과 다를 바 없으므로 수용재결처분이 무효인 경우에는 재결 자체에 대한 무효확인을 소구할 수 있다.

3. 수용재결의 취소사유

재결의 주체, 내용, 절차, 형식상의 하자가 있는 경우에 재결은 위법성이 문제된다. 이때 취소사유인지 여부는 중대명백설에 따라 판단된다. 중대하고 명백할 경우에는 무효사유가 될 것이며, 중대성과 명백성 중 하나라도 이르지 않는 경우에는 취소사유로 봄이 타당하다.

Ⅲ 선결문제

1. 선결문제의 의의

선결문제란 소송에서 본안판단을 함에 있어 행정행위의 위법 여부 등의 확인 및 효력부인에 대한 해결이 필수적으로 전제가 되는 법문제를 말한다. 행정소송법 제11조에서는 처분 등의 효력 유무 또는 존재 여부는 민사소송의 수소법원이 이를 심리·판단할 수 있다고 규정하고 있다.

2. 구성요건적 효력과 선결문제

구성요건적 효력이란 하자 있는 행정행위라도 무효가 아닌 한 제3자의 국가기관은 그 행정행위의 존재 및 내용을 존중하여 스스로의 판단기초 내지 구성요건으로 삼아야 하는 구속력을 말한다. 종래의 학설은 선결문제를 공정력에 관련하여 언급하여 왔으나, 이는 다른 국가기관에 대한 구속력이란 점에서 구성요건적 효력과 관련하여 다루어져야 할 문제라고 보아야 한다.

3. 선결문제의 유형 판단

(1) 위법성 확인의 경우

학설은 위법성 확인에 대하여 긍정설과 부정설이 대립하나, 국가배상청구소송에서 선결문제로서 행정행위의 위법성 판단은 단순한 위법성 심사에 그치는 것이므로 행정행위의 구성요건적 효력에 반하지 않는바 민사법원에서 행정행위의 위법성 확인이 가능하다고 봄이 타당하다.

> **관련 판례(대판 1972.4.28, 72다337[손해배상])**
> 미리 그 행정처분의 취소판결이 있어야만, 그 행정처분의 위법임을 이유로 한 손해배상청구를 할 수 있는 것은 아니다.

(2) 효력부인의 경우

1) 학설

학설은 민사법원에서도 구성요건적 효력이 미치는바 민사법원은 행정행위의 효력을 부인할 수 없다는 〈부정설〉, 예외적으로 행정행위의 효력을 부인할 수 있어야 한다는 〈긍정설〉이 대립한다.

2) 대법원 판례

> **관련 판례(대판 1973.7.10, 70다1439)**
> 국세 등의 부과 및 징수처분 등과 같은 행정처분이 당연무효임을 전제로 하여 민사소송을 제기한 때에는 그 행정처분의 당연무효인지의 여부가 선결문제이므로, 법원은 이를 심사하여 그 행정처분의 하자가 중대하고 명백하여 당연무효라고 인정될 경우에는 이를 전제로 하여 판단할 수 있으나, 그 하자가 단순한 취소사유에 그칠 때에는 법원은 그 효력을 부인할 수 없다 할 것이다.

3) 검토

대법원은 위법한 조세처분에 의한 과오납조세 부당이득반환청구소송에서 "과세처분의 하자가 취소할 수 있는 정도에 불과할 때에는 과세관청이 이를 스스로 취소하거나 항고소송

절차에 의하여 취소되지 않는 한 그로 인한 조세의 납부가 부당이득이 된다고 할 수 없다 (대판 70다1439)."고 하여 부정설의 입장을 취하였다. 취소소송의 배타적 관할 및 구성요 건적 효력을 고려할 때 민사법원에서 행정행위의 효력부인은 할 수 없다고 봄이 타당하다 고 판단된다.

4. 승소여부 판단

관련 판례의 태도에 따르면 민사법원에서 행정행위의 효력부인을 할 수 없다고 보여지는바, 乙의 토지에 대한 수용재결에 취소사유에 해당하는 하자가 있어, 소유권이전등기말소청구소송 을 제기한 경우 민사법원은 효력부인을 할 수 없고, 기각판결이 될 것으로 판단되며, 이에 따 라 乙은 승소하지 못할 것으로 생각된다.

> **■ 환매권 소유권이전등기 관련 대법원 판례(대판 2021.4.29, 2020다280890)**
>
> **【판시사항】**
>
> 공익사업을 위한 토지 등의 취득 및 보상에 관한 법률 제91조 제1항에서 환매권을 인정하는 취지 / 도시계획시설사업의 시행자로 지정되어 도시계획시설사업의 수행을 위하여 필요한 토지를 협의취득하 였으나 시행자 지정이 처음부터 효력이 없거나 토지의 취득 당시 해당 도시계획시설사업의 법적 근거가 없었던 것으로 볼 수 있는 등 협의취득이 당연무효인 경우, 협의취득일 당시의 토지소유자가 위 조항에 서 정한 환매권을 행사할 수 있는지 여부(소극)
>
> **【판결요지】**
>
> 공익사업을 위한 토지 등의 취득 및 보상에 관한 법률(이하 '토지보상법'이라 한다) 제91조 제1항은 해 당 사업의 폐지·변경 또는 그 밖의 사유로 취득한 토지의 전부 또는 일부가 필요 없게 된 경우 취득일 당시의 토지소유자 또는 그 포괄승계인(이하 '토지소유자'라 한다)은 그 토지에 대하여 받은 보상금에 상당하는 금액을 사업시행자에게 지급하고 그 토지를 환매할 수 있다고 규정하고 있다.
>
> 토지보상법이 환매권을 인정하는 취지는, 토지의 원소유자가 사업시행자로부터 토지 등의 대가로 정당 한 손실보상을 받았다고 하더라도 원래 자신의 자발적인 의사에 기하여 그 토지 등의 소유권을 상실하 는 것이 아니어서 그 토지 등을 더 이상 당해 공익사업에 이용할 필요가 없게 된 때, 즉 공익상의 필요 가 소멸한 때에는 원소유자의 의사에 따라 그 토지 등의 소유권을 회복시켜 주는 것이 공평의 원칙에 부합한다는 데에 있다.
>
> 한편 구 공익사업을 위한 토지 등의 취득 및 보상에 관한 법률(2007.10.17. 법률 제8665호로 개정되기 전의 것, 이하 '구 토지보상법'이라 한다) 제4조 제7호, 구 국토의 계획 및 이용에 관한 법률(2007.1.19. 법률 제8250호로 개정되기 전의 것, 이하 '구 국토계획법'이라 한다) 제95조 제1항에 의하면, 구 국토계 획법에 따른 도시계획시설사업은 구 토지보상법 제4조의 공익사업에 해당하는데, 구 국토계획법 제86 조 제5항은 같은 조 제1항 내지 제4항에 따른 행정청이 아닌 자가 도시계획시설사업을 시행하기 위해 서는 대통령령이 정하는 바에 따라 건설교통부장관 등으로부터 시행자로 지정을 받도록 규정하고 있다. 이러한 토지보상법 및 구 국토계획법의 규정 내용과 환매권의 입법 취지 등을 고려하면, 도시계획시설 사업의 시행자로 지정되어 그 도시계획시설사업의 수행을 위하여 필요한 토지를 협의취득하였다고 하 더라도, 시행자 지정이 처음부터 효력이 없거나 토지의 취득 당시 해당 도시계획시설사업의 법적 근거

가 없었던 것으로 볼 수 있는 등 협의취득이 당연무효인 경우, 협의취득일 당시의 토지소유자가 소유권에 근거하여 등기 명의를 회복하는 방식 등으로 권리를 구제받는 것은 별론으로 하더라도 토지보상법 제91조 제1항에서 정하고 있는 환매권을 행사할 수는 없다고 봄이 타당하다.

(출처 : 대판 2021.4.29, 2020다280890[소유권이전등기])

Ⅳ **결**

관련 판례의 태도에 따르면 민사법원은 수용재결의 효력을 부인할 수 없다고 판단되는바, 기각판결을 하여야 하고 이에 따라 승소하지 못한다고 생각된다.

쟁점 33 환매권을 통지하지 않은 경우 손해배상책임   B급

I 개설

토지보상법 제92조는 환매요건 충족 시 사업시행자의 통지의무를 규정하고 있다. 따라서 이러한 환매권 통지의무의 위반으로 토지소유자가 알지 못하여, 제척기간 경과로 환매권이 소멸한 경우 사업시행자의 불법행위를 구성하여 손해배상책임을 부담하는지가 문제시된다.

II 환매권 통지의무는 법상의무

판례는 환매권 통지규정이 단순히 선언적인 것이 아니라 사업시행자의 법적인 의무라고 하였는바, 이는 헌법상 재산권존속보장에 이론적 근거를 둔 환매권의 취지에 비추어 타당하다.

III 환매권 통지 없이 제척기간 도과한 경우 불법행위 성립여부

1. 대법원 판례 및 판례에 대한 비판적 견해

이에 대해 판례는 사업시행자가 통지하지 아니하여 제척기간이 도과한 것이므로 불법행위를 구성한다고 한다. 반면 일부 비판하는 견해는 통지가 환매 요건이 아님에도 모든 책임을 사업시행자에게 부담시키는 것은 부당하다고 본다.

2. 검토

환매권의 통지가 사업시행자의 법적인 의무라고 보는 한, 이를 위반한 것은 불법행위로 보아야 하며, 토지소유자 입장에서는 환매권 통지가 없으면 그 행사가능성을 알기 어려운 점에 비추어 보더라도 불법행위를 인정함이 타당하다.

IV 불법행위로 인한 손해배상액

판례에 의하면 불법행위로 인한 손해배상액은 환매권 상실 당시 토지의 시가에서 환매권자가 환매권 행사 시 지급해야 할 금액을 공제한 금액이라고 하였는바, 사안의 사업시행자는 상기에 해당하는 금액을 손해배상액으로 지급해야 할 것이다.

쟁점 34 공용수용의 약식절차 C급

I 개설

공익상 특별한 사유가 발생한 때, 사용의 경우에 한하여 보통절차의 일부를 생략하는 약식절차를 토지보상법 제38조와 제39조에서 규정하고 있다. 이는 현실적 필요성에 의해 인정되는 것으로 엄격한 절차를 요한다.

II 천재·지변 시의 토지의 사용(토지보상법 제38조)

1. 의의 및 근거

천재·지변 그 밖의 사변으로 인하여 공공의 안전을 유지하기 위한 공익사업을 긴급히 시행할 필요가 있는 경우 시장 등의 허가를 받아 타인의 토지를 즉시 사용할 수 있는 것으로, 토지보상법 제38조에 근거한다.

2. 요건

① 천재·지변 등으로 인하여, ② 공공의 안전을 유지하기 위한 공익사업을 긴급히 시행할 필요가 있을 것, ③ 시장 등의 허가(통지 포함)가 있을 것, ④ 사용기간은 6개월 이내일 것 등을 요건으로 한다.

3. 절차

사업시행자는 허가를 받아 즉시 사용할 수 있고, 사업시행자가 국가 또는 특별시·광역시 또는 도일 때에는 통지하고 사용할 수 있다. 허가를 하거나 통지를 받은 경우 또는 직접 타인의 토지를 사용하려는 때에는 즉시 토지소유자 및 점유자에게 통지하여야 한다.

4. 효과

사업시행자는 목적물에 대한 사용권을 취득하며, 사용기간 만료 시 반환 및 원상회복의무, 대행·대집행신청권을 가지며, 토지소유자는 목적물의 인도·이전의무, 손실보상청구권을 갖는다.

5. 권리구제

(1) 허가에 대한 항고쟁송

시장 등의 허가는 항고쟁송의 대상이 되는 처분에 해당하므로, 당사자는 시장 등의 위법한 허가거부처분이나 허가처분에 대하여 항고쟁송으로 다툴 수 있다.

(2) 손실보상

사업시행자는 타인의 토지를 사용함으로써 발생하는 손실을 협의에 의하여 보상액을 산정하여 보상하여야 하며, 협의 불성립 시에는 토지수용위원회에 재결을 신청할 수 있다.

Ⅲ 시급한 토지 사용에 대한 허가(토지보상법 제39조)

1. 의의 및 근거

재결신청이 있는 경우 그 재결을 기다려서는 재해를 방지하기 곤란하거나 그 밖에 공공의 이익에 현저한 지장을 줄 우려가 있다고 인정하는 때에는 사업시행자의 신청과 토지수용위원회의 허가에 의해 타인의 토지를 사용하는 제도로, 토지보상법 제39조에 근거한다.

2. 요건

① 허가권자는 관할 토지수용위원회이며, ② 재결의 신청이 있을 것, ③ 재결을 기다려서는 재해를 방지하기 곤란하거나 그 밖에 공공의 이익에 현저한 지장을 줄 우려가 있다고 인정될 것, ④ 사업시행자의 담보제공이 있을 것(사업시행자가 국가 등인 경우 예외), ⑤ 사용기간은 6개월 이내일 것을 요한다.

3. 절차

사업시행자가 신청하여 관할 토지수용위원회의 허가를 받아야 한다. 토지수용위원회가 허가를 한 경우에는 토지소유자 및 점유자에게 즉시 통지하여야 한다.

4. 효과

사업시행자는 목적물에 대한 사용권을 취득하며, 사용기간 만료 시 반환 및 원상회복의무, 대행·대집행신청권을 가지며, 토지소유자는 목적물의 인도·이전의무, 손실보상청구권을 갖는다.

5. 권리구제

(1) 허가에 대한 항고쟁송

관할 토지수용위원회의 허가는 항고쟁송의 대상이 되는 처분에 해당하므로, 당사자는 관할 토지수용위원회의 위법한 허가거부처분이나 허가처분에 대하여 항고쟁송으로 다툴 수 있다.

(2) 손실보상

사업시행자는 토지수용위원회의 재결이 있기 전에 토지소유자 또는 관계인의 청구가 있는 때에는 자기가 산정한 보상금을 토지소유자 또는 관계인에게 지급하여야 하며, 토지소유자 또는 관계인은 사업시행자가 토지수용위원회의 재결에 의한 보상금의 지급시기까지 이를 지급하지 아니하는 때에는 제공된 담보의 전부 또는 일부를 취득한다.

Ⅳ 약식절차의 비교

		천재·지변 시의 토지의 사용	시급한 토지 사용에 대한 허가
공통점	제도적 취지	① 보통절차를 거칠 여유가 없기 때문에 보통절차 중 일부를 생략 ② 정식절차에 비해 침해의 정도가 더욱 크므로 피침해자의 권리보호장치가 법정	
	요건	① 공용사용의 경우에만 허용 ② 공공의 안전을 유지하기 위한 공익사업을 긴급히 시행할 필요가 있을 것	
	사용 기간	토지소유자의 재산권 보상취지로 6개월을 초과하지 못함	
	보상의 특징	토지보상법 제62조의 사전보상원칙의 예외로서 사후보상이 이루어짐	
차이점	내용 및 절차	시·군·구청장의 허가 또는 통지를 받은 후 토지소유자에게 통지	재결신청 → 사업시행자의 담보제공 → 토지수용위원회의 허가 → 토지소유자 통지
	보상 방법	토지보상법 제9조 제5항 내지 제7항	토지보상법 제41조
	권리 구제	협의에 의하여 보상액을 산정하되, 협의 불성립 시에는 토지수용위원회에 재결을 신청. 위법사용 시 손해배상 청구	손실보상의 명문규정 없음. 토지보상법 제41조에 의하여 담보물로 보전

쟁점 35 **토지수용위원회** C급

Ⅰ 개설

토지수용위원회는 사업시행자와 토지소유자 또는 관계인과의 사이에서 수용이나 손실보상에 관한 다툼을 당사자가 주장하는 바에 따라 공정·중립의 입장에서 판단하고, 이를 최종적으로 재결하는 준사법적 행정기관이다. 토지수용위원회의 역할은 공정한 심리 절차에 의하여 피수용자를 확정하고 손실보상을 결정하는 것을 주로 한다. 이와 같은 임무를 실현하기 위해 위원회는 독립성을 지니고, 이에 소속되는 위원의 신분을 보장하고 있다.

Ⅱ 토지수용위원회의 성격

토지수용위원회는 토지 등의 수용 사용에 관한 재결을 하는 행정기관이다. 수용 또는 사용에 관한 재결은 보상 문제 등에 대하여 사업시행자와 토지소유자 및 관계인과의 상호 대립하는 이해관계를 조정하는 준사법적인 작용이기 때문에, 그 조직도 공정하고 중립적인 일종의 행정위원회로 구성되어 있다. 따라서 토지수용위원회는 다음과 같은 성격을 지닌다.

1. 합의제 행정기관

토지수용위원회가 구성 위원의 합의에 의해 독립적으로 수용·사용에 관한 재결을 하는 점에서 합의제 행정기관으로서의 성격을 지닌다. 위원회는 공익의 실현을 위해 필요에 따라 활동을 계속하는 합의제 행정기관이다.

2. 독립된 행정기관(항고소송에서 피고적으로 행정청의 지위를 가짐)

토지수용위원회는 독립된 행정기관이다. 토지수용위원회는 공익사업에 필요한 토지등의 수용·사용에 대한 재결을 목적으로 설치되어 있다는 점에서 특별관청으로 이해되기도 한다. 중앙토지수용위원회가 국가행정기관임에는 틀림이 없으나, 지방토지수용위원회가 지방행정기관인지는 분명하지 않다. 지방토지수용위원회가 지방자치단체의 행정조직 체계 내에서 조직·운영되고 있기 때문에 지방행정기관으로 볼 수 있으나, 위원회가 일종의 행정위원회로서 독립적인 성격을 지니기 때문에 지방행정기관으로 보기는 어려운 점이 있다. 항고소송의 피고적격으로 행정청의 지위를 가진다.

3. 준사법적 행정기관

토지수용위원회는 토지 등의 수용·사용에 관한 재결 사항을 판단하고 결정하는 것을 임무로 하기 때문에, 준사법적 행정기관으로서의 지위를 갖는다.

4. 독립성 및 전문성 인정

토지보상법은 토지수용위원회의 재결 사항, 구성 위원의 자격 및 임명, 위원의 결격사유와 임기, 신분보장 등에 대하여 규정하고 있고, 위원의 공정성이 의심되는 경우에는 제척·기피·

회피제도를 두고 있으며, 판사·검사 또는 변호사의 직에 15년 이상 있었던 자나 토지수용에 관한 학식과 경험이 풍부한 자 등이 위원이 된다.

5. 기타

토지수용위원회는 다른 국가행정기관과는 위의 성격에서 차이가 있다. 즉, 토지수용위원회는 행정청을 보조하는 임무를 수행하는 보조기관, 행정청의 자문에 응하거나 의견을 제공함을 임무로 하는 자문기관, 행정청이 표시할 의사를 단순히 의결하는 의결기관, 실력으로 행정을 집행함을 임무로 하는 집행기관과 구별된다고 하겠다.

Ⅲ 토지수용위원회의 설치와 구성

1. 중앙토지수용위원회와 지방토지수용위원회의 설치(토지보상법 제49조)

토지등의 수용과 사용에 관한 재결을 하기 위하여 국토교통부에 중앙토지수용위원회를 두고, 특별시·광역시·도·특별자치도(이하 "시·도"라 한다)에 지방토지수용위원회를 둔다.

2. 관할 토지수용위원회의 구성

중앙토지수용위원회는 위원장 1명을 포함한 20명 이내의 위원으로 구성하며, 위원 중 대통령령으로 정하는 수의 위원은 상임으로 한다(토지보상법 제52조 제1항).
지방토지수용위원회는 위원장 1명을 포함한 20명 이내의 위원으로 구성한다(토지보상법 제53조 제1항).

Ⅳ 토지수용위원회의 관할

1. 관할의 의의 및 구분(범위)

(1) 관할의 의의

토지수용위원회의 관할이란 토지의 수용·사용에 관한 사업시행자의 재결의 신청에 대하여 중앙토지수용위원회와 지방토지수용위원회 중 어디에서 심의하고 재결할 것인가를 정하는 것을 말한다.

(2) 관할의 구분

① **중앙토지수용위원회** : 국가 또는 시·도가 사업시행자인 사업, 수용하거나 사용할 토지가 둘 이상의 시·도에 걸쳐 있는 사업

② **지방토지수용위원회** : 중앙토지수용위원회 이외의 사업의 재결(시·도 해당 관할의 사업)

2. 관할 범위 내 재결의 종류

① 중앙토지수용위원회는 관할 범위 내 재결과 1차적 재결에 대한 불복으로서 이의재결을 담당한다.

② 지방토지수용위원회는 관할 범위 내 재결만 담당한다.

Ⅴ 관할 토지수용위원회의 재결사항(토지보상법 제50조 제1항)

① 수용하거나 사용할 토지의 구역 및 사용방법

② 손실보상

③ 수용 또는 사용의 개시일과 기간

④ 그 밖에 이 법 및 다른 법률에서 규정한 사항

[관련 판례] 대판 2007.1.11, 2004두8538[토지수용이의재결처분취소]

구 토지수용법(2002.2.4. 법률 제6656호 공익사업을 위한 토지 등의 취득 및 보상에 관한 법률 부칙 제2조로 폐지)은 수용·사용의 일차 단계인 사업인정에 속하는 부분은 사업의 공익성 판단으로 사업인정기관에 일임하고 그 이후의 구체적인 수용·사용의 결정은 토지수용위원회에 맡기고 있는바, 이와 같은 토지수용 절차의 2분화 및 사업인정의 성격과 토지수용위원회의 재결사항을 열거하고 있는 같은 법 제29조 제2항의 규정 내용에 비추어 볼 때, 토지수용위원회는 행정쟁송에 의하여 사업인정이 취소되지 않는 한 그 기능상 사업인정 자체를 무의미하게 하는, 즉 사업의 시행이 불가능하게 되는 것과 같은 재결을 행할 수는 없다.

쟁점 36 　보상협의회 및 보상전문기관　　　　　　C급

I　보상협의회

> **토지보상법 제82조(보상협의회)**
> ① 공익사업이 시행되는 해당 지방자치단체의 장은 필요한 경우에는 다음 각 호의 사항을 협의하기 위하여 보상협의회를 둘 수 있다. 다만, 대통령령으로 정하는 규모 이상의 공익사업을 시행하는 경우에는 대통령령으로 정하는 바에 따라 보상협의회를 두어야 한다.
> 1. 보상액 평가를 위한 사전 의견수렴에 관한 사항
> 2. 잔여지의 범위 및 이주대책 수립에 관한 사항
> 3. 해당 사업지역 내 공공시설의 이전 등에 관한 사항
> 4. 토지소유자나 관계인 등이 요구하는 사항 중 지방자치단체의 장이 필요하다고 인정하는 사항
> 5. 그 밖에 지방자치단체의 장이 회의에 부치는 사항

1. 개설(법 제82조)

공익사업이 시행되는 해당 지방자치단체의 장은 필요한 경우에 협의를 위한 보상협의회를 둘 수 있다. 다만, 대통령령으로 정하는 규모 이상의 공익사업을 시행하는 경우에는 대통령령으로 정하는 바에 따라 보상협의회를 두어야 한다. 개정 토지보상법에서는 주민참여를 확대하여 자발적인 협조를 유도함으로써 토지소유자 등의 불만을 상당부분 해소하고 공익사업의 효율적인 추진에 기여하기 위하여, 일정 규모 이상의 공익사업에 대하여는 보상협의회를 필수적으로 설치하도록 하였다. 또한 소통의 원활을 위한 조치로써 의무적 보상협의회의 설치는 매우 획기적인 조치로 평가된다고 할 것이다.

2. 보상협의회의 종류 및 성격

보상협의회는 보상업무에 관한 사항을 협의하기 위해서 시·군·구에 설치하는 합의제 행정기관이다. 문제는 행정기관의 권한에 의한 분류 중 어디에 해당하느냐 하는 것이다.
① 법 제82조 단서 이외의 사업의 경우에는 필요한 때에 설치할 수 있도록 임의적 자문기관으로 규정하였고, ② 대통령령이 정하는 규모 이상의 공익사업(공익사업지구 면적이 10만m^2 이상, 토지 등의 소유자가 50인 이상)을 시행하는 경우에는 의무적 자문기관으로 규정하였다.

3. 보상협의회의 설치

(1) 설치장소

① 해당 사업지역을 관할하는 특별자치도, 시·군 또는 구(자치구)에 설치, ② 시행지역이 2 이상의 시·군 또는 구에 걸쳐있는 경우, 해당 시장·군수·구청장이 상호 협의하여 결정·협의 불성립 시 관할 시·도에 설치, ③ 필수적 보상협의회의 경우 관할 시·군·구의 부득이한 사정으로 설치 곤란하거나, 2 이상 시·군·구에 걸친 경우 열람기간 만료 후 30일 이내에 협의가 이루어지지 아니한 경우에는 사업시행자가 설치

(2) 설치절차

① 지방자치단체의 장은 보상협의회를 설치할 필요가 있다고 인정하는 경우에는, 특별한 사유가 있는 경우를 제외하고는, 보상계획의 열람기간 만료 후 30일 이내에 보상협의회를 설치하여야 하며, 사업시행자의 사업추진에 지장이 없도록 보상협의회를 개최·운영하여야 한다.

② 필수적 보상협의회의 경우 사업시행자가 설치한 경우에는 지체 없이 시·군·구청장에게 통지하여야 한다.

4. 보상협의회의 구성 및 운영

(1) 구성

① 위원의 임명 또는 위촉은 해당 지방자치단체의 장, 사업시행자가 설치한 경우에는 사업시행자가 하며, ② 위원장 1인(해당 특별자치도·시·군 또는 구의 부지사·부시장·부군수 또는 부구청장 / 사업시행자가 설치한 경우 위원 중에서 호선)을 포함한 위원 8인 이상 16인 이하로 구성되고, ③ 위원 중 1/3 이상은 토지소유자 또는 관계인으로 구성하여야 한다. ④ 위원장이 부득이한 사유로 직무를 수행할 수 없는 때에는 위원장이 지명하는 위원이 그 직무를 대행한다.

(2) 운영(시행령 제44조)

① 위원장은 협의회를 대표하고, 협의회의 업무를 총괄함.

② 회의는 재적위원 과반수의 출석으로 개의함.

③ 위원장은 회의에서 협의된 사항을 해당 사업시행자에게 통보하여야 하며, 사업시행자는 정당하다고 인정되는 사항에 대하여는 이를 반영하여 사업을 수행하여야 한다.

5. 보상협의회의 권한(법 제82조 제1항 각 호)

보상협의회는 보상관련사항에 대하여 협의·보상관련사항은 ① 보상액 평가를 위한 사전 의견 수렴에 관한 사항, ② 잔여지의 범위 및 이주대책의 수립에 관한 사항, ③ 해당 사업지역 내 공공시설의 이전 등에 관한 사항, ④ 토지소유자나 관계인 등이 요구하는 사항 중 지방자치단체의 장이 필요하다고 인정하는 사항, ⑤ 그 밖에 지방자치단체의 장이 회의에 부치는 사항이다.

Ⅱ 보상전문기관

토지보상법 제81조(보상업무 등의 위탁)
① 사업시행자는 보상 또는 이주대책에 관한 업무를 다음 각 호의 기관에 위탁할 수 있다.
  1. 지방자치단체
  2. 보상실적이 있거나 보상업무에 관한 전문성이 있는 「공공기관의 운영에 관한 법률」 제4조에 따른 공공기관 또는 「지방공기업법」에 따른 지방공사로서 대통령령으로 정하는 기관
② 제1항에 따른 위탁 시 업무범위, 수수료 등에 관하여 필요한 사항은 대통령령으로 정한다.

1. 개설

토지보상법은 사업시행자가 보상 또는 이주대책에 관한 업무를 지방자치단체나 보상실적이 있거나 보상업무에 관한 전문성이 있는 기관에 위탁할 수 있도록 하고 있다(법 제81조). 종전 (구) 공특법에서는 이주대책에 관련한 업무를 지방자치단체에 위탁할 수 있는 규정만을 두고 있었다. 그러나 신설 토지보상법에서는 이주대책에 관련한 업무만이 아니라 보상업무까지 위탁할 수 있도록 하였고, 업무를 위탁받을 수 있는 기관도 지방자치단체 외에 보상전문기관도 포함하고 있다. 이는 보상에 대한 지식과 경험 또는 전담 직원이 부족한 사업시행자의 경우, 전문성과 효율성을 가진 보상전문기관에 보상업무 및 이주대책에 관한 업무를 위탁할 수 있도록 하여, 원활한 업무추진과 보상대상자의 권익을 적정하게 보호할 수 있도록 하기 위한 것이다.

2. 보상전문기관의 법적 지위

(1) 법률관계

사업시행자가 보상전문기관에게 위탁하는 법률관계를 어떻게 볼 것인가에 따라 보상전문기관의 지위가 달라지게 된다. ① 사법상 도급계약으로 보는 견해는 사업시행자가 수용권의 주체의 지위를 향유하면서, 일부 금전적인 채무관계인 손실보상액 지급 등의 업무만을 보상전문기관에게 대리시킨 것으로 본다. ② 공법상 위임계약으로 보는 견해는 사업시행자가 국가 등인 경우에는 이들로부터 토지보상법령에 근거하여 일정한 범위를 정하여 공권력의 행사를 위탁받은 사법상의 주체로서 공무수탁사인에 해당할 수 있다고 본다. 또한 사업시행자가 공무수탁사인이라 하더라도 자신의 공적업무 중 일부를 다시 위탁하였다고 볼 수 있으므로 역시 같다. ③ 생각건대, 보상전문기관이 될 수 있는 자에 우선순위로 지방자치단체가 있는 점, 동일한 업무를 수행하면서 사업시행자가 직접하는 경우와 보상전문기관이 하는 경우를 나누어 지위를 달리 볼 실익이 없다는 점 등을 볼 때 공법상 위임관계로 봄이 타당하다. 따라서 보상전문기관은 위탁받은 보상업무에 관하여 독립하여 자기책임하에 활동할 수 있다.

(2) 법적 지위

사업시행자의 공법상 위임계약에 의거하여 권리의무를 갖게 된다. 따라서 위탁받은 범위에서는 사업시행자의 지위를 갖게 되며, 손실보상의 주체가 된다. 피수용자가 손실보상에 관한 불복을 제기하고자 하는 경우 피고적격 인정 여부와 관련하여 보상전문기관이 보상업무에 관하여는 독립적인 지위가 인정된다면 보상에 관한 소송에서도 피고적격이 인정되어야 한다고 볼 것이다. 따라서 토지보상법이 사업시행자로 규정한 것은 예시한 것으로 볼 수 있다.

3. 보상전문기관의 설치 및 구성

① 법 제81조 제1항 제2호에서 "대통령령으로 정하는 기관"이란 다음 각 호의 기관을 말한다.
   1. 「한국토지주택공사법」에 따른 한국토지주택공사
   2. 「한국수자원공사법」에 따른 한국수자원공사
   3. 「한국도로공사법」에 따른 한국도로공사
   4. 「한국농어촌공사 및 농지관리기금법」에 따른 한국농어촌공사
   5. 「한국부동산원법」에 따른 한국부동산원
   6. 「지방공기업법」 제49조에 따라 특별시, 광역시, 도 및 특별자치도가 택지개발 및 주택건설 등의 사업을 하기 위하여 설립한 지방공사
② 〈생략〉
③ 사업시행자는 법 제81조에 따라 제2항 각 호의 업무를 보상전문기관에 위탁하려는 경우에는 미리 위탁내용과 위탁조건에 관하여 보상전문기관과 협의하여야 한다.
④ 사업시행자는 법 제81조에 따라 제2항 각 호의 업무를 보상전문기관에 위탁할 때에는 [별표 1]에 따른 위탁수수료를 보상전문기관에 지급하여야 한다. 다만, 사업시행자가 제2항 각 호의 업무 중 일부를 보상전문기관에 위탁하는 경우의 위탁수수료는 사업시행자와 보상전문기관이 협의하여 정한다.
⑤ 사업시행자는 보상전문기관이 통상적인 업무수행에 드는 경비가 아닌 평가수수료·측량수수료·등기수수료 및 변호사의 보수 등 특별한 비용을 지출하였을 때에는 이를 제4항에 따른 위탁수수료와는 별도로 보상전문기관에 지급하여야 한다.

4. 보상전문기관의 업무범위(시행령 제43조 제2항)

토지보상법 시행령 제43조 제2항
② 사업시행자는 법 제81조에 따라 다음 각 호의 업무를 법 제81조 제1항 각 호의 기관(이하 "보상전문기관"이라 한다)에 위탁할 수 있다.
   1. 보상계획의 수립·공고 및 열람에 관한 업무
   2. 토지대장 및 건축물대장 등 공부의 조사. 이 경우 토지대장 및 건축물대장은 부동산종합공부의 조사로 대신할 수 있다.
   3. 토지 등의 소유권 및 소유권 외의 권리 관련 사항의 조사
   4. 분할측량 및 지적등록에 관한 업무
   5. 토지조서 및 물건조서의 기재사항에 관한 조사
   6. 잔여지 및 공익사업지구 밖의 토지 등의 보상에 관한 조사
   7. 영업·농업·어업 및 광업 손실에 관한 조사
   8. 보상액의 산정(감정평가업무는 제외한다)
   9. 보상협의, 계약체결 및 보상금의 지급
   10. 보상 관련 민원처리 및 소송수행 관련 업무
   11. 토지 등의 등기 관련 업무
   12. 이주대책의 수립·실시 또는 이주정착금의 지급
   13. 그 밖에 보상과 관련된 부대업무

5. 관련문제

(1) 보상업무위탁의 범위

토지보상법 시행령 제43조에서 "그 밖에 보상과 관련된 부대업무"라 규정한 것이, 예시한 것인지 제한적으로 열거한 것인지 문제된다. 보상업무의 범위는 법률에서 명확하게 규정되어야 하며 예시적으로 규정될 수 없다고 판단되는바 열거규정이라 보여진다.

(2) 보상전문기관의 소송의 당사자 적격 여부

보상업무와 관련하여 수탁기관에 당사자 적격을 인정하는 것은, 현행 행정심판법, 행정소송법에 의해 위탁받은 기관이 행정청이 되므로 보상업무 수탁기관은 당사자로서의 성격을 가진다는 데 근거를 두고 있다. 행정소송법 제2조는 "행정청에는 법령에 의하여 행정권한의 위임, 위탁을 받은 행정기관, 공공단체, 그 기관 또는 사인"이 포함되도록 규정하고 있는바, 소송의 당사자로서 적격이 인정된다고 볼 수 있다.

(3) 보상전문기관의 행정대집행

위탁제도는 보상업무의 원활한 추진을 위해 보상업무의 전문성을 갖춘 전문기관에게 위탁한 것이고, 대집행은 개인의 자유나 권리에 대한 침해적 성격이 강하여 엄격히 적용되어야 하므로, 보상전문기관에게는 대집행이 인정되지 아니함이 타당하다고 보여진다. 다만 법률에서 특별한 대집행 위임규정이 있는 경우에는 가능하다고 판단된다.

(4) 보상전문기관에 의한 재위탁

위탁되는 보상업무가 매우 다양하므로 재위탁이 가능한지 여부가 문제된다. 재위탁은 위탁의 법적 성격과 위탁제도를 마련한 취지에 비추어 타당하지 않다고 본다. 다만, 위탁기관이 허락한 경우에 한하여 예외적으로 재위탁이 가능하다고 본다.

쟁점 37 현행 헌법 제23조와 토지보상법상 손실보상체계도   A급

구분	헌법 제23조 제3항 법률에 따른 정당한 보상 = 완전한 보상		
법률	토지보상법 (손실보상의 일반법적 지위)	부동산 가격공시에 관한 법률	감정평가 및 감정평가사에 관한 법률
(법규)명령 (시행령, 시행규칙) ※ 일부 시행규칙은 법규성 없음	토지보상법 시행령	부동산공시법 시행령	감정평가법 시행령
	토지보상법 시행규칙	부동산공시법 시행규칙	감정평가법 시행규칙
		감정평가에 관한 규칙(법규성 ○)	
법령보충적 행정규칙	표준지조사평가기준(국토교통부 고시) 표준지선정 관리지침(국토교통부 훈령) 토지가격비준표(부동산공시법 제3조 제8항 규정) 농작물실제소득인정기준(국토교통부 고시) 개별공시지가의 검증업무 처리지침(국토교통부 훈령)		
행정규칙 (법규성 ×)	감정평가실무기준(판례에서 법규성 없다고 판시함)		
관할 토지수용위원회	국토부/법제처	행정법원 (대법원)	사업시행자	감정평가사/감정평가법인등
토지수용업무편람, 재결례	국토부와 법제처 질의 회신, 유권 해석	대법원 법률심으로 해석	행정절차법에서 사업인정 받은 사업시행자 행정청 지위 – 내규 지침으로 운영	감정평가 매뉴얼 토지보상평가지침, 각종 한국감정평가협회 내부지침

손실보상 총론(Tip 요건과 기준이 중요, 내용과 절차는 약술로 나올 수 있음에 유의)

1. **의의** : 공공필요 – 적법한 공권력 행사, 특별한 재산권 침해
2. **근거** : 법적 근거 – 헌법 제23조 제3항, 토지보상법 / 이론적 근거 – 특별한 희생
3. **성질** : 공권(최근 판례), 사권(학설 및 과거 판례)(사업인정 후 공권)
4. **요건** : 공공필요, 재산권의 침해, 적법한 침해, 특별한 희생, 보상(규정)
5. **기준** : 시가보상, 개발이익 배제, 공시지가기준, 생활보상
6. **원칙** : 사, 전, 현, 개, 일, 상, 시, 개, 복(법 제61조~제68조)
7. **내용** : 재산권 + 권리 + 생활보상 + 부대적 손실
8. **절차** : 보상협의, 수용재결, 이의신청, 행정소송으로 보상금증감청구소송
9. **주체** : 사업시행자
10. **산정** : 감정평가사, 복수평가의 원칙, 산술평균에 의한 보상액 도출

쟁점 **38** 손실보상의 의의 및 손실보상의 근거　　A급

I　손실보상의 의의

행정상 손실보상이란, 공공필요에 의한 적법한 공권력 행사로 인하여 특정 개인의 재산권에 가하여진 특별한 희생에 대하여 사유재산권 보장과 공평부담의 견지에서 행정주체가 행하는 조절적 재산전보를 말한다.

① 손실보상의 원인은 행정기관의 적법한 행정작용이고, 공권력 행사이다.

손실보상은 법률에 근거를 둔 공익사업의 시행이 원인이 되어 인정되는 것으로서 행정기관의 적법한 행정작용을 원인으로 한다는 점에서 위법한 행정작용에 기인한 손해배상(국가배상)과 구별된다.

② 손실보상은 사인의 재산권의 특별한 희생에 대한 조절적 보상이다.

손실보상은 사인의 재산권에 대한 보상이고, 이점에서 사인의 비재산적 법익에 대한 손실의 보상인 희생보상이론과 구별된다.

③ 손실보상은 행정기관의 의도된 침해에 대한 손실보상이다.

손실보상은 행정기관이 처음부터 의도된 침해에 대한 보상이라는 점에서 행정기관이 비의도적인 손실이 있는 경우 보상인 수용적 침해보상이론과 구별된다.

④ 손실보상은 보상규정이 있을 때 행하는 보상이다.

손실보상은 보상법률주의를 채택하고 있어 법률에 근거가 있을 때 손실보상을 할 수 있다.

II　구별개념

행정상 손실보상	적법 · 무책		공권력 행사	재산권	의도적 침해	특별한 희생	재산권 보장 공평부담
구별	행정상 손해배상	위법 · 유책	사법인 사인 행위와 구별	희생보상 청구권은 비재산권	수용적 침해는 비의도 · 비의욕	내재적 · 사회적 제약과 구별	손해배상은 주관적 책임
	수용유사 침해	위법 · 무책					

III　연혁

1789년 프랑스 인권선언 제13조 "공적 부담 앞의 평등원칙"에서 최초로 입법된 후, 독일 바이마르 헌법 제135조 및 독일 본 기본법 제14조에 규정을 두고 있으며, 우리 헌법 제23조 제3항에 헌법적 근거를 두고 있다.

Ⅳ 손실보상의 근거

1. 이론적 근거

(1) 기득권설

기득권설은 자연법상의 기득권의 불가침성을 전제로 하여 기득권의 침해에 대하여는 당연히 그 경제적 가치에 의한 보상을 하여야 한다는 고전적 견해이다.

(2) 은혜설

은혜설은 국가권력의 절대성 및 법률 만능을 인정하고 개인은 그에 대항할 수 없다는 것을 전제로 한 것으로, 재산권의 침해에 대하여 공권력을 가진 자의 일방적인 은혜로서 보상하는 것에 불과하다고 보는 견해이다.

(3) 공평부담설

공평부담설이란, 1789년 프랑스 혁명기의 「인간과 시민의 권리선언」 제13조의 내용으로서 정당한 사전보상하에서만 재산권이 박탈될 수 있다는 데에 근거를 둔 "공적 부담 앞의 평등"을 드는 견해이다.

(4) 특별희생설(통설)

특별희생설에 의하면, 사유재산권이 보장되는 제도하에서 공익사업을 위하여 사유재산권을 수용함으로써 사유재산에 대하여 가해진 '특별한 희생'에 대하여는 그것이 적법하다고 하더라도 정의·공평의 원칙에 따라 그에 대한 조절적 보상을 하여야 한다는 견해이다. 이 사상은 바이마르헌법 제153조, 독일기본법 제14조 등을 근거로 하며, 우리나라의 통설이다.

(5) 검토

손실보상의 이론적 근거에 관한 학설 중 기득권설, 은혜설 등은 연혁적 관점에서만 의미가 있다고 할 수 있으며, 오늘날은 '재산권 보장원칙', '공평부담의 실현', '공사익조절', '법률생활의 안정' 등의 종합적 입장에서 그 근거를 찾아야 할 것이다. 특히, 최근 헌법상 국민의 생존권 보장의 경향이 뚜렷해짐에 따라 재산권 보장 이상의 보상을 주장하는 생활권 보장의 고려가 일반화되고 있다.

2. 실정법적 근거

(1) 헌법상 근거

헌법 제23조 제3항은 "공공필요에 의한 재산권의 수용·사용 또는 제한 및 그에 대한 보상은 법률로써 하되, 정당한 보상을 지급하여야 한다."고 규정하고 있다. 이는 공용침해법률주의, 보상법률주의, 정당보상주의를 천명한 것이다. 따라서 현행 헌법하에서 국민의 재산권 침해에는 형식적 법률에 반드시 근거를 두어야 하고, 손실보상의 기준과 방법 등에 관한 일반법으로서 토지보상법이 있으며, 각 개별법에서도 각기 규정하고 있다.

그런데 법률에서 공공필요에 의한 재산권의 수용·사용 또는 제한을 하는 규정을 두면서, 그에 대한 손실보상에 관한 규정을 하지 아니한 경우에 헌법규정 제23조 제3항의 해석에 있어서 그 성질이 어떠한 것인가, 즉 헌법의 규정만으로 손실보상청구권을 행사할 수 있다고 볼 것인가, 그렇지 아니하고 반드시 법률의 근거가 있어야 할 것인가에 관하여는 견해가 대립되고 있으며, 판례도 일관성을 찾아보기 어렵다(헌법 제23조 제3항의 효력논의).

(2) 개별법상 근거

① 토지보상법

공익사업을 위한 토지 등의 취득 및 보상에 관한 법률은 공익사업에 필요한 토지 등을 협의 또는 수용에 의하여 취득하거나 사용함에 따른 손실의 보상에 관한 사항을 규정하고 있는 공익사업용 토지의 취득 및 손실보상에 관한 일반법적 지위를 가진다. 통합토지보상법이 시행됨으로써 보상에 관한 절차와 기준을 체계화하였으며, 공특법과 토지수용법 사이의 중복과 불일치가 해소되는 등 각종 불합리한 제도가 개선되어 국민의 재산권이 충실히 보호되고 공익사업의 효율적인 추진이 이루어질 수 있게 되었다.

② 개별법

공익사업용 토지의 취득과 손실보상에 관하여 일반법으로서 토지보상법이 있으나, 이외에도 각 개별법률에서 공익사업용 토지의 강제취득과 손실보상에 관하여는 특례를 규정하고 있는데, 국토의 계획 및 이용에 관한 법률, 건축법, 도시개발법, 농어촌정비법, 도로법, 하천법, 산림법, 수산업법, 징발법 등에서 그 규정을 찾을 수 있다. 그러나 대부분의 개별법은 공익사업용지 취득에 관한 모든 문제를 스스로 규정하고 있는 것은 아니고, 특히 필요한 사항에 관한 특칙을 규정할 뿐이며, 그 이외의 사항은 일반법인 토지보상법의 규정을 따르도록 하고 있다.

쟁점 39 — 보상금 증감청구소송에서 법원의 심판범위와 보상항목 간 유용 가능성[대법원 2017두41221 판결] A급

I. 보상금 증감청구소송의 기본구조

1. 의의

보상금 증감청구소송이란 토지보상법 제85조 제2항에 따라 수용재결에서 정한 손실보상금이 정당한지 여부를 다투는 소송이다. 이는 재결의 위법 여부를 다투는 항고소송과 달리, 실질적으로 정당한 보상금액을 산정하는 데 목적이 있다.

2. 소송의 성질

보상금 증감청구소송은 형식적 당사자소송으로서, 법원은 재결의 취소 여부가 아니라 정당한 보상금액이 얼마인지를 직접 판단한다.

II. 보상항목의 개념과 구조

1. 보상항목의 의의

하나의 수용재결에서는 토지보상금, 물건보상금, 영업손실보상금, 잔여지 손실보상금 등 여러 손실이 함께 판단된다. 이처럼 손실보상 대상의 성립 여부 및 보상금액 산정의 기초가 되는 단위를 보상항목이라 한다.

2. 하나의 재결과 다수 보상항목

하나의 재결이라 하더라도, 각 보상항목은 손실의 원인과 평가기준이 서로 달라 독립적인 심리 단위가 된다.

III. 보상항목별 불복의 가능성

1. 원칙

피보상자 또는 사업시행자는 하나의 재결 전부에 대하여 반드시 불복하여야 하는 것은 아니다. 여러 보상항목 중 일부 보상항목에 대해서만 개별적으로 불복하여 보상금 증감청구소송을 제기할 수 있다.

2. 법원의 심판범위

보상금 증감청구소송에서 법원의 심판범위는, 하나의 재결 중 소송당사자가 구체적으로 불복신청을 한 보상항목으로 한정된다. 불복하지 않은 보상항목은 원칙적으로 심판대상이 되지 않는다.

3. 제도의 취지

이는 소송의 범위를 명확히 하여 절차적 안정성을 확보하고, 당사자가 다투고자 하는 손실에 한정하여 권리구제를 받을 수 있도록 하기 위한 것이다.

Ⅳ 보상항목 간 유용의 법리

1. 보상항목 유용의 의의

보상항목 간 유용이란, 법원이 불복된 여러 보상항목을 심리한 결과 일부 항목은 과다하고 다른 항목은 과소하다고 판단되는 경우, 항목별 증감액을 상호 조정하여 보상금 총액 기준으로 정당한 보상금액을 산정하는 것을 말한다.

2. 유용 허용의 원칙

법원은 구체적으로 불복신청이 있는 보상항목들에 관하여 감정을 실시한 결과, 일부 항목은 과다하고 일부 항목은 과소한 경우, 보상항목 상호 간의 유용을 허용하여 과다 부분과 과소 부분을 합산함으로써 정당한 보상금 총액을 결정할 수 있다.

3. 법리의 근거

보상금 증감청구소송의 본질은 개별 항목의 형식적 증감이 아니라, 전체적으로 정당한 손실보상이 이루어졌는지 여부를 판단하는 데 있다.

Ⅴ 불복 철회와 심판범위 조정

1. 피보상자의 불복 철회

피보상자가 여러 보상항목에 관해 증액청구소송을 제기한 후, 그중 일부 보상항목에 관하여 법원 감정 결과가 재결금액보다 적게 나온 경우, 피보상자는 해당 보상항목에 대하여 불복신청이 이유 없음을 자인하거나 불복신청을 철회함으로써 해당 항목을 법원의 심판범위에서 제외하여 달라는 소송상 의사표시를 할 수 있다.

2. 철회의 한계

그러나 이러한 피보상자의 일방적 철회로 인하여, 사업시행자에게 부당한 불이익이 발생하여서는 안 된다.

Ⅵ 사업시행자의 대응권과 유용의 확대

1. 사업시행자의 감액청구권

사업시행자는 원칙적으로 제소기간 내에 보상금 감액청구소송을 제기하여 감액청구권을 행사하여야 한다.

2. 예외 – 증액청구소송을 통한 감액 실현

피보상자가 여러 보상항목에 관해 증액청구소송을 제기한 경우, 사업시행자는 보상항목 유용 법리에 따라 그 소송절차에서 과다 부분과 과소 부분을 합산하여 정당한 보상금액을 판단받을 수 있다고 기대할 수 있다.

3. 철회에 대한 대응

따라서 피보상자가 법원 감정 결과가 불리하게 나오자 특정 보상항목을 심판범위에서 제외하여 달라는 의사표시를 하는 경우, 사업시행자는 이에 대응하여 법원이 감정 결과를 적용하여 과다 부분과 과소 부분을 합산함으로써, 당초 불복신청된 보상항목 전부에 관하여 정당한 보상금액을 산정하여 달라는 소송상 의사표시를 할 수 있다.

4. 쌍방향 적용

이러한 법리는 정반대의 경우, 즉 사업시행자가 감액청구소송을 제기하였다가 일부 항목에서 불리한 감정 결과가 나오자 그 항목의 불복을 철회하는 경우에도 동일하게 적용된다.

Ⅶ 결

피보상자가 토지보상금과 잔여지 손실보상금에 한정하여 증액청구소송을 제기한 후, 토지보상금 부분에 대한 증액 주장을 철회하였더라도, 법원은 사업시행자의 대응이 있는 경우 보상항목 간 유용을 허용하여 처음 불복된 보상항목 전부를 기준으로 정당한 보상금 총액을 산정할 수 있다. 보상금 증감청구소송에서 법원의 심판범위는 원칙적으로 불복된 보상항목으로 제한되나, 보상항목 간 유용 법리에 따라 실질적으로 정당한 보상이 이루어지도록 조정될 수 있다. 본 대법원 2017두41221 판결은 보상금 증감청구소송의 실질을 중시하여, 당사자 간 절차적 형평과 실질적 정의를 도모한 판례로 정리된다.

쟁점 40 · 보상금증감청구소송에서 압류 · 추심명령이 있는 경우 당사자적격 상실 여부(대판 2018두67 전원합의체) · A급

I 쟁점의 정리

보상금증감청구소송 계속 중 손실보상금 채권에 대하여 제3자가 압류 및 추심명령을 받은 경우, 채무자인 피보상자가 보상금 증액을 구할 소송상 이익이나 당사자적격을 상실하는지 문제된다.

II 보상금증감청구소송의 법적 성질

보상금증감청구소송은 토지보상법 제85조 제2항에 근거한 소송이다. 형식은 당사자소송이나, 실질은 수용재결 중 보상금 산정 부분을 다투는 항고소송적 성질을 가진다. 재결의 위법 여부가 아니라 정당한 손실보상금액의 확정을 목적으로 한다. 확정판결에 의하여 손실보상금 채권의 구체적 존부와 범위가 비로소 확정된다.

III 손실보상금 채권의 특수성

손실보상금 채권은 공익사업으로 인한 손실 발생만으로 바로 확정되지 않는다.
협의 → 재결 → 불복절차를 거쳐야 구체적인 권리로 확정된다.
따라서 보상금증감청구소송 계속 중 손실보상금 채권은 미확정 · 유동적 상태에 있다.

IV 압류 · 추심명령의 일반적 법적 효과

채권에 대한 압류 및 추심명령은 채무자의 채권 처분을 제한하고 추심채권자에게 채권 실현 권한을 부여하는 집행절차이다. 이는 채권의 귀속 주체를 변경하는 효력은 없고, 채권의 존부 · 범위를 확정하는 절차도 아니다.

V 쟁점에 대한 대법원의 판단 구조

대법원은 다음 사정을 종합하여 판단한다.
보상금증감청구소송은 항고소송적 성질을 가지므로, 재결을 다툴 법률상 이익은 토지소유자 등에게만 인정된다. 추심채권자는 손실보상금 채권에 관하여 간접적 · 경제적 이해관계를 가질 뿐, 재결을 다툴 법률상 이익은 없다. 압류 · 추심명령이 있다고 하여 추심채권자가 손실보상금 채권 확정 절차에 참여할 지위를 취득하는 것은 아니다. 손실보상금 채권의 확정 절차는 토지보상법이 예정한 특별절차이며, 그 주체는 토지소유자 등이다.

Ⅵ 결

피보상자는 여전히 손실보상금 채권의 귀속 주체이다. 확정될 보상금액의 크기는 압류·추심명령의 실질적 효력에도 직접적인 영향을 미친다. 따라서 손실보상금의 정당한 액수를 확정받을 필요성은 그대로 존재한다. 압류·추심명령을 이유로 보상금 증액청구소송을 부적법하다고 보면, 손실보상금 채권 확정 자체를 봉쇄하는 결과가 된다.

보상금증감청구소송 계속 중 손실보상금 채권에 대하여 제3자의 압류·추심명령이 있더라도, 피보상자는 보상금 증액청구소송의 당사자적격을 상실하지 않고 소송상 이익도 유지된다.

쟁점 **41** 손실보상청구권의 법적 성질과 판단시점 및 소멸시효 　　C급

I 손실보상청구권의 법적 성질

1. 개설

손실보상청구권의 법적성질은 공사법이원체제를 가지고 있는 국내공법에서는 반드시 규명되어야 하는 문제이다. 다만 토지보상법에서는 일괄적으로 공권이라거나 사권이라고 단정 짓기 어렵다. 왜냐하면 2003년 1월 1일 공공용지의 취득 및 손실보상에 관한 특례법(공특법)과 토지수용법제가 통합이 되기 이전에는 사법이였던 공특법상의 손실보상의 법리는 모두 사권이었고, 토지수용법제에서는 사업인정 이후의 손실보상 법리는 공권으로 해석될 수 있다. 그런데 통합법률로 토지보상법이 제정된 시점에서 일괄적으로 사권으로 보거나 일괄적으로 공권으로 보기는 어렵고, 사업인정의 협의단계의 손실보상청구권은 사권에 가깝고, 사업인정 이후 협의 및 재결에 대한 법률관계는 공권에 가깝다고 할 수 있다. 이하에서는 공사권 이원체제를 바탕으로 손실보상청권의 법적성질에 대하여 논의해 보기로 한다.

2. 견해의 대립

(1) 사권설

사권설은 "손실보상청구권은 원인이 되는 공용침해행위와는 별개의 권리이며, 기본적으로 금전지급청구권이므로 사법상의 금전지급청구권과 다르지 않다."고 보는 견해이다. 또한 사익을 위한 법률관계로 보고 손실보상청구권은 기본적으로 금전청구권(채권·채무관계)으로 보아 사법상의 권리라 한다.

(2) 공권설

공권설은 "손실보상청구권은 공권력 행사인 공용침해로 인하여 발생한 권리이며, 공익성이 고려되어야 하므로 공권으로 보아야 한다."고 보는 견해이다. 또한 공권력 작용을 원인으로 하며 토지보상법 등에서 이의신청, 행정소송과 같은 공법규정을 두고 있는 점을 근거로 하여 공법상 권리라 본다.

3. 대법원 판례의 태도

① 종전 판례는 손실보상청구권의 성질에 대해 사권으로 보았으나, ② 최근 〈하천법〉과 관련된 판결에서 공권이라고 보아 공법상 당사자소송의 대상이 된다고 하였다. ③ 또한 〈세입자 주거이전비〉는 사업추진을 원활하게 하려는 정책적 목적과 사회보장적인 차원에서 지급되는 금원이 성격을 가지게 되므로 세입자의 주거이전비 보상청구권은 공법상 권리라 보았다. 토지보상법상 〈농업손실보상청구권〉 역시 공법상 권리라고 판시하고 있다.

4. 검토

생각건대, 손실보상청구권은 공권력 행사로 인하여 발생한 권리이고, 공익 관련성이 있으므로 공권으로 보는 것이 타당하다고 판단된다. 다만 사업인정 이전에 협의에 의한 손실보상청구권은 일반적인 경우에는 사권으로 보는 것이 타당하고, 판례(대판 2002다68713)도 "사업시행자가 토지 등의 소유자로부터 토지 등의 협의취득 및 그 손실보상의 기준과 방법을 정한 법으로서, 이에 의한 협의취득 또는 보상합의는 공공기관이 사경제주체로서 행하는 사법상 매매 내지 사법상 계약의 실질을 가진다."라고 판시하고 있어 이러한 경우에는 사법상 계약으로 보아 민사소송으로 권리구제를 받는 것이 타당하다고 판단된다. 그렇다면 토지보상법 기준으로 해서 사업인정 이후의 손실보상청구권은 공권으로 행정소송으로 의하는 것이 타당한 법리로 보여진다.

Ⅱ 손실보상청구권 유·무의 판단시점

손실보상은 공공사업의 시행과 같이 적법한 공권력의 행사로 가하여진 재산상의 특별한 희생에 대하여 전체적인 공평부담의 견지에서 인정되는 것이므로, 공공사업의 시행으로 손해를 입었다고 주장하는 자가 보상을 받을 권리를 가졌는지는 해당 공공사업의 시행 당시를 기준으로 판단하여야 한다(대판 2010다9658).

Ⅲ 손실보상청구권의 소멸시효

손실보상청구권에는 그 소멸시효에 관하여 달리 정함이 없는 한 민법에서 정하는 소멸시효규정이 유추적용될 수 있다(대판 2007두6571).

소멸시효는 권리자가 그 권리를 행사할 수 있음에도 일정한 기간 동안 행사하지 않는 권리불행사의 상태가 계속된 경우에 그 권리를 소멸시키는 제도로서, 상당한 기간 동안 권리불행사가 지속되어 있는 이상 그 권리가 사법상의 손실보상청구인지 아니면 공법상 손실보상청구인지에 따라 달리 볼 것은 아니다. 따라서 공유수면매립법상 간척사업의 시행으로 인하여 관행어업권이 상실되었음을 이유로 한 손실보상청구권에도 그 소멸시효에 관하여 달리 정함이 없으면 민법에서 정하는 소멸시효규정이 유추적용될 수 있고, 이 경우 관행어업권자가 그 매립면허를 받은 자 또는 사업시행자에 대하여 가지는 손실보상청구권은 금전의 지급을 구하는 채권적 권리이므로 그 소멸시효기간은 민법 제162조 제1항에 따라 10년이다. 또한 그 소멸시효의 기산일은 손실보상청구권이 객관적으로 발생하여 그 권리를 행사할 수 있는 때, 곧 특별한 사정이 없는 한 이 사건 간척사업으로 인하여 관행어업권자가 자연산 패류 및 해초류 어장으로서의 어장을 상실하는 등 실질적이고 현실적인 손실이 발생한 때부터라고 보는 것이 타당하다.

손실보상청구권은 금전의 지급을 구하는 채권적 권리이므로, 그 소멸시효는 민법 제162조 제1항에 따라 10년이다. 그런데, 국가 또는 지방자치단체에 대한 손실보상청구권은 다른 법률에 특별한 규정이 없는 한 5년 동안 행사하지 아니하면 시효로 인하여 소멸한다.

쟁점 42 　우리나라 헌법 제23조 구조와 불가분 조항　　C급

I 　재산권의 존속보장과 가치보장

1. 존속보장

개인의 재산권에 대한 소유권을 박탈당하지 않고 그대로 유지시킴으로써(재산권의 사용·수익·처분을 향유) 보장해 주는 것이다. 헌법 제23조 제1항·제2항에서는 재산권을 보장(존속보장)하고 있다.

2. 가치보장

공용침해를 허용할 경우 재산권의 존속보장은 깨진다 하여도 그 가치만이라도 보장해 주는 것이다. 헌법 제23조 제3항에서는 공용침해 시 손실보상의무를 규정하여 재산권의 가치를 보장하고 있다.

II 　헌법 제23조 제3항의 불가분조항 여부

1. 불가분조항 의의

불가분조항이란 공권력 행사의 허용 여부에 관한 규정과 이에 대한 손실보상의 기준, 방법, 범위에 관한 규정은 모두 하나의 법률로 규정되어야 하며 서로 불가분의 관계를 형성하고 있어야 한다는 것이다.

2. 우리 헌법상 인정 여부에 대한 논의

(1) 학설

① 긍정설은 손실보상의 기준과 범위의 내용 등은 본질적 사항에 해당하는 것으로 반드시 입법자가 스스로 규율하는 데 그 의의가 있다는 견해이며, ② 부정설은 우리 헌법과 독일 기본법상의 표현이 다르고, 우리 헌법규정이 수용 등에 대한 보상은 법률에 의해 배제할 수 있는 취지라 하여 부정한다.

(2) 검토

헌법 제23조 제3항은 불가분조항으로 이해되기는 하지만 독일과 한국이 헌법체계가 다르고 손실보상의 구조가 다르기 때문에 그 차이를 인식하여야 한다. 다만, 보상규정을 두지 아니하거나 불충분한 보상규정을 두는 수용법률은 헌법위반이 될 수 있다.

쟁점 43 수용적 침해와 수용유사침해   C급

I 서

손해전보에 대한 가장 전형적인 형태로는 행정상 손실보상과 손해배상을 들 수 있다. 이 제도들에 의한 권리구제방법이나 절차 등은 헌법적 근거와 토지보상법 등 개별법률로서 어느 정도 정비되어 있다고 할 수 있다. 그러나 현실에서는 행정작용으로 인해 개인이 입게 되는 각종의 피해에 대한 권리구제수단으로서 충분하지 못한 문제가 존재한다. 이하 손실보상의 사각지대인 비의도적 침해인 수용적 침해와 결과적 위법상태인 수용유사침해에 대해 검토하기로 한다.

II 수용적 침해

1. 수용적 침해의 의의

수용적 침해란 적법한 행정작용의 비의도적인 부수적 결과로서 타인의 재산권에 가해진 침해를 말한다.

2. 수용적 침해의 요건

① 공익사업으로 인한 재산권 침해가 발생, ② 적법한 행정작용의 부수적 결과로 인한 침해, ③ 침해의 적법성, ④ 특별한 희생이 발생하여 피해자가 입는 재산권의 침해가 사회적 제약인가 특별한 희생인가 여부는 구체적인 상황에 따라 달라질 수 있으므로 특별한 희생에 대한 해석이 중요하다고 할 수 있다.

3. 우리나라에서 수용적 침해의 인정 여부

(1) 견해대립

① 긍정설은 헌법 제23조 제3항을 유추적용하여 인정하려는 견해이며, ② 부정설은 수용적 침해를 인정하지 않고 헌법 제23조 제3항을 확대·적용하여 이를 직접적인 근거로 보아 손실보상청구를 행해야 한다고 보는 견해, 입법적으로 해결해야 할 문제로 보는 견해 등으로 구분된다.

(2) 검토

헌법 제23조 제3항에 따르면 공익사업 시행으로 인해 발생하는 손실에 대해서는 완전보상이 이루어져야 하나, 공익사업 시행으로 인한 비의도적인 부수적 결과로 발생한 재산권 침해는 법의 사각지대에 놓여 있다. 그러나 해당 공익사업 시행에 따른 비의도적인 부수적 결과로 발생한 침해라고 하더라도 해당 공익사업의 시행이 없었더라면 발생하지 않았을 침해라고 판단되는 경우에는 합당한 보상이 주어져야 한다고 판단된다. 따라서 이러한 법의 사각지대를 메울 수 있는 입법적 해결이 시급하다고 생각된다.

Ⅲ 수용유사침해

1. 수용유사침해의 의의

행정기관의 위법한 침해로 피해가 발생하였으나, 그 침해에 대한 보상규정이 없는 경우를 말한다.

2. 수용유사침해의 요건

① 공권력의 행사가 존재, ② 공용침해로 인한 재산권 침해가 발생, ③ 특별한 희생이 존재하여야 하며, ④ 침해에 대한 보상규정이 결여(침해의 위법성)되어야 한다.

3. 국가배상과의 구별

수용유사침해에서 말하는 위법은 침해에 대한 보상규정이 결여되었다는 의미로, 국가배상법상의 위법과는 구별되는 개념이다. 수용유사침해는 공공필요를 위해 생긴 희생에 대한 보상인데 반해, 국가배상은 공무원이 그 직무를 집행함에 있어 고의 또는 과실로 법령에 위반하여 타인에게 가한 손해에 대한 배상이라는 점에서 구별된다.

4. 수용유사침해의 인정 여부

공무원에 의한 문화방송주식 강제증여사건에서 서울고등법원은 수용유사적 침해를 인정하였으나, 대법원은 이를 증여계약으로 인정하여 손실보상청구권을 부인한 바 있다.

Ⅳ 결(수용적 침해와 수용유사침해의 구별)

수용적 침해는 예측할 수 없는 특별한 희생인 데 반해 수용유사침해는 예측가능한 특별한 희생이라는 점에서 구별되며, 침해행위의 적법성 여하에 그 차이가 존재한다. 비의도적인 부수적 결과로 발생한 침해인 수용적 침해와 행정기관의 위법한 침해로 피해가 발생하였으나 그 침해에 대한 보상규정이 없는 경우에 피해를 입은 수용유사침해는 헌법상 완전보상 실현을 위해 적절한 입법적 조치가 요구된다고 할 것이다.

쟁점 44 경계이론과 분리이론
▶제14회 기출 C급

I 개설

헌법 제23조 제1항은 '모든 국민의 재산권은 보장된다. 그 내용과 한계는 법률로 정한다.'고 규정하고 있으며, 제2항은 '재산권의 행사는 공공복리에 적합하도록 하여야 한다.'고 규정하고 있다. 제3항에서는 '공공필요에 의한 재산권의 수용·사용 또는 제한 및 그에 대한 보상은 법률로써 하되, 정당한 보상을 지급하여야 한다.'고 규정하고 있다. 경계이론과 분리이론은 헌법 제23조 제1항 및 제2항과 제3항의 해석과, 재산권에 제한이 있는 경우 사회적 제약과 공용침해에 대한 해결논의이다.

II 경계이론

1. 의의

경계이론은 재산권에 대한 사회적 제약과 수용은 별개의 제도가 아니라 재산권 침해의 정도의 차이로 보기 때문에 '재산권제한의 정도'에 따라 사회적 제약과 보상을 요하는 특별한 희생을 구분한다. 즉, 보상을 요하지 않는 사회적 제약에 해당되는 재산권침해의 경우에 '재산권제한의 효과'가 일정한 강도를 넘게 되면 자동적으로 보상을 요하는 수용으로 전환된다는 것이다.

2. 내용

(1) 가치보장과 실현수단

가치보장이라 함은 공공필요에 의해 재산권에 대한 공권적 침해가 행해지는 경우에 재산권의 가치를 보장하기 위해 보상과 가치보장 조치를 취하는 것을 말한다. 가치보장의 실현제도로는 손실보상, 매수청구제도 등이 있다.

(2) 사회적 제약과 특별한 희생의 구별

재산권 침해의 강도(정도)를 기준하여, 침해가 적은 경우는 보상없이 감수해야 하는 사회적 제약으로 본다. 만약 침해의 강도(정도)를 넘는 경우는 특별한 희생으로 보아 보상이 필요하다고 본다.

3. 권리구제

경계이론에 의하면 재산권에 대한 제한을 재산권에 내재하는 사회적 제약과 특별한 희생으로 구별하고, 특별한 희생에 해당하면 손실보상 요건 충족 시 손실보상으로 권리구제를 도모한다.

III 분리이론

1. 의의

분리이론은 재산권에 대한 사회적 제약과 수용을 완전히 서로 독립된 제도로 본다. 즉, 재산권의 내용 및 한계에 관한 법률의 규정이 사회적 제약을 넘어서는 과도한 것인 경우에도 곧바로 수용이 되는 것이 아니라, 위헌적인 내용규정이 될 뿐이라는 것이다. 분리이론은 재산권에 대한 제한의 문제를 입법자의 의사에 따라 헌법 제23조 제1항 및 제2항에 의한 재산권의 내용과 한계의 문제 또는 헌법 제23조 제3항의 공용제한과 손실보상의 문제로 본다.

2. 내용

(1) 존속보장과 실현제도

존속보장이라 함은 재산권자가 재산권을 보유하고 향유(사용, 수익, 처분)하는 것을 보장하는 것을 말한다. 존속보장의 실현제도로는 공공필요성 요건(최소침해의 원칙 등 비례의 원칙 포함), 환매제도, 분리이론, 위법한 재산권 침해행위에 대한 취소소송 등이 있다.

(2) 사회적 제약과 과도한 침해의 구별

분리이론은 입법자의 의사, 입법 목적 및 형식에 따라 구별하고, 재산권의 내용적 제한이 재산권에 내재하는 사회적 제약을 넘어 과도한 제한이 되는 경우는 과도한 침해로서 비례의 원칙 및 평등원칙에 반하게 된다고 본다. 이 경우에 입법자는 비례원칙의 위반을 시정하여 재산권의 제한을 합헌적으로 하여야 할 의무를 지는데, 이 의무를 조정조치의무라고 한다.

3. 헌법재판소의 결정

우리 헌법재판소는 개발제한구역에 대한 헌법소원에서 입법자가 도시계획법 제21조를 통하여 국민의 재산권을 비례의 원칙에 부합하게 합헌적으로 제한하기 위해서는, 수인의 한계를 넘어 가혹한 부담이 발생하는 예외적인 경우에는 완화하는 보상규정을 두어야 한다고 보았다.

4. 권리구제

조정조치의무를 이행하지 않는 경우 ① 재산권 제한조치가 위헌이므로 취소소송을 통하여 구제를 받아야 한다는 견해, ② 조정조치의무 불이행이라는 입법부작위에 대한 헌법소원을 통하여 구제를 받아야 한다는 견해, ③ 재산권 제한조치의 근거가 되는 법률의 위헌확인과 조정조치에 관한 입법을 기다려 구제를 받아야 한다는 견해가 있다.

Ⅳ 결

분리이론은 ① 원칙적으로 보상 없이 가능한 재산권내용규정에 의한 제약과 보상을 요하는 수용을 선명히 구별했다는 점, ② 사법부가 입법부의 의무불이행을 보완할 수 없도록 함으로써 권력분립원칙의 엄격한 준수를 기했다는 점은 의미가 있다. 독일 연방 헌법재판소가 기본법 제14조 제1항과 제3항과의 관계를 단절시킴에 따라 수용에 해당하지는 않지만 보상은 필요로 하는 재산권내용규정에 의한 재산권침해라는 별도의 손실보상유형이 대두하게 되었다. 그러나 어떤 것이 보상을 요하는 내용규정인지 아닌지에 대해 종래 경계이론에 의한 기준들(형식적기준설, 실질적기준설)이 다시금 동원되는 자가당착적 결과를 초래하였다는데 문제가 있다.

헌재 89헌마214 결정에서 입법자는 지정의 해제 또는 토지매수청구권제도와 같이 금전 보상에 갈음하거나 기타 손실을 완화할 수 있는 제도를 보완하는 등 여러 가지 다른 방법을 사용할 수 있다고 하여, 개발제한구역의 지정으로 인한 재산권행사의 제한과 그에 대한 권익구제의 문제를 헌법 제23조 제3항의 공용제한과 손실보상의 문제로 보지 않고, 헌법 제23조 제1항 및 제2항의 재산권의 내용과 한계의 문제로 보고 있다. 이러한 측면에서 우리나라 헌법재판소는 재산권의 제한에 관한 독일법상의 분리이론을 취하고 있다는 견해가 89헌마214 결정 이후에 지속되고 있다. 그러나 현재 이 문제를 명확히 해결하고 있는 문헌은 아직 없는바, 손실보상을 위해서는 종전의 경계이론의 관점에서 논의하고 이하 교재에서는 경계이론 관점에서 손실보상을 논의하기로 한다.

쟁점 **45**　손실보상의 요건　　　　　　　　　　A급

토지보상법에서는 어떠한 경우에 손실보상청구권이 성립하는지에 대한 요건에 관하여 일반적인 내용을 담고
있지 않다. 따라서 헌법 제23조 제3항의 해석을 통해 손실보상의 요건을 도출한다. 헌법 제23조 제3항은
재산권 제한의 허용요건을 규정한 것이지만, 동시에 손실보상요건의 원칙적인 규정이다. 공용침해로 인한
손실에 대한 보상청구권이 성립하기 위하여는, 공공필요를 위하여 적법한 공행정작용에 의하여 개인의 재산
권을 침해하여 특별한 희생이 발생하고, 보상규정이 존재하여야 한다.

I　공공필요

공공필요는 공용침해의 실질적 허용요건이자 본질적 제약요소로, 공동체 구성원 전체의 이익인
공익의 필요를 말하며, 수용을 정당화하는 공공필요의 판단은 비례의 원칙에 의해 행해진다. 즉,
수용으로 인하여 달성되는 공익과 침해되는 이익을 비교형량하여 침해되는 이익이 지나치게 크지
않는 한 수용은 정당한 것이 된다.

II　재산권에 대한 공권적 침해

재산적 가치가 있는 공·사법적 권리에 대한 침해를 말하며, 공권력 주체에 의해 지향되거나 최
소한 침해의 직접적 원인이 되어야 한다.

III　침해의 적법성(법률의 근거)

법적 근거를 갖는 적법한 침해이어야 한다. 토지보상법 제4조에서는 토지를 수용 또는 사용할
수 있는 사업을 열거하고 있으며 기타 개별법률에 수용 또는 사용의 근거가 규정되어 있다.

IV　특별한 희생

1. 의의 및 사회적 제약과 구별실익

특별한 희생이란 타인과 비교하여 불균형하게 과하여진 권익의 박탈, 즉 사회적 제약을 넘어서
는 손실을 의미한다. 재산권 행사의 공공복리 적합의무로서 사회적 제약은 보상의 대상이 되지
아니하는 데 구별의 실익이 있다.

2. 학설

① 형식설은 침해행위의 인적 범위를 특정할 수 있는지 여부를 기준으로 형식적으로 판단하는
견해이며, ② 실질설은 침해행위의 본질성과 강도를 기준으로 판단하는 견해로 목적위배설,
사적효용설, 보호가치성설, 수인기대가능성설, 중대성설, 상황구속성설, 사회적비용설이 있
다. 또한 ③ 양자를 절충한 절충설도 있다.

3. 판례

대법원은 개발제한구역지정은 공공복리에 적합한 합리적인 제한이라고 판시한 바 있으며, 헌법재판소는 종래목적으로 사용할 수 없거나, 실질적으로 토지의 사용, 수익이 제한된 경우에는 특별한 희생에 해당하는 것으로 본다고 판시한 바 있다.

4. 검토

형식설과 실질설은 일면 타당하므로 양자의 기준을 상호 보완적으로 적용하여 판단하여야 할 것이며, 아울러 재산권 제한의 목적, 태양, 정도, 사회적 수용성, 평등원칙 등을 종합적으로 고려하여 구체적·개별적으로 결정하는 절충적인 입장이 타당하다.

Ⅴ 보상규정의 존재

1. 문제점(헌법 제23조 제3항의 효력논의)

헌법 제23조 제3항에서 손실보상은 법률로써 하도록 규정하고 있어, 개별법에 보상규정이 있어야 한다. 공공필요에 의한 재산권의 수용, 사용, 제한을 규정하는 법률이 그에 관한 보상규정을 두고 있는 경우에는 그에 근거하여 보상청구하면 되나, 공용제한의 경우처럼 법률에 보상규정을 두고 있지 않은 경우 손실보상청구를 할 수 있는지가 헌법 제23조 제3항의 해석과 관련해 문제된다.

2. 학설

① **방침규정설** : 헌법규정은 입법에 대한 방침규정일 뿐이므로, 입법자가 보상규정을 두지 않았으면 손실보상을 청구할 수 없다고 보는 견해이다.

② **직접효력설** : 헌법 제23조 제3항을 직접 근거로 손실보상청구가 가능하다고 보는 견해이다.

③ **위헌무효설** : 헌법 제23조 제3항은 불가분조항이므로 보상규정이 없으면 이에 반하는 위법한 수용인바, 손해배상을 청구해야 한다는 견해이다.

④ **유추적용설** : 헌법 제23조 제1항 및 헌법 제11조에 근거하고, 헌법 제23조 제3항 및 관계규정을 적용하여 손실보상을 청구할 수 있다는 견해이다.

⑤ **보상입법부작위위헌설** : 손실보상을 규정하지 않은 입법부작위가 위헌으로 입법부작위에 대한 헌법소원을 통해 해결해야 한다는 견해이다.

3. 판례

대법원은 시대적 상황에 따라 직접효력설, 유추적용설 등 태도를 달리하고, 헌법재판소는 최근 보상입법의무의 부과를 통해 보상규정이 없는 경우의 문제로 해결책을 제시하고 있다.

4. 검토

헌법 제23조 제3항이 완전보상의 원칙으로 해석되는 정당보상을 규정하고 있고, 국민의 권리구제의 실효성을 위해 직접효력설이 타당하다고 판단된다. 따라서 개발제한구역지정 등과 같은 공용제한의 경우 헌법 제23조 제3항에 직접 근거하여 손실보상이 가능하다고 판단한다.

쟁점 46   손실보상의 기준   B급

I   헌법상 기준

1. 문제점

헌법 제23조 제3항에서는 손실보상의 기준을 '정당한 보상'이라고 규정하고 있으나, 이는 추상적인바 해석이 문제된다.

2. 학설

① 완전보상설은 피침해재산의 객관적 가치와 부대적 손실까지 보상해야 한다는 견해이며, ② 상당보상설은 사회통념상 합당한 보상이면 되고, 합리적 사유가 있으면 하회하여 평가할 수 있다는 견해이다. ③ 절충설은 완전보상을 요하는 경우와 상당보상을 요하는 경우로 나누어 평가하는 견해이다.

3. 판례

대법원은 정당한 보상은 완전한 보상을 의미하고, 피침해재산의 객관적 가치를 완전하게 보상하는 것으로 보상금액뿐만 아니라 보상의 시기·방법 등에 어떠한 제한도 없는 완전한 보상을 의미한다고 판시하고, 헌법재판소도 정당한 보상이란 원칙적으로 피수용자의 객관적 가치를 완전하게 보상하여야 한다고 판시한 바 있다.

4. 검토

보상금액뿐만 아니라 보상의 시기, 방법에 어떠한 제한을 두지 않는 완전보상이 타당하고, 피수용자의 객관적 가치를 완전하게 보상함은 물론 대물적 보상만으로는 보상되지 않는 부분에 대한 생활보상과 공익사업시행지구 밖 간접손실보상까지 잘 행해져야 할 것이다.

II   토지보상법상 기준

1. 시가보상(토지보상법 제67조 제1항)

(1) 의의 및 취지

시가보상이란 협의성립 당시의 가격 및 재결 당시의 가격을 기준으로 보상하는 것을 말한다. 이는 개발이익 배제, 보상액의 공평화, 수용절차의 지연방지 등에 취지가 있다.

(2) 시가보상의 정당성

① 판례

토지 등을 수용함으로 인하여 그 소유자에게 보상하여야 할 손실액은 수용재결 당시의 가격을 기준으로 하여 산정하여야 할 것이고 이와 달리 이의재결일을 그 평가기준일로 하여 보상액을 산정해야 한다는 상고 이유는 받아들일 수 없다고 판시하였다(대판 2008.8.21, 2007두13845).

② 검토

시가보상의 취지가 개발이익 배제, 재산권 상실 당시의 완전보상 구현의 목적, 보상액의 적정성·객관성 도모에 있으므로 협의 당시 또는 재결 당시를 기준으로 보상액을 산정함이 합당하다.

2. 개발이익 배제(토지보상법 제67조 제2항)

(1) 의의 및 취지

개발이익이란 공익사업의 계획 또는 시행이 공고 또는 고시되거나 공익사업의 시행에 따른 절차 등으로 인해 토지소유자의 노력에 관계없이 지가가 상승되어 현저하게 받은 이익으로서 정상지가상승분을 초과하여 증가된 부분을 의미한다. 토지보상법 제67조 제2항에서는 개발이익을 배제하여 보상액을 산정하도록 규정하고 있다.

(2) 개발이익 배제의 필요성(잠재적 손실, 형평의 원리, 주관적 가치)

개발이익은 잠재적 손실로서 보상대상이 아니고, 토지소유자의 노력과 관계없이 발생한 것으로 사회에 귀속되도록 하는 것이 형평의 원리에 부합한다. 또한 개발이익은 공익사업에 의해 발생하므로 수용 당시의 객관적 가치가 아니며, 주관적 가치로서 손실보상에서 배제된다.

(3) 개발이익의 범위

개발이익의 범위에 대해 사회적으로 증가된 이익의 전부인지, 해당 사업으로 인해서 증분된 부분인지가 문제되는데 판례는 해당 사업과 관계없는 다른 사업의 시행으로 인한 개발이익은 이를 배제하지 않는 가격으로 평가해야 한다고 판시한 바 있다.

(4) 현행 토지보상법상의 개발이익 배제제도

적용공시지가 적용, 해당 사업과 무관한 지역의 지가변동률 등의 적용, 그 밖의 요인 보정을 통한 배제방법이 있다.

(5) 개발이익 배제의 위헌성(정당성)

학설은 보상금만으로는 주변 토지의 대토가 어렵다는 문제점을 들어 부정하는 견해, 개발이익은 주관적 가치부여에 지나지 않아 객관적 가치라고 볼 수 없다고 보아 긍정하는 견해가 대립한다. 판례에서는 개발이익은 궁극적으로 국민 모두에게 귀속되어야 할 성질의 것이므로 이는 완전보상의 범위에 포함되는 피수용자의 객관적 가치 내지 피수용자의 손실이라고는 볼 수 없다고 판시하였다. 따라서 이를 배제한다고 하여 완전보상의 원칙에 어긋나는 것은 아니라고 판단된다.

(6) 개발이익 배제의 문제점과 개선안

인근 토지소유자와의 형평성 문제에서 토지초과이득세법이 폐지되고 인근 토지소유자들은 개발이익을 향유하는 것이 형평성에 반한다는 비판이 제기된다. 토지초과이득세법이 위헌이라서 폐지된 것이 아니라 경제사정의 악화를 극복하기 위한 정책적 이유로 폐지되었다는 점을 고려할 때, 공익사업주변지역의 개발이익을 환수하기 위해서는 재도입을 검토할 필요가 있다. 최근 대토보상의 도입은 소유자와 형평성을 완화할 수 있는 발판을 마련한 점에서 긍정적으로 평가할 수 있을 것이다.

3. 공시지가기준보상(토지보상법 제70조 제1항)

(1) 의의 및 취지

토지보상법 제70조 제1항에서는 협의나 재결에 의하여 취득하는 토지에 대하여는 공시지가를 기준으로 하여 보상하되, 그 공시기준일부터 가격시점까지의 관계법령에 따른 그 토지의 이용계획, 해당 공익사업으로 인한 지가의 영향을 받지 아니하는 지역의 지가변동률, 생산자물가상승률, 그 밖에 그 토지의 위치·형상·환경·이용상황 등을 고려하여 평가한 적정가격으로 보상하여야 한다. 이는 개발이익 배제에 취지가 인정된다.

(2) 공시지가기준보상의 정당성

① 문제점

공시지가를 기준으로 하여 보상금을 산정하는 것이 보상방법의 제한인지와 공시지가가 시가에 못 미치는 경우 그러한 공시지가를 기준으로 산정한 보상금액이 정당보상인지가 문제된다.

② 학설

㉠ 공시지가를 기준으로 보상액을 선정하는 것은 보상액 산정방법의 제한이며, 시가에 미치지 못하므로 정당한 보상이 아니라는 견해와, ㉡ 공시지가기준은 개발이익을 배제하는 데에 목적이 있는 것이고, 개발이익은 정당보상에 포함되지 않는 것인바, 정당보상이라는 견해가 대립한다.

③ 판례

㉠ 대법원은 공시지가기준은 개발이익을 배제함을 목적으로 하고 공시지가는 인근 토지의 거래가격 등 제 요소를 종합적으로 고려하여 산정되며, 대상지역의 공고일 당시 객관적 가치를 평가하기 위한 적정성이 인정하므로 정당보상에 위배되지 않는다고 판시한 바 있다.

㉡ 헌법재판소는 공시지가가 적정가격을 반영하지 못하고 있다면, 그것은 제도운영상의 문제이므로 정당보상과 괴리되는 것이 아니라고 판시한 바 있다.

④ 검토

공시지가는 인근 토지의 가격 등 제 요소를 종합적으로 고려한 객관적 가치이고, 개발이익은 주관적 가치이므로 이를 배제하기 위한 공시지가기준보상은 정당보상에 합치된다.

(3) 그 밖의 요인 보정(=기타 요인 보정, 정당보상 실현을 위한 논의)의 정당성

① 문제점

그 밖의 요인이란 토지보상법 제70조의 해석상 토지의 위치·형상·환경·이용상황 등 개별적 요인을 제외한 요인으로서 해당 토지의 가치에 영향을 미치는 사항을 의미한다.

토지보상법상 기타사항을 참작할 수 있다는 규정이 없어 보상액 산정 시 이를 고려할 수 있는지 여부가 문제된다.

② **학설**

㉠ 현 토지보상법에는 기타사항 참작규정이 없다는 점, 공시지가는 적정가격이고 자의성 배제를 위해 기타요인의 참작을 부정하는 견해와, ㉡ 공시지가는 일반적으로 시가에 미달하므로 정당보상이 이루어지기 위하여는 기타사항의 참작이 필요하며, 위치 · 형상 등의 비교항목은 예시규정에 불과하다는 점에서 긍정하는 견해가 대립한다.

③ **판례**

㉠ 판례는 인근 유사토지의 정상거래사례가 있고 그 거래를 참작하는 것으로서 적정한 보상평가에 영향을 미칠 수 있다는 것이 입증된 경우에는 이를 참작할 수 있다고 판시한 바 있다.

㉡ 또한 인근 유사토지의 정상거래사례 외에도 보상선례, 호가, 자연적인 지가상승률 등에 대해 적정한 평가에 영향을 미칠 수 있는 것임이 인정된 때에 한하여 참작할 수 있다고 판시하였다.

④ **검토**

공시지가기준보상이 시가에 미달한다는 점과 완전보상의 실현 및 권리구제를 위해 긍정설이 타당할 것이다.

4. 생활보상의 지향

종래의 대물적 보상제도는 재산권의 가치보장 또는 보상보장을 중시하는 것이었으나, 존속보장에 대한 중요성이 커지고 있다. 따라서 손실보상은 대물적 보상에 의한 재산상태의 확보만으로는 부족하며, 적어도 수용이 없었던 것과 같은 생활재건의 확보를 내용으로 하는 재산권의 존속보장으로서의 생활보상이 되어야 한다.

5. 공익사업시행지구 밖 간접손실보상까지 확대 보상

■ **[대판 2019.11.28, 2018두227[보상금]**

【판시사항】

[1] 공익사업을 위한 토지 등의 취득 및 보상에 관한 법률 시행규칙 제64조 제1항 제2호에서 정한 공익사업시행지구 밖 영업손실보상의 요건인 '공익사업의 시행으로 인한 그 밖의 부득이한 사유로 일정 기간 동안 휴업이 불가피한 경우'에 공익사업의 시행 결과로 휴업이 불가피한 경우가 포함되는지 여부(적극)

[2] 실질적으로 같은 내용의 손해에 관하여 공익사업을 위한 토지 등의 취득 및 보상에 관한 법률 제79조 제2항에 따른 손실보상과 환경정책기본법 제44조 제1항에 따른 손해배상청구권이 동시에 성립하는 경우, 영업자가 두 청구권을 동시에 행사할 수 있는지 여부(소극) 및 '해당 사업의 공사완료일로부터 1년'이라는 손실보상 청구기간이 지나 손실보상청구권을 행사할 수 없는 경우에도 손해배상 청구가 가능한지 여부(적극)

[3] 공익사업으로 인하여 공익사업시행지구 밖에서 영업을 휴업하는 자가 공익사업을 위한 토지 등의 취득 및 보상에 관한 법률 제34조, 제50조 등에 규정된 재결절차를 거치지 않은 채 곧바로 사업시행자를 상대로 공익사업을 위한 토지 등의 취득 및 보상에 관한 법률 시행규칙 제47조 제1항에 따라 영업손실에 대한 보상을 청구할 수 있는지 여부(소극)

[4] 어떤 보상항목이 공익사업을 위한 토지 등의 취득 및 보상에 관한 법령상 손실보상대상에 해당함에도 관할 토지수용위원회가 사실을 오인하거나 법리를 오해함으로써 손실보상대상에 해당하지 않는다고 잘못된 내용의 재결을 한 경우, 피보상자가 제기할 소송과 그 상대방

【판결요지】

[1] 모든 국민의 재산권은 보장되고, 공공필요에 의한 재산권의 수용 등에 대하여는 정당한 보상을 지급하여야 하는 것이 헌법의 대원칙이고(헌법 제23조), 법률도 그런 취지에서 공익사업의 시행 결과 공익사업의 시행이 공익사업시행지구 밖에 미치는 간접손실 등에 대한 보상의 기준 등에 관하여 상세한 규정을 마련해 두거나 하위법령에 세부사항을 정하도록 위임하고 있다.

이러한 공익사업시행지구 밖의 영업손실은 공익사업의 시행과 동시에 발생하는 경우도 있지만, 공익사업에 따른 공공시설의 설치공사 또는 설치된 공공시설의 가동·운영으로 발생하는 경우도 있어 그 발생원인과 발생시점이 다양하므로, 공익사업시행지구 밖의 영업자가 발생한 영업상 손실의 내용을 구체적으로 특정하여 주장하지 않으면 사업시행자로서는 영업손실보상금 지급의무의 존부와 범위를 구체적으로 알기 어려운 특성이 있다. 공익사업을 위한 토지 등의 취득 및 보상에 관한 법률 제79조 제2항에 따른 손실보상의 기한을 공사완료일부터 1년 이내로 제한하면서도 영업자의 청구에 따라 보상이 이루어지도록 규정한 것[공익사업을 위한 토지 등의 취득 및 보상에 관한 법률 시행규칙(이하 '시행규칙'이라 한다) 제64조 제1항]이나 손실보상의 요건으로서 공익사업시행지구 밖에서 발생하는 영업손실의 발생원인에 관하여 별다른 제한 없이 '그 밖의 부득이한 사유'라는 추상적인 일반조항을 규정한 것(시행규칙 제64조 제1항 제2호)은 간접손실로서 영업손실의 이러한 특성을 고려한 결과이다.

위와 같은 공익사업시행지구 밖 영업손실보상의 특성과 헌법이 정한 '정당한 보상의 원칙'에 비추어 보면, 공익사업시행지구 밖 영업손실보상의 요건인 '공익사업의 시행으로 인한 그 밖의 부득이한 사유로 일정 기간 동안 휴업이 불가피한 경우'란 공익사업의 시행 또는 시행 당시 발생한 사유로 휴업이 불가피한 경우만을 의미하는 것이 아니라 공익사업의 시행 결과, 즉 그 공익사업의 시행으로 설치되는 시설의 형태·구조·사용 등에 기인하여 휴업이 불가피한 경우도 포함된다고 해석함이 타당하다.

[2] 공익사업을 위한 토지 등의 취득 및 보상에 관한 법률(이하 '토지보상법'이라 한다) 제79조 제2항(그 밖의 토지에 관한 비용보상 등)에 따른 손실보상과 환경정책기본법 제44조 제1항(환경오염의 피해에 대한 무과실책임)에 따른 손해배상은 근거 규정과 요건·효과를 달리하는 것으로서, 각 요건이 충족되면 성립하는 별개의 청구권이다. 다만 손실보상청구권에는 이미 '손해 전보'라는 요소가 포함되어 있어 실질적으로 같은 내용의 손해에 관하여 양자의 청구권을 동시에 행사할 수 있다고 본다면 이중배상의 문제가 발생하므로, 실질적으로 같은 내용의 손해에 관하여 양자의 청구권이 동시에 성립하더라도 영업자는 어느 하나만을 선택적으로 행사할 수 있을 뿐이고, 양자의 청구권을 동시에 행사할 수는 없다. 또한 '해당 사업의 공사완료일로부터 1년'이라는 손실보상 청구기간(토지보상법 제79조 제5항, 제73조 제2항)이 도과하여 손실보상청구권을 더 이상 행사할 수 없는 경우에도 손해배상의 요건이 충족되는 이상 여전히 손해배상청구는 가능하다.

[3] 공익사업을 위한 토지 등의 취득 및 보상에 관한 법률(이하 '토지보상법'이라 한다) 제26조, 제28조, 제30조, 제34조, 제50조, 제61조, 제79조, 제80조, 제83조 내지 제85조의 규정 내용과 입법 취지 등을 종합하면, 공익사업으로 인하여 공익사업시행지구 밖에서 영업을 휴업하는 자가 사업시행자로 부터 공익사업을 위한 토지 등의 취득 및 보상에 관한 법률 시행규칙 제47조 제1항에 따라 영업손 실에 대한 보상을 받기 위해서는, 토지보상법 제34조, 제50조 등에 규정된 재결절차를 거친 다음 그 재결에 대하여 불복이 있는 때에 비로소 토지보상법 제83조 내지 제85조에 따라 권리구제를 받 을 수 있을 뿐이다. 이러한 재결절차를 거치지 않은 채 곧바로 사업시행자를 상대로 손실보상을 청 구하는 것은 허용되지 않는다.

[4] 어떤 보상항목이 공익사업을 위한 토지 등의 취득 및 보상에 관한 법령상 손실보상대상에 해당함에 도 관할 토지수용위원회가 사실을 오인하거나 법리를 오해함으로써 손실보상대상에 해당하지 않는 다고 잘못된 내용의 재결을 한 경우에는, 피보상자는 관할 토지수용위원회를 상대로 그 재결에 대 한 취소소송을 제기할 것이 아니라, 사업시행자를 상대로 공익사업을 위한 토지 등의 취득 및 보상 에 관한 법률 제85조 제2항에 따른 보상금증감소송을 제기하여야 한다.

쟁점 47 손실보상의 원칙[사/전/현/개/일/상/시/개/복/채] B급

Ⅰ 사업시행자 보상의 원칙(토지보상법 제61조)

공익사업에 필요한 토지 등의 취득 또는 사용으로 인하여 토지소유자나 관계인이 입은 손실은 사업시행자가 보상하여야 한다.

Ⅱ 사전보상의 원칙(토지보상법 제62조)

1. 의의

사업시행자는 해당 공익사업을 위한 공사에 착수하기 이전에 토지소유자와 관계인에게 보상액 전액을 지급하여야 한다. 다만 천재지변 시 토지 사용과 시급한 토지의 사용의 경우 또는 토지 소유자 및 관계인의 승낙이 있는 경우에는 그러하지 아니하다.

2. 사전보상의 원칙을 보장하기 위한 제도(토지보상법 제42조)

현행법은 사업시행자가 수용 또는 사용의 개시일까지 관할 토지수용위원회가 재결한 보상금을 지급하도록 하고, 수용 또는 사용의 개시일까지 재결한 보상금을 지급 또는 공탁하지 않았을 경우 재결의 효력이 상실되도록 함으로써 사전보상의 원칙을 보장하고 있다.

Ⅲ 현금보상의 원칙(토지보상법 제63조 제1항)

1. 의의 및 취지

손실보상은 다른 법률에 특별한 규정이 있는 경우를 제외하고는 현금으로 지급하여야 한다는 것으로, 이는 자유로운 유통보장과 객관적인 가치 변동이 적어 완전한 보상의 실현이 가능함에 취지가 인정된다.

2. 채권보상

① 채권보상의 의의 및 취지

채권보상은 현금보상의 예외로서 채권으로 하는 손실보상으로, 이는 과도한 투기자금의 공급을 방지하고 사업시행자의 유동성 확보에 취지가 인정된다.

② 채권보상의 요건

㉠ 임의적 채권보상(토지보상법 제63조 제7항)

사업시행자가 국가, 지방자치단체, 공공기관 및 공공단체가 되어야 하며 ㉮ 토지소유자 또는 관계인이 원하는 경우, ㉯ 부재부동산 소유자의 토지 중 보상금이 1억원을 초과하는 경우 그 초과금액에 대하여 사업시행자가 발행하는 채권으로 보상할 수 있다.

㉡ 의무적 채권보상(토지보상법 제63조 제8항)

토지투기가 우려되는 지역에서 택지개발사업, 산업단지개발사업 등의 공익사업을 시행하는 자 중 대통령령으로 정하는 공공기관 및 공공단체는 부재부동산 소유자의 토지에 대한 보상금 중 1억원을 초과하는 금액에 대하여 채권으로 지급하여야 한다.

③ 채권보상의 헌법적 평가

  ㉠ 문제점

  채권보상이 보상방법을 제한하고 부재부동산 소유자에게 채권보상을 강제함이 헌법상 평등원칙에 위배될 수 있다는 문제가 제기되고 있다.

  ㉡ 학설

  ㉮ 채권보상은 사실상 사후보상이며, 보상방법의 제한으로 정당보상에 위배되며, 부재부동산 소유자의 경우 채권보상이 강제적이어서 평등원칙에 반하므로 위헌이라는 견해와, ㉯ 통상적인 수익만 보장되면 사후보상이라도 정당보상으로 볼 수 있으며, 부재부동산 소유자는 통상의 소유자와 달리 거주의 목적이 없으므로 차별에 합리적인 이유가 있으므로 합헌이라는 견해가 대립한다.

  ㉢ 검토

  국가의 재정확보나 국고증진목적 등 공익만을 위하여 채권보상하는 것은 허용할 수 없으나, 투기의 방지, 원활한 사업을 위해 채권보상이 가능함이 타당할 것이다. 단, 채권보상을 허용하는 요건을 엄격히 하여 적용하고 이율 등을 현실화하여 사유재산권 보장과 조화를 이룰 수 있도록 하여야 할 것이다.

3. 대토보상

① 의의 및 취지

현금보상원칙의 예외로서 공익사업으로 조성된 토지로 보상하는 것을 말한다. 이는 개발이익 일정부분을 공유하고, 인근 부동산 가격의 상승을 억제함에 취지가 인정된다.

② 대토보상의 요건

대지분할 제한면적 이상의 토지를 사업시행자에게 양도한 토지소유자가 원하는 경우로서 토지이용계획 및 사업계획을 고려하여 토지를 보상하는 것이 가능한 경우이다. 대상자 경합 시에는 부재부동산 소유자가 아닌 자로서 스스로 원하여 채권보상을 받는 자에게 우선하여 토지를 보상하고 그 외에는 사업시행자가 정하여 공고한다.

Ⅳ 개인별 보상의 원칙(토지보상법 제64조)

토지소유자 및 관계인에게 개인별로 보상한다. 다만, 개인별로 보상액을 산정할 수 없는 때에는 그러하지 아니한다.

Ⅴ 일괄보상의 원칙(토지보상법 제65조)

사업시행자는 동일한 사업지역에 보상시기를 달리하는 동일인 소유의 토지 등이 여러 개 있는 경우 토지소유자나 관계인이 요구할 때에는 한꺼번에 보상금을 지급하여야 한다.

Ⅵ 사업시행이익과의 상계금지(토지보상법 제66조)

사업시행자는 동일한 소유자에게 속하는 일단의 토지의 일부를 취득하거나 사용하는 경우 해당 공익사업의 시행으로 인하여 잔여지의 가격이 증가하거나 그 밖의 이익이 발생하는 경우에도 그 이익을 취득 또는 사용으로 인한 손실과 상계할 수 없다. 잔여지의 개발이익은 별도의 방법으로 환수할 성질의 것이다.

Ⅶ 시가보상의 원칙(토지보상법 제67조 제1항)

보상액의 산정은 협의에 의한 경우에는 협의성립 당시의 가격을, 재결에 의한 경우에는 수용 또는 사용의 재결 당시의 가격을 기준으로 한다.

Ⅷ 개발이익 배제의 원칙(토지보상법 제67조 제2항)

보상액을 산정할 경우에 해당 공익사업으로 인하여 토지 등의 가격이 변동되었을 때에는 이를 고려하지 아니한다. 즉, 토지소유자의 노력과 상관없는 정상지가의 초과 상승분은 배제한다.

Ⅸ 복수평가의 원칙(토지보상법 제68조 제1항)

사업시행자는 토지 등에 대한 보상액을 산정하려는 경우에는 감정평가법인등 3인(감정평가법인등을 추천하지 아니하는 경우에는 2인)을 선정하여 토지 등의 평가를 의뢰하여야 한다. 다만, 사업시행자가 국토교통부령으로 정하는 기준에 따라 직접 보상액을 산정할 수 있을 때에는 그러하지 아니하다.

Ⅹ 보상채권의 발행 원칙(토지보상법 제69조)

국가는 「도로법」에 따른 도로공사, 「산업입지 및 개발에 관한 법률」에 따른 산업단지개발사업, 「철도의 건설 및 철도시설 유지관리에 관한 법률」에 따른 철도의 건설사업, 「항만법」에 따른 항만개발사업, 그 밖에 대통령령으로 정하는 공익사업을 위한 토지등의 취득 또는 사용으로 인하여 토지소유자 및 관계인이 입은 손실을 보상하기 위하여 제63조 제7항에 따라 채권으로 지급하는 경우에는 일반회계 또는 교통시설특별회계의 부담으로 보상채권을 발행할 수 있다. 보상채권은 중앙행정기관의 장의 요청으로 기획재정부장관이 발행하고, 보상채권을 발행하려는 경우에는 회계별로 국회의 의결을 받아야 한다.

쟁점 48 | 손실보상의 내용   B급

I 손실보상의 내용과 종류

복지국가의 요청에 따라 공공성 개념이 확대되고 대규모 공익사업이 시행됨에 따라 침해되는 재산권이 다양해지고 새로운 유형의 손실이 발생하게 되었다. 이에 따라 헌법상 정당보상의 범주에는 재산권 보상, 생활보상, 공익사업시행지구 밖 간접손실보상 등을 들 수 있다.

II 재산권 보상

1. 재산권 보상의 의의

재산권 보상이란 피침해자산의 손실에 대한 객관적인 가치의 보상과 공용침해로 필연적으로 발생된 부대적 손실에 대한 보상을 의미한다.

2. 피침해자산의 객관적 가치보상

(1) 토지

토지의 취득 또는 사용으로 인한 토지의 재산권적 가치에 대한 보상을 의미한다. 토지보상법 제70조, 제71조에서 구체적 보상액 산정기준을 마련하고 있다.

(2) 토지 이외의 재산권 보장

지상물건 보상으로 토지상의 건물, 공작물, 입목에 대한 보상(제75조 제1항)과 농작물에 대한 보상(제75조 제2항), 권리에 대한 보상(제76조), 잔여지에 대한 가치하락보상(제73조), 잔여 건축물에 대한 가치하락보상(제75조의2)이 있다.

3. 부대적 손실의 보상

(1) 의의

부대적 손실이란 수용, 사용의 직접적인 목적물은 아니나 공익사업의 시행을 위하여 목적물을 취득함으로써 피수용자에게 미치는 필연적 손실을 의미한다. 이는 실비변상적 보상과 일실손실보상으로 구분할 수 있다.

(2) 실비변상적 보상

재산권의 상실·이전 등에 따라 비용의 지출을 요하는 경우에 그 비용을 보상하는 것을 말한다. 토지보상법상의 건축물 등의 이전비 보상(제75조 제1항), 분묘의 이장비 보상(제75조 제4항), 잔여지 공사비 보상(제73조) 등은 그 예이다.

(3) 일실손실보상

재산권 수용에 부대하여 사업을 폐지, 휴업하게 되는 경우 발생하는 기대이익의 상실에 대한 보상을 의미하는 것으로 영업손실보상(제77조 제1항), 농업손실보상(제77조 제2항) 등은 그 예이다.

Ⅲ **생활보상**

1. 의의 및 취지

생활보상이란 사업의 시행으로 생활의 근거를 상실하게 되는 피수용자의 생활재건을 위한 보상을 말한다. 이는 생활의 근거를 상실한 자에게 인간다운 생활을 할 수 있도록 마련한 제도이다.

2. 생활보상의 근거

(1) 이론적 근거

재산권 보장과 법의 목적인 정의·공평의 원칙 및 생존권 보장 등을 종합적으로 그 이론적 근거로 파악하는 것이 타당하다.

(2) 헌법적 근거

① 문제점

생활보상의 헌법적 근거에 대하여 다양한 견해가 있으며, 이들의 논의실익은 생활보상을 헌법상의 정당한 보상의 범위에 포함시킬 것인가의 여부에 있다.

② 학설

㉠ 헌법 제23조 제3항을 근거로 보는 정당보상설, ㉡ 헌법 제34조에 근거하는 생존권설, ㉢ 헌법 제23조와 제34조를 동시에 근거하는 것으로 보는 통일설이 있다.

③ 판례

대법원은 이주대책을 생활보상의 일환으로 보면서도 국가의 적극적이고 정책적인 배려에 의하여 마련된 제도라고 하며, 세입자에 대한 주거이전비와 이사비를 사회보장적인 차원에서 지급하는 금원의 성격을 갖는다고 하여 헌법 제34조설(생존권설)에 입각하고 있다.

④ 검토

정당보상은 대물보상뿐만 아니라 생활보상까지 포함하는 것으로 확대되고 있는 점에 비추어 통일설이 타당하다.

(3) 개별법적 근거

생활보상에 관한 일반적·직접적 규정은 없으며, 토지보상법 제78조(이주대책의 수립) 및 산업기지개발촉진법 등에서 단편적으로 규정하고 있다.

3. 생활보상의 성격 및 특색

생활보장은 존속보장적 측면과 원상회복적 성격을 갖는다. 또한 생활보상은 대물보상에 비해 확장성을 갖고, 객관적 성격이 강하며, 최종단계의 보상성을 갖는다.

4. 생활보상의 내용

(1) 주거의 총체가치의 보상

주거의 총체가치를 보상하기 위한 방법으로 비준가격 특례, 주거용 건물의 최저보상액, 재편입가산금, 주거이전비 등이 있다.

(2) 생활재건조치

생활재건조치는 구체적으로 이주대책의 수립·실시, 대체지 알선, 공영주택의 알선, 직업훈련, 고용 또는 알선, 보상금에 대한 조세의 감면조치 등이 있다.

(3) 소수잔존자보상

잔존자의 생활환경이 불편하게 됨으로써 이주가 불가피하게 되는 경우에 그 비용을 보상하는 것으로써, 이전비, 이사비, 이농비, 실농보상, 실어보상 등이 있다.

(4) 영업용·상업용 부동산에 대한 생활대책 보상 확대

공익사업을 위한 토지 등의 취득 및 보상에 관한 법률은 제78조 제1항에서 "사업시행자는 공익사업의 시행으로 인하여 주거용 건축물을 제공함에 따라 생활의 근거를 상실하게 되는 자(이하 '이주대책대상자'라 한다)를 위하여 대통령령으로 정하는 바에 따라 이주대책을 수립·실시하거나 이주정착금을 지급하여야 한다."고 규정하고 있을 뿐, 생활대책용지의 공급과 같이 공익사업 시행 이전과 같은 경제수준을 유지할 수 있도록 하는 내용의 생활대책에 관한 분명한 근거 규정을 두고 있지는 않으나, 사업시행자 스스로 공익사업의 원활한 시행을 위하여 필요하다고 인정함으로써 생활대책을 수립·실시할 수 있도록 하는 내부규정을 두고 있고 내부규정에 따라 생활대책대상자 선정기준을 마련하여 생활대책을 수립·실시하는 경우에는, 이러한 생활대책 역시 "공공필요에 의한 재산권의 수용·사용 또는 제한 및 그에 대한 보상은 법률로써 하되, 정당한 보상을 지급하여야 한다."고 규정하고 있는 헌법 제23조 제3항에 따른 정당한 보상에 포함되는 것으로 보아야 한다. 따라서 이러한 생활대책대상자 선정기준에 해당하는 자는 사업시행자에게 생활대책대상자 선정 여부의 확인·결정을 신청할 수 있는 권리를 가지는 것이어서, 만일 사업시행자가 그러한 자를 생활대책대상자에서 제외하거나 선정을 거부하면, 이러한 생활대책대상자 선정기준에 해당하는 자는 사업시행자를 상대로 항고소송을 제기할 수 있다고 보는 것이 타당하다(대판 2011.10.13, 2008두17905).

생활보상의 종류 중 이주대책, 주거이전비에 대하여는 상세히 후술하도록 한다.

5. 생활보상의 한계

생활보상에 대한 개별법률 간의 내용이 달라 형평성 문제가 존재한다. 세입자를 이주대책대상자에서 제외하고 있어 실질적인 경제적 약자에 대한 배려가 미흡한 한계가 있으며, 생활보상의 취지에 맞추어 이주자가 종전 생활상태를 유지할 수 있도록 하기 위해서는 주거대책과 더불어 생활대책이 병행될 필요가 있다고 판단된다. 또한 개별법률 간의 통일적 규정의 정비가 요구된다.

6. 결

최근 복지국가 이념의 도입과 대물적 보상의 한계를 보완하여 생활보상 및 간접보상에 대한 중요성이 증대되고 있는 실정이다. 헌법상 완전보상을 실현하기 위해 생활보상 및 간접보상에 대한 체계적 입법이 필요하다고 판단된다.

Ⅳ 간접손실보상(쟁점 56에서 후술)

쟁점 49 생활보상 B급

I 생활보상의 의의 및 취지

생활보상이란 피수용자가 종전과 같은 생활을 유지할 수 있도록 실질적으로 보장하는 보상을 말한다. 생활보상은 생활재건을 위한 조치로서 재산권에 대한 금전보상의 한계를 극복하기 위해 등장하였고, 인간다운 생활을 보장하기 위한 제도적 취지이다. 일부 학자는 생활보상에 대응하여 생활권보상이라고 칭하기도 한다.

II 생활보상의 근거

1. 문제점

생활보상이 헌법 제23조 재산권 보장의 근거를 가지고 있는 정당보상의 관점인 것인지, 아니면 헌법 제34조 인간다운 생활을 보장하기 위한 생존권적 관점인 것인지, 아니면 헌법 제23조와 제34조를 모두 반영한 것인지 학설의 대립이 있다.

2. 학설의 태도

① **정당보상설** : 생활보상은 재산권 보장 원칙에서 파생된 개념으로, 헌법 제23조 제3항의 "정당한 보상"에 포함된다고 보는 입장이다. 재산적 가치 외에도, 주거 이전이나 환경 변화로 인한 생활 수준 하락이 포함되어야 한다고 주장하는 견해이다.

② **생존권설** : 헌법 제34조에 따라, 국가가 모든 국민에게 인간다운 생활을 보장해야 한다는 사회적 기본권 관점에서 접근하고, 재산권 보상 외에도, 삶의 질 및 안정적인 생활 유지를 위한 보상이 필요하다고 보는 견해이다.

③ **헌법 제23조 및 제34조 통일설** : 생활보상의 근거를 헌법 제23조 제3항과 제34조 제1항에서 찾는 견해로, 생활보상이라는 것은 재산권보상을 중심으로 보상해야 하지만 인간다운 생활을 보장하는 생활보상을 지향하는 것으로 보는 견해이다.

3. 판례의 태도

① 공익사업을 위한 토지 등의 취득 및 보상에 관한 법률(이하 '공익사업법'이라 한다)에 의한 이주대책제도는, 공익사업 시행으로 생활근거를 상실하게 되는 자에게 종전의 생활상태를 원상으로 회복시키면서 동시에 인간다운 생활을 보장하여 주기 위한 이른바 생활보상의 일환으로 국가의 적극적이고 정책적인 배려에 의하여 마련된 제도로서 건물 및 부속물에 대한 손실보상 외에는 별도의 보상이 이루어지지 않는 주거용 건축물의 철거에 따른 생활보상적 측면이 있다(대판 2010두26216).

② 구 토지보상법 제2조 제2호는 "공익사업이라 함은 제4조 각 호의 어느 하나에 해당하는 사업을 말한다."라고 정의하고 있고, 제4조는 제1호 내지 제6호에서 국방·군사에 관한 사업 등 구체적인 공익사업의 종류나 내용을 열거한 다음, 제7호에서 "그 밖에 다른 법률에 의하

여 토지 등을 수용 또는 사용할 수 있는 사업"이라고 규정하고 있다. 위와 같은 각 규정의 내용을 종합하면, 이주대책대상자에 해당하기 위해서는 구 토지보상법 제4조 각 호의 어느 하나에 해당하는 공익사업의 시행으로 인하여 수거용 선숙불을 제공함에 따라 생활의 근거를 상실하게 되어야 한다(대판 2017다278668).

③ '생업의 근거를 상실하게 된 자에 대하여 일정 규모의 상업용지 또는 상가분양권 등을 공급하는' 생활대책은 헌법 제23조 제3항에 규정된 정당한 보상에 포함되는 것이라기보다는 생활보상의 일환으로서 국가의 정책적인 배려에 의하여 마련된 제도이므로, 그 실시 여부는 입법자의 입법정책적 재량의 영역에 속한다(헌재 2012헌바71).

4. 검토

헌법 제23조에서 말하는 완전보상을 피수용자가 종전과 같은 생활을 유지하도록 하는 보상을 의미한다고 본다면 재산권보상으로 메꾸어지지 않는 부분은 생활보상을 함으로써 완전한 보상에 도달한다고 볼 수 있다. 토지보상법에서도 재산권 보상뿐만 아니라 동법 제78조와 동법 시행규칙 제54조에서 주거이전비를 규정하여 보상함으로써 헌법 제23조와 제34조 통일설이 타당하다고 판단된다.

Ⅲ 생활보상의 대상과 내용

1. 생활보상의 대상

① **최광의설** : 생활보상을 객관적 가치 및 부대적 가치 손실과 생활함으로 누리던 이익에 대한 보상을 모두 포함한다. 즉 직접적으로 생활의 근거를 상실한 사람뿐 아니라, 간접적으로 영향을 받은 사람까지 포함하여 보상을 확대하려는 견해이다. 사회적 약자의 보호를 중시하며, 생활권 침해의 범위를 최대한 넓게 인정한다.

② **광의설** : 공익사업 시행으로 인해 직접적인 생활근거를 상실한 사람들과 그리고 이와 밀접하게 연관된 생활권 침해를 받은 일부 간접 피해자들을 보상해야 한다는 견해이다. 보상범위를 합리적으로 설정하려고 하며, 공익사업과 개인의 권리 보호 간의 균형을 추구한다.

③ **협의설** : 해당 지역에서 생활함으로써 사실상 누려왔던 이익에 대한 보상을 생활보상으로 보는 견해이다. 공익사업 시행으로 인해 직접적으로 생활의 근거를 상실한 사람들에 국한하며, 간접적 피해자나 관련 없는 제3자는 포함되지 않는다. 공익사업의 효율적인 추진을 우선하며, 보상범위를 엄격히 제한한다.

④ **검토** : 현행 법 체계에서는 주로 광의설에 근거하여 생활보상 범위를 해석하고 적용하는 경향이 있다. 다만, 생활보상이 실질적으로 실행되려면 법적 근거를 가지고 해야 하기 때문에 생활보상의 범위를 가장 좁게 해석하는 것이 국민의 권익구제에 보다 더 합리적인바 협의설로 보는 것이 타당하다고 판단된다.

2. 생활보상의 내용

① 생활보상의 일반적 내용에는 주거의 총체적 가치보상, 생활재건조치, 소수잔존자보상 등이 있다.

② 토지보상법령에서 구체적으로 이주대책, 이주정착금, 이사비, 주거이전비, 영업손실보상, 생활대책보상(농업, 영업, 어업 등), 임대주택지원, 교육비 및 기타지원 내용이 있다.

쟁점 50   이주대책 개관   A급

I   이주대책의 의의

이주대책이란 공익사업의 시행으로 인하여 주거용 건축물을 제공함에 따라 생활의 근거를 상실하게 되는 자에 대하여 사업시행자가 대지를 조성하거나, 주택을 건설하여 공급하는 것을 말한다.

> **■ 이주대책수립실시의무는 강행규정**
>
> 공익사업을 위한 토지 등의 취득 및 보상에 관한 법률(2007.10.17. 법률 제8665호로 개정되기 전의 것, 이하 '구 공익사업법'이라 한다)은 공익사업에 필요한 토지 등을 협의 또는 수용에 의하여 취득하거나 사용함에 따른 손실 보상에 관한 사항을 규정함으로써 공익사업의 효율적인 수행을 통하여 공공복리의 증진과 재산권의 적정한 보호를 도모함을 목적으로 하고 있고, 위 법에 의한 이주대책은 공익사업의 시행에 필요한 토지 등을 제공함으로 인하여 생활의 근거를 상실하게 되는 이주대책대상자들에게 종전 생활상태를 원상으로 회복시키면서 동시에 인간다운 생활을 보장하여 주기 위하여 마련된 제도이므로, 사업시행자의 이주대책 수립·실시의무를 정하고 있는 구 공익사업법 제78조 제1항은 물론 이주대책의 내용에 관하여 규정하고 있는 같은 조 제4항 본문 역시 당사자의 합의 또는 사업시행자의 재량에 의하여 적용을 배제할 수 없는 강행법규이다(대판 2011.6.23. 2007다63089·63096 全合).

II   이주대책의 근거

1. 이론적 근거

재산권 침해의 대물적 보상의 한계로 메워지지 않는 생활권 침해에 대한 보상이며, 생활보상의 일환으로 국가의 적극적이고 정책적인 배려에 의해 마련된 제도이다.

2. 헌법상 근거

이주대책의 헌법상 근거로는 생활보상의 헌법적 근거를 어떻게 보느냐에 따라 헌법 제34조(생존권설), 헌법 제34조 및 제23조 제3항(통일설)이 근거가 된다. 생활보상의 헌법적 근거에 대해서는 전술한 바와 같이 통일설의 입장에서 정책적 배려로 마련된 생활보상의 일환으로 보는 것이 타당하다.

3. 개별법상 근거

개별법상 근거로는 토지보상법 제78조와 제78조의2 등이 있으며, 그 외에도 도시철도법 등 다수의 법률이 이를 규정하고 있다.

III   이주대책의 요건 및 절차

1. 이주대책의 수립요건

토지보상법 시행령 제40조 제2항에서는 ① 이주정착지를 위한 조성토지가 없는 경우, ② 비용이 과다한 경우를 제외하고는 ③ 이주대책 대상이 10호 이상이 된다면 이주대책을 수립하도록 하고 있다.

2. 이주대책의 절차

사업시행자는 해당 지역자치단체와 협의하여 이주대책 계획을 수립하고 이주대책대상자에게
통시한 후, 이주대책의 신청 및 대상자확인결정을 통하여 분양절차를 마무리하게 된다.

3. 이주대책 대상자 요건(토지보상법 시행령 제40조 제5항)

(1) 주거용

㉠ 무허가건축물 등 소유자(89.1.23. 이전 무허가건축물 소유자는 이주대책대상자에 포
함), ㉡ 고시 등이 있은 날부터 계약체결일 또는 수용재결일까지 계속하여 거주하고 있지
않는 건축물의 소유자, ㉢ 타인소유건축물에 거주하고 있는 세입자는 이주대책대상자에서
제외된다.

(2) 공장용

사업시행자는 대통령령으로 정하는 공익사업의 시행으로 인하여 공장부지가 협의 양도되
거나 수용됨에 따라 더 이상 해당 지역에서 공장을 가동할 수 없게 된 자가 희망하는 경우
인근 산업단지에의 입주 등 이주대책에 관한 계획을 수립하여야 한다.

4. 이주대책대상자의 법적 지위

① 법상 이주대책대상자의 이주대책계획수립청구권(이하 별도 논의함)

토지보상법 시행령 제40조 제5항은 법상 예외가 인정되고 있는 경우를 제외하고는 사업시
행자에게 이주대책을 실시할 의무를 부여하고 있다고 보아야 하고 최근 전원합의체 판결에
서는 이주대책의 수립·실시의무를 강행규정으로 보고 있다. 법상의 이주대책대상자가 이
주대책계획의 수립을 청구하였음에도 불구하고 사업시행자가 이주대책을 수립하지 않은
경우에는 의무이행심판 또는 부작위위법확인소송을 제기할 수 있고, 이주대책을 거부한 경
우에는 의무이행심판 또는 거부처분취소소송을 제기할 수 있다고 보아야 한다.

② 법상 이주대책대상자가 아닌 자

사업시행자는 법상 이주대책대상자가 아닌 자도 시혜적으로 이주대책대상자에 포함시킬
수 있다. 이주대책의 수립에 의해 이주대책대상자에 포함된 세입자 등은 영구임대주택 입
주권 등 이주대책을 청구할 권리를 가지며 이를 거부한 것은 거부처분이 된다.

Ⅳ 이주대책의 내용

1. 주거용

(1) 이주대책 내용 결정의 재량권

이주대책의 내용에 사업시행자의 재량이 인정된다고 봄이 다수견해이며, 판례도 '사업시행
자는 특별공급주택의 수량, 특별공급대상자의 선정 등에 있어 재량을 가진다.'고 판시한
바 있다(대판 2007.2.22, 2004두7481). 대법원 2009.3.12, 2008두12610 판례에서는
사업시행자는 이주대책기준을 정하여 이주대책을 수립·실시하여야 할 자를 선정하여, 그

들에게 공급할 택지 또는 주택의 내용이나 수량을 정할 수 있고, 이를 정하는 데 재량을 가지므로, 이를 위해 사업시행자가 설정한 기준은 그것이 객관적으로 합리적이 아니라거나 타당하지 않다고 볼 만한 다른 특별한 사정이 없는 한 존중되어야 한다고 판시하였다. 이처럼 대법원은 일관되게 사업시행자가 이주대책의 내용 결정에 재량을 갖는다는 입장을 취하고 있다.

이주대책의 방법은 새로운 이주정착지를 조성해 주는 방법, 특별공급으로 아파트 입주권과 택지분양권을 주는 방법, 10호 미만 등 요건을 충족하지 못해 이주정착금을 주는 방법 등이 있는데 이하에서 구체적으로 살펴본다.

(2) 이주정착지 조성(토지보상법 제78조 제1항 및 제4항)

사업시행자는 공익사업의 시행으로 인하여 주거용 건축물을 제공함에 따라 생활의 근거를 상실하게 되는 자를 위하여 이주정착지를 조성하여야 한다(제1항). 이 경우, 이주정착지에 대한 도로, 급수시설, 배수시설, 그 밖의 공공시설 등 통상적인 수준의 생활기본시설이 포함되어야 하며, 이에 필요한 비용은 사업시행자가 부담한다(제4항). 다만, 행정청이 아닌 사업시행자가 이주대책을 수립·실시하는 경우에 지방자치단체는 비용의 일부를 보조할 수 있다.

(3) 특별공급(시행령 제40조 제2항 단서)

사업시행자가 「택지개발촉진법」 또는 「주택법」 등 관계법령에 따라 이주대책대상자에게 택지 또는 주택을 공급한 경우(사업시행자의 알선에 의하여 공급한 경우를 포함)에 이주대책을 수립·실시한 것으로 본다.

(4) 이주정착금의 지급(시행령 제41조)

사업시행자는 이주대책을 수립·실시하지 아니하는 경우 및 이주대책대상자가 이주정착지가 아닌 다른 지역으로 이주하려는 경우에는 이주정착금을 지급하여야 한다. 이주정착금은 보상대상인 주거용 건축물에 대한 평가액의 30퍼센트에 해당하는 금액으로 하되, 그 금액이 1천2백만원 미만인 경우에는 1천2백만원으로 하고, 2천4백만원을 초과하는 경우에는 2천4백만원으로 한다(시행규칙 제53조 제2항)(최근 이주정착금에 대한 규정이 전면 개정되었음).

2. 공장용

해당 공익사업지구 인근에 기개발된 산업단지에의 우선분양 알선, 해당 공익사업지역 인근 지역에 해당 사업자가 공장이주대책을 위한 별도의 산업단지를 조성하는 경우 그 산업단지의 조성 및 입주계획, 해당 공익사업지역 안에 조성되는 공공용지의 우선분양 등의 요건이 포함되어 있다.

3. 이주대책 관련 최신 중요 판례 정리

① 이주대책대상자 확인결정은 처분이고 쟁송은 항고쟁송이다.

■ 대판 2014.2.27, 2013두10885[일반분양이주택지결정무효확인]

【판시사항】

공익사업을 위한 토지 등의 취득 및 보상에 관한 법률상의 공익사업시행자가 하는 이주대책대상자 확인·결정의 법적 성질(= 행정처분)과 이에 대한 쟁송방법(= 항고소송)

【판결요지】

공익사업을 위한 토지 등의 취득 및 보상에 관한 법률상의 공익사업시행자가 하는 이주대책대상자 확인·결정은 구체적인 이주대책상의 수분양권을 부여하는 요건이 되는 행정작용으로서의 처분이지 이를 단순히 절차상의 필요에 따른 사실행위에 불과한 것으로 평가할 수는 없다. 따라서 수분양권의 취득을 희망하는 이주자가 소정의 절차에 따라 이주대책대상자 선정신청을 한 데 대하여 사업시행자가 이주대책대상자가 아니라고 하여 위 확인·결정 등의 처분을 하지 않고 이를 제외시키거나 거부조치한 경우에는, 이주자로서는 사업시행자를 상대로 항고소송에 의하여 제외처분이나 거부처분의 취소를 구할 수 있다. 나아가 이주대책의 종류가 달라 각 그 보장하는 내용에 차등이 있는 경우 이주자의 희망에도 불구하고 사업시행자가 요건 미달 등을 이유로 그중 더 이익이 되는 내용의 이주대책대상자로 선정하지 않았다면 이 또한 이주자의 권리의무에 직접적 변동을 초래하는 행위로서 항고소송의 대상이 된다.

② 이주대책 대상자 제외 처분 1차 결정은 처분으로 보고, 2차 결정은 처분으로 보지 않은 경우 – 2차 결정도 처분으로 본 판례

■ 대판 2021.1.14, 2020두50324[이주대책대상자제외처분취소]

【판시사항】

[1] 행정청의 행위가 항고소송의 대상이 될 수 있는지 결정하는 방법 및 행정청의 행위가 '처분'에 해당하는지 불분명한 경우, 이를 판단하는 방법

[2] 수익적 행정처분을 구하는 신청에 대한 거부처분이 있은 후 당사자가 새로운 신청을 하는 취지로 다시 신청을 하였으나 행정청이 이를 다시 거절한 경우, 새로운 거부처분인지 여부(적극)

【판결요지】

[1] 항고소송의 대상인 '처분'이란 "행정청이 행하는 구체적 사실에 관한 법집행으로서의 공권력의 행사 또는 그 거부와 그 밖에 이에 준하는 행정작용"(행정소송법 제2조 제1항 제1호)을 말한다. 행정청의 행위가 항고소송의 대상이 될 수 있는지는 추상적·일반적으로 결정할 수 없고, 구체적인 경우에 관련 법령의 내용과 취지, 그 행위의 주체·내용·형식·절차, 그 행위와 상대방 등 이해관계인이 입는 불이익 사이의 실질적 견련성, 법치행정의 원리와 그 행위에 관련된 행정청이나 이해관계인의 태도 등을 고려하여 개별적으로 결정하여야 한다. 행정청의 행위가 '처분'에 해당하는지 불분명한 경우에는 그에 대한 불복방법 선택에 중대한 이해관계를 가지는 상대방의 인식가능성과 예측가능성을 중요하게 고려하여 규범적으로 판단하여야 한다.

[2] 수익적 행정처분을 구하는 신청에 대한 거부처분은 당사자의 신청에 대하여 관할 행정청이 이를 거절하는 의사를 대외적으로 명백히 표시함으로써 성립된다. 거부처분이 있은 후 당사자가 다시 신청을 한 경우에는 신청의 제목 여하에 불구하고 그 내용이 새로운 신청을 하는 취지라면 관할 행정청이 이를 다시 거절하는 것은 새로운 거부처분이라고 보아야 한다. 관계 법령이나 행정청이 사전에 공표한 처분기준에 신청기간을 제한하는 특별한 규정이 없는 이상 재신청을 불허할 법적 근거가

없으며, 설령 신청기간을 제한하는 특별한 규정이 있더라도 재신청이 신청기간을 도과하였는지는 본안에서 재신청에 대한 거부처분이 적법한가를 판단하는 단계에서 고려할 요소이지, 소송요건 심사단계에서 고려할 요소가 아니다.

③ 이주자택지 공급한도를 265m²로 정하였을 뿐 이를 초과하는 부분까지 이주대책으로서 특별공급한 것으로 단정하기 어렵다고 본 판례

■ 대법원 2023.7.13, 2023다214252 판결[채무부존재확인]

〈택지개발사업 이주자택지 공급대상자로 선정된 주민들이 사업시행자를 상대로 납입 분양대금 중 생활기본시설 설치비용 상당액이 포함되어 있다고 주장하면서 부당이득반환을 청구한 사건〉

【판시사항】

[1] 공익사업의 시행자가 이주대책을 수립·실시하여야 할 자를 선정하여 그들에게 공급할 택지 또는 주택의 내용이나 수량을 정할 재량을 가지는지 여부(적극) 및 이주대책대상자들에게 이주자택지 공급한도로 정한 265m²를 초과하여 공급한 부분이 사업시행자가 정한 이주대책의 내용이 아니라 일반수분양자에게 공급한 것과 마찬가지로 볼 수 있는 경우, 초과 부분에 해당하는 분양면적에 대하여 생활기본시설 설치비용을 부담시킬 수 있는지 여부(적극)

[2] 택지개발사업의 시행자인 한국토지주택공사의 '이주 및 생활대책 수립지침'에서 점포겸용·단독주택용지의 경우 이주자택지의 공급규모를 1필지당 265m² 이하로 정하면서, 당해 사업지구의 여건과 인근지역 부동산시장동향 등을 종합적으로 고려하여 불가피한 경우에는 위 기준을 다르게 정할 수 있다고 규정하고 있고, 한국토지주택공사는 사업지구 내 이주자택지를 1필지당 265m² 상한으로 공급하되, 265m²를 초과하여 공급하는 경우 초과 면적에 대하여도 감정가격을 적용하지 않고 조성원가에서 생활기본시설 설치비용을 제외한 금액으로 공급하기로 하는 내용의 이주자택지 공급공고와 보상안내를 한 후 이주자택지 공급대상자로 선정된 갑 등과 분양계약을 체결하였는데, 분양면적 중 이주자택지 공급한도인 265m² 초과 부분도 이주대책으로서 특별공급된 것인지 문제 된 사안에서, 제반 사정에 비추어 한국토지주택공사는 이주자택지 공급한도를 265m²로 정하였을 뿐 이를 초과하는 부분까지 이주대책으로서 특별공급한 것으로 단정하기 어렵다고 한 사례

[3] 공익사업을 위한 토지 등의 취득 및 보상에 관한 법률 제78조 제4항에서 정한 '생활기본시설'의 의미 및 일반 광장이나 생활기본시설에 해당하지 않는 고속국도에 부속된 교통광장과 같은 광역교통시설광장이 생활기본시설에 해당하는지 여부(소극) / 대도시권의 대규모 개발사업을 하는 과정에서 광역교통시설의 건설 및 개량에 소요되어 대도시권 내 택지 및 주택의 가치를 상승시키는 데에 드는 비용이 생활기본시설 설치비용에 해당하는지 여부(소극)

【판결요지】

[1] 사업시행자가 공익사업을 위한 토지 등의 취득 및 보상에 관한 법률 시행령 제40조 제2항 단서에 따라 택지개발촉진법 또는 주택법 등 관계 법령에 의하여 이주대책대상자들에게 택지 또는 주택을 공급하는 것은 공익사업을 위한 토지 등의 취득 및 보상에 관한 법률 제78조 제1항의 위임에 근거하여 선택할 수 있는 이주대책의 한 방법이고, 사업시행자는 이주대책을 수립·실시하여야 할 자를 선정하여 그들에게 공급할 택지 또는 주택의 내용이나 수량을 정함에 재량을 갖는다,
이주대책대상자들에게 이주자택지 공급한도로 정한 265m²를 초과하여 공급한 부분이 사업시행자가 정한 이주대책의 내용이 아니라 일반수분양자에게 공급한 것과 마찬가지로 볼 수 있는 경우 초과 부분에 해당하는 분양면적에 대해서는 일반수분양자와 동등하게 생활기본시설 설치비용을 부담시킬 수 있다.

[2] 택지개발사업의 시행자인 한국토지주택공사의 '이주 및 생활대책 수립지침'(이하 '수립지침'이라고 한다)에서 점포겸용·단독주택용지의 경우 이주자택지의 공급규모를 1필지당 $265m^2$ 이하로 정하면서, 당해 사업지구의 여건과 인근지역 부동산시장동향 등을 종합적으로 고려하여 불가피한 경우에는 위 기준을 다르게 정할 수 있다고 규정하고 있고, 한국토지주택공사는 사업지구 내 이주자택지를 1필지당 $265m^2$ 상한으로 공급하되, $265m^2$를 초과하여 공급하는 경우 초과 면적에 대하여도 감정가격을 적용하지 않고 조성원가에서 생활기본시설 설치비용을 제외한 금액으로 공급하기로 하는 내용의 이주자택지 공급공고와 보상안내를 한 후 이주자택지 공급대상자로 선정된 갑 등과 분양계약을 체결하였는데, 분양면적 중 이주자택지 공급한도인 $265m^2$ 초과 부분도 이주대책으로서 특별공급된 것인지 문제 된 사안에서, 한국토지주택공사는 이주대책기준 설정에 관한 재량에 따라 수립지침 등 내부 규정에 의하여 사업지구 내 이주자택지 공급규모의 기준을 1필지당 $265m^2$로 정하였고, 공급공고와 보상안내에 따라 이를 명확하게 고지한 점, 한국토지주택공사가 이주자택지 공급한도를 초과하는 부분의 공급가격을 그 이하 부분과 동일하게 산정하기로 정하였다거나 분양계약서에 분양면적 전체가 이주자택지로 표시되어 있다고 하여 그로써 당연히 공급규모의 기준을 변경하는 의미로 볼 수 없는 점, 특히 이주자택지 공급규모에 관한 기준을 달리 정하였다고 보기 위해서는 수립지침에 따라 획지분할 여건, 토지이용계획 및 토지이용의 효율성 등 당해 사업지구의 여건과 인근지역 부동산시장동향 등을 고려한 불가피한 사정이 있어야 하는 점 등 제반 사정에 비추어 보면, 한국토지주택공사는 이주자택지 공급한도를 $265m^2$로 정하였을 뿐 이를 초과하는 부분까지 이주대책으로서 특별공급한 것으로 단정하기 어려운데도, 이와 달리 본 원심판단에 <u>법리오해 등의 잘못이 있다고 한 사례</u>

[3] 공익사업을 위한 토지 등의 취득 및 보상에 관한 법률(이하 '토지보상법'이라고 한다) 제78조에 의하면, 사업시행자가 공익사업의 시행으로 인하여 주거용 건축물을 제공함에 따라 생활의 근거를 상실하게 되는 이주대책대상자를 위하여 수립·실시하여야 하는 이주대책에는 이주정착지에 대한 도로 등 통상적인 수준의 생활기본시설이 포함되어야 하고, 이에 필요한 비용은 사업시행자가 부담하여야 한다. 위 규정 취지는 이주대책대상자에게 생활의 근거를 마련해 주고자 하는 데 있<u>으므로,</u> '생활기본시설'은 구 주택법(2012.1.26. 법률 제11243호로 개정되기 전의 것, 이하 '구 주택법'이라고 한다) 제23조 등 관계 법령에 따라 주택건설사업이나 대지조성사업을 시행하는 사업주체가 설치하도록 되어 있는 도로와 상하수도시설 등 간선시설을 의미한다고 보아야 한다. 그러나 광장은 토지보상법에서 정한 생활기본시설 항목이나 구 주택법에서 정한 간선시설 항목에 포함되어 있지 않<u>으므로,</u> 생활기본시설 항목이나 간선시설 항목에 해당하는 시설에 포함되거나 부속되어 그와 일체로 평가할 수 있는 경우와 같은 특별한 사정이 없는 한 생활기본시설에 해당하지 않는다. 따라서 일반 광장이나 생활기본시설에 해당하지 않는 고속국도에 부속된 교통광장과 같은 광역교통시설광장은 생활기본시설에 해당한다고 보기 어렵다.
또한 대도시권의 대규모 개발사업을 하는 과정에서 광역교통시설의 건설 및 개량에 소요되어 대도시권 내 택지 및 주택의 가치를 상승시키는 데에 드는 비용은 대도시권 내의 택지나 주택을 공급받는 이주대책대상자도 그에 따른 혜택을 누리게 된다는 점에서 생활기본시설 설치비용에 해당하지 않는다.

쟁점 51 이주대책 1차 결정 후 재신청에 따른 2차 이주대책 대상자 제외 결정의 처분성[대법원 2020두50324 판결] A급

I 항고소송 대상 처분의 일반 법리

1. 처분의 개념

항고소송의 대상이 되는 처분이란 행정청이 구체적 사실에 관하여 행하는 공권력의 행사 또는 그 거부로서, 국민의 권리·의무에 직접적인 법률상 효과를 발생시키는 행위를 말한다.

2. 처분성 판단방법

행정청의 행위가 처분에 해당하는지는 추상적·일률적으로 판단할 수 없고, 다음 요소를 종합하여 개별적으로 판단한다.
① 관련 법령의 내용과 취지
② 행위의 주체·형식·내용·절차
③ 그 행위로 인하여 상대방이 입는 불이익의 성질과 정도
④ 법치행정의 원리
⑤ 상대방의 인식가능성과 예측가능성
행정청의 행위가 처분에 해당하는지 불분명한 경우에는, 불복방법 선택에 중대한 이해관계를 가지는 상대방의 인식가능성과 예측가능성을 특히 중시하여 규범적으로 판단한다.

II 이주대책 대상자 선정·제외 결정의 법적 성질

토지보상법 제78조에 따른 이주대책은 공익사업으로 인한 생활기반 상실을 완화하기 위한 제도이다. 이주대책 대상자로 선정될 경우 주택지 공급 등 실질적인 법률상 이익이 발생한다. 따라서 이주대책 대상자에서 제외하는 결정은 당사자의 권리관계에 중대한 영향을 미치는 행위로서, 원칙적으로 항고소송의 대상이 되는 처분에 해당한다.

III 거부처분과 재신청에 관한 법리

1. 거부처분의 성립

수익적 행정처분을 구하는 신청에 대한 거부처분은, 당사자의 신청에 대하여 관할 행정청이 이를 거절하는 의사를 대외적으로 명백히 표시함으로써 성립한다.

2. 재신청과 새로운 거부처분

거부처분이 있은 후 당사자가 다시 신청을 한 경우, 신청의 명칭 여하와 관계없이 그 내용이 새로운 신청을 하는 취지라면, 관할 행정청이 이를 다시 거절하는 것은 새로운 거부처분에 해당한다. 관계 법령이나 처분기준에 신청기간을 제한하는 특별한 규정이 없는 이상, 재신청을 불허

할 법적 근거는 없다. 설령 신청기간 제한 규정이 있더라도, 재신청이 기간을 도과하였는지는 본안에서 거부처분의 적법성을 판단할 요소이지, 소송요건 단계에서 고려할 사항은 아니다.

Ⅳ 1차 결정과 2차 결정의 구별 기준

다음과 같은 경우에는 2차 결정은 1차 결정과 구별되는 독립한 처분으로 본다.
① 당사자가 단순한 불복이 아니라 새로운 자료를 제출하거나 새로운 사유를 들어 다시 신청한 경우
② 행정청이 1차 결정과 다른 사유 또는 판단기준에 따라 다시 판단한 경우
③ 2차 결정에 대하여 다시 행정쟁송이 가능하다는 안내가 이루어진 경우
이 경우 2차 결정은 1차 결정의 반복이나 내부적 의견표시에 그치지 않고, 새로운 신청에 대한 독자적인 판단으로 평가된다.

Ⅴ 이주대책 2차 결정

이주대책 1차 결정 이후, 당사자가 추가 증빙자료를 제출하며 다시 대상자 선정을 신청하고, 행정청이 새로운 판단 사유를 들어 다시 대상자 제외 결정을 한 경우에는, 이는 새로운 신청에 대한 새로운 거부처분에 해당한다.
특히 행정청이 2차 결정 통보서에 다시 행정심판 또는 행정소송이 가능하다는 안내를 한 경우에는, 상대방의 인식가능성과 예측가능성 측면에서도 2차 결정의 처분성이 강하게 인정된다.

Ⅵ 결

이주대책 대상자 제외와 관련하여, 형식상 '이의신청에 대한 회신' 또는 '기존 결정 유지'처럼 보이더라도, 실질적으로 새로운 신청과 그에 대한 판단이 존재하는 경우에는 2차 결정은 독립된 항고소송의 대상이 되는 처분에 해당한다. 본 대법원 2020두50324 판결은 이주대책 영역에서 처분성을 넓게 인정하여 권리구제의 실효성을 중시한 판례로 정리된다.

쟁점 52 이주대책이 미이행된 상태에서 수용개시일 이후 인도·이전 거절행위를 한 경우 형사처벌 가능 여부(대법원 2022도493 판결) A급

I 수용개시일 이후 인도·이전의무의 구조

1. 인도·이전의무의 근거

토지보상법 제43조는 토지소유자 및 관계인에게 수용 또는 사용의 개시일까지 토지 또는 물건을 사업시행자에게 인도하거나 이전할 의무를 부과한다. 이는 공익사업의 원활하고 신속한 수행을 확보하기 위한 강행규정이다.

2. 인도·이전의무 위반에 대한 제재

토지보상법 제95조의2 제2호는 정당한 사유 없이 수용개시일 이후에도 토지 또는 물건을 인도·이전하지 아니한 자를 처벌하도록 규정하고 있다. 이에 따라 수용개시일 이후 인도·이전 거절행위는 원칙적으로 구성요건 해당성이 인정된다.

3. 제도의 취지와 한계

위 규정은 공익사업 지연 방지 및 수용절차의 실효성 확보를 목적으로 하나, 형사처벌을 수반하는 규정으로서 토지소유자의 거주이전의 자유, 직업의 자유, 재산권 등 헌법상 기본권을 중대하게 제한할 소지가 있다. 따라서 그 적용에 있어서는 엄격한 해석과 공익과 사익 간의 조화로운 법익형량이 요구된다.

II 인도·이전 거절행위와 형법 제20조 정당행위

1. 문제의 소재

수용개시일 이후 인도·이전의무 위반이 형식적으로는 토지보상법 위반에 해당하더라도, 구체적 사정에 따라 형법 제20조의 정당행위로서 위법성이 조각될 수 있는지가 문제된다.

2. 형법 제20조의 적용 가능성

형법 제20조는 법령에 의한 행위 또는 사회상규에 위배되지 아니하는 행위는 처벌하지 아니한다고 규정한다. 대법원은 토지보상법상 인도·이전의무 위반행위에 대해서도 예외적으로 정당행위 성립 가능성을 인정하고 있다.

III 대법원의 판단기준 정리(대법원 2022도493 판결)

1. 판단의 기본구조

대법원은 인도·이전 거절행위가 정당행위에 해당하는지 여부를 형식적 법령위반 여부만으로 판단하지 않고, 헌법상 기본권 보호와 공익사업의 필요성 간의 조화를 전제로 종합적으로 판단하여야 한다고 본다.

2. 구체적 판단요소

다음 사정들을 종합적으로 고려한다.

① 공익사업 시행으로 토지소유자가 상실하게 되는 권리의 내용, 특히 주거용 건축물 제공으로 형성된 생활의 근거 상실 여부

② 토지보상법 제78조에 따른 이주대책의 수립·실시 여부 및 이주정착금 등의 지급 여부

③ 토지 또는 물건의 보유기간과 그 기간 동안 형성된 생활환경, 이에 따른 이주의 용이성

④ 인도·이전 거절행위가 공익사업의 시행에 미친 실제적 영향

이러한 요소들을 종합하여, 해당 행위가 법질서 전체의 정신이나 사회통념에 비추어 용인될 수 있는지 여부를 판단한다.

Ⅳ 이주대책과 정당행위 판단의 관계

1. 이주대책의 실질성

이주대책이 형식적으로만 마련되어 있고, 실제로는 이주단지 조성계획이나 분양절차가 확정되지 않아 현실적인 이주가 불가능한 경우에는, 인도·이전의무를 즉시 강제하는 것은 토지소유자의 생존권·주거권을 과도하게 침해할 수 있다.

2. 정당행위 인정의 기능

이와 같은 경우 인도·이전 거절행위는 단순한 법규위반을 넘어, 생활기반 유지와 생존을 위한 불가피한 행위로 평가될 수 있으며, 사회통념상 용인 가능한 범위 내의 행위로서 형법 제20조에 따른 위법성 조각이 인정될 수 있다.

Ⅴ 결

수용개시일 이후 인도·이전의무는 원칙적으로 강행규정이며, 이를 위반한 경우 토지보상법상 형사처벌 대상이 된다. 그러나 이주대책이 실질적으로 마련되지 않은 상태에서 생활기반을 상실한 토지소유자가 인도·이전을 거절한 경우에는, 헌법상 기본권 보호와 공익 간의 형량을 통해 형법 제20조의 정당행위로 위법성이 조각될 수 있다. 본 대법원 2022도493 판결은 토지보상법상 인도·이전의무 해석에 있어 형식적 위반 판단을 넘어서 헌법적 가치형량을 요구한 판례로 정리된다.

쟁점 53 이주대책대상자의 확인결정과 소송형태
(이주대책대상자의 법적 지위)

B급

Ⅰ 법상의 이주대책대상자의 이주대책계획수립청구권

토지보상법 제78조 제1항은 사업시행자에게 이주대책을 실시할 의무만을 부여하고 있다고 보아야 하므로(토지보상법 시행령 제40조의 예외가 인정되고 있는 경우는 제외), 상기 규정만으로 법상의 이주대책대상자에게 특정한 이주대책을 청구할 권리는 발생하지 않지만, 이주대책을 수립할 것을 청구할 권리는 갖는다고 보아야 한다.

법상의 이주대책대상자가 이주대책계획의 수립을 청구하였음에도 불구하고 사업시행자가 이주대책을 수립하지 않는 경우에는 의무이행심판 또는 부작위위법 확인소송을 제기할 수 있고, 이주대책의 수립을 거부한 경우에는 의무이행심판 (또는 거부처분취소심판) 또는 거부처분취소소송을 제기할 수 있다고 보아야 한다.

Ⅱ 이주대책의 구체적인 내용 3가지

1. 새로운 이주단지를 조성해 주는 방법
2. 특별공급으로서 아파트 입주권이나 택지분양권을 부여하는 방법
3. 이주정착금(법상 10호 미만이거나 요건을 충족하지 못하는 경우)을 지급하는 방법

위 3가지 방법 중에서 아래 논의는 새로운 이주단지조성을 통한 분양권을 받는 방법과 특별공급으로써 아파트입주권이나 택지분양권을 받는 방법을 상정하여 논의하기로 한다. 이하에서는 이를 수분양권이라고 통칭한다.

Ⅲ 이주대책대상자의 특정시점에서 실체법상의 권리의 취득

1. 취득시기

(1) 문제점

수분양권이란 대상자가 분양을 받을 수 있는 권리로서, 특정한 실체법상의 권리를 말한다. 이주대책대상자에게 이러한 권리가 언제 취득되는지 쟁점이 된다.

(2) 견해의 대립

① 이주대책계획수립이전설은 토지보상법 제78조 및 동법 시행령 제40조의 요건을 충족하는 경우에 수분양권이 취득된다고 본다.

② 이주대책계획수립시설은 사업시행자가 이주대책에 관한 구체적인 계획을 수립하여 이를 해당자에게 통지 내지 공고한 경우 이것으로 이주자에게 수분양권이 취득된다고 보는 견해이다.

③ 확인·결정시설은 이주대책계획 수립 후 이주대책대상자는 이주대책대상자 선정신청권(분양신청권)만을 취득하고, 이주자가 이주대책대상자 선정을 신청하고 사업시행자가 이를 확인·결정하여만 비로소 수분양권 발생한다고 보는 선해이다.

(3) 대법원 판례의 태도

공익사업을 위한 토지 등의 취득 및 보상에 관한 법률상의 공익사업시행자가 하는 이주대책대상자 확인·결정은 구체적인 이주대책상의 수분양권을 부여하는 요건이 되는 행정작용으로서의 처분이지 이를 단순히 절차상의 필요에 따른 사실행위에 불과한 것으로 평가할 수는 없다. 따라서 수분양권의 취득을 희망하는 이주자가 소정의 절차에 따라 이주대책대상자 선정신청을 한 데 대하여 사업시행자가 이주대책대상자가 아니라고 하여 위 확인·결정 등의 처분을 하지 않고 이를 제외시키거나 거부조치한 경우에는, 이주자로서는 사업시행자를 상대로 항고소송에 의하여 제외처분이나 거부처분의 취소를 구할 수 있다. 나아가 이주대책의 종류가 달라 각 그 보장하는 내용에 차등이 있는 경우 이주자의 희망에도 불구하고 사업시행자가 요건 미달 등을 이유로 그중 더 이익이 되는 내용의 이주대책대상자로 선정하지 않았다면 이 또한 이주자의 권리의무에 직접적 변동을 초래하는 행위로서 항고소송의 대상이 된다(대판 2013두10885).

(4) 검토

판례는 이주대책대상자가 신청하고 사업시행자가 확인 결정함으로써 구체적인 권리로 보고 확인·결정시설을 취하고 있다. 생각건대, 토지보상법상 이주대책대상자의 경우 동법상의 추상적인 이주대책에 대한 권리를 이주대책계획이 수립됨으로써 구체적인 권리로 전환되는 것이므로 이주대책계획수립시설이 타당하다고 판단된다. 다만, 토지보상법상 이주대책대상자가 이주대책대상자 선정신청을 하고 사업시행자가 이를 받아들여 확인·결정하여야 비로소 실체적 권리를 취득한다고 보아야 한다. 이주대책대상자가 아닌 자의 시혜적인 혜택은 논외로 하기로 한다.

2. 이주대책에 대한 내용 취득시기별 권리구제 방법

(1) 확인·결정시설의 경우

① 확인·결정시설을 취하는 경우, 이주대책대상자 선정신청에 대한 거부는 거부처분이 되므로 이에 대해 취소소송을 제기하고, 부작위인 경우 부작위위법확인소송을 제기하여야 한다.

② 이주자가 확인·결정 전에 민사소송이나 공법상 당사자소송으로 이주대책상의 수분양권의 확인 등을 구하는 것은 허용될 수 없고, 나아가 그 공급대상인 택지나 아파트 등의 특정 부분에 관해 수분양권의 확인을 소구하는 것은 불가능하다고 본다.

③ 확인 결정 후에는 실체적인 권리를 취득한 상태이므로 만약 분양이 종료되어 이주대책을 해주지 않는다면 공법상 당사자소송을 통하여 권리를 확인받는 방법도 가능하고, 거부 또는 부작위 시에 항고쟁송으로 권리구제를 받을 수 있을 것으로 판단된다.

(2) 이주대책계획수립시설

① 이주대책계획수립 전에는 수분양권은 추상적인 권리인바 확인의 이익이 인정되지 않아 권리나 지위의 확인을 구할 수 없다. 사업시행자가 이주대책계획을 수립하지 아니하는 경우에는 사업시행자에게 이를 청구하여 거부 또는 부작위가 있는 경우 항고쟁송으로 다룰 수 있다.

② 이주대책계획을 수립한 이후에는 대상자의 추상적인 수분양권이 구체적인 권리로 바뀌게 되므로, 이주대책에서 제외된 이주대책대상자는 분양을 신청하였으나 사업시행자가 거부를 한 경우 거부처분취소소송(행정심판의 경우 거부처분취소심판 및 의무이행심판)을 제기할 수 있고, 확인소송이 권리구제에 유효 적절한 수단이 될 수 있는 경우에는 당사자소송으로 수분양권 또는 그 법률상 지위의 확인을 구할 수 있다고 보아야 한다.

(3) 이주대책계획수립 이전설(법상 취득설)

① 구체적인 이주대책의 이행을 신청하고 그 이행이 없을 때 부작위위법확인소송을 제기하여 권리구제가 가능하며, 그 권리를 포기한 것으로 볼 수 없는 한 언제나 신청이 가능하고 구체적인 이주대책이 종료한 경우에도 추가적인 이주대책을 요구할 수 있다.

② 법상 요건 충족 시 실체적인 분양권이 취득된다고 보기 때문에, 법상 요건을 모두 충족한 자는 부작위 또는 거부가 있는 경우 항고쟁송으로 다툴 수 있다.

③ 이주대책대상자로서 분양을 받을 권리 또는 그 법률상 지위의 확인을 구할 수 있다고 보아야 한다. 이 때에 확인소송은 확인소송의 보충성이라는 소송법의 일반법리에 따라 그 확인소송이 권리구제에 유효 적절한 수단이 될 때에 한하여 그 소의 이익이 인정된다고 보아야 한다.

(4) 검토

생각건대, 이주대책대상자가 법상 요건을 충족할 때까지는 이주대책대상자로서의 법률상 지위를 가질 뿐 실체적인 수분양권이 존재하지 않는다. 이주대책계획에 의해 수분양권이 구체적 권리로 전환되므로 판례는 이주대책대상자로 확인·결정되어야 수분양권을 취득한다고 보고 있다. 따라서 수분양권의 취득은 이주대책에 관한 구체적인 계획이 수립되고 이주대책대상자에게 공고 또는 통지하면 이주대책대상자가 수분양권을 취득한다고 보는 이주대책계획수립시설이 타당하다고 보여진다. 따라서 이주대책계획수립 이전에는 추상적인 권리에 불과하여 지위확인의 당사자소송은 불가하나, 이주대책계획수립 이후에는 신청에 대한 거부처분을 항고쟁송으로 다툴 수 있고, 신청기간을 도과한 경우에는 예외적으로 지위확인의 공법상 당사자소송으로 다툴 수 있다. 판례의 이주대책대상자 확인·결정시설에 의하면 계획수립 이후에도 사업시행자의 확인·결정 전에는 구체적인 수분양권이 발생하지 않았으므로 지위확인의 공법상 당사자소송은 인정되지 않고, 이주대책대상자 확인·결정 후에 항고소송으로 다투어야 한다고 보고 있다.

Ⅳ 이주대책의 수립 및 집행

사업시행자가 사업인정을 받게 되면 행정절차법 제2조에 따라 행정청의 지위를 확보하게 되고 이주대책의 수립 및 이주대책의 실행은 공행정사무로 보아야 하므로 이주대책대상자에 대한 구체적인 권리로서 수분양권은 공법상 권리로 보는 것이 타당하다고 판단된다. 다만 대법원 판례는 이주대책대상자의 신청이 있고, 사업시행자가 이주대책대상자 확인결정을 하게 되면 그 확인결정은 처분이여서 항고소송으로 다투어야 한다고 보고 있다. 만약 이주대책대상자가 적법한 신청을 하였음에도 불구하고 사업시행자가 구체적인 이주대책대상자 확인결정을 하지 않는다면 이주대책대상자는 구체적인 권리로 수분양권의 확인을 구하는 소송은 공법상 당사자소송으로 제기하여 권리구제를 받을 수 있을 것으로 생각된다.

쟁점 **54** 주거이전비 A급

I 주거이전비의 의의 및 취지(토지보상법 시행규칙 제54조)

주거이전비란 공익사업에 주거용 건축물이 편입되어 주거이전이 불가피한 경우 주거이전에 필요한 비용을 산정하여 보상하는 것을 말한다. 이는 헌법 제34조와 국가의 정책적 배려에 그 취지가 인정된다.

II 주거이전비의 법적 성질

1. 강행규정 여부   ▶ 제29회 기출 1번 문제

토지보상법 시행규칙 제54조 제2항은 당사자 합의 또는 사업시행자에 의하여 적용을 배제할 수 없는 강행규정이라고 보아야 한다고 판시하여 강행규정으로 보고 있다(대판 2011.7.14, 2011두3685).

2. 공·사권 여부

주거이전비의 법적 성질에 관하여 공권인지, 사권인지 견해가 대립한다. 판례의 입장에 따라 주거이전비 보상은 공법상 침해에 기인하여 발생한 권리로 공법으로 보는 것이 타당하다(대판 2008.5.29, 2007다8129).

III 주거이전비의 요건

1. 소유자에 대한 주거이전비 보상요건(시행규칙 제54조 제1항)

공익사업시행지구에 편입되는 주거용 건축물의 소유자에 대하여는 해당 건축물에 대한 보상을 하는 때에 가구원수에 따라 2개월분의 주거이전비를 보상하여야 한다. 다만, 건축물의 소유자가 해당 건축물 또는 공익사업시행지구 내 타인의 건축물에 실제 거주하고 있지 아니하거나 해당 건축물이 무허가건축물 등인 경우에는 그러하지 아니하다.

2. 세입자에 대한 주거이전비 보상요건(시행규칙 제54조 제2항)

공익사업의 시행으로 인하여 이주하게 되는 주거용 건축물의 세입자(법 제78조 제1항에 따른 이주대책대상자인 세입자는 제외)로서 사업인정고시일 등 당시 또는 공익사업을 위한 관계법령에 의한 고시 등이 있은 당시 해당 공익사업시행지구 안에서 3개월 이상 거주한 자에 대하여는 가구원수에 따라 4개월분의 주거이전비를 보상하여야 한다. 다만, 무허가건축물 등에 입주한 세입자로서 사업인정고시일 등 당시 또는 공익사업을 위한 관계법령에 의한 고시 등이 있은 당시 그 공익사업지구 안에서 1년 이상 거주한 세입자에 대하여는 본문에 따라 주거이전비를 보상하여야 한다.

3. 주거이전비 산정방법(시행규칙 제54조 제4항)

주거이전비는「통계법」제3조 제3호에 따른 통계작성기관이 조사·발표하는 가계조사통계의 도시근로자가구의 가구원수별 월평균 명목 가계지출비(이하 이 항에서 "월평균 가계지출비"라 한다)를 기준으로 산정한다. 이 경우 가구원수가 5인 이상인 경우에는 다음 각 호의 구분에 따른 금액을 기준으로 산정한다.

① 가구원수가 5인인 경우: 5인 이상 기준의 월평균 가계지출비에 해당하는 금액. 다만, 4인 기준의 월평균 가계지출비가 5인 이상 기준의 월평균 가계지출비를 초과하는 경우에는 4인 기준의 월평균 가계지출비에 해당하는 금액으로 한다.

② 가구원수가 6인 이상인 경우: 다음 산식에 따라 산정한 금액

> 제1호에 따른 금액 + {5인을 초과하는 가구원수 × [(제1호에 따른 금액 −
> 2인 기준의 월평균 가계지출비) ÷ 3]}

Ⅳ 주거이전비의 권리구제(대판 2008.5.29, 2007다8129)

1. 사업인정 후 주거이전비에 대한 재결을 거치기 전의 권리구제방법

판례는 세입자의 주거이전비 보상청구권은 그 요건을 충족하는 경우에 당연히 발생하는 것이므로, 주거이전비 보상청구소송은 행정소송법 제3조 제2호에 규정된 당사자소송에 의하여야 한다고 판시했다. 즉 사업인정 후에 주거이전비 공고를 해서 이를 주지 않는다면 공법상 당사자소송으로 권리구제를 받을 수 있을 것이다.

2. 사업인정 후 주거이전비에 대한 재결을 거친 후 권리구제방법

판례는 세입자의 주거이전비 보상에 관하여 재결이 이루어진 다음 세입자가 보상금의 증감 부분을 다투는 경우에는 동법 제85조 제2항에 규정된 행정소송(보상금증감청구소송)에 따라, 보상금 증감 이외의 부분을 다투는 경우에는 같은 조 제1항에 규정된 행정소송(항고소송)에 따라 권리구제를 받을 수 있다고 한다. 즉 주거이전비 증액을 요구하는 경우에는 토지보상법 제85조 제2항에 따라 보상금증액청구소송을 하고, 주거이전비 거부처분이나 제외처분을 하는 경우에는 토지보상법 제85조 제1항에 따라 거부처분취소소송으로 다투어야 한다.

Ⅴ 주거이전비 관련 최근 중요한 핵심 판례 정리

1. 대판 2008.5.29, 2007다8129(공권 → 재결 전 실질적 당사자소송, 재결 후 보상금증감청구소송)
주거이전비는 해당 공익사업시행지구 안에 거주하는 세입자들의 조기이주를 장려하여 사업추진을 원활하게 하려는 정책적인 목적과 주거이전으로 인한 어려움을 겪게 될 세입자들을 대상으로 하는 사회보장적인 차원에서 지급되는 금원의 성격을 갖는다고 할 것이므로, 적법하게 시행된 공익사업으로 인하여 이주하게 된 주거용 건축물 세입자의 주거이전비 보상청구권은 공법상 권리이다.

2. 대판 2011.7.14, 2011두3685(주거이전비 규정 강행규정)

토지보상법 시행규칙 제54조 제2항은 당사자 합의 또는 사업시행자의 재량에 의하여 적용을 배제할 수 없는 강행규정이라고 보아야 한다. 주거이전비를 포기하는 취지의 포기각서를 제출하였다 하더라도, 포기각서의 내용은 강행규정에 위배되어 무효이다.

3. 대판 2017.10.31, 2017두40068(해당 사업구역 내 조합원 소유자는 주거이전비 세입자 지위 안 됨)

조합원은 개발이익을 누릴 수 있고, 실질적으로 사업시행자와 유사하므로 공익사업으로 생활의 근거를 상실하게 되는 자와 차이가 있다. 주택재개발사업 내 주거용 건축물을 소유하는 조합원이 사업구역 내 타인의 주거용 건축물에 거주하는 세입자일 경우 법상 세입자로서의 주거이전비 4개월분의 지급대상이 아니다.

4. 대판 2013.5.23, 2012두11072(무허가건축물 등에 입주한 세입자의 주거이전비)

무허가건축물 등에 입주한 세입자는 기존에 주거용으로 사용되어 온 무허가건축물 등에 입주하여 일정 기간 거주한 세입자를 의미하고, 공부상 주거용 용도가 아닌 건축물을 임차한 후 임의로 주거용으로 용도를 변경하여 거주한 세입자는 이에 해당한다고 할 수 없다.

5. 대판 2021.6.30, 2019다207813(주거이전비 지급절차가 부동산 인도에 선행, 부동산 인도의무는 동시이행관계)

① 사업시행자가 현금청산대상자나 세입자에 대해서 종전의 토지나 건축물의 인도를 구하려면 관리처분계획의 인가·고시만으로는 부족하고 구 도시정비법 제49조 제6항 단서에서 정한 토지보상법에 따른 손실보상이 완료되어야 한다.

② 구 도시정비법 제49조 제6항 단서의 내용, 개정 경위와 입법 취지를 비롯하여 구 도시정비법 및 토지보상법의 관련 규정들을 종합하여 보면, 토지보상법 제78조에서 정한 주거이전비, 이주정착금, 이사비(이하 '주거이전비 등'이라 한다)도 구 도시정비법 제49조 제6항 단서에서 정한 '토지보상법에 따른 손실보상'에 해당한다.

③ 그러므로 주택재개발사업의 사업시행자가 공사에 착수하기 위하여 현금청산대상자나 세입자로부터 정비구역 내 토지 또는 건축물을 인도받기 위해서는 협의나 재결절차 등에 의하여 결정되는 주거이전비 등도 지급할 것이 요구된다. 만일 사업시행자와 현금청산대상자나 세입자 사이에 주거이전비 등에 관한 협의가 성립된다면 사업시행자의 주거이전비 등 지급의무와 현금청산대상자나 세입자의 부동산 인도의무는 동시이행의 관계에 있게 되고, 재결절차 등에 의할 때에는 주거이전비 등의 지급 절차가 부동산 인도에 선행되어야 한다.

(원심은, 원고가 주거이전비 등에 대하여 재결신청을 하지 아니하여 수용재결에서 주거이전비 등에 대하여 심리·판단하지 않은 채 산정한 토지나 지장물 등 보상금을 공탁한 것만으로 구 도시정비법 제49조 제6항 단서에서 정한 손실보상이 완료되었다고 보아 원고의 이 사건 부동산에 대한 인도청구를 인용하였으나, 이러한 원심 판단에는 구 도시정비법 제49조 제6항 단서에서 정한 토지보상법에 따른 손실보상 완료의 의미에 관한 법리를 오해하여 필요한 심리를 다하지 않음으로써 판결에 영향을 미친 잘못이 있다고 하여, 원심판결을 파기하고, 사건을 다시 심리·판단하게 하기 위하여 원심법원에 환송하기로 한 사례)

6. 대판 2021.7.29, 2019도13010(주거이전비 미지급을 이유로 인도를 하지 않은 경우 공익사업을 위한 토지 등의 취득 및 보상에 관한 법률 제95조의2 위반에 해당되지 않음)

① 공익사업을 위한 토지 등의 취득 및 보상에 관한 법률(이하 '토지보상법'이라 한다)은 제43조에서 "토지소유자 및 관계인과 그 밖에 토지소유자나 관계인에 포함되지 아니하는 자로서 수용하거나 사용할 토지나 그 토지에 있는 물건에 관한 권리를 가진 자는 수용 또는 사용의 개시일까지 그 토지나

물건을 사업시행자에게 인도하거나 이전하여야 한다.”라고 정하고, 제95조의2 제2호에서 이를 위반하여 토지 또는 물건을 인도하거나 이전하지 아니한 자를 처벌한다고 정하고 있다.

② 구 도시정비법 제49조 제6항 단서의 내용, 그 개정 경위와 입법 취지, 구 도시정비법과 토지보상법의 관련 규정의 체계와 내용을 종합하면, 토지보상법 제78조 등에서 정한 주거이전비, 이주정착금, 이사비 등(이하 ‘주거이전비 등’이라 한다)도 구 도시정비법 제49조 제6항 단서에서 정하는 ‘토지보상법에 따른 손실보상’에 해당한다. 따라서 주택재개발사업의 사업시행자가 공사에착수하기 위하여 현금청산대상자나 임차인 등으로부터 정비구역 내 토지 또는 건축물을 인도받기 위해서는 협의나 재결절차 등에서 결정되는 주거이전비 등을 지급할 것이 요구된다. 사업시행자가 수용재결에서 정한 토지나 지장물 등 보상금을 지급하거나 공탁한 것만으로 토지보상법에 따른 손실보상이 완료되었다고 보기 어렵다.

③ 결국 사업시행자가 수용재결에 따른 보상금을 지급하거나 공탁하고 토지보상법 제43조에 따라 부동산의 인도를 청구하는 경우라도, 현금청산대상자나 임차인 등이 주거이전비 등을 보상받기 전에는 특별한 사정이 없는 한 구 도시정비법 제49조 제6항 단서에 따라 주거이전비 등의 미지급을 이유로 부동산의 인도를 거절할 수 있다. 따라서 이러한 경우 현금청산대상자나 임차인 등이 수용개시일까지 수용대상 부동산을 인도하지 않았다고 해서 토지보상법 제43조, 제95조의2 제2호 위반죄로 처벌해서는 안 된다.

7. 대판 2021.7.29, 2019다300477(부당이득금 - 주거이전비 등의 지급절차가 이루어지지 않았다면 관리처분계획의 인가·고시가 있더라도 분양신청을 하지 않거나 철회하여 현금청산대상자가 된 자는 종전의 토지나 건축물을 사용·수익할 수 있음)

① 공익사업을 위한 토지 등의 취득 및 보상에 관한 법률(이하 ‘토지보상법’이라 한다) 제78조 등에서 정한 주거이전비, 이주정착금, 이사비(이하 ‘주거이전비 등’이라 한다)는 구 도시정비법 제49조 제6항 단서에서 정한 ‘토지보상법에 따른 손실보상’에 해당한다고 보아야 한다.

② 구 도시정비법 제49조 제6항 단서에서 정한 토지보상법에 따른 손실보상이 완료되려면 협의나 수용재결에서 정해진 토지나 건축물 등에 대한 보상금의 지급 또는 공탁뿐만 아니라 주거이전비 등에 대한 지급절차까지 이루어져야 한다. 만일 협의나 재결절차 등에 따라 주거이전비 등의 지급절차가 이루어지지 않았다면 관리처분계획의 인가·고시가 있더라도 분양신청을 하지 않거나 철회하여 현금청산대상자가 된 자는 종전의 토지나 건축물을 사용·수익할 수 있다. 위와 같이 주거이전비 등을 지급할 의무가 있는 주택재개발정비사업의 시행자가 종전 토지나 건축물을 사용·수익하고 있는 현금청산대상자를 상대로 부당이득반환을 청구하는 것은 허용되지 않는다.
(원고가 재결절차에서 정해진 이 사건 토지와 건물에 대한 손실보상금을 공탁하였다고 하더라도 주거이전비 등에 대해서 수용재결 신청을 하거나 이를 지급하지 않은 이상 구 도시정비법 제49조 제6항 단서에 따른 손실보상이 완료되었다고 볼 수 없다고 보아, 주거이전비 등의 지급절차가 이루어질 때까지 피고가 이 사건 건물 5층을 사용·수익하였다고 하더라도 이에 대해서 원고가 부당이득반환 청구를 할 수 없다는 원심판결이 정당하다고 본 사례)

8. 대판 2021.8.26, 2019다235153 - 세입자로부터 정비구역 내 토지 또는 건축물을 인도받기 위해서는 협의나 재결절차 등에 의하여 결정되는 주거이전비 등도 지급하여야 하는지 여부(적극)

가. 구 「도시 및 주거환경정비법」(2017.2.8. 법률 제14567호로 전부 개정되기 전의 것, 이하 ‘구 도시정비법’이라 한다) 제49조 제6항은 ‘관리처분계획의 인가·고시가 있은 때에는 종전의 토지 또는 건축물의 소유자·지상권자·전세권자·임차권자 등 권리자는 제54조의 규정에 의한 이전의 고시가 있은 날까지 종전의 토지 또는 건축물에 대하여 이를 사용하거나 수익할 수 없다. 다만 사업시행자의 동의를 받거나 제40조 및 「공익사업을 위한 토지 등의 취득 및 보상에 관한 법률」(이하 ‘토지

보상법'이라 한다)에 따른 손실보상이 완료되지 아니한 권리자의 경우에는 그러하지 아니하다.'고 규정하고 있다. 따라서 사업시행자가 현금청산대상자나 세입자에 대해서 종전의 토지나 건축물의 인도를 구하려면 관리처분계획의 인가·고시만으로는 부족하고 구 도시정비법 제49조 제6항 단서에서 정한 토지보상법에 따른 손실보상이 완료되어야 한다.

구 도시정비법 제49조 제6항 단서의 내용, 그 개정 경위와 입법 취지를 비롯하여 구 도시정비법 및 토지보상법의 관련 규정들을 종합하여 보면, 토지보상법 제78조 등에서 정한 주거이전비, 이주 정착금, 이사비(이하 '주거이전비 등'이라 한다)도 구 도시정비법 제49조 제6항 단서에서 정한 '토지 보상법에 따른 손실보상'에 해당한다. 그러므로 주택재개발사업의 사업시행자가 공사에 착수하기 위하여 현금청산대상자나 세입자로부터 정비구역 내 토지 또는 건축물을 인도받기 위해서는 협의나 재결절차 등에 의하여 결정되는 주거이전비 등도 지급할 것이 요구된다. 만일 사업시행자와 현금청 산대상자나 세입자 사이에 주거이전비 등에 관한 협의가 성립된다면 사업시행자의 주거이전비 등 지급의무와 현금청산대상자나 세입자의 부동산 인도의무는 동시이행의 관계에 있게 되고, 재결절차 등에 의할 때에는 주거이전비 등의 지급절차가 부동산 인도에 선행되어야 할 것이다(대판 2021.6.30, 2019다207813 등 참조).

나. 따라서 관리처분계획의 인가·고시가 있은 후 사업시행자가 토지보상법에 따른 손실보상의 완료를 주장하며 현금청산대상자에 대하여 민사소송으로서 종전의 토지나 건축물에 관한 인도청구의 소를 제기하고, 그 소송에서 현금청산대상자가 재결절차에서 주거이전비 등을 보상받지 못하였음을 이유 로 인도를 거절한다고 선이행 항변하는 사건을 심리하는 민사법원은, 위 항변의 당부를 판단하기 위한 전제로 현금청산대상자가 토지보상법 제78조, 같은 법 시행령 제40조, 제41조, 같은 법 시행 규칙 제53조 내지 제55조 등이 정한 요건을 충족하여 주거이전비 등의 지급대상에 해당하는지 여 부를 심리·판단하여야 하고, 주거이전비 등의 지급대상인 경우 주거이전비 등의 지급절차가 선행 되었는지 등을 심리하여야 한다.

다. 다만 위 주거이전비 보상청구권은 공법상의 권리로서 그 보상을 구하는 소송은 행정소송법상 당사 자소송에 의하여야 하고, 소유자의 주거이전비 보상에 관하여 재결이 이루어진 다음 소유자가 다투 는 경우에는 토지보상법 제85조에 규정된 행정소송을 제기하여야 한다(대판 2019.4.23, 2018두 55326 등 참조). 그러므로 위와 같이 사업시행자가 현금청산대상자를 상대로 종전의 토지나 건축 물의 인도를 구하는 민사소송에서 법원이 직접 주거이전비 등의 지급을 명하거나 주거이전비 등의 보상에 관한 재결에 대한 다툼을 심리·판단할 수는 없다.

9. 대판 2022.6.30, 2021다310088·310095 [건물명도·기타(금전)] – 주거이전비 등의 지급절차가 선행되었다고 보아 사업시행자의 토지나 건축물에 관한 인도청구를 인정할 수 있는지 여부(적극)

【판시사항】
주택재개발사업의 사업시행자가 현금청산대상자나 세입자로부터 정비구역 내 토지 또는 건축물을 인도 받기 위해서는 협의나 재결절차 등에 의하여 결정되는 주거이전비 등도 지급하여야 하는지 여부(적극) 및 사업시행자가 협의나 재결절차를 거치지 않더라도 주거이전비 등을 지급하였거나 공탁하였다는 사 정을 인정할 수 있는 경우, 주거이전비 등의 지급절차가 선행되었다고 보아 사업시행자의 토지나 건축 물에 관한 인도청구를 인정할 수 있는지 여부(적극)

【판결요지】
구 도시 및 주거환경정비법(2017.2.8. 법률 제14567호로 전부 개정되기 전의 것, 이하 '구 도시정비법' 이라 한다) 제49조 제6항은 '관리처분계획의 인가·고시가 있은 때에는 종전의 토지 또는 건축물의 소 유자·지상권자·전세권자·임차권자 등 권리자는 제54조의 규정에 의한 이전의 고시가 있은 날까지 종전의 토지 또는 건축물에 대하여 이를 사용하거나 수익할 수 없다. 다만 사업시행자의 동의를 받거나

제40조 및 공익사업을 위한 토지 등의 취득 및 보상에 관한 법률(이하 '토지보상법'이라 한다)에 따른 손실보상이 완료되지 아니한 권리자의 경우에는 그러하지 아니하다.'고 정한다. 토지보상법 제78조 등에서 정한 주거이전비, 이주정착금, 이사비(이하 '주거이전비 등'이라 한다)는 구 도시정비법 제49조 제6항 단서의 '토지보상법에 따른 손실보상'에 해당한다. 주택재개발사업의 사업시행자가 공사에 착수하기 위하여 현금청산대상자나 세입자로부터 정비구역 내 토지 또는 건축물을 인도받으려면 협의나 재결절차 등에 따라 결정되는 주거이전비 등도 지급할 것이 요구된다.

주거이전비 등은 토지보상법 제78조와 관계 법령에서 정하는 요건을 충족하면 당연히 발생하고 그에 관한 보상청구소송은 행정소송법 제3조 제2호에서 정하는 당사자소송으로 해야 한다. 사업시행자는 협의나 재결절차를 거칠 필요 없이 현금청산대상자나 세입자에게 주거이전비 등을 직접 지급하거나 현금청산대상자나 세입자가 지급을 받지 않거나 받을 수 없을 때에는 민법 제487조에 따라 변제공탁을 할 수도 있다. 주택재개발사업의 사업시행자가 관리처분계획의 인가·고시 후 현금청산대상자나 세입자에 대하여 토지나 건축물에 관한 인도청구의 소를 제기하고 현금청산대상자나 세입자가 그 소송에서 주거이전비 등에 대한 손실보상을 받지 못하였다는 이유로 인도를 거절하는 항변을 하는 경우, 이를 심리하는 법원은 사업시행자가 협의나 재결절차를 거치지 않더라도 주거이전비 등을 지급하였거나 공탁하였다는 사정을 인정할 수 있으면 주거이전비 등의 지급절차가 선행되었다고 보아 사업시행자의 인도청구를 인정할 수 있다.

10. 대판 2023.7.27, 2022두44392 [주거이전비등] 〈주택재개발 정비구역 내의 주거용 주택에 거주하였던 자들이 사업시행자에 대하여 주거이전비 등의 지급을 구한 사건〉 – 무상으로 사용하는 거주자도 세입자로서 주거이전비 지급 대상이 됨.

【판시사항】

[1] 구 공익사업을 위한 토지 등의 취득 및 보상에 관한 법률 시행규칙 제54조 제2항의 '세입자'에 주거용 건축물을 무상으로 사용하는 거주자도 포함되는지 여부(적극)

[2] 구 공익사업을 위한 토지 등의 취득 및 보상에 관한 법률 시행규칙 제54조 제2항에 따른 주거이전비 지급요건인 '정비사업의 시행으로 인하여 이주하게 되는 경우'에 해당하는지 판단하는 기준 및 이에 대한 증명책임의 소재(= 주거이전비의 지급을 구하는 세입자) / 세입자가 사업시행계획 인가 고시일까지 해당 주거용 건축물에 계속 거주하고 있는 경우, 정비사업의 시행으로 인하여 이주하게 되는 경우에 해당하는지 여부(원칙적 적극)

【판결요지】

[1] 구 공익사업을 위한 토지 등의 취득 및 보상에 관한 법률 시행규칙(2016.1.6. 국토교통부령 제272호로 개정되기 전의 것, 이하 '구 토지보상법 시행규칙'이라고 한다) 제54조 제2항의 '세입자'에는 주거용 건축물을 무상으로 사용하는 거주자도 포함된다고 봄이 타당하다. 구체적인 이유는 다음과 같다.

① 구 공익사업을 위한 토지 등의 취득 및 보상에 관한 법률(2022.2.3. 법률 제18828호로 개정되기 전의 것, 이하 '구 토지보상법'이라고 한다) 제78조 제5항은 주거용 건물의 '거주자'에 대하여는 주거 이전에 필요한 비용과 가재도구 등 동산의 운반에 필요한 비용을 산정하여 보상하여야 한다고 규정하여 사용대가의 지급 여부를 구분하지 않고 주거용 건물의 거주자 일반에 대하여 주거이전비 등을 필요적으로 보상하도록 정하고 있다. 구 토지보상법 제78조 제9항은 주거이전비의 보상에 대하여는 국토교통부령이 정하는 기준에 의한다고 규정하고 있으나, 이러한 규정을 살펴보더라도 무상으로 사용하는 거주자를 주거이전비 보상대상에서 일률적으로 배제하는 내용이 규율될 것이라고 예상할 수 없다.

따라서 구 토지보상법 시행규칙 제54조 제2항의 '세입자'에 무상으로 사용하는 거주자가 포함되지 않는다고 볼 경우, 이는 모법 조항의 위임 목적 및 취지와 달리 모법 조항에서 주거이전비 보상대상자로 규정된 자에 대하여 보상 자체를 받을 수 없도록 제한하는 것이어서 모법 조항의 위임 범위를 벗어난 것이 된다.

② 주거이전비는 당해 공익사업 시행지구 안에 거주하는 세입자들의 조기이주를 장려하여 사업추진을 원활하게 하려는 정책적인 목적과 주거이전으로 인하여 특별한 어려움을 겪게 될 세입자들을 대상으로 하는 사회보장적인 차원에서 지급하는 금원인데, 조기이주 장려 및 사회보장적 지원의 필요성이 사용대가의 지급 여부에 따라 달라진다고 보기 어렵다. 이와 같은 제도의 취지에 비추어 보더라도 보상대상자의 범위에서 무상으로 사용하는 거주자를 배제하는 것은 타당하지 않다.

③ 주거이전비와 이사비는 모두 구 토지보상법 제78조 제5항에 따라 보상되는 것으로 제도의 취지도 동일하다. 이사비의 경우 무상으로 사용하는 거주자도 보상대상에 포함됨에 이론이 없고, 양자를 달리 취급할 합리적인 이유를 발견하기 어려우므로, 주거이전비의 경우에도 보상대상에 무상으로 사용하는 거주자가 포함된다고 보는 것이 형평에 부합한다.

④ 구 토지보상법 시행규칙 제54조 제2항의 '세입자'에 무상으로 사용하는 거주자도 포함된다고 보는 해석은 상위법령의 위임 범위와 제도의 취지, 구체적 타당성을 고려한 결과이다. 위 조항이 '세입자'라는 문언을 사용한 것은 같은 조 제1항의 '소유자'의 경우와 구분하기 위한 것으로 볼 수 있으므로, 위와 같은 해석이 문언의 가능한 의미를 벗어났다고 볼 것은 아니다.

⑤ 공익사업을 위한 토지 등의 취득 및 보상에 관한 법률 시행규칙이 2020.12.11. 국토교통부령 제788호로 개정되면서 제54조 제2항의 주거용 건축물의 세입자에 '무상으로 사용하는 거주자'도 포함됨이 명시되었다. 앞서 살펴 본 사정에 더하여 개정 조항이 '세입자'라는 문언을 그대로 유지하면서 괄호 안에서 무상으로 사용하는 거주자가 '세입자'에 포함된다고 추가한 점 등에 비추어 볼 때, 위와 같은 개정 조항은 기존 법령의 규정 내용으로부터 도출되는 사항을 주의적·확인적으로 규정한 것이라고 봄이 타당하다.

[2] 구 공익사업을 위한 토지 등의 취득 및 보상에 관한 법률 시행규칙(2016.1.6. 국토교통부령 제272호로 개정되기 전의 것) 제54조 제2항에 의해 주거이전비 보상의 대상이 되기 위해서는 해당 세입자가 공익사업인 정비사업의 시행으로 인하여 이주하게 되는 경우여야 하는데, 여기서 '정비사업의 시행으로 인하여 이주하게 되는 경우'에 해당하는지는 세입자의 점유권원의 성격, 세입자와 건축물 소유자와의 관계, 계약기간의 종기 및 갱신 여부, 실제 거주기간, 세입자의 이주시점 등을 종합적으로 고려하여 판단하여야 한다. 이러한 주거이전비 지급요건을 충족하는지는 주거이전비의 지급을 구하는 세입자 측에 주장·증명책임이 있다고 할 것이나, 세입자에 대한 주거이전비의 보상 방법 및 금액 등의 보상내용은 원칙적으로 사업시행계획 인가고시일에 확정되므로, 세입자가 사업시행계획 인가고시일까지 해당 주거용 건축물에 계속 거주하고 있었다면 특별한 사정이 없는 한 정비사업의 시행으로 인하여 이주하게 되는 경우에 해당한다고 보는 것이 타당하다.

11. 대판 2023.8.18, 2021다249810 [부당이득금] 〈토지보상법에 따른 지장물 보상을 한 사업시행자가 현금청산대상자에 대하여 이전대상 건물 및 토지의 점유로 인한 부당이득반환을 구하는 사건〉 – 손실보상이 완료되기 위해서는 협의나 수용재결 등에 따른 주거이전비 등의 지급이 이루어져야 하는지 여부(적극) 또한 주거이전비 지급이 이루어지지 않은 경우 사용수익을 계속할 수 있고, 불법점유로 인한 손해배상책임 없음.

【판시사항】

[1] 타인 소유의 토지 위에 권원 없이 건물을 소유하는 자는 그 자체로 법률상 원인 없이 타인에게 토지 차임 상당의 손해를 주고 있는 것인지 여부(원칙적 적극)

[2] 간접점유에서 점유매개관계를 이루는 임대차계약 등이 종료된 이후에도 직접점유자가 목적물을 점유한 채 이를 반환하지 않고 있는 경우, 간접점유의 점유매개관계가 단절되는지 여부(소극)

[3] '도시 및 주거환경정비법'에 따른 정비사업의 시행자가 지장물에 관하여 '공익사업을 위한 토지 등의 취득 및 보상에 관한 법률' 제75조 제1항 단서 제1호 또는 제2호에 따라 지장물의 가격으로 보상한 경우, 지장물의 소유자는 같은 법 제43조에 따라 사업시행자에게 지장물을 인도할 의무가 있는지 여부(원칙적 적극)

[4] '도시 및 주거환경정비법' 제81조 제1항 단서 제2호에서 정한 '공익사업을 위한 토지 등의 취득 및 보상에 관한 법률'에 따른 손실보상이 완료되기 위해서는 협의나 수용재결 등에 따른 주거이전비 등의 지급이 이루어져야 하는지 여부(적극) 및 주거이전비 등의 지급이 이루어지지 않은 경우, 관리처분계획의 인가·고시가 있더라도 종전 토지 또는 건축물의 소유자·임차권자 등 권리자가 종전 토지나 건축물을 사용·수익할 수 있는지 여부(적극) / 주거이전비 등을 지급할 의무가 있는 사업시행자가 종전 토지나 건축물을 사용·수익하고 있는 현금청산대상자를 상대로 불법점유로 인한 손해배상을 청구할 수 있는지 여부(소극)

[5] 갑 주택재개발정비사업조합이 시행하는 정비사업을 위하여 지방토지수용위원회가 을 등이 소유하는 토지를 수용하고 지장물로 분류된 그 지상 건물을 이전하는 내용의 수용재결을 함에 따라, 갑 조합이 을 등을 피공탁자로 하여 수용재결에 따른 손실보상금을 공탁한 다음, 위 토지 및 건물에 관하여 수용을 원인으로 하는 소유권이전등기를 마쳤는데, 수용재결 전 을 등으로부터 위 건물의 각 층을 임차한 병 등 임차인들이 수용개시일 이후에도 임차부분을 더 점유·사용하다가 퇴거하자, 갑 조합이 수용을 통해 소유권을 취득한 후에도 을 등이 위 토지와 건물을 불법점유하였다며 을 등을 상대로 차임 상당의 손해배상을 구한 사안에서, 위 건물은 지장물 보상대상으로 분류되어 이전할 대상이 되었을 뿐 소유권이 여전히 을 등에게 있고, 설령 갑 조합이 위 건물을 수용으로 원시취득하였다고 보더라도 을 등은 수용개시일 이후에도 임차인들을 통해 위 건물을 간접점유하고 있었다고 볼 수 있으므로, 결국 을 등은 갑 조합이 토지를 수용한 이후에도 건물의 소유를 위하여 대지인 토지를 권원 없이 점유하고 있었고, 손실보상 이후 위 토지 외에 지장물인 건물을 갑 조합에 인도할 의무도 있었으므로, 임차인들에게 임대보증금을 반환하면서 적시 인도를 위해 노력했다는 등의 특별한 사정이 없는 한, 을 등은 갑 조합에 인도하지 않은 토지의 차임 상당액 등의 손해를 배상할 의무가 있다고 볼 수 있는데도, 이와 달리 보아 갑 조합의 청구를 배척한 원심판단에 법리오해 등의 잘못이 있다고 한 사례

【판결요지】
[1] 사회통념상 건물은 그 부지를 떠나서는 존재할 수 없으므로 건물의 부지가 된 토지는 그 건물의 소유자가 점유하는 것으로 볼 것이고, 이 경우 건물의 소유자가 현실적으로 건물이나 그 부지를 점거하고 있지 아니하고 있더라도 건물의 소유를 위하여 그 부지를 점유한다고 볼 수 있다. 따라서 타인 소유의 토지 위에 권원 없이 건물을 소유하는 자는 그 자체로써 건물 부지가 된 토지를 점유하고 있는 것이므로 특별한 사정이 없는 한 법률상 원인 없이 타인의 재산으로 인하여 토지의 차임에 상당하는 이익을 얻고 이로 인하여 타인에게 동액 상당의 손해를 주고 있다고 할 것이다.
[2] 민법상 간접점유를 인정하기 위해서는 간접점유자와 직접점유를 하는 자 사이에 일정한 법률관계, 즉 점유매개관계가 필요한데 간접점유에서 점유매개관계를 이루는 임대차계약 등이 해지 등의 사유로 종료되더라도 직접점유자가 목적물을 반환하기 전까지는 간접점유자의 직접점유자에 대한 반환청구권이 소멸하지 않는다. 따라서 점유매개관계를 이루는 임대차계약 등이 종료된 이후에도 직접점유자가 목적물을 점유한 채 이를 반환하지 않고 있는 경우에는, 간접점유자의 반환청구권이 소멸한 것이 아니므로 간접점유의 점유매개관계가 단절된다고 할 수 없다.
[3] '도시 및 주거환경정비법'(이하 '도시정비법'이라 한다) 제65조 제1항에 따라 준용되는 '공익사업을 위한 토지 등의 취득 및 보상에 관한 법률'(이하 '토지보상법'이라 한다) 제43조는 "토지소유자 및

관계인과 그 밖에 토지소유자나 관계인에 포함되지 아니하는 자로서 수용하거나 사용할 토지나 그 토지에 있는 물건에 관한 권리를 가진 자는 수용 또는 사용의 개시일까지 그 토지나 물건을 사업시행자에게 인도하거나 이전하여야 한다.”라고 규정하고 있다. 정비사업의 시행자가 사업시행에 방해가 되는 지장물에 관하여 토지보상법 제75조 제1항 단서 제1호 또는 제2호에 따라 물건의 가격으로 보상한 경우, 사업시행자가 당해 물건을 취득하는 위 단서 제3호와 달리 수용의 절차를 거치지 아니한 이상 사업시행자가 그 보상만으로 당해 물건의 소유권까지 취득한다고 보기는 어렵지만, 지장물의 소유자가 ‘공익사업을 위한 토지 등의 취득 및 보상에 관한 법률 시행규칙’ 제33조 제4항 단서에 따라 스스로의 비용으로 철거하겠다고 하는 등 특별한 사정이 없는 한 사업시행자는 자신의 비용으로 이를 제거할 수 있고, 지장물의 소유자는 사업시행자의 지장물 제거와 그 과정에서 발생하는 물건의 가치 상실을 수인하여야 할 지위에 있다. 따라서 사업시행자가 지장물에 관하여 토지보상법 제75조 제1항 단서 제1호 또는 제2호에 따라 지장물의 가격으로 보상한 경우 특별한 사정이 없는 한 지장물의 소유자는 사업시행자에게 지장물을 인도할 의무가 있다.

[4] ‘도시 및 주거환경정비법’ 제81조 제1항 단서 제2호에서 정한 ‘공익사업을 위한 토지 등의 취득 및 보상에 관한 법률’에 따른 손실보상이 완료되려면 협의나 수용재결에서 정해진 토지나 건축물 등에 대한 보상금의 지급 또는 공탁뿐만 아니라 주거이전비 등에 대한 지급절차까지 이루어져야 한다. 만일 협의나 재결절차 등에 따라 주거이전비 등의 지급절차가 이루어지지 않았다면, 관리처분계획의 인가·고시가 있더라도 종전의 토지 또는 건축물의 소유자·임차권자 등 권리자는 종전의 토지나 건축물을 사용·수익할 수 있다. 위와 같이 주거이전비 등을 지급할 의무가 있는 사업시행자가 종전 토지나 건축물을 사용·수익하고 있는 현금청산대상자를 상대로 불법점유로 인한 손해배상을 청구하는 것은 허용되지 않는다.

[5] 갑 주택재개발정비사업조합이 시행하는 정비사업을 위하여 지방토지수용위원회가 을 등이 소유하는 토지를 수용하고 지장물로 분류된 그 지상 건물을 이전하는 내용의 수용재결을 함에 따라, 갑 조합이 을 등을 피공탁자로 하여 수용재결에 따른 손실보상금을 공탁한 다음, 위 토지 및 건물에 관하여 수용을 원인으로 하는 소유권이전등기를 마쳤는데, 수용재결 전 을 등으로부터 위 건물의 각 층을 임차한 병 등 임차인들이 수용개시일 이후에도 임차부분을 더 점유·사용하다가 퇴거하자, 갑 조합이 수용을 통해 소유권을 취득한 후에도 을 등이 위 토지와 건물을 불법점유하였다며 을 등을 상대로 차임 상당의 손해배상을 구한 사안에서, 위 건물은 지장물 보상대상으로 분류되어 이전할 대상이 되었을 뿐 사업시행자가 해당 물건을 취득하는 수용재결이 내려지지 않았으므로 위 건물의 소유권은 여전히 을 등에게 있고, 설령 갑 조합이 위 건물을 수용으로 원시취득하였다고 보더라도 ‘도시 및 주거환경정비법’ 제70조 제1항 및 제81조 제1항에 따르면 종전 토지 또는 건축물의 소유자·임차권자 등 권리자는 손실보상이 완료되기 전까지 계속 그 토지나 건축물을 사용·수익할 수 있고 임차권자는 그의 선택에 따라 임대차계약을 해지할 수 있을 뿐이며, 점유매개관계를 이루는 임대차계약 등이 종료된 이후에도 직접점유자가 목적물을 점유한 채 이를 반환하지 않고 있는 경우에는 간접점유의 점유매개관계가 단절된다고 할 수 없으므로, 갑 조합의 건물 소유권 취득만으로 을 등과 임차인들 사이의 임대차계약이 공익사업을 위한 토지 등의 취득 및 보상에 관한 법률 제45조 제1항에 따라 곧바로 소멸된다고 볼 수는 없고, 을 등은 수용개시일 이후에도 임차인들을 통해 위 건물을 간접점유하고 있었다고 볼 수 있으므로, 결국 을 등은 갑 조합이 토지를 수용한 이후에도 건물의 소유를 위하여 대지인 토지를 권원 없이 점유하고 있었고, 손실보상 이후 위 토지 외에 지장물인 건물을 갑 조합에 인도할 의무도 있었으므로, 임차인들에게 임대보증금을 반환하면서 적시 인도를 위해 노력했다는 등의 특별한 사정이 없는 한, 을 등은 갑 조합에 인도하지 않은 토지의 차임 상당액 등의 손해를 배상할 의무가 있다고 볼 수 있는데도, 이와 달리 보아 갑 조합의 청구를 배척한 원심판단에 법리오해 등의 잘못이 있다고 한 사례

쟁점 55　주거용 건축물의 보상 특례 관련 쟁점사항　　B급

I　개설

주거용 건축물에 대하여는 최저 보상의 한계 등을 정하여, 철거 대상자의 생계 대책을 기하고 공익사업의 원활화를 위해 사회정책적 보상을 하도록 하고 있다. 결국 이는 주거의 총체적 가치를 보장하기 위한 것으로 생활보상의 성격을 지닌다.

II　주거용건축물 보상특례 규정

1. 비준가격보상(토지보상법 시행규칙 제33조 제2항)

건축물의 가격은 원가법으로 평가한다. 다만, 주거용 건축물에 있어서는 거래사례비교법에 의하여 평가한 금액(공익사업의 시행에 따라 이주대책을 수립·실시하거나 주택입주권 등을 당해 건축물의 소유자에게 주는 경우 또는 개발제한구역 안에서 이전이 허용되는 경우에 있어서의 당해 사유로 인한 가격상승분은 제외하고 평가한 금액을 말함)이 원가법에 의하여 평가한 금액보다 큰 경우와 「집합건물의 소유 및 관리에 관한 법률」에 의한 구분소유권의 대상이 되는 건물의 가격은 거래사례비교법으로 평가한다.

2. 최저보상액 600만원 보상(토지보상법 시행규칙 제58조 제1항)

주거용 건축물로서 평가한 금액이 6백만원 미만인 경우 그 보상액은 6백만원으로 한다. 다만, 무허가건축물등에 대하여는 그러하지 아니하다. 그러나 1989년 1월 24일 당시의 무허가건축물등에 대하여는 적법한 건축물로 본다고 규정하고 있으므로(규칙 부칙 제5조), 당시 무허가건축물에 대해서도 이 특례규정이 적용된다.

3. 재편입 시 가산금지급(토지보상법 시행규칙 제58조 제2항)

공익사업의 시행으로 인하여 주거용 건축물에 대한 보상을 받은 자가 그 후 당해 공익사업시행지구 밖의 지역에서 매입하거나 건축하여 소유하고 있는 주거용 건축물이 그 보상일부터 20년 이내에 다른 공익사업시행지구에 편입되는 경우 그 주거용 건축물 및 그 대지(보상을 받기 이전부터 소유하고 있던 대지 또는 다른 사람 소유의 대지 위에 건축한 경우에는 주거용 건축물에 한함)에 대하여는 당해 평가액의 30퍼센트를 가산하여 보상한다. 다만, 무허가건축물등을 매입 또는 건축한 경우와 다른 공익사업의 사업인정고시일등 또는 다른 공익사업을 위한 관계 법령에 의한 고시 등이 있은 날 이후에 매입 또는 건축한 경우에는 그러하지 아니하다. 그러나 1989년 1월 24일 당시의 무허가건축물등에 대하여는 적법한 건축물로 본다고 규정하고 있으므로(규칙 부칙 제5조), 당시 무허가건축물에 대해서도 이 특례규정이 적용된다. 이 규정에 의한 가산금이 1천만원을 초과하는 경우에는 1천만원으로 한다(시행규칙 제58조 제3항).

4. 주거이전비의 보상(토지보상법 시행규칙 제54조)

(1) 소유자에 대한 주거이전비 보상

공익사업시행지구에 편입되는 주거용 건축물의 소유자에 대하여는 해당 건축물에 대한 보상을 하는 때에 가구원수에 따라 2개월분의 주거이전비를 보상하여야 한다. 다만, 건축물의 소유자가 해당 건축물 또는 공익사업시행지구 내 타인의 건축물에 실제 거주하고 있지 아니하거나 해당 건축물이 무허가건축물등인 경우에는 그러하지 아니하다(동법 시행규칙 제54조 제1항).

(2) 세입자에 대한 주거이전비 보상

공익사업의 시행으로 인하여 이주하게 되는 주거용 건축물의 세입자(법 제78조 제1항에 따른 이주대책대상자인 세입자는 제외한다)로서 사업인정고시일등 당시 또는 공익사업을 위한 관계법령에 의한 고시 등이 있은 당시 해당 공익사업시행지구 안에서 3개월 이상 거주한 자에 대하여는 가구원수에 따라 4개월분의 주거이전비를 보상하여야 한다. 다만, 무허가건축물등에 입주한 세입자로서 사업 인정고시일등 당시 또는 공익사업을 위한 관계법령에 의한 고시 등이 있은 당시 그 공익사업지구 안에서 1년 이상 거주한 세입자에 대하여는 본문에 따라 주거 이전비를 보상해야 한다(동법 시행규칙 제54조 제2항).

(3) 주거이전비 산정방법

주거이전비는 「통계법」 제3조 제3호에 따른 통계작성기관이 조사·발표하는 가계조사통계의 도시근로자가구의 가구원수별 월평균 명목 가계지출비(이하 "월 평균 가계지출비"라 한다)를 기준으로 산정한다(동법 시행규칙 제54조 제4항).

5. 이사비(토지보상법 시행규칙 제55조)

공익사업시행지구에 편입되는 주거용 건축물의 거주자가 해당 공익사업시행지구 밖으로 이사를 하는 경우에는 이사비(가재도구 등 동산의 운반에 필요한 비용)를 보상하여야 한다.

6. 이주정착금

(1) 이주정착금의 지급(토지보상법 시행령 제41조)

사업시행자는 법 제78조 제1항에 따라 ① 이주대책을 수립·실시하지 아니하는 경우, ② 이주대책대상자가 이주정착지가 아닌 다른 지역으로 이주하려는 경우, ③ 이주대책대상자가 공익사업을 위한 관계 법령에 따른 고시 등이 있은 날의 1년 전부터 계약체결일 또는 수용재결일까지 계속하여 해당 건축물에 거주하지 않은 경우, ④ 이주대책대상자가 공익사업을 위한 관계 법령에 따른 고시 등이 있은 날 당시 국토교통부, 사업시행자 등에 소속되어 있거나 퇴직한 날부터 3년이 경과하지 않은 경우 중 어느 하나에 해당하는 경우에는 이주대책대상자에게 국토교통부령으로 정하는 바에 따라 이주정착금을 지급해야 한다.

(2) 이주정착금 보상(토지보상법 시행규칙 제53조)

사업시행자는 부득이한 사유의 경우 이주정착금으로 보상한다. 부득이한 사유라 함은 ①
공익사업시행지구의 인근에 택지 조성에 적합한 토지가 없는 경우, ② 이주대책에 필요한
비용이 당해 공익사업의 본래의 목적을 위한 소요비용을 초과하는 등 이주대책의 수립·
실시로 인하여 당해 공익사업의 시행이 사실상 곤란하게 되는 경우를 말한다.

이때, 이주정착금은 보상대상인 주거용 건축물에 대한 평가액의 30퍼센트에 해당하는 금
액으로 하되, 그 금액이 1천2백만원 미만인 경우에는 1천2백만원으로 하고, 2천4백만원을
초과하는 경우에는 2천4백만원으로 한다.

쟁점 56 공익사업시행지구 밖의 간접보상(간접손실보상)　　A급

I　간접손실보상의 개관

1. 의의

간접손실이란 공익사업의 시행으로 인하여 사업시행지 밖의 재산권자에게 필연적으로 발생하는 손실을 말하며, 사업시행지역 내의 토지소유자가 입은 부대적 손실과 구별된다. 간접손실보상은 이러한 간접손실을 보상하는 것을 말한다.

2. 종류(유형)

① 지역경제, 사회적 구조가 변경되어 발생하는 사회적·경제적 손실보상인 간접손실보상과, ② 공사 중의 소음, 진동, 용수고갈 등으로 인한 물리적·기술적 손실인 간접침해보상이 있다. 이하에서는 사회적·경제적 손실인 간접손실보상을 중심으로 논의하도록 한다(다만, 최근 대법원 판례(2019.11.28, 2018두227)에서는 손실보상의 제척기간 안이라면 손실보상으로 하고, 손실보상의 제척기간이 경과하였으면 손해배상으로 처리토록 판시하고 있어, 간접손실과 간접침해보상을 하나로 묶어서 논리를 전개하고 있다).

3. 간접손실의 법적 성질

간접손실의 법적 성질에 대해 손해배상설, 손실보상설, 결과책임설 등이 주장되고 있으나, 간접손실보상은 기본적으로 손실보상으로 이해하는 것이 타당하다. 다만, 예견·용인된 범위를 넘는 피해에 대해서는 손실보상이 아니라 손해배상으로 파악함이 합리적이다.

II　간접손실보상의 근거

1. 이론적 근거

간접손실도 공익사업이 원인이 되어 발생한 것이므로 특별한 희생에 해당하는 경우에는 사유재산의 보장과 공적부담 앞의 평등의 원칙상 보상하여야 한다. 따라서 간접손실보상도 손실보상의 개념에 포함되는 것으로 보아야 한다.

2. 헌법적 근거

(1) 문제점

간접손실보상이 헌법 제23조 제3항의 손실보상에 포함되는지가 문제된다.

(2) 학설

① **부정설** : 이 견해는 헌법 제23조 제3항은 공용침해로 인하여 재산권자에게 직접적으로 발생한 손실만을 보상하는 것으로 규정하고 있다고 보며 간접손실보상은 규율대상으로 하지 않는다고 보는 견해이다.

② **긍정설** : 간접손실도 적법한 공용침해에 의해 필연적으로 발생한 손실이므로 손실보상의 개념에 포함시키고, 헌법 제23조 제3항의 손실보상에도 포함시키는 것이 타당하다는 견해이다.

(3) 판례

판례는 간접손실을 헌법 제23조 제3항에서 규정한 손실보상의 대상이 된다고 보고 있다.

(4) 검토

간접손실도 적법한 공용침해로 인하여 예견되는 손실이고, 헌법 제23조 제3항을 손실보상의 일반적 규정으로 보는 것이 타당하므로, 간접손실보상을 헌법 제23조 제3항의 손실보상에 포함시키는 것이 타당하다.

3. 법률적 근거

헌법적 근거로 헌법 제23조 제3항과 제34조를 들 수 있으며, 토지보상법은 제79조 제2항 및 동법 시행규칙 제59조 내지 제65조 등에서 규정하고 있다.

Ⅲ 간접손실보상의 요건

1. 간접손실이 발생할 것

간접손실이 되기 위하여는 ① 공익사업의 시행으로 공익사업시행지구 밖의 토지소유자 등(제3자)이 입은 손실이어야 하고, ② 그 손실이 공익사업의 시행으로 인하여 발생하리라는 것이 예견가능해야 하고, ③ 그 손실의 범위가 구체적으로 특정될 수 있어야 한다.

2. 재산권에 대한 특별한 희생의 발생

사회적 제약을 넘는 특별한 희생이 발생해야 한다. 특별한 희생의 발생 여부는 형식설과 실질설을 모두 고려하여 판단하여야 한다.

3. 보상규정의 존재

토지보상법 제79조 제2항은 "공익사업이 시행되는 지역 밖에 있는 토지 등이 공익사업의 시행으로 인하여 본래의 기능을 다할 수 없게 된 경우에는 국토교통부령으로 정하는 바에 따라 그 손실을 보상하여야 한다."라고 규정하고 있는바 이에는 간접손실이 포함된다. 또한 이 수권규정에 의하여 동법 시행규칙 제59조 내지 제65조는 간접손실보상을 규정하고 있다.

Ⅳ 토지보상법 시행규칙상의 간접손실보상의 내용(종류)

1. 공익사업시행지구 밖의 대지 등에 대한 보상(시행규칙 제59조)

대지, 건축물, 분묘 또는 농지가 공익사업의 시행으로 인하여 산지나 하천 등에 둘러싸여 교통이 두절되거나 경작이 불가능하게 된 경우, 그 소유자의 청구에 의해 보상한다. 도로, 도선시설의 설치로 보상에 갈음할 수 있다.

2. 공익사업시행지구 밖의 건축물에 대한 보상(시행규칙 제60조)

소유농지의 대부분이 공익사업시행지구에 편입됨으로써 건축물만이 공익사업시행지구 밖에 남아 매매가 불가능하고 이주가 부득이한 경우에는 그 소유자의 청구에 의하여 보상하여야 한다.

3. 소수잔존자에 대한 보상(시행규칙 제61조)

1개 마을의 주거용 건축물이 대부분 공익사업시행지구에 편입됨으로써 잔여 주거용 건축물 거주자의 생활환경이 현저히 불편하게 되어 이주가 부득이한 경우에는 해당 소유자의 청구에 의해 토지 등을 보상하여야 한다.

4. 공익사업시행지구 밖의 공작물 등에 대한 보상(시행규칙 제62조)

공작물 등이 공익사업의 시행으로 인하여 그 본래의 기능을 다할 수 없게 되는 경우에는 그 소유자의 청구에 의해 보상하여야 한다.

5. 공익사업시행지구 밖의 어업의 피해에 대한 보상(시행규칙 제63조)

공익사업시행지구 인근에 있는 어업에 피해가 발생한 경우 사업시행자는 실제 피해액을 확인할 수 있는 때에 그 피해에 대하여 보상하여야 한다. 이 경우 실제 피해액은 감소된 어획량 및 평년수입액 등을 참작하여 평가한다.

6. 공익사업시행지구 밖의 영업손실에 대한 보상(시행규칙 제64조)

영업손실의 보상대상이 되는 영업을 하고 있는 자가 배후지의 2/3 이상이 상실되어 그 장소에서 영업을 계속할 수 없는 경우, 진출입로의 단절, 그 밖의 부득이한 사유로 인하여 일정기간 동안 휴업이 불가피한 경우에는 그 영업자의 청구에 의하여 보상하여야 한다.

7. 공익사업시행지구 밖의 농업의 손실에 대한 보상(시행규칙 제65조)

경작농지의 2/3 이상 면적이 편입되어 해당 지역에서 영농을 계속할 수 없게 된 농민에 대하여는 공익사업시행지구 밖에서 그가 경작하고 있는 농지에 대해서도 영농손실액을 보상하여야 한다.

Ⅴ 간접손실보상에 대한 권리구제

1. 개설

토지보상법 시행규칙 제59조~제65조까지의 간접손실에 해당되는지 여부를 살펴보고, 이에 해당되는 경우에는 토지보상법상 불복 절차를 따르고, 보상규정이 없는 경우에는 간접손실보상규정 흠결에 대한 학설과 판례 논의로 그 해결책을 고찰하여 보기로 한다.

2. 보상규정이 있는 경우

(1) 토지보상법상 절차

토지보상법 시행규칙 제59조부터 제65조에 해당되는 경우에는 토지보상법 제80조에서 손실보상에 대하여 사업시행자와 손실을 입은 자가 협의하되, 협의가 성립되지 않을 때는 사업시행자나 손실을 입은 자는 관할 토지수용위원회에 재결을 신청하여 보상문제를 해결하도록 하고 있다.

(2) 재결의 불복

재결의 불복방법에 대해 현행 토지보상법에서는 명시적인 규정은 없으나, 최근 토지보상법 제79조 제2항의 불복은 행정소송으로 하도록 하는 판례가 등장하였다. 또한 토지보상법 제34조 재결에 대해서는 재결의 불복 규정을 따르도록 하고 있으므로, 관할 토지수용위원회의 보상재결에 대해 불복하고자 할 때에는 토지보상법 제83조의 이의신청 및 제85조 제2항에서 규정하고 있는 보상금증감청구소송을 제기함이 타당하다.

3. 간접손실보상에 대해 보상규정이 결여된 경우(흠결)

(1) 문제점

보상규정이 없는 간접손실의 보상 여부 및 보상근거가 없는 간접손실의 보상근거에 관하여 다음과 같이 견해가 대립한다.

(2) 학설

① 보상부정설

토지보상법 시행규칙 제59조 이하의 간접손실규정을 제한적 열거규정으로 보고, 동 규정에 의해 간접손실의 문제가 전부 해결된 것으로 보며, 동 규정에서 규정하지 않은 간접손실은 보상의 대상이 되지 않는다고 보는 견해이다.

② 유추적용설

공공사업의 시행결과 공공사업의 시행지 밖에서 발생한 간접손실에 대하여 사업시행자와 협의가 이루어지지 아니하고, 그 보상에 관한 명문의 법령이 없는 경우, 간접손실보상에 관한 규정을 유추적용하여 사업시행자에게 보상을 청구할 수 있다고 보는 견해이다.

③ 헌법 제23조 제3항의 직접적용설

손실보상에 관하여 헌법 제23조 제3항의 직접효력을 인정하고, 간접손실도 제23조 제3항의 손실보상의 범위에 포함된다고 본다면 보상규정이 없는 간접손실에 대하여는 헌법 제23조 제3항에 근거하여 보상청구권이 인정된다고 보는 견해이다.

④ 평등원칙 및 재산권 보장규정근거설

공적부담 앞의 평등원칙 및 재산권 보장규정이 손실보상의 직접적 근거가 될 수 있다면 간접손실도 헌법상 평등원칙 및 재산권 보장규정에 근거하여 보상해 주어야 한다는 견해이다.

⑤ 수용적 침해이론

간접손실을 수용적 침해로 보고 독일법상의 수용적 침해이론을 적용하여 구제해 주어야 한다는 견해이다.

⑥ 손해배상설

간접손실에 대하여 명문의 보상규정이 없는 경우에는 손해배상을 청구하여야 한다는 견해이다.

⑦ 행정입법부작위위헌설

토지보상법 제79조 제2항은 간접손실 보상의 원칙을 규정하면서 간접손실 보상의 기준 및 내용을 국토교통부령에 위임하고 있으므로 토지보상법 시행규칙에서 간접손실보상을 규정하여야 할 행정입법의무가 있고, 간접손실보상을 규정하고 있지 않는 것은 위법한 행정입법부작위에 해당하고, 이에 대해 행정입법부작위 위법의 확인을 구하는 헌법소원을 제기할 수 있다는 견해이다.

(3) 대법원 판례(대판 1999.10.8, 99다27231)

> 헌법 제23조 제3항은 "공공필요에 의한 재산권의 수용·사용 또는 제한 및 그에 대한 보상은 법률로써 하되, 정당한 보상을 지급하여야 한다."고 규정하고 있고, 이에 따라 국민의 재산권을 침해하는 행위 그 자체는 반드시 형식적 법률에 근거하여야 하며, 토지수용법 등의 개별 법률에서 공익사업에 필요한 재산권 침해의 근거와 아울러 그로 인한 손실보상규정을 두고 있는 점, 공특법 제3조 제1항은 "공공사업을 위한 토지 등의 취득 또는 사용으로 인하여 토지 등의 소유자가 입은 손실은 사업시행자가 이를 보상하여야 한다."고 규정하고, 공공사업시행지구 밖에 위치한 영업과 공작물 등에 대한 간접손실에 대하여도 일정한 조건하에서 이를 보상하도록 규정하고 있는 점에 비추어, 공공사업의 시행으로 인하여 그러한 손실이 발생하리라는 것을 쉽게 예견할 수 있고 그 손실의 범위도 구체적으로 이를 특정할 수 있는 경우라면 그 손실의 보상에 관하여 공특법 시행규칙의 관련 규정 등을 유추적용할 수 있다고 해석함이 상당하다.

명문의 근거법령이 없는 경우라고 하더라도, ㉠ 간접손실이 공익사업의 시행으로 인하여 사업지 이외의 토지소유자가 입은 손실이고, ㉡ 그 손실의 범위를 구체적으로 특정할 수 있고, ㉢ 손실이 발생하리라는 것을 쉽게 예견할 수 있는 경우라면, ㉣ 그 손실보상에 관하여 헌법 제23조 및 관련 규정들을 유추적용할 수 있다고 판시한 바 있다.

(4) 검토

간접손실도 헌법 제23조 제3항의 손실보상의 범주에 포함되므로 예견, 특정가능성이 인정된다면 헌법 제23조 제3항을 근거로 하여 손실보상을 청구할 수 있다고 판단된다. 이 경우 구체적인 보상액은 토지보상법 관련규정들을 유추 적용하여 보상하는 것이 타당하다고 생각된다.

쟁점 **57** **간접침해보상**   C급

Ⅰ 간접침해보상의 의의 및 유형

공익사업시행지구 밖의 물리적·기술적 손실에 대한 보상을 말하며, 간접침해의 유형으로는 공익사업으로 인한 소음, 진동, 먼지 등에 의한 침해와 환경오염 및 용수고갈 등으로 인한 손실, 일조권 침해 등이 있다.

Ⅱ 간접침해보상 가능성

1. 보상규정의 존재 여부

현행 토지보상법 등에서는 간접침해보상에 대한 명문의 규정이 없다.

2. 간접침해를 손실보상의 대상인 간접손실로 볼 수 있는지 여부

(1) 문제점

간접침해를 손실보상의 대상인 간접손실로 볼 수 있는지 문제되며, 이에 따라 간접침해에 대한 권리구제방법 등이 달라질 수 있다.

(2) 학설

① 원활한 공익사업의 시행과 효율적인 권리구제가 가능하다고 보아 간접침해 역시 손실보상의 대상이 되는 간접손실이라는 견해와, ② 손해배상과 손실보상의 구별기준에 맞지 않으며 간접침해는 발생이 예견되지 않은 경우도 있고 예견되어도 그 손해를 미리 산정하는 것은 통상 어려움이 있어 손해배상의 영역으로 보는 견해가 있다.

(3) 대법원 판례

김포공항 소음피해사건에서는 김포공항의 설치 및 관리에 하자가 있다고 하여 국가배상책임을 인정하였고, 공사 후 공공시설물로부터 공해로 인한 손해가 통상의 수인한도를 넘는 경우 해당 공공시설이 공물이 아닌 경우에 민법상 불법행위책임을 인정했다. 또한 고속도로의 확장으로 인해 소음, 진동이 증가하여 인근 양돈업자가 입은 피해에 대하여는 귀책사유가 없어도 한국도로공사의 손해배상책임을 인정하였다.

(4) 소결

모든 간접침해가 공익사업을 위한 토지 등의 수용단계에서 예견되는 것은 아니며, 예견된다 하더라도 미리 그 손해를 산정하는 것이 통상 어려움이 있는바, 손해배상의 영역으로 봄이 타당하다.

Ⅲ 간접침해에 대한 권리구제

1. 손해배상의 청구가능성

간접침해의 발생에 대한 예견이 어렵고, 손해산정이 어려우므로 사전보상이 어렵기 때문에 손해배상으로 해결한다.

2. 민사상 방해배제의 청구

민법 제217조 제1항에 근거하여 방해배제청구권을 행사할 수 있으나, 간접침해를 받은 사익이 공익사업의 공익성보다 크기는 어려우므로 실제적인 구제수단이 되기는 어렵다.

3. 시민고충처리위원회에 민원제기

간접침해에 대해 시민고충처리위원회에 민원을 접수할 수 있으나, 시민고충처리위원회의 시정권고나 의견표명 등은 직접적인 집행력이 없기 때문에 직접적인 간접침해에 대한 권리구제수단으로는 불완전하다.

4. 환경분쟁조정위원회에 조정신청

환경분쟁조정법상 환경피해는 간접침해의 유형 중 물리적·기술적 침해에 해당하여 환경분쟁조정위원회에 조정을 신청할 수 있으며, 환경분쟁조정위원회는 침해행위와 피해 결과의 인과관계가 성립하고, 그 피해가 수인한도를 넘는 경우 피해배상액을 결정하고 있다. 그러나 명확한 기준이 없어 사안에 따라 달리 적용될 여지가 있고 형평성에 논란이 있을 수 있다.

■ 최근 대법원 판례에서 간접손실보상에 대한 새로운 해석 시각
대법원 2019.11.28, 2018두227 판결[보상금]

【판시사항】

[1] 공익사업을 위한 토지 등의 취득 및 보상에 관한 법률 시행규칙 제64조 제1항 제2호에서 정한 공익사업시행지구 밖 영업손실보상의 요건인 '공익사업의 시행으로 인한 그 밖의 부득이한 사유로 일정 기간 동안 휴업이 불가피한 경우'에 공익사업의 시행 결과로 휴업이 불가피한 경우가 포함되는지 여부(적극)

[2] 실질적으로 같은 내용의 손해에 관하여 공익사업을 위한 토지 등의 취득 및 보상에 관한 법률 제79조 제2항에 따른 손실보상과 환경정책기본법 제44조 제1항에 따른 손해배상청구권이 동시에 성립하는 경우, 영업자가 두 청구권을 동시에 행사할 수 있는지 여부(소극) 및 '해당 사업의 공사완료일로부터 1년'이라는 손실보상 청구기간이 지나 손실보상청구권을 행사할 수 없는 경우에도 손해배상청구가 가능한지 여부(적극)

[3] 공익사업으로 인하여 공익사업시행지구 밖에서 영업을 휴업하는 자가 공익사업을 위한 토지 등의 취득 및 보상에 관한 법률 제34조, 제50조 등에 규정된 재결절차를 거치지 않은 채 곧바로 사업시행자를 상대로 공익사업을 위한 토지 등의 취득 및 보상에 관한 법률 시행규칙 제47조 제1항에 따라 영업손실에 대한 보상을 청구할 수 있는지 여부(소극)

[4] 어떤 보상항목이 공익사업을 위한 토지 등의 취득 및 보상에 관한 법령상 손실보상대상에 해당함에도 관할 토지수용위원회가 사실을 오인하거나 법리를 오해함으로써 손실보상대상에 해당하지 않는다고 잘못된 내용의 재결을 한 경우, 피보상자가 제기할 소송과 그 상대방

【판결요지】

[1] 모든 국민의 재산권은 보장되고, 공공필요에 의한 재산권의 수용 등에 대하여는 정당한 보상을 지급하여야 하는 것이 헌법의 대원칙이고(헌법 제23조), 법률도 그런 취지에서 공익사업의 시행 결과 공익사업의 시행이 공익사업시행지구 밖에 미치는 간접손실 등에 대한 보상의 기준 등에 관하여 상세한 규정을 마련해 두거나 하위법령에 세부사항을 정하도록 위임하고 있다.

이러한 공익사업시행지구 밖의 영업손실은 공익사업의 시행과 동시에 발생하는 경우도 있지만, 공익사업에 따른 공공시설의 설치공사 또는 설치된 공공시설의 가동·운영으로 발생하는 경우도 있어 그 발생원인과 발생시점이 다양하므로, 공익사업시행지구 밖의 영업자가 발생한 영업상 손실의 내용을 구체적으로 특정하여 주장하지 않으면 사업시행자로서는 영업손실보상금 지급의무의 존부와 범위를 구체적으로 알기 어려운 특성이 있다. 공익사업을 위한 토지 등의 취득 및 보상에 관한 법률 제79조 제2항에 따른 손실보상의 기한을 공사완료일부터 1년 이내로 제한하면서도 영업자의 청구에 따라 보상이 이루어지도록 규정한 것[공익사업을 위한 토지 등의 취득 및 보상에 관한 법률 시행규칙(이하 '시행규칙'이라 한다) 제64조 제1항]이나 손실보상의 요건으로서 공익사업시행지구 밖에서 발생하는 영업손실의 발생원인에 관하여 별다른 제한 없이 '그 밖의 부득이한 사유'라는 추상적인 일반조항을 규정한 것(시행규칙 제64조 제1항 제2호)은 간접손실로서 영업손실의 이러한 특성을 고려한 결과이다.

위와 같은 공익사업시행지구 밖 영업손실보상의 특성과 헌법이 정한 '정당한 보상의 원칙'에 비추어 보면, 공익사업시행지구 밖 영업손실보상의 요건인 '공익사업의 시행으로 인한 그 밖의 부득이한 사유로 일정 기간 동안 휴업이 불가피한 경우'란 공익사업의 시행 또는 시행 당시 발생한 사유로 휴업이 불가피한 경우만을 의미하는 것이 아니라 공익사업의 시행 결과, 즉 그 공익사업의 시행으로 설치되는 시설의 형태·구조·사용 등에 기인하여 휴업이 불가피한 경우도 포함된다고 해석함이 타당하다.

[2] 공익사업을 위한 토지 등의 취득 및 보상에 관한 법률(이하 '토지보상법'이라 한다) 제79조 제2항(그 밖의 토지에 관한 비용보상 등)에 따른 손실보상과 환경정책기본법 제44조 제1항(환경오염의 피해에 대한 무과실책임)에 따른 손해배상은 근거 규정과 요건·효과를 달리하는 것으로서, 각 요건이 충족되면 성립하는 별개의 청구권이다. 다만 손실보상청구권에는 이미 '손해 전보'라는 요소가 포함되어 있어 실질적으로 같은 내용의 손해에 관하여 양자의 청구권을 동시에 행사할 수 있다고 본다면 이중배상의 문제가 발생하므로, 실질적으로 같은 내용의 손해에 관하여 양자의 청구권이 동시에 성립하더라도 영업자는 어느 하나만을 선택적으로 행사할 수 있을 뿐이고, 양자의 청구권을 동시에 행사할 수는 없다. 또한 '해당 사업의 공사완료일로부터 1년'이라는 손실보상 청구기간(토지보상법 제79조 제5항, 제73조 제2항)이 도과하여 손실보상청구권을 더 이상 행사할 수 없는 경우에도 손해배상의 요건이 충족되는 이상 여전히 손해배상청구는 가능하다.

[3] 공익사업을 위한 토지 등의 취득 및 보상에 관한 법률(이하 '토지보상법'이라 한다) 제26조, 제28조, 제30조, 제34조, 제50조, 제61조, 제79조, 제80조, 제83조 내지 제85조의 규정 내용과 입법 취지 등을 종합하면, 공익사업으로 인하여 공익사업시행지구 밖에서 영업을 휴업하는 자가 사업시행자로부터 공익사업을 위한 토지 등의 취득 및 보상에 관한 법률 시행규칙 제47조 제1항에 따라 영업손실에 대한 보상을 받기 위해서는, 토지보상법 제34조, 제50조 등에 규정된 재결절차를 거친 다음 그 재결에 대하여 불복이 있는 때에 비로소 토지보상법 제83조 내지 제85조에 따라 권리구제를 받을 수 있을 뿐이다. 이러한 재결절차를 거치지 않은 채 곧바로 사업시행자를 상대로 손실보상을 청구하는 것은 허용되지 않는다.

[4] 어떤 보상항목이 공익사업을 위한 토지 등의 취득 및 보상에 관한 법령상 손실보상대상에 해당함에도 관할 토지수용위원회가 사실을 오인하거나 법리를 오해함으로써 손실보상대상에 해당하지 않는다고 잘못된 내용의 재결을 한 경우에는, 피보상자는 관할 토지수용위원회를 상대로 그 재결에 대한 취소소송을 제기할 것이 아니라, 사업시행자를 상대로 공익사업을 위한 토지 등의 취득 및 보상에 관한 법률 제85조 제2항에 따른 보상금증감소송을 제기하여야 한다.

■ 공익사업시행지구 밖의 간접손실보상에 대한 새로운 해석

> 공익사업을 위한 토지 등의 취득 및 보상에 관한 법률 제79조 제2항에 따른 공익사업시행지구 밖의
> 간접손실보상에 대한 새로운 해석과 간접손실보상 및 환경정책기본법 제44조 제1항에 따른 손해배
> 상청구권이 동시에 성립하는 경우, 영업자가 두 청구권을 동시에 행사할 수 있는지 여부(소극)

■ 대법원 2019.11.28, 2018두227 판결

Ⅰ. 공익사업시행지구 밖 간접손실의 보상과 환경정책기본법에 따른 손해배상청구

토지보상법상 공익사업으로 인하여 공익사업시행지구 밖의 재산권자에게 가해지는 손실은 공익사업
때문에 필연적으로 발생하는 손실로 간접손실이라고 한다. 간접손실은 공익사업의 시공 또는 완성 후
의 시설이 공익사업시행지구 밖에 미치는 손실이다. 공익사업으로 인한 손실의 발생은 직접 또는 간접
적으로 발생할 수 있고, 그 손실은 재산가액의 감소는 물론 생활피해, 정신적 피해 등을 포함한다고
볼 수 있다.

학계에서는 일반적으로 물리적·기술적 손실과 사회적·경제적 손실로 구분하였다. 물리적·기술적
손실은 이를 간접침해보상이라고 하고, 사회적·경제적 손실을 간접손실이라고 통칭하였다. 또한 공
익사업의 시행 시 발생하는 피해와 사업이 완료된 후 발생하는 피해로 구분할 수 있다. 사업시행 시
발생하는 피해는 사업과정 중의 소음·진동·먼지 등으로 인한 피해이고, 사업완료 후 발생하는 손실
은 토지와 건물의 경우 지가하락, 지반변동, 주거 및 생활의 불편, 영업 등의 영위 곤란, 전파수신장
애, 지하수고갈, 소음·진동 등이 있다. 대판 2019.11.28, 2018두227에서는 종전 학계의 구분과는
달리 전반적인 공익사업시행구 밖의 보상을 간접손실보상이라고 보면서 사회적·경제적 손실은 물론
물리적·기술적 손실도 간접손실의 유형으로 분류하며 피수용자의 권익보호를 한층 강화하고 있다.
즉 2018두227 판결에서는 "공익사업시행지구 밖 영업손실보상의 요건인 '공익사업의 시행으로 인한
그 밖의 부득이한 사유로 일정기간 동안 휴업이 불가피한 경우'란 공익사업의 시행 또는 시행 당시
발생한 사유로 휴업이 불가피한 경우만을 의미하는 것이 아니라 공익사업의 시행 결과, 즉 그 공익사
업의 시행으로 설치되는 시설의 형태·구조·사용 등에 기인하여 휴업이 불가피한 경우도 포함된다고
해석함이 타당하다."라고 판시함으로써 종전 학계의 구분과는 달리 공익사업시행지구 밖의 전반적인
손실을 간접손실로 보면서 재결절차를 거치지 않은 채 곧바로 사업시행자를 상대로 손실보상을 청구
하는 것은 허용되지 않는다고 판시하고 있다. 토지보상법 제79조 제2항 공익사업시행지구 밖 간접손
실과 환경정책기본법 제44조 제1항에 따른 손해배상청구권이 동시에 성립하는 경우, 영업자가 두 청
구권을 동시에 행사할 수는 없고, '해당 사업의 사업완료일로부터 1년'이라는 손실보상 청구기간이 지
나 손실보상청구권을 행사할 수 없는 경우에도 손해배상청구가 가능하다고 해석하고 있다.

Ⅱ. 간접손실보상의 법적 성격과 논거

1. 간접손실보상의 법적 성격

손실보상은 공익사업으로 인하여 개인에게 가해진 특별한 희생을 공평부담을 통해 조절함을 목적으
로 하기 때문에, 간접손실보상도 일반적인 손실보상의 일반적 논거가 적용된다. 간접손실보상은 비
록 공익사업의 비용부담을 가중시키나, 그로 인해 발생한 피해가 구제되는 것이 공평한 원칙에서
보더라도 타당하다. 간접손실보상의 법적 성질에 대해서는 손해배상설, 손실보상설, 결과책임설 등
이 주장되고 있으나, 손실보상설이 타당하다고 할 것이다. 다만 학계에서는 특별히 수인한도를 넘
는 경우에는 그 피해에 대하여 손실보상이 아닌 손해배상이 주어져야 한다는 주장도 있는데, 이를
이번 대법원 판례(2018두227)가 수용하여 간접손실보상뿐만 아니라 환경정책기본법에 의한 환경
오염의 피해에 대한 무과실책임에 따른 손해배상도 가능하다고 판시하고 있으나, 두 청구권이 동시

에 성립하는 것은 아니고 하나만 주장할 수 있되, 토지보상법상 손실보상기간이 경과하면 환경정책기본법에 따른 손해배상 청구기간 내에 손해배상을 청구할 수 있다고 2018두227 판결은 새로운 해석을 내놓았다.

2. 간접손실보상의 논거

간접손실보상의 논거는 생활권보상에서 찾을 수 있다. ① 공익사업이 시행됨으로 인하여 생활의 기반을 상실하게 될 때 종전과 같은 생활을 영위할 수 없는 것은 말할 것도 없고, 인간다운 생활을 유지할 수 없게 되는 경우도 있을 수 있다. 생활보상이 피수용자나 관계인의 인간다운 생활을 회복시켜 주기 위한 것이라면 간접손실도 마땅히 인간다운 생활을 보장하기 위해 보상되어야 하는 것이다. ② 생활보상이 수용이 없었던 것과 같은 생활상태를 재현하는 것이라는 것을 전제하고 있다. ③ 종래와 같은 수준을 유지할 수 있을 정도의 생활안정을 위해 간접손실보상이 이루어져야 한다. ④ 생활보상은 지역 주민의 갈등을 해소하고, 사업의 원활한 시행에 협조를 구하는 수단이 될 수 있으므로, 이는 간접손실보상에도 타당한 것이므로 공익사업의 원활화를 위해 필요하다고 할 것이다.

Ⅲ. 간접손실보상에 대한 법적 근거와 불복

1. 토지보상법 제79조 제2항 및 토지보상법 제80조

토지보상법 제79조(그 밖의 토지에 관한 비용보상 등)

① 사업시행자는 공익사업의 시행으로 인하여 취득하거나 사용하는 토지(잔여지를 포함한다) 외의 토지에 통로·도랑·담장 등의 신설이나 그 밖의 공사가 필요할 때에는 그 비용의 전부 또는 일부를 보상하여야 한다. 다만, 그 토지에 대한 공사의 비용이 그 토지의 가격보다 큰 경우에는 사업시행자는 그 토지를 매수할 수 있다.

② 공익사업이 시행되는 지역 밖에 있는 토지 등이 공익사업의 시행으로 인하여 본래의 기능을 다할 수 없게 되는 경우에는 국토교통부령으로 정하는 바에 따라 그 손실을 보상하여야 한다.

토지보상법 제80조(손실보상의 협의·재결)

① 제79조 제1항 및 제2항에 따른 비용 또는 손실이나 토지의 취득에 대한 보상은 사업시행자와 손실을 입은 자가 협의하여 결정한다.

② 제1항에 따른 협의가 성립되지 아니하였을 때에는 사업시행자나 손실을 입은 자는 대통령령으로 정하는 바에 따라 관할 토지수용위원회에 재결을 신청할 수 있다.

토지보상법 시행규칙 제59조부터 제65조

제59조(공익사업시행지구 밖의 대지 등에 대한 보상)

공익사업시행지구 밖의 대지(조성된 대지를 말한다)·건축물·분묘 또는 농지(계획적으로 조성된 유실수단지 및 죽림단지를 포함한다)가 공익사업의 시행으로 인하여 산지나 하천 등에 둘러싸여 교통이 두절되거나 경작이 불가능하게 된 경우에는 그 소유자의 청구에 의하여 이를 공익사업시행지구에 편입되는 것으로 보아 보상하여야 한다. 다만, 그 보상비가 도로 또는 도선시설의 설치비용을 초과하는 경우에는 도로 또는 도선시설을 설치함으로써 보상에 갈음할 수 있다.

제60조(공익사업시행지구 밖의 건축물에 대한 보상)

소유농지의 대부분이 공익사업시행지구에 편입됨으로써 건축물(건축물의 대지 및 잔여농지를 포함한다. 이하 이 조에서 같다)만이 공익사업시행지구 밖에 남게 되는 경우로서 그 건축물의 매매가 불가능하고 이주가 부득이한 경우에는 그 소유자의 청구에 의하여 이를 공익사업시행지구에 편입되는 것으로 보아 보상하여야 한다.

제61조(소수잔존자에 대한 보상)

공익사업의 시행으로 인하여 1개 마을의 주거용 건축물이 대부분 공익사업시행지구에 편입됨으로써 잔여 주거용 건축물 거주자의 생활환경이 현저히 불편하게 되어 이주가 부득이한 경우에는 당해 건축물 소유자의 청구에 의하여 그 소유자의 토지 등을 공익사업시행지구에 편입되는 것으로 보아 보상하여야 한다.

제62조(공익사업시행지구 밖의 공작물 등에 대한 보상)

공익사업시행지구 밖에 있는 공작물 등이 공익사업의 시행으로 인하여 그 본래의 기능을 다할 수 없게 되는 경우에는 그 소유자의 청구에 의하여 이를 공익사업시행지구에 편입되는 것으로 보아 보상하여야 한다.

제63조(공익사업시행지구 밖의 어업의 피해에 대한 보상)

① 공익사업의 시행으로 인하여 해당 공익사업시행지구 인근에 있는 어업에 피해가 발생한 경우 사업시행자는 실제 피해액을 확인할 수 있는 때에 그 피해에 대하여 보상하여야 한다. 이 경우 실제 피해액은 감소된 어획량 및 「수산업법 시행령」 별표 10의 평년수익액 등을 참작하여 평가한다.

② 제1항에 따른 보상액은 「수산업법 시행령」 별표 10에 따른 어업권·허가어업 또는 신고어업이 취소되거나 어업면허의 유효기간이 연장되지 아니하는 경우의 보상액을 초과하지 못한다.

③ 사업인정고시일 등 이후에 어업권의 면허를 받은 자 또는 어업의 허가를 받거나 신고를 한 자에 대하여는 제1항 및 제2항을 적용하지 아니한다.

제64조(공익사업시행지구 밖의 영업손실에 대한 보상)

① 공익사업시행지구 밖에서 제45조에 따른 영업손실의 보상대상이 되는 영업을 하고 있는 자가 공익사업의 시행으로 인하여 다음 각 호의 어느 하나에 해당하는 경우에는 그 영업자의 청구에 의하여 당해 영업을 공익사업시행지구에 편입되는 것으로 보아 보상하여야 한다.

　1. 배후지의 3분의 2 이상이 상실되어 그 장소에서 영업을 계속할 수 없는 경우

　2. 진출입로의 단절, 그 밖의 부득이한 사유로 인하여 일정한 기간 동안 휴업하는 것이 불가피한 경우

② 제1항에 불구하고 사업시행자는 영업자가 보상을 받은 이후에 그 영업장소에서 영업이익을 보상받은 기간 이내에 동일한 영업을 하는 경우에는 실제 휴업기간에 대한 보상금을 제외한 영업손실에 대한 보상금을 환수하여야 한다.

제65조(공익사업시행지구 밖의 농업의 손실에 대한 보상)

경작하고 있는 농지의 3분의 2 이상에 해당하는 면적이 공익사업시행지구에 편입됨으로 인하여 당해지역(영 제26조 제1항 각 호의 1의 지역을 말한다)에서 영농을 계속할 수 없게 된 농민에 대하여는 공익사업시행지구 밖에서 그가 경작하고 있는 농지에 대하여도 제48조 제1항 내지 제3항 및 제4항 제2호의 규정에 의한 영농손실액을 보상하여야 한다.

위 토지보상법 제79조 제2항 및 동법 시행규칙 제59조 내지 65조에서 공익사업시행지구 밖 간접손실보상을 규정하고 있다. 간접손실보상의 경우에는 당사자 간에 협의를 1차적으로 하고 협의가 성립되지 않으면 관할 토지수용위원회에 재결신청을 하도록 하고 있다.

2. 토지보상법 제83조 내지 제85조(이의신청 및 행정소송)로 불복

공익사업을 위한 토지 등의 취득 및 보상에 관한 법률(2007.10.17. 법률 제8665호로 개정되기 전의 것, 이하 '구 공익사업법'이라고 한다) 제79조 제2항, 공익사업을 위한 토지 등의 취득 및 보상에 관한

법률 시행규칙 제57조에 따른 사업폐지 등에 대한 보상청구권은 공익사업의 시행 등 적법한 공권력의 행사에 의한 재산상 특별한 희생에 대하여 전체적인 공평부담의 견지에서 공익사업의 주체가 손해를 보상하여 주는 손실보상의 일종으로 공법상 권리임이 분명하므로 그에 관한 쟁송은 민사소송이 아닌 행정소송절차에 의하여야 한다. 또한 위 규정들과 구 공익사업법 제26조, 제28조, 제30조, 제34조, 제50조, 제61조, 제83조 내지 제85조의 규정 내용·체계 및 입법취지 등을 종합하여 보면, 공익사업으로 인한 사업폐지 등으로 손실을 입게 된 자는 구 공익사업법 제34조, 제50조 등에 규정된 재결절차를 거친 다음 재결에 대하여 불복이 있는 때에 비로소 구 공익사업법 제83조 내지 제85조에 따라 권리구제를 받을 수 있다고 보아야 한다(대판 2012.10.11, 2010다23210).
2010다23210 판결에서는 간접손실보상의 경우 재결절차를 거쳐 토지보상법 제83조 이의신청과 동법 제85조 행정소송으로 불복하도록 하고 있다.

3. 환경정책기본법 제44조 제1항 환경오염의 피해에 대한 무과실책임에 따른 손해배상청구도 가능(토지보상법상 간접손실보상과 양자를 동시 행사는 불가)

토지보상법 제79조 제2항(그 밖의 토지에 관한 비용보상 등)에 따른 손실보상과 환경정책기본법 제44조 제1항(환경오염의 피해에 대한 무과실책임)에 따른 손해배상은 그 근거 규정과 요건·효과를 달리하는 것으로서, 각 요건이 충족되면 성립하는 별개의 청구권이다. 다만 손실보상청구권에는 이미 '손해전보'라는 요소가 포함되어 있어 실질적으로 같은 내용의 손해에 관하여 양자의 청구권을 동시에 행사할 수 있다고 본다면 이중배상의 문제가 발생하므로, 실질적으로 같은 내용의 손해에 관하여 양자의 청구권이 동시에 성립하더라도 영업자는 어느 하나만을 선택적으로 행사할 수 있을 뿐이고, 양자의 청구권을 동시에 행사할 수는 없다고 봄이 타당하다. 또한 '해당 사업의 사업완료일로부터 1년'이라는 손실보상 청구기간(토지보상법 제79조 제5항, 제73조 제2항)이 도과하여 손실보상청구권을 더 이상 행사할 수 없는 경우에도 손해배상의 요건이 충족되는 이상 여전히 손해배상청구는 가능하다고 보아야 한다.

4. 관할 토지수용위원회에서 어떤 보상항목이 아니라고 재결하면 보상금증감소송으로 다툼

어떤 보상항목이 공익사업을 위한 토지 등의 취득 및 보상에 관한 법령상 손실보상대상에 해당함에도 관할 토지수용위원회가 사실을 오인하거나 법리를 오해함으로써 손실보상대상에 해당하지 않는다고 잘못된 내용의 재결을 한 경우에는, 피보상자는 관할 토지수용위원회를 상대로 그 재결에 대한 취소소송을 제기할 것이 아니라, 사업시행자를 상대로 공익사업을 위한 토지 등의 취득 및 보상에 관한 법률 제85조 제2항에 따른 보상금증감소송을 제기하여야 한다.

5. 공익사업시행지구 밖 손실발생의 예견가능성과 손실범위의 특정성에 대한 판단

공공사업시행지구 밖에 위치한 영업에 대한 간접손실에 대하여도 일정한 요건을 갖춘 경우 이를 보상하도록 규정하고 있는 점에 비추어, 공공사업의 시행으로 인하여 그러한 손실이 발생하리라는 것을 쉽게 예견할 수 있고 그 손실의 범위도 구체적으로 특정할 수 있는 경우라면 그 손실의 보상에 관하여 특례법 시행규칙의 간접보상 규정을 유추적용할 수 있는 것이다(대판 1999.6.11, 97다56150). 그런데 그 원고가 수산제조업 신고를 한 것으로 보아야 할 것임은 앞서 본 바와 같고, 그 신고서에는 제조공장의 위치·생산능력 및 원료의 확보방법을 기재하도록 하는 한편 주요 기기의 명칭·수량 및 능력에 관한 서류를 첨부하도록 하고 있어, 그 공공사업의 시행으로 인하여 소멸되는 김 양식장의 규모와 정도를 김 가공공장의 위치, 원료의 확보방법 등과 대조하여 손실발생을 쉽게 예견할 수 있고 나아가 생산능력까지도 파악할 수 있어 손실액도 어느 정도 특정할 수 있다고 볼 것이다.
그럼에도 그 원고가 입은 영업손실이 발생을 예견하기 어렵고 손실의 범위도 쉽게 확정할 수 없다는 이유로 특례법시행규칙의 간접보상에 관한 규정을 유추적용할 수 없어 손실보상청구권을 인정할 수

없다고 한 원심의 가정적 판단부분에도 공공사업의 시행으로 인한 간접보상에 관한 법리를 오해한 위법이 있다. 따라서 그 원고의 이 부분 상고이유의 주장은 정당하여 이를 받아들인다(대판 1999.12.24, 98다57419·57426).

간접손실보상은 구체적으로 손실발생의 예견가능성과 손실범위의 특정성이 있어야 보상이 가능하다고 종전 대법원 판례는 판시하고 있는데, 2018두227 판결에서의 원심 고등법원 판결은 잠업사의 간접손실보상에 대하여 아래와 같이 제시하고 있는바 시사점이 있다고 하겠다.

피고는 원고에게 위와 같은 손실보상금 또는 손해배상금으로 ① 이 사건 사업으로 인한 이 사건 토지의 가치하락액 12,222,000원(원고는 당심에서 기존에 했던 손실보상 주장을 철회하고 손해배상으로만 이를 구한다), ② 이 사건 건물의 가액 527,088,000원, ③ 이 사건 입목의 이전비 3,097,000원, ④ 이 사건 설비의 이전비 29,200,000원, ⑤ 소음·진동·전자파로 인하여 영업을 하지 못한 2015.4.2.부터 2017.10.31.까지의 일실수입 295,164,207원(= 2015.4.2.부터 2015.12.31.까지 일실수입 84,528,624원 + 2016.1.1.부터 2016.12.31까지 일실수입 116,852,000원 + 2017.1.1.부터 2017.10.31.까지 일실수입 93,783,583원), ⑥ 위 영업을 하지 못한 기간(2015년부터 2016년까지의 기간만 구함) 동안의 감가상각비·유지관리비 40,344,747원, ⑦ 2015.4.2.부터 2016.11.10.까지 고정적 인건비 56,156,712원, ⑧ 잠종위탁관리비용 15,400,000원, ⑨ 정신적 손해에 대한 위자료 20,000,000원 합계 998,672,666원 및 이에 대한 지연손해금을 지급할 의무가 있다(대전고등법원 2018.7.5, 2017누44).

쟁점 58   **토지보상 일반**   B급

Ⅰ   현황평가주의

1. 현황평가의 원칙

토지에 대한 보상액은 가격시점에서의 현실적인 이용상황과 일반적 이용방법에 의한 객관적 상황을 고려하되, 일시적인 이용상황과 토지소유자나 관계인이 갖는 주관적 가치 및 특별한 용도에 사용할 것을 전제로 한 경우 등은 고려하지 아니한다(제70조 제2항).

2. 현황평가의 예외

① 일시적 이용상황

해당 토지의 이용이 일시적인 경우에는 이를 고려하지 않는다. 일시적인 이용상황은 관계 법령에 따른 국가 또는 지방자치단체의 계획이나 명령 등에 따라 해당 토지를 본래의 용도로 이용하는 것이 금지되거나 제한되어 그 본래의 용도와 다른 용도로 이용되고 있거나 해당 토지의 주위환경의 사정으로 보아 현재의 이용방법이 임시적인 것으로 한다.

② 무허가건축물 등의 부지

1989.1.24. 이후에 건축 또는 용도변경된 무허가건물 등의 부지에 대해서는 무허가건물 등이 건축 또는 용도변경될 당시의 이용상황을 상정하여 평가한다.

③ 불법형질변경토지

1995.1.7. 이후에 불법형질변경된 토지는 토지의 형질변경될 당시의 이용상황을 상정하여 평가한다.

④ 미지급용지(미불용지)

종전에 시행된 공익사업의 부지로서 보상금이 지급되지 아니한 토지에 대하여는 종전의 공익사업에 편입될 당시의 이용상황을 상정하여 평가한다.

⑤ 건물 등의 부지

토지에 건물 등 지장물이 있는 때에는 그 상태대로 평가하는 것이 아니라 지장물이 없는 토지의 나지상태를 상정하여 평가한다.

⑥ 공법상 제한을 받는 토지

공법상 제한을 받는 토지는 그 공법상 제한이 해당 공익사업의 시행을 직접 목적으로 하여 가하여진 경우는 제한이 없는 상태를 상정하여 평가한다.

⑦ 해당 공익사업의 시행을 직접 목적으로 하여 용도지역이 변경된 토지

해당 공익사업의 시행을 직접 목적으로 용도지역 또는 용도지구 등이 변경된 경우에는 변경 전의 용도지역 또는 용도지구 등을 기준으로 토지를 평가한다.

3. 현황평가 예외의 정당성

정당보상으로서 현황평가가 원칙이나, 보상방법에 제한을 두므로 정당보상에 반할 수 있느냐 문제된다. 이에 대해 현황평가의 예외사항들은 토지소유자 등의 보호, 위법행위의 합리화 조장방지 등의 취지가 인정된다.

Ⅱ 일반적 이용방법에 의한 객관적 상황기준

토지에 관한 평가는 가격시점에 있어서의 일반적인 이용방법에 의한 객관적 상황을 기준으로 평가하여야 하며, 토지소유자가 갖는 주관적 가치나 특별한 용도에 사용할 것을 전제로 한 것은 고려하지 아니한다.

Ⅲ 나지상정평가

토지에 건축물 등이 있을 때에는 그 건축물 등이 없는 토지의 나지상태를 상정하여 평가한다. 이는 공익사업에 필요한 것은 원칙적으로 토지이고, 건축물 등으로 인한 건부감가를 토지소유자에게만 부담시키는 것은 정당보상에 반하기 때문이다.

Ⅳ 공시지가기준 평가

협의 또는 재결에 의하여 사업시행자가 취득하는 토지에 대하여서는 부동산 가격공시에 관한 법률에 의한 공시지가를 기준으로 하여 보상액을 산정한다(제70조 제1항).

Ⅴ 개발이익 배제

① 개발이익이란 공익사업의 계획 또는 시행이 공고 또는 고시되거나 공익사업의 시행, 그 밖에 공익사업의 시행에 따른 절차로서 행하여진 토지이용계획의 설정·변경·해제 등으로 인하여 토지소유자가 자기의 노력에 관계없이 지가가 상승되어 현저하게 받은 이익으로서 정상지가 상승분을 초과하여 증가된 부분을 말한다(표준지조사평가기준 제2조 제2호). ② 개발이익 배제란 보상액의 산정에 있어서 해당 공익사업으로 인하여 토지 등의 가격에 변동이 있는 때에는 이를 고려하지 않는 것을 말한다.

쟁점 59 토지보상평가의 대상 확정절차   C급

I 토지보상평가의 대상에 대한 확정절차

「토지보상법」에서 규정하고 있는 보상대상의 확정절차는 다음과 같다.

토지조서 및 물건조서의 작성, 보상계획의 열람 등을 거치고 협의 전에 이의가 있는 토지소유자 또는 관계인은 열람기간 내에 사업시행자에게 서면으로 이의를 제기할 수 있고, 사업시행자는 해당 토지조서 또는 물건조서에 제기된 이의를 부기하고 이의가 이유 있다고 인정할 때에는 적절한 조치를 하여야 한다. 보상대상은 「토지보상법」에서 정한 위와 같은 절차에 의해 확정되고 이에 대해 사업시행자와 토지소유자 및 관계인 사이에 이의가 있을 경우에는 토지수용위원회의 재결 또는 소송을 통해 확정된다. 특히 보상대상 여부에 대해서 사업시행자와 토지소유자 사이에 이견이 있는 경우로서 사업인정 이전은 토지소유자는 협의보상에 응하지 않을 수 있고, 사업인정 이후에는 「토지보상법」 제30조에 의한 재결신청청구를 통하여 보상대상 여부를 다툴 수 있다(대판 2011두2309). 따라서 감정평가법인등은 사업시행자 또는 토지수용위원회가 제시한 목록에 의하여 감정평가해야 하고 보상대상을 임의로 추가하거나 삭제하여서는 안 된다. 보상대상이 누락되었거나 대상에 해당되지 않은 토지가 의뢰된 경우에는 사업시행자에게 그 내용을 조회한 후 처리하고, 사업시행자의 의견과 감정평가법인등의 의견이 상이할 경우에는 그 내용을 감정평가서에 기재한다. 특히 미지급용지등에 대해서는 사업시행자의 확인을 받아 그 내용을 확정해야 한다.

II 토지보상대상의 확정기준일

1. 토지보상법상 사업인정 전 협의

(1) 원칙

「토지보상법」에서는 사업인정 전에는 공익사업과 관련하여 토지의 보전의무 등 행위제한이 부과되지 않고 관계인의 범위도 한정되지 않으므로, 원칙적으로 보상대상은 협의종료일까지는 확정되지 않고 변동될 수 있다.

(2) 예외

① 보상계획공고일

「토지보상법」은 어업권보상·영업보상·영농보상·축산보상·잠업보상·휴직 또는 실직보상 등의 경우에는 보상대상을 사업인정고시일등(보상계획공고일 또는 사업인정고시일)을 기준으로 결정하도록 규정하고 있으므로, 이러한 보상대상은 보상계획공고일을 기준으로 확정된다.

② 주민 등의 의견청취 공고일

택지개발촉진법, 산업입지 및 개발에 관한 법률 등의 법률에 따른 공익사업은 '주민 등의 의견청취를 위한 공고일'을 기준으로 보상대상이 확정된다.

2. 토지보상법상 사업인정 후 협의 또는 재결

(1) 원칙 – 사업인정고시일 기준

「토지보상법」 제25조 제1항에서는 사업인정고시일을 기준으로 토지등의 보전의무를 부과하고, 제3항에서는 건축물의 건축·대수선, 공작물의 설치 또는 물건의 부가·증치를 한 토지소유자 또는 관계인은 해당 건축물·공작물 또는 물건을 원상으로 회복하여야 하며, 이에 관한 손실의 보상을 청구할 수 없도록 규정하고 있으므로, 사업인정고시일을 기준으로 보상대상이 확정된다.

(2) 예외 – 허가를 받은 경우 보상대상이 됨

「토지보상법」 제25조 제2항에서는 사업인정고시일 이후에도 특별자치도지사, 시장·군수 또는 구청장의 허가를 받아 건축물의 건축·대수선, 공작물의 설치 또는 물건의 부가·증치를 할 수 있도록 규정하고 있으므로 허가를 받은 경우에는 보상대상이 된다.

Ⅲ 토지보상 대상 내용의 확정

1. 원칙 – 사업시행자가 제시한 내용

대상토지의 현실적인 이용상황 및 면적 등은 사업시행자가 제시한 내용에 따라야 한다. 따라서 감정평가법인등은 사업시행자, 토지수용위원회 또는 법원이 제시한 목록에서 표시된 현실적인 이용상황 또는 면적 등을 기준으로 감정평가하며 현실적인 이용상황이나 면적 등을 임의로 변경하여서는 안 된다.

2. 예외

(1) 대상토지 내용의 판단주체

대상토지에 대한 내용의 판단주체는 원칙적으로 사업시행자이며, 그 내용에 대하여 사업시행자와 토지소유자 사이에 이견이 있는 경우에는 토지수용위원회의 재결 또는 소송을 통하여 확정된다. 따라서 감정평가법인등은 사업시행자 또는 토지수용위원회가 제시한 목록에서 표시된 이용 상황을 기준으로 하며 이용상황을 임의로 추정하거나 변경하여서는 안 된다.

(2) 현실적인 이용상황이 기재되지 않은 경우

제시목록에 현실적인 이용상황이 기재되지 않은 경우에는 사업시행자에게 현실적인 이용상황을 제시해 줄 것을 요청하여 목록을 다시 제시받아 감정평가하는 것을 원칙으로 한다. 다만, 사업시행자가 현실적인 이용상황을 기재한 목록을 제시하지 않는 경우에는 공부상의 지목을 기준으로 감정평가하되, 감정평가서에 현실적인 이용상황 및 현실적인 이용상황을 기준으로 한 단가를 따로 기재한다.

(3) 제시목록상의 이용상황과 현실적인 이용상황이 다른 경우

실지조사 결과 제시목록상의 이용상황과 현실적인 이용상황이 다른 것으로 인정되는 경우에는 사업시행자에게 그 내용을 조회한 후 목록을 다시 제시받아 감정평가하는 것을 원칙으로 한다. 다만, 수정된 목록의 제시가 없는 때에는 당초 제시목록을 기준으로 감정평가하되, 감정평가서에 현실적인 이용상황을 기준으로 한 단가를 따로 기재한다.

(4) 면적구분이 없는 경우

지목은 필지마다 하나의 지목을 설정하며, 1필지가 둘 이상의 용도로 활용되는 경우에는 주된 용도에 따라 지목을 설정하도록 하여 1필 1목이 원칙이며, 만약 1필지라도 둘 이상의 이용상황인 경우는 구분평가를 한다. 그런데, 한 필지의 토지가 둘 이상의 이용상황인 경우로서 이용상황별로 면적을 구분하지 아니하고 의뢰된 경우에는 사업시행자에게 그 내용을 조회한 후 목록을 다시 제시받아 감정평가하는 것을 원칙으로 한다. 다만, 수정된 목록의 제시가 없는 때에는 당초 제시목록을 기준으로 감정평가하되, 감정평가서에 현실적인 이용상황별 단가를 따로 기재한다. 이 경우 다른 이용상황인 부분 이 주된 이용상황과 가치가 비슷하거나 면적비율이 뚜렷하게 낮아 주된 이용상황의 가치를 기준으로 거래될 것으로 추정되는 경우에는 이용상황별로 구분하지 않고 주된 이용상황을 기준으로 감정평가할 수 있다.

(5) 제시면적이 상이한 경우

제시면적이 현저하게 과다하거나 과소한 것으로 인정되는 경우 등은 사업시행자에게 그 내용을 조회한 후 목록을 다시 제시받아 감정평가하는 것을 원칙으로 한다.

쟁점 **60**　개별토지의 보상평가기준[1]　　　　　　B급

Ⅰ　필지별 보상평가

토지의 보상평가는 필지[2]별로 행함을 원칙으로 한다. 토지는 인접하여 연속되어 있다 하더라도 필지마다 모두 다른 개별적 특성을 지니고 있으므로 필지마다 가액이 다를 수 있다. 필지별 감정평가는 개별 필지마다 개별적 특성을 고려한 적정한 가액을 감정평가하여 개인별 보상의 원칙을 실현하기 위해 필요한 것이다.

Ⅱ　일단지와 일단의 토지

1. 일단지

「감정평가에 관한 규칙」 제7조 제2항에서 "둘 이상의 대상물건이 일체로 거래되거나 대상물건 상호 간에 용도상 불가분의 관계가 있는 경우에는 일괄하여 감정평가할 수 있다."고 하여 일괄 감정평가에 대해 규정하고 있다.

따라서 감정평가실무에서는 용도상 불가분의 관계에 있는 2필지 이상의 토지를 일단지라고 한다.

2. 일단지의 요건

(1) 용도상 불가분의 관계

①　정의

'용도상 불가분의 관계'란 i) 일단으로 이용되고 있는 상황이 사회적·경제적·행정적 측면에서 합리적이고 대상토지의 가치형성 측면에서도 타당하여 상호 불가분성이 인정되는 관계에 해당되어야 하며, ii) 부동산시장에서의 거래 관행에서도 그 전체가 일단으로 거래될 가능성이 높은 경우에 해당되어야 한다. 다만, 2필지 이상의 토지의 현실적인 이용상황이 일시적인 경우에는 용도상 불가분의 관계에 있다고 판단해서는 안 된다.

---

1) 이하 손실보상각론 내용은 저자이신 김원보 (전)한국감정평가사협회 회장님의 허락을 받아 토지보상법 해설 제2편 손실보상 일부 내용을 발췌 참고하였음을 밝힙니다(김원보, 토지보상법 해설 제2편 손실보상, 가람감정평가법인, 2024). 또한 부대적으로는 국토교통부 중앙토지수용위원회 업무편람을 참고하였음을 밝힙니다.
2) 「공간정보의 구축 및 관리 등에 관한 법률」 제2조 제21호에서 '필지란 대통령령으로 정하는 바에 따라 구획되는 토지의 등록단위를 말한다.'라고 규정하고 있고, 「공간정보의 구축 및 관리 등에 관한 법률 시행령」 제5조 제1항에서는 '법 제2조 제21호에 따라 지번부여지역의 토지로서 소유자와 용도가 같고 지반이 연속된 토지는 1필지로 할 수 있다.'라고 규정하고 있으며, 제2항에서는 제1항에도 불구하고 i) 주된 용도의 토지의 편의를 위하여 설치된 도로·구거(溝渠 : 도랑) 등의 부지, ii) 주된 용도의 토지에 접속되거나 주된 용도의 토지로 둘러싸인 토지로서 다른 용도로 사용되고 있는 토지 등 어느 하나에 해당하는 토지는 주된 용도의 토지에 편입하여 1필지로 할 수 있으나, 종된 용도의 토지의 지목(地目)이 "대"(垈)인 경우와 종된 용도의 토지 면적이 주된 용도의 토지 면적의 10퍼센트를 초과하거나 330제곱미터를 초과하는 경우에는 1필지로 할 수 없도록 규정하고 있다.

【판례】
'용도상 불가분의 관계에 있는 경우'란 일단의 토지로 이용되고 있는 상황이 사회적·경제적·행정적 측면에서 합리적이고 당해 토지의 가치 형성적 측면에서도 타당하다고 인정되는 관계에 있는 경우를 말한다.
[대판 2017.03.22, 2016두940]

【판결요지】
2개 이상의 토지 등에 대한 감정평가는 개별평가를 원칙으로 하되, 예외적으로 2개 이상의 토지 등에 거래상 일체성 또는 용도상 불가분의 관계가 인정되는 경우에 일괄평가가 인정된다. 여기에서 '용도상 불가분의 관계'에 있다는 것은 일단의 토지로 이용되고 있는 상황이 사회적·경제적·행정적 측면에서 합리적이고 토지의 가치 형성적 측면에서도 타당하다고 인정되는 관계에 있는 경우를 뜻한다.
공익사업을 위한 토지 등의 취득 및 보상에 관한 법률 제70조 제2항은 "토지에 대한 보상액은 가격시점에서의 현실적인 이용상황과 일반적인 이용방법에 의한 객관적 상황을 고려하여 산정하되, 일시적인 이용상황과 토지소유자나 관계인이 갖는 주관적 가치 및 특별한 용도에 사용할 것을 전제로 한 경우 등은 고려하지 아니한다."고 정하고 있다. 그러므로 2개 이상의 토지가 용도상 불가분의 관계에 있는지 여부를 판단하는 데 일시적인 이용상황 등을 고려해서는 안 된다.

② 판단기준

'용도상 불가분의 관계'는 통상적인 이용방법을 기준으로 판단하여야 하므로 i) 일단지를 이루는 토지들의 지목이나 용도지역이 서로 다르다거나, ii) 일부 토지의 지하 수십 미터의 공간에 공작물을 설치하기 위한 구분지상권이 설정되어 있다고 하여 '용도상 불가분의 관계'에 해당되지 않는다고 볼 수 없다.

【판례】
'용도상 불가분의 관계'는 통상적인 이용방법을 기준으로 판단하여야 한다.
[대판 2017.03.22, 2016두940]

【판결요지】
지표에 근접한 공간을 활용하는 것이 통상적인 토지이용의 방식이다. 이와 같이 토지를 통상적인 방법으로 이용하는 경우에는 지표에 근접한 공간의 현실적인 이용상황을 기준으로 인접한 여러 필지들이 용도상 불가분의 관계에 있는지를 판단하여야 한다. 따라서 가령 상업지역으로 지정되어 있어 고층빌딩 건축을 위하여 깊은 굴착이 필요하다는 등의 특별한 사정이 없는 한, 지하 수십 m의 공간에 공작물을 설치하기 위한 구분지상권이 설정되어 있더라도 그러한 사정이 구분지상권이 설정되어 있는 토지와 그렇지 않은 인접토지가 지표에 근접한 공간에서 용도상 불가분의 관계에 있는지를 판단하는 데 장애요소가 되지 않는다.

(2) 소유관계 및 개별요인

일단지는 사회적·경제적인 관점에서 용도상 불가분의 관계를 기준으로 판단하므로, 일단지를 이루는 토지들의 지목이나 용도지역이 서로 다르다거나 소유자가 다른 경우에도 일단지로 볼 수 있다. 일단지는 원칙적으로 전체를 1필지로 보고 개별요인을 판단하고 보상한다.

3. 일단지의 보상평가

(1) 일단지의 소유자가 동일한 경우

① 원칙

일단지인 토지 전체가 동일한 소유자에 속하는 경우는 일단지를 1필지로 보고 감정평가한다.

② 예외

용도상 불가분의 관계에 있어 이를 일단지로 보고 감정평가하는 경우에도 세부적인 이용상황 또는 용도지역 등을 달리하여 가치가 명확히 구분되는 경우에는 구분감정평가할 수 있다.

즉, 이 경우는 두 필지 이상 토지를 일단지로 보아 1필지로 개별요인을 적용하되 위치별 또는 필지별로 구분하여 단가를 적용할 수 있다는 의미이다.

(2) 일단지의 소유자가 다른 경우

① 개인별보상의 원칙과 일단지

「토지보상법」 제64조에서는 손실보상은 토지소유자나 관계인에게 개인별로 하도록 하는 개인별보상의 원칙을 규정하고 있으므로, 일단지의 소유자가 다른 경우 보상금의 지급에 문제가 발생할 수 있다. 그러므로 「토지보상평가지침」 제20조 제3항 본문에 따라 두 필지 이상 토지의 소유자가 서로 다른 경우에는 원칙적으로 일단지로 보지 않되, 소유자가 다른 두 필지 이상의 토지가 하나의 건축물(부속건축물을 포함)의 부지로 이용되고 있거나 건축 중에 있는 토지 등과 같이 사실상 공유관계가 성립되어 있는 경우에는 이를 일단지로 보도록 규정하고 있다.

② 소결

일단지는 사회적·경제적인 관점에서 용도상 불가분의 관계를 기준으로 판단하므로 소유자가 다른 경우에도 일단지로 볼 수 있다. 즉, 일단지 여부는 해당 토지들의 경제적 가치를 판단하기 위한 기준이므로 소유자가 다르다고 하여 일단지에 해당되지 않는 것은 아니다. 다만, 보상평가에서는 개인별보상의 원칙에 따라 소유자별로 보상액을 산정하여야 하므로 소유자가 서로 다른 경우 일단지로 보고 일괄감정평가하되, 보상평가금액은 소유자별로 표시하면 될 것이며, 필요하다면 각 필지별로 기여도를 고려하여 구분감정평가 할 수도 있을 것이다. 따라서 두 필지 이상 토지의 소유자가 서로 다른 경우에는 원칙적으로 일단지로 보지 않도록 규정하고 있는 「토지보상평가지침」 제20조 제3항은 타당하지 않은 것으로 판단된다. 다만 한국감정평가사협회에서 제정한 토지보상법평가지침은 법규성은 없다.

Ⅲ 일단지와 일단의 토지의 구별

「토지보상법」 제73조에 따른 잔여지 가치감소보상 또는 공사비보상 및 제74조에 따른 잔여지 매수 및 수용청구의 경우는 그 대상을 '동일한 소유자에게 속하는 일단의 토지'로 규정하고 있다.

1. 소유자의 동일성

'일단의 토지'는 일괄감정평가의 대상이 되는 일단지와는 달리 '소유자의 동일성'을 요건으로 한다.

2. 용도의 일체성

'일단의 토지'도 일단지와 유사하게 용도의 일체성을 요건으로 하나, 이 경우 용도의 일체성은 반드시 '용도상의 불가분의 관계'에 있을 정도의 일체성을 요구하는 것은 아니며, '동일한 용도에 사용되는 것이 합리적인 정도'에 해당되면 된다. 따라서 가치감소보상 또는 매수 및 수용보상의 대상이 되는 잔여지에는 통상적으로 '용도상의 불가분의 관계'에 있다고 보지 않는 농경지 등도 경작규모 등을 고려할 때 '동일한 용도에 사용되는 것이 합리적인 정도'에 해당되면 대상이 된다고 본다.[3]

---

3) 중앙토지수용위원회의 「잔여지 수용 및 가치하락 손실보상 등에 관한 참고기준」 제3조 제2항에서도 "용도의 일체성이라 함은 일반적인 이용 방법에 의한 객관적인 상황이 동일한 관계를 말한다."라고 규정하고 있다.

쟁점 **61** 　공법상 제한받는 토지의 보상평가　　　　　　　　　　　B급

I 　공법상 제한받는 토지의 보상평가의 의의 및 취지

공법상 제한받는 토지란 개별법령에 따라 토지의 각종 이용규제나 제한을 받는 토지로서, 이는 국토공간의 효율적 이용을 통해 공공복리를 증진시키는 수단으로 그 취지가 인정된다.

II 　공법상 제한받는 토지의 보상평가기준(토지보상법 시행규칙 제23조)

공법상 제한받는 토지에 대하여는 제한받는 상태대로 평가하되, 공법상 제한이 해당 공익사업의 시행을 직접 목적으로 하여 가하여진 경우에는 제한이 없는 상태를 상정하여 평가한다.

III 　공법상 제한받는 토지의 보상평가 방법

1. 일반적 제한

일반적 제한이란 제한 그 자체로 목적이 완성되고 구체적 사업의 시행이 필요하지 않은 경우로 그 제한받는 상태대로 평가한다. 그 예로는 국토의 이용 및 계획에 관한 법률에 의한 용도지역, 지구, 구역의 지정, 변경 기타 관계법령에 의한 토지이용계획 제한이 있다.

2. 개별적 제한(특별한 희생)

① 개별적 제한이란 그 제한이 구체적 공익사업의 시행을 필요로 하는 경우를 말하며 개별적 제한이 해당 공익사업의 시행을 직접 목적으로 가해진 경우에는 그 제한이 없는 상태를 상정하여 평가한다.

② 개별적 제한을 받는 수용대상 토지의 보상액을 산정함에 있어서는 그 공법상 제한이 해당 공공사업의 시행을 직접 목적으로 가하여진 경우는 물론 당초의 목적사업과는 다른 목적의 공공사업에 편입·수용되는 경우에도 그 제한을 받지 아니하는 상태로 평가해야 한다.

3. 공익사업의 시행을 직접 목적으로 용도지역 등을 변경한 경우

해당 공익사업의 시행을 직접 목적으로 하여 용도지역·지구 등이 변경된 경우에는 변경되기 전의 용도지역·지구 등을 기준으로 평가하여야 한다. 이는 개발이익 배제를 위한 것이다.

IV 　공법상 제한받는 토지의 보상평가 구체적(개별적) 평가기준

1. 공원구역 안의 토지

자연공원의 경우 제한을 받는 상태를 기준, 도시공원의 경우 제한을 받지 아니한 상태를 기준으로 평가한다.

2. 용도지역이 변경된 토지

용도지역이 변경된 토지는 가격시점 당시 용도지역을 기준으로 평가하며, 용도지역 변경이 해당 사업에 관련되어 있으면 변경 전 용도지역을 기준하여 평가한다.

3. 도시계획도로의 평가기준

도시계획시설도로에 접한 토지는 계획도로를 고려한 가격으로 평가하며, 도시계획시설도로에 저촉된 토지는 저촉되지 않은 상태를 기준으로 평가하고, 함께 의뢰된 경우 면적비율에 따라 평가한다.

4. 정비구역 안 토지의 평가

공법상 제한을 받지 않은 상태를 기준하여 평가한다.

5. 개발제한구역 안 토지의 평가

개발제한구역 안의 토지에 대한 평가는 공법상 제한을 받는 상태를 기준으로 평가한다.

V 관련 판례의 태도

1. 일반적 제한의 경우

해당 공공사업의 시행 이전에 이미 해당 공공사업과 관계없이 도시계획법에 의한 고시 등으로 일반적 계획제한이 가하여진 상태인 경우, 그러한 제한을 받는 상태 그대로 평가하여야 하며, 도시계획법에 의한 개발제한구역의 지정은 위와 같은 일반적 계획제한에 해당하므로 해당 공공사업의 시행 이전에 개발제한구역 지정이 있었을 경우 그러한 제한이 있는 상태 그대로 평가함이 상당하다(대판 1993.10.12, 93누12527).

2. 해당 사업을 위해 용도지역이 변경된 경우

① 공원조성사업의 시행을 직접 목적으로 일반주거지역에서 자연녹지지역으로 변경된 토지에 대한 수용보상액을 산정하는 경우, 그 대상토지의 용도지역을 일반주거지역으로 하여 평가하여야 한다(대판 2007.7.12, 2006두11507).

② 해당 사업인 택지개발사업에 대한 실시계획의 승인과 더불어 그 용도지역이 주거지역으로 변경된 토지를 그 사업의 시행을 위하여 후에 수용하였다면, 그 재결을 위한 평가를 함에 있어서는 그 용도지역의 변경을 고려함이 없이 평가하여야 한다(대판 1999.3.23, 98두13850).

③ 공법상 제한을 받는 토지에 대한 보상을 산정할 때에 해당 공법상 제한이 구 도시계획법에 따른 용도지역·지구·구역의 지정 또는 변경과 같이 그 자체로 제한목적이 달성되는 일반적 계획제한으로서 구체적 도시계획사업과 직접 관련되지 아니한 경우에는 그러한 제한을 받는 상태 그대로 평가하여야 하지만, 도로·공원 등 특정 도시계획시설의 설치를 위한 계획결정과 같이 구체적 사업이 따르는 개별적 계획제한이거나 일반적 계획제한에 해당하는 용도지역·지구·구역의 지정 또는 변경에 따른 제한이더라도 그 용도지역·지구·구역의 지정 또는 변경이 특정 공익사업의 시행을 위한 것일 때에는 해당 공익사업의 시행을 직접 목적으로 하는 제한으로 보아 위 제한을 받지 아니하는 상태를 상정하여 평가하여야 한다(대판 2012.5.24, 2012두1020).

④ 해당 사업으로 인해 바뀌지 않은 경우의 판례

용도지역 등의 지정 또는 변경을 하지 않은 것이 특정 공익사업의 시행을 위한 것일 경우 이는 해당 공익사업의 시행을 직접 목적으로 하는 제한이라고 보아 용도지역 등의 지정 또는 변경이 이루어진 상태를 상정하여 토지가격을 평가하여야 한다(객관적으로 명백한 경우에는 바뀐 용도로 가능함). 공법상의 제한을 받는 토지의 보상액을 산정함에 있어서는 그 공법상의 제한이 해당 공공사업의 시행을 직접 목적으로 하여 가하여진 경우에는 그 제한을 받지 아니하는 상태대로 평가하여야 할 것이지만 공법상 제한이 해당 공공사업의 시행을 직접 목적으로 하여 가하여진 경우가 아니라면 그러한 제한을 받는 상태 그대로 평가하여야 하고, 그와 같은 제한이 해당 공공사업의 시행 이후에 가하여진 경우라고 하여 달리 볼 것은 아니다(대판 2015.8.27, 2012두7950).

쟁점 62 미지급용지[4]의 평가   B급

토지보상법 시행규칙 제25조

「토지보상법 시행규칙」 제25조(미지급용지의 평가)

① 종전에 시행된 공익사업의 부지로서 보상금이 지급되지 아니한 토지(이하 이 조에서 "미지급용지"라 한다)에 대하여는 종전의 공익사업에 편입될 당시의 이용상황을 상정하여 평가한다. 다만, 종전의 공익사업에 편입될 당시의 이용상황을 알 수 없는 경우에는 편입될 당시의 지목과 인근토지의 이용상황 등을 참작하여 평가한다.

② 사업시행자는 제1항의 규정에 의한 미지급용지의 평가를 의뢰하는 때에는 제16조 제1항의 규정에 의한 보상평가의뢰서에 미지급용지임을 표시하여야 한다.

Ⅰ 미지급용지의 개념

미지급용지란 종전에 시행된 공익사업의 부지로서 보상금이 지급되지 아니한 토지를 말한다. 즉, 공익사업에 편입된 토지는 해당 공익사업의 준공 이전에 협의 또는 수용의 절차에 의해 취득되어야 하나, 불가피한 사유로 취득하지 못한 상태에서 다른 공익사업에 편입되는 경우가 있으며 이러한 토지를 미지급용지라고 한다.

그러므로 미지급용지는 같은 토지에 대하여 둘 이상의 공익사업이 시행되고, 새로운 공익사업(해당 공익사업)이 시행되기까지 종전에 시행된 공익사업에 의한 보상금이 지급되지 아니한 토지를 말한다. 여기서 종전의 공익사업이란 해당 토지에 대해 보상금의 지급의무가 있는 사업에 해당되어야 한다. 즉, 종전의 공익사업시행지구 내에 소재하는 보상이 되지 않은 토지를 미지급용지라고 하는 것이 아니라, 그 토지가 다른 공익사업에 편입되어 보상의 대상이 될 때 이를 미지급용지라고 한다.

> **【판례】**
> 미지급용지에 해당되기 위해서는 공익사업이 시행된 부지여야 하고, 종전의 공익사업은 해당 부지에 대하여 보상금이 지급될 필요가 있어야 한다.
> [대판 2009.03.26, 2008두22129]
>
> **【판결요지】**
> 공익사업을 위한 토지 등의 취득 및 보상에 관한 법률 시행규칙 제25조 제1항의 미불용지는 '종전에 시행된 공익사업의 부지로서 보상금이 지급되지 아니한 토지'이므로, 미불용지로 인정되려면 종전에 공익사업이 시행된 부지여야 하고, 종전의 공익사업은 적어도 당해 부지에 대하여 보상금이 지급될 필요가 있는 것이어야 한다.

---

4) 2015.4.28. 「공익사업을 위한 토지 등의 취득 및 보상에 관한 법률 시행규칙」의 개정으로 '미불용지'에서 '미지급용지'로 변경되었다.

II 미지급용지의 요건

미지급용지가 되기 위해서는 대상토지가 종전에 시행된 공익사업 및 해당 공익사업에 중복적으로 편입되어야 하며, 기준시점 당시 공익사업용지로 이용하고 있어야 한다. 이를 나누어 보면 다음과 같다.

1. 종전에 시행된 사업

'종전에 시행된'이란 종전의 공익사업을 위하여 보상절차가 진행된 것을 의미한다. 즉, '종전에 시행된'에 해당되기 위해서는 적어도 대상토지에 대하여 보상금이 지급될 필요가 있었어야 하므로 종전 공익사업의 토지세목에 포함되어 있었어야 한다.

2. 공익사업

공익사업이란 「토지보상법」 제4조에 규정된 공익사업을 의미한다.

그러므로 공익사업에 해당되지 않는 사업에 편입되어 취득되지 않은 토지는 미지급용지에 해당되지 않는다. 「토지보상법」 제2조 제3호에서 '사업시행자란 공익사업을 수행하는 자를 말한다.'라고 규정하고 있으므로 공익사업은 사업시행자에 의해서만 수행된다. 따라서 '종전에 시행된 공익사업'이란 사업시행자의 지위에 있는 자가 관련 법령에서 규정한 일정한 절차에 따라 시행한 것에 한한다.

3. 공익사업부지

미지급용지가 되기 위해서는 해당 공익사업의 기준시점 당시 대상토지가 공익사업부지로 이용되어야 한다. 따라서 종전의 공익사업에 포함되어 토지세목 고시가 되었으나 해당 공익사업의 기준시점 당시 실제로 공익사업에 사용되고 있지 않은 토지는 미지급용지에 해당되지 않는다.

III 미지급용지 보상규정의 입법취지

미지급용지는 용도가 공익사업의 부지로 제한됨으로 인하여 거래가격이 아예 형성되지 않거나 상당히 낮게 형성될 수밖에 없음에도, 사업시행자가 이와 같은 미지급용지를 뒤늦게 취득하면서 기준시점에 있어서의 이용상황인 공익사업부지로 제한된 상태를 현실적인 이용상황을 기준으로 감정평가하며 보상한다면, 이를 정당한 보상이라고 할 수 없다. 따라서 이러한 미지급용지에 대해서는 종전의 공익사업에 편입될 당시의 이용상황을 상정하여 감정평가하도록 함으로써 적정가격으로 손실보상을 하여 주려는 것이 미지급용지 보상규정의 취지이다.

> **【판례】**
> 미지급용지 보상규정의 취지는 '적정가격'으로 보상하기 위한 것이다.
> [대판 1992.11.10, 92누4833]
>
> **【판결요지】**
> 종전에 공공사업의 시행으로 인하여 정당한 보상금이 지급되지 아니한 채 공공사업의 부지로 편입되어 버린 이른바 미보상용지는 용도가 공공사업의 부지로 제한됨으로 인하여 거래가격이 아예 형성되지 못하거나 상당히 감가되는 것이 보통이어서, 사업시행자가 이와 같은 미보상용지를 뒤늦게 취득하면서 공공용지의 취득 및 손실보상에 관한 특례법 제4조 제1항 소정의 가격시점에 있어서의 이용상황인 공공사업의 부지로만 평가하여 손실보상액을 산정한다면, 구 공공용지의 취득 및 손실보상에 관한 특례법(1991.12.31. 법률 제4484호로 개정되기 전의 것) 제4조 제3항이 규정하고 있는 "적정가격"으로 보상액을 정한 것이라고는 볼 수 없게 되므로, 이와 같은 부당한 결과를 구제하기 위하여 종전에 시행된 공공사업의 부지로 편입됨으로써 거래가격을 평가하기 어렵게 된 미보상용지에 대하여는 특별히 종전의 공공사업에 편입될 당시의 이용상황을 상정하여 평가함으로써 그 "적정가격"으로 손실보상을 하여 주려는 것이 공공용지의 취득 및 손실보상에 관한 특례법 시행규칙 제6조 제7항의 규정취지라고 이해된다.

Ⅳ 미지급용지의 보상평가의 이용상황 판단

1. 원칙적인 이용상황

미지급용지는 종전에 시행된 공익사업에 편입될 당시의 이용상황을 상정하여 평가한다. 즉, 해당 공익사업의 보상평가의 기준이 되는 미지급용지의 현실적인 이용상황은 기준시점 당시의 이용상황이 아니라 종전에 시행된 공익사업에 편입될 당시의 이용상황이 된다.

2. 편입당시의 현실적인 이용상황을 알 수 없는 경우

종전의 공익사업에 편입될 당시의 이용상황을 알 수 없는 경우에는 편입될 당시의 지목과 인근 토지의 이용상황 등을 참작하여 판단한다.

이는 편입 당시의 대상토지의 공부상 지목과 유사한 인근토지의 기준시점에서의 현실적 이용상황을 참작하여 판단한다는 의미이다.

3. 인근지역의 표준적인 이용상황이 변경된 경우

「토지보상법」 제67조 제1항은 보상액의 산정은 협의성립 당시 또는 재결 당시의 가격을 기준으로 하도록 하여 시가보상의 원칙을 규정하고 있으므로, 종전의 공익사업의 편입시점과 새로운 공익사업의 기준시점 사이에 인근지역의 표준적인 이용상황이 변경되었고, 대상토지도 공익사업에 편입되지 않았다면 현실적인 이용상황이 변경되었을 것이 객관적으로 명백한 경우에 미지급용지의 이용상황은 기준시점에서의 인근토지의 표준적인 이용상황을 기준으로 판단한다. 따라서 종전의 공익사업의 편입당시의 미지급용지의 현실적인 이용상황이 농경지이며 인근지역의 표준적인 이용상황도 농경지였으나, 새로운 공익사업의 기준시점 사이에 인근지역의 표준적인 이용상황이 주택지로 변경된 경우 미지급용지의 이용상황은 주택지로 본다.

4. 현실적인 이용상황을 기준으로 감정평가하는 것이 유리한 경우

미지급용지에 대하여 종전의 공익사업에 편입될 당시의 이용상황을 상정하여 감정평가하도록 규정한 취지는 기준시점에서의 이용상황을 기준으로 감정평가할 경우 보상액이 적정가격이 되지 못하는 부당한 결과를 방지하기 위한 것이므로, 기준시점에서의 이용상황을 기준으로 감정평가하는 것이 토지소유자에게 유리한 경우에는 예외가 아니라 원칙을 적용하여 기준시점에서의 현실적인 이용상황을 기준으로 감정평가한다. 따라서 종전 공익사업의 시행 당시의 대상토지의 현실적인 이용상황은 농경지였으나 공익사업의 시행으로 인하여 기준시점에서의 현실적인 이용상황이 대 또는 공장용지로 조성된 토지는 농경지가 아니라 대 또는 공장용지를 기준으로 감정평가한다.

> **【판례】**
> 종전의 공익사업의 시행으로 현실적 이용상황이 변경됨으로써 토지가격이 상승한 경우에는 현황을 기준으로 보상평가한다.
> [대판 1992.11.10, 92누4833]
>
> **【판결요지】**
> 공공사업의 시행자가 적법한 절차를 취하지 아니하여 아직 공공사업의 부지로 취득하지도 못한 단계에서 공공사업을 시행하여 토지의 현실적인 이용상황을 변경시킴으로써, 오히려 토지의 거래가격이 상승된 경우까지 위 "1."항의 공공용지의 취득 및 손실보상에 관한 특례법 시행규칙 제6조 제7항에 규정된 미보상용지의 개념에 포함되는 것이라고 볼 수 없다.

쟁점 63   무허가건축물 등의 부지의 평가   B급

Ⅰ   무허가건축물 등의 개념

무허가건축물 등이란 「건축법」 등 관계법령에 의하여 허가를 받거나 신고를 하고 건축 또는 용도 변경을 하여야 하는 건축물을 허가를 받지 아니하거나 신고를 하지 아니하고 건축 또는 용도변경 한 건축물을 말한다. 이를 나누어 보면 다음과 같다.

① 허가를 받지 아니하거나 신고를 하지 않고 건축한 건축물

「건축법」 제11조에서는 건축허가를, 제14조에서는 건축신고를 규정하고 있으므로 허가를 받 거나 신고를 하고 건축하여야 하는 건축물을 허가를 받지 아니하거나 신고를 하지 아니하고 건축한 건축물은 무허가건축물 등에 해당된다(「토지보상법 시행규칙」 제24조).

② 불법용도변경 건축물

「건축법」 제19조에서는 용도변경의 허가 또는 신고를 규정하고 있다. 따라서 관련 법령에 의하 여 허가를 받거나 신고를 하고 용도변경해야 하는 건축물을 허가를 받지 아니하거나 신고를 하지 아니하고 용도변경한 건축물은 무허가건축물 등에 해당된다(「토지보상법 시행규칙」 제24조).

③ 허가를 받지 아니하고 증축 또는 개축이 포함된 리모델링한 건축물

리모델링의 유형은 i) 대수선, ii) 증축 또는 개축으로 구분되며 「주택법」 제66조에서 공동주 택 리모델링의 허가를 규정하고 있다. 따라서 「주택법」 제66조에 의하여 허가를 받아야 하는 증축 또는 개축이 포함된 리모델링을 허가를 받지 아니하고 리모델링한 건축물은 무허가건축 물 등에 해당된다.[5] 「토지보상법 시행규칙」 제24조에서는 명문으로 리모델링을 규정하고 있 지 않으나 관련 법령에 의하여 허가를 받거나 신고를 하고 건축하여야 하는 건축물을 허가를 받지 아니하거나 신고를 하지 아니하고 건축한 건축물을 무허가건축물 등으로 규정하고 있으 므로 허가를 받지 아니하고 증축 또는 개축인 포함된 리모델링한 건축물은 무허가건축물 등에 해당된다고 보아야 한다.

Ⅱ   무허가건축물 등의 확정 주체

「토지보상법」은 보상액 결정절차를 이원화하여 i) 보상대상은 토지·물건조서의 작성, 보상계획 의 열람·공고 등의 일정한 절차에 따라 사업시행자가 확정하고, ii) 보상액은 확정된 보상대상에 대하여 감정평가법인 등의 감정평가를 거쳐 산정하도록 규정하고 있다. 따라서 보상대상의 확정 에 해당하는 무허가건축물 등의 여부는 「토지보상법」에서 정하는 절차에 따라 사업시행자가 확 정하여야 한다.

그러므로 감정평가법인 등이 임의로 무허가건축물 등에 해당된다고 판단하여서는 안 된다. 다만, 감정평가법인 등이 「토지보상법 시행규칙」 제16조 제3항에 따라 현지조사한 결과 제시된 내용이 타당하지 않다고 판단되는 경우에는 그 내용을 사업시행자에게 조회한 후 감정평가한다.

---

5) 「건축법」 제2조 제8호에 따라 증축 또는 개축은 건축에 포함된다.

Ⅲ 무허가건축물 등의 부지의 보상평가

1. 원칙

무허가건축물 등의 부지는 해당 토지에 무허가건축물 등이 건축되거나 용도변경될 당시의 이용상황을 상정하여 감정평가한다.

① 일시적인 이용상황

「토지보상법」 제70조 제2항에서 토지에 대한 보상액은 가격시점에서의 현실적인 이용상황과 일반적인 이용방법에 의한 객관적 상황을 고려하여 산정하되 '일시적인 이용상황'은 고려하지 않도록 규정하고 있다.

또한 「토지보상법 시행령」 제38조에서 '일시적인 이용상황'은 관계 법령에 따른 국가 또는 지방자치단체의 계획이나 명령 등에 따라 해당 토지를 본래의 용도로 이용하는 것이 일시적으로 금지되거나 제한되어 그 본래의 용도와 다른 용도로 이용되고 있거나 해당 토지의 주위환경의 사정으로 보아 현재의 이용방법이 임시적인 것으로 규정하고 있다. 즉, 무허가건축물 등의 부지의 현재의 이용상황은 불법적인 것이므로 원상회복이 되어야 할 '일시적인 이용상황'으로 보아야 하므로, 현실적 이용상황은 무허가건축물 등이 건축 또는 용도변경될 당시의 이용상황을 기준으로 하는 것이다.

② 위법행위의 합법화

무허가건축물 등의 부지를 현실적인 이용상황을 기준으로 감정평가하게 되면 위법행위가 합법화되어 공정성을 잃은 불합리한 보상이 되기 때문에 무허가건축물 등이 건축 또는 용도변경될 당시의 이용상황을 기준으로 하는 것이다.

2. 무허가건축물과의 구분등

① 허가를 받지 아니하거나 신고를 하지 않고 건축한 건축물의 부지

무허가건축물 등이 건축될 당시의 이용상황을 상정하여 감정평가하므로 해당 건축물이 건축되지 않은 상태, 즉 건부지가 아닌 상태를 기준으로 감정평가한다. 따라서 이 경우는 무허가건축물 부지의 면적사정은 문제가 되지 않는다.

② 불법용도변경 건축물의 부지

용도변경 이전의 이용상황을 기준으로 부지를 감정평가한다. 즉, 주택을 상가로 불법 용도변경한 경우 그 부지는 상가부지가 아니라 주택부지로 보고 감정평가한다. 이 경우 부지면적이 별도로 구분되지 않은 경우6)는 무허가건축물 부지의 면적사정 기준에 따른다.

③ 무허가건축물 등이 건축 또는 용도변경될 당시의 이용상황의 확정 주체

무허가건축물 등이 건축 또는 용도변경될 당시의 이용상황도 보상대상의 확정에 해당하므로 「토지보상법」에서 정하는 절차에 따라 사업시행자가 확정하여야 한다. 따라서 감정평가법인 등이 무허가건축물 등이 건축 또는 용도변경될 당시의 이용상황을 임의로 판단하여서

---

6) 용도변경 전 건축물을 전, 답 등의 토지에서 허가를 받거나 신고를 하고 건축하였으나 준공 후 지번분할 및 지목변경 등을 하지 않은 경우 등이다.

는 안 된다. 다만, 감정평가법인 등이 「토지보상법 시행규칙」 제16조 제3항에 따라 현지조사한 결과 제시된 이용상황이 타당하지 않다고 판단되는 경우에는 그 내용을 사업시행자에게 조회한 후 감정평가한다.

3. 1989년 1월 24일 당시 무허가건축물 등의 부지

「토지보상법 시행규칙」 부칙 제5조 제1항에서는 "1989년 1월 24일 당시의 무허가건축물 등에 대하여는 제24조의 규정에 불구하고 이 규칙에서 정한 보상을 함에 있어 이를 적법한 건축물로 본다."고 규정하고 있다.

따라서 1989년 1월 24일[7] 당시의 무허가건축물 등의 부지는 이를 적법한 건축물의 부지로 보아 기준시점에서의 현실적인 이용상황을 기준으로 감정평가한다.

4. 1989년 1월 24일 당시 무허가건축물 등의 부지에 해당되지 않는 경우

(1) 1989년 1월 24일 당시의 무허가건축물이 멸실되고 새로이 건축한 무허가건축물 등의 부지

1989년 1월 24일 당시의 무허가건축물이 화재 등으로 인하여 멸실되고 1989년 1월 24일 이후에 해당 부지에 새로 무허가건축물의 건축한 경우의 해당 건축물의 부지는 1989년 1월 24일 당시 무허가건축물 등의 부지에 해당되지 않는다. 따라서 이 경우는 멸실된 당초의 무허가건축물이 건축될 당시의 이용상황을 기준으로 감정평가한다.

(2) 1989년 1월 24일 이후에 불법용도변경한 건축물의 부지

1989년 1월 24일 이전에 허가를 받거나 신고한 건축물을 1989년 1월 24일 이후에 불법으로 용도변경한 건축물의 부지는 1989년 1월 24일 당시 무허가건축물 등의 부지에 해당되지 않는다.

(3) 1989년 1월 24일 당시 무허가건축물 등의 부지에 추가로 건축한 경우

1989년 1월 24일 당시 무허가건축물 등의 부지에 1989년 1월 24일 이후에 무허가로 추가하여 건축한 경우 추가 건축물의 부지는 1989년 1월 24일 당시 무허가건축물 등의 부지로 보지 않는다.

(4) 공작물의 부지

1989년 1월 24일 당시 무허가건축물 등의 부지에 대한 규정은 건축물 부지에 한하여 적용되므로 1989년 1월 24일 당시의 공작물[8] 부지에는 적용할 수 없다.

---

7) 1989년 1월 24일은 (구)「공공용지의 취득 및 손실보상에 관한 특례법 시행규칙」 제6조 제6항을 신설하여 무허가건축물 등의 부지에 대하여 현실적인 이용상황 기준 감정평가의 예외를 규정한 기준일이다.

8) 「건축법」 제83조 및 「건축법 시행령」 제118조에서는 굴뚝, 장식탑, 기념탑, 광고탑, 광고판, 고가수조, 옹벽, 담장, 지하대피호, 운동시설을 위한 철탑, 통신용 철탑, 기계식 주차장, 철골조립식 주차장, 제조시설, 저장시설(시멘트사일로 포함), 유희시설, 태양에너지를 이용하는 발전설비 등을 공작물로 규정하고 있다.

5. 1989년 1월 24일 당시 무허가건축물 등의 부지면적 사정기준

「토지보상법 시행규칙」 부칙 제5조 제1항에서 "1989년 1월 24일 당시의 무허가건축물 등에 대하여는 제24조의 규정에 불구하고 이 규칙에서 정한 보상을 함에 있어 이를 '적법한 건축물'로 본다."고 규정하였고, 제2항에서 "제1항에 따라 적법한 건축물로 보는 무허가건축물 등에 대한 보상을 하는 경우 해당 무허가건축물 등의 부지 면적은 「국토의 계획 및 이용에 관한 법률」 제77조에 따른 건폐율을 적용하여 산정한 면적을 초과할 수 없다."라고 규정하였다.

---

① 【판례】 무허가건축물 등의 부지의 범위

[대판 2002.09.04, 2000두8325]

【판결요지】

'무허가건물 등의 부지'라 함은 당해 무허가건물 등의 용도·규모 등 제반 여건과 현실적인 이용상황을 감안하여 무허가건물 등의 사용·수익에 필요한 범위 내의 토지와 무허가 건물 등의 용도에 따라 불가분적으로 사용되는 범위의 토지를 의미하는 것이라고 해석된다.

② 【유권해석】

1989.1.24. 당시 무허가건축물 등의 부지면적은 토지면적에 건폐율을 곱하여 산정한 면적을 초과할 수 없다.

[국토부 2014.11.27. 토지정책과—7597]

③ 【질의요지】

면적이 $500m^2$인 토지(전, 자연녹지, 건폐율 20%)에 바닥면적이 $150m^2$인 1989.1.24. 이전 무허가건축물이 존재할 경우 대지인정면적을 산출하는 방법

【회신내용】

1989.1.24. 당시 무허가건축물 등의 부지면적은 「국토계획법」 제77조에 따른 건폐율을 적용하여 산정한 면적을 초과할 수 없으므로 면적이 $500m^2$ 토지(전, 자연녹지, 건폐율 20%)에 바닥면적이 $150m^2$인 1989.1.24. 이전 무허가건축물이 있는 경우 $100m^2 (500m^2 \times 0.2)$만 대지로 보아야 함.

④ 【재결례】 적법한 건축물의 부지면적 산정기준[9]

[중토위 2015.11.19. 이의재결] 〈재결요지〉

【재결요지】

○○○이 전을 대지로 보상하여 달라는 ○○동 ○○○번지 상에는 1978.9.2. 사용승인을 받은 $91.27m^2$의 적법 건축물이 존재하지만 건축물대장에는 대지면적이 기입되어 있지 아니한 것으로 확인된다. 따라서 이 건 토지의 용도지역인 자연녹지지역의 건폐율(20%)을 적용하면 적법 건축물의 대지면적은 총 $456.35m^2$이므로 협의 당시 대지 면적으로 인정한 $91.27m^2$에 $365.08m^2$를 추가하여 대지로 보상하기로 한다.

---

9) 「토지보상법 시행규칙」 부칙 제5조 제2항에 따라 건폐율을 역산으로 적용하여 산정한 면적은 부지면적의 상한임에서도 이 재결례는 실제 사용하고 있는 부지면적에 대한 고려 없이 상한면적으로 적용하고 있어 타당하지 않은 것으로 판단된다.

쟁점 64 　불법형질변경토지의 보상평가[10]　　　　　　　　B급

I　불법형질변경토지 손실보상의 문제의식과 체계

불법형질변경토지의 손실보상 문제는 공익사업을 위한 토지등의 취득 및 보상에 관한 법률(이하 '토지보상법')상 현황평가원칙과 그 예외로서의 형질변경 당시 평가가 충돌하는 지점에서 발생한다. 토지보상법 제70조 제2항은 취득하는 토지의 보상액은 가격시점의 현실적인 이용상황을 기준으로 산정하도록 규정하여 현황평가원칙을 선언하고 있다. 반면, 토지보상법 시행규칙 제24조는 불법형질변경토지에 해당하는 경우에는 예외적으로 형질변경 당시의 이용상황을 상정하여 평가하도록 규정하고 있다.

이와 같은 규율구조는 한편으로는 위법행위를 통한 부당이득을 방지하고 법질서를 유지하려는 목적을 가지면서도, 다른 한편으로는 정당보상원칙과의 긴장관계를 형성한다. 특히 불법형질변경토지의 개념과 요건을 확대해석할 경우, 하위법령인 시행규칙이 상위법인 토지보상법의 원칙을 잠식하는 문제가 발생할 수 있다. 따라서 불법형질변경토지에 대한 평가는 엄격한 요건해석을 전제로 제한적으로 적용되어야 한다.

II　불법형질변경토지의 개념과 관련 개념의 구별

1. 불법형질변경토지의 개념

불법형질변경토지란 관계 법령에 따라 허가 또는 신고를 받아야 함에도 이를 받지 아니하거나 신고를 하지 아니하고 토지의 형질을 변경한 토지를 의미한다. 이 개념에 해당할 경우, 토지보상법 시행규칙 제24조에 따라 현황평가원칙의 예외가 인정된다.

2. 무단형질변경토지와의 구별

무단형질변경토지는 사전 허가나 동의 없이 토지의 형질을 변경한 토지를 의미하는 강학상 개념으로서, 불법형질변경토지를 포함하는 상위 개념이다. 무단형질변경토지 중에는 ① 원상회복이 가능한 일시적 이용상황, ② 법령상 허용되는 경미한 형질변경, ③ 경작을 위한 형질변경 등이 포함될 수 있다.

따라서 무단형질변경토지라는 이유만으로 곧바로 토지보상법 시행규칙 제24조가 적용되는 것은 아니며, 불법형질변경토지 해당 여부에 대한 별도의 판단이 필요하다.

3. 농지전용 · 산지전용과 형질변경

토지의 형질변경은 물리적 형상변경뿐만 아니라 용도변경도 포함하는 개념이다. 농지법 · 산지

---

10) 불법형질변경 토지 내용은 강남대학교 부동산학과 황선훈 교수님 논문을 요약 정리한 내용으로 2024년 9월에 발행한 한국부동산연구원의 연구보고서 「불법형질변경토지의 손실보상과 특수문제」의 내용을 일부 발췌하여 요약 재정리하였으며, 법규성 논의는 학계와 대법원 입장을 반영함.

관리법·초지법에 따른 농지전용·산지전용·초지전용은 토지의 용도를 변경하는 행위로서 광의의 형질변경에 포함된다.

Ⅲ 토지보상법 시행규칙 제24조의 법적 성격

1. 문제의 소재

토지보상법 시행규칙 제24조는 형식상 국토교통부령으로 제정된 규범이지만, 그 법적 성격을 법규명령으로 볼 것인지, 아니면 행정규칙으로 볼 것인지에 대해 학설이 대립한다. 이 문제는 해당 규정이 대외적 구속력을 가지는지, 나아가 법원의 위법성 판단기준이 되는지 여부와 직결된다.

2. 토지보상법 시행규칙 제24조 법규성 인정(법령보충적 행정규칙으로 인식)

토지보상법 시행규칙 제24조는 형식은 법규명령이나, 내용상으로는 감정평가 실무의 기준을 정하고 있다는 점에서 법규명령형식의 행정규칙으로 이해하는 견해도 있으나, 대법원 2011다104253 판결에서는 토지보상법 시행규칙 제22조를 상위법령과 결합하여 대외적인 구속력이 인정되는 법령보충적 행정규칙으로 보고 있어 대법원과 학계의 주류의 태도는 법령보충적 행정규칙으로 법규성을 인정하고 있다. 즉 토지보상법 제70조 제2항의 현황평가원칙에 대한 예외를 구체화하고 있다는 점, 그리고 상위법의 위임을 받아 제정되었다는 점에서 대외적 구속력을 인정할 수 있다는 해석이 타당하다(다만 법규명령형식의 행정규칙으로 보는 일부 견해도 있으나 법규성을 인정하는 태도는 동일하다).

3. 실무적 의미

이 규정을 대외적 구속력이 있는 규범으로 이해할 경우, 불법형질변경토지에 해당함에도 이를 적용하지 않은 보상평가는 위법한 보상평가가 될 수 있다. 반대로 행정규칙으로만 본다면, 위법성 판단은 재량권 일탈·남용의 문제로 귀결된다.

Ⅳ 불법형질변경토지의 판단주체와 보상평가 방식

1. 판단주체

불법형질변경토지 해당 여부의 일차적 판단주체는 사업시행자이다. 사업시행자는 토지조서 작성, 보상계획 열람, 이의처리 절차를 통해 불법형질변경 여부를 판단한다. 감정평가법인 등은 법률적 판단주체가 아니므로, 사업시행자의 판단을 임의로 변경할 수 없다.

2. 보상평가 방식

불법형질변경토지로 판단되는 경우, 형질변경 당시의 이용상황을 상정하여 평가한다. 다만 기준시점은 일반적인 토지와 동일하게 협의성립 당시 또는 수용재결 당시로 한다. 예외적으로 1995.1.7. 당시 공익사업시행지구에 편입된 불법형질변경토지는 가격시점의 현실적인 이용상황을 기준으로 평가한다.

Ⅴ 불법형질변경토지의 요건해석

1. 토지형질변경

토지형질변경이란 토지의 외형을 실질적으로 변경하는 행위로서, 성토·절토·정지·포장 등이 이에 해당한다. 단순한 지목변경만으로는 형질변경에 해당하지 않는다. 또한 원상회복이 가능한 경우에는 일시적 이용상황으로 보아 토지보상법 시행규칙 제24조를 적용하지 않는다.

2. 허가 또는 신고 대상성

형질변경이 국토계획법 제56조에 따른 개발행위허가 대상이거나, 개별법령에 의해 허가·신고 대상인 경우에 해당해야 한다. 허가 대상이 아닌 경미한 형질변경이나 경작을 위한 형질변경은 불법형질변경토지에 해당하지 않는다.

3. '불법'의 의미

토지보상법 시행규칙 제24조에서 말하는 불법이란 허가를 받지 아니하거나 신고를 하지 아니한 경우로 한정하여 해석함이 타당하다. 이는 현황평가원칙의 예외를 규정한 하위법령이라는 점에서 엄격해석이 요구되기 때문이다. 다만, 형질변경이 절대적으로 금지된 지역·지구에서 이루어진 경우에는 그 자체로 불법형질변경에 해당한다.

Ⅵ 불법형질변경토지 판단기준시점

불법형질변경 여부는 해당 토지가 언제부터 형질변경에 대한 법적 제한을 받게 되었는지를 기준으로 판단한다. 임야, 농지, 도시계획구역, 개발제한구역 여부에 따라 적용 법령과 기준시점이 달라지며, 역사적 법령의 시행 시점이 기준이 되는 경우가 많다.

Ⅶ 국가 또는 지방자치단체가 불법형질변경한 경우

국가 또는 지방자치단체가 불법형질변경의 주체인 경우에도 원칙적으로 토지보상법 시행규칙 제24조가 적용될 수 있다. 다만, 국가 등이 스스로의 불법행위를 원용하여 보상액을 감액하는 것은 신의성실원칙 및 권리남용금지 원칙에 반하는 경우가 있어, 개별 사안별 판단이 필요하다. 특히 공익사업 시행자가 불법형질변경을 한 후 사후적으로 수용권을 행사하는 경우에는 현황평가원칙에 따라 평가하는 것이 타당하다.

Ⅷ 결

불법형질변경토지의 손실보상은 현황평가원칙의 예외로서 극히 제한적으로 적용되어야 하며, 그 적용 여부는 개념과 요건에 대한 엄격한 해석을 전제로 판단되어야 한다. 또한 토지보상법 시행규칙 제24조는 법령보충적 행정규칙(일부 견해는 법규명령형식의 행정규칙으로 보는 견해가 있으나 모두 법규성은 인정하고 있다.)으로 보아 법규성을 인정하고 있으며, 토지보상법 시행규칙 제24조를 통한 예외적 평가는 법질서 유지라는 목적을 가지나, 정당보상원칙을 침해하지 않도록 신중하게 운용되어야 한다고 생각된다.

쟁점 65 　사실상 사도 부지의 보상평가　　　　　　A급

Ⅰ　개설

토지보상법 시행규칙 제26조 규정에서는 도로 중에서 사도법상 사도 및 사실상의 사도부지의 감정평가방법에 대해 규정함으로써 특수한 토지에 대하여 공정하고 객관적인 보상액을 도출하고자 한다. 특히 사실상 사도가 중요한 쟁점이고, 여기에서 사실상 사도의 판단기준과 인근토지평가액의 1/3 이내로 평가할 때의 기준에 대한 핵심이다.

Ⅱ　사도법상 사도

1. 사도법상 사도의 개념

사도법상 사도란 ① 「도로법」 제2조 제1호에 따른 도로, ② 「도로법」의 준용을 받는 도로, ③ 「농어촌도로 정비법」 제2조 제1항에 따른 농어촌도로, 「농어촌정비법」에 따라 설치된 도로 등이 아닌 것으로서 그 도로에 연결되는 길로 정의되어 있다. 즉, 사도법에 따른 사도란 그 소유자가 자기 토지의 다른 부분의 효용 증진을 위하여 스스로 관할 시장·군수의 사도개설허가를 받아 개설되는 공도에 연결되는 도로를 말하며, 사도관리대장에 등재되고 일반인의 통행을 제한하거나 금지할 수 없는 도로이다. 사도법상의 사도는 사실상의 사도와는 달리 동일한 소유자 간의 가치이전을 요건으로 하지 않는다.

2. 평가방법

인근토지에 대한 감정평가액의 5분의 1 이내로 평가한다.

인근토지란 그 사도부지가 도로로 이용되지 아니하였을 경우에 예상되는 인근지역에 있는 표준적인 이용상황의 토지로서 지리적으로 가까운 것을 말한다. 즉, 사도부지에 대한 감정평가의 기준이 되는 현실적인 이용상황은 인근토지의 표준적인 이용상황이 된다.

Ⅲ　사실상의 사도

1. 사실상 사도의 개념

사실상 사도란 「사도법」에 의한 사도 외의 도로로서 ① 도로개설당시의 토지소유자가 자기 토지의 편익을 위하여 스스로 설치한 도로, ② 토지소유자가 그 의사에 의하여 타인의 통행을 제한할 수 없는 도로, ③ 「건축법」 제45조의 규정에 의하여 건축허가권자가 그 위치를 지정·공고한 도로, ④ 도로개설당시의 토지소유자가 대지 또는 공장용지 등을 조성하기 위하여 설치한 도로 중 어느 하나에 해당하는 도로를 말한다(토지보상법 시행규칙 제26조 제2항).

2. 사실상 사도 부지 평가액 1/3 이내 평가기준의 법령보충적 행정규칙 여부

(1) 문제점

토지보상법 시행규칙 제26조에서 사실상 사도 부지 평가를 인근토지 평가액의 1/3 이내 평가규정에 대하여 법령보충적 행정규칙 여부가 논의되고 있다.

(2) 학설의 대립

① 행정규칙설은 행정규칙형식은 헌법에 규정된 법규의 형식이 아니므로 행정규칙으로 보아야 한다는 견해이다.

② 법규명령설은 실질적으로 법의 내용을 보충함으로써 개인에게 직접적인 영향을 미치는 법규명령으로 보아야 한다는 견해이다.

③ 규범구체화 행정규칙설은 행정규칙과는 달리 상위규범을 구체화하는 내용의 행정규칙이므로 법규성을 긍정해에 한다는 견해이다.

④ 위헌무효설은 헌법에 명시된 법규명령은 대통령령, 총리령, 부령만을 인정하고 있으므로 행정규칙 형식의 법규명령은 헌법에 위반되어 무효라는 견해이다.

⑤ 법규명령의 효력을 갖는 행정규칙설은 법규와 같은 효력을 인정하더라도 행정규칙의 형식으로 제정되어 있으므로 법적 성질은 행정규칙으로 보는 견해이다.

(3) 대법원 판례

공익사업을 위한 토지 등의 취득 및 보상에 관한 법률 제68조 제3항은 협의취득의 보상액 산정에 관한 구체적 기준을 시행규칙에 위임하고 있고, 위임 범위 내에서 공익사업을 위한 토지 등의 취득 및 보상에 관한 법률 시행규칙 제22조는 토지에 건축물 등이 있는 경우에는 건축물 등이 없는 상태를 상정하여 토지를 평가하도록 규정하고 있는데, 이는 비록 행정규칙의 형식이나 공익사업법의 내용이 될 사항을 구체적으로 정하여 내용을 보충하는 기능을 갖는 것이므로, 공익사업법 규정과 결합하여 대외적인 구속력을 가진다(대판 2012.3.29, 2011다104253[손해배상(기)등]).

(4) 소결

생각건대, 행정입법이 실질적으로 근거법령과 결합하여 국민에 대한 대외적 효력을 갖게 된다면 그 내용을 중시하여 법규명령으로 보는 것이 타당할 것이다. 다만, 법치주의 원리상 법규명령의 제정절차를 거치지 않는 규범은 법규명령으로 볼 수 없다는 입장에 선다면 법규성을 부정하는 견해도 일면 타당성이 인정된다. 다만 해당 규정은 토지보상법 시행규칙 제22조 규정 판례와 같이 상위법령인 토지보상법과 결합하여 대외적 구속력이 있는 법령보충적 행정규칙으로 보는 것이 타당하다고 판단된다.

3. 판단기준

(1) 토지소유자가 자기 토지의 편익을 위하여 스스로 개설한 도로

① 판단기준

토지소유자가 자기 토지의 편익을 위하여 스스로 개설한 도로에 해당하는지 여부의 판단기준은 다음과 같다.

㉠ 도로개설의 자의성

토지소유자가 스스로 설치한 도로에 해당되어야 한다.

따라서 「국토계획법」에 의한 도시·군관리계획에 의하여 도로로 결정됨에 따라 비자발적으로 개설된 도로인 예정공도는 사실상의 사도에 해당되지 않는다.

㉡ 동일인 소유 토지로의 가치이전

자기 토지의 다른 부분의 효용증진을 위하여 설치한 도로이어야 한다. 즉, 도로부분의 가치가 동일인 소유의 다른 토지로 이전되어야 한다.

다시 말하면 토지소유자가 자기 소유 토지 중 일부에 도로를 설치한 결과 도로 부지로 제공된 부분으로 인하여 나머지 부분 토지의 편익이 증진되어 도로 외 부분의 가치가 상승됨으로써 도로부지로 제공된 부분의 가치를 낮게 평가하여 보상하더라도 전체적으로 정당보상의 원칙에 어긋나지 않아야 한다. 따라서 도로의 소유자와 그 도로를 통하여 출입하는 토지의 소유자가 다른 도로는 여기에 해당되지 않는다.

② 판단시점

도로개설의 자의성 및 동일인 소유 토지로의 가치이전이라는 두 가지 요건은 도로개설 당시를 기준으로 판단한다.

따라서 사실상 도로가 개설되지 않은 경우는 사실상의 사도로 볼 수 없으며, 도로개설 당시는 도로부지와 그 도로를 통하여 출입하는 토지가 동일인이었으나 그 이후 소유권이 달라진 경우에는 사실상의 사도로 본다.

③ 판단근거

도로개설 당시를 기준으로 개설의 자의성과 동일인 소유 토지로의 가치이전이라는 2가지 요건은 인접토지의 획지면적·이용상태·개설경위·목적·주위환경 등에 의하여 객관적으로 판단한다.

(2) 토지소유자가 그 의사에 의하여 타인의 통행을 제한할 수 없는 도로

토지소유자가 그 의사에 의하여 타인의 통행을 제한할 수 없는 도로에는 i) 「민법」에 의하여 주위토지통행권(법정통행권)이 발생한 도로, ii) 물권으로서 통행지역권 또는 사용대차·임대차 등의 채권계약에 의한 통행권(약정통행권)이 설정된 도로, iii) 공동생활을 하면서 자연발생적으로 형성된 도로 등이 있다. 이러한 도로는 2003.1.1. 「토지보상법」 제정으로 사실상의 사도에 추가된 것이다.

① 주위토지통행권에 의한 도로

주위토지통행권에 의한 도로의 유형에는 i) 「민법」 제219조에 의한 도로, ii) 「민법」 제220조에 의한 도로가 있다. ㉠ 「토지보상법 시행규칙」 제26조 제2항 제2호에서는

사실상의 사도에 해당되는지 여부를 토지소유자가 그 의사에 의하여 타인의 통행을 제한할 수 있는지 여부에 따라 판단하도록 규정하고 있고, ⓛ 「사도법」에 따른 사도의 경우에도 사용료의 징수가 가능함에도 배타적 사용이 제한된다는 이유로 감액하고 있으며, ⓒ 일반적인 거래의 관행에서도 이러한 사도는 인근토지에 비하여 낮게 거래되는 것이 일반적이므로 사실상의 사도로 보는 것이 타당하다고 본다.

② **약정에 의한 도로**

약정에 의하여 통행권이 설정되는 도로에는 i) 물권으로서 통행지역권이 설정된 도로와 ii) 채권으로서 사용대차 또는 임대차 등의 계약에 의하여 통행권이 설정된 도로가 있다. 약정에 의한 도로도 타인의 필요에 의하여 일부 토지를 사도로 제공하고 정상적인 임료를 수취한다면, 그 도로의 경제적 가치를 인근 토지에 비하여 낮게 감정평가하는 것은 타당하지 않다는 견해가 있다. 그러나 「민법」 제219조에 의한 도로와 마찬가지의 이유로 사실상의 사도로 보아 감정평가하는 것이 타당하다. 다만, 채권계약에 의한 통행권이 설정된 도로의 경우는 토지 소유자가 채권계약에 불구하고 소유권을 행사하여 통행을 제한할 수 있는지 여부에 따라 사실상의 사도에 해당하는지 여부를 결정한다.

③ **자연발생적으로 형성된 도로**

자연발생적으로 형성된 도로는 일반적으로 도로로 개설 또는 형성과정에 도로관리청 기타 행정청이 관여하지 아니한 도로를 말한다. 토지소유자가 관여하였는지는 묻지 않으나, 여기서는 토지소유자가 스스로 설치한 도로를 제외한다. 도로는 우리 생활과 밀접한 관련이 있음에도 도로관리청 기타 행정청이 도로를 적기에 개설하지 못하기 때문에, 토지소유자가 개설하거나 공동생활의 편익증진을 위하여 주민들이 협동하여 또는 자연스럽게 도로를 만들거나 형성되는 경우가 많다.

④ **적용 : 사실상 사도의 판단기준**

사실상의 사도 중 「토지보상법 시행규칙」 제26조 제2항 제2호의 '토지소유자가 그 의사에 의하여 타인의 통행을 제한할 수 없는 도로'는 그 유형이 대단히 다양하고, 그 성격상 단순히 타인의 통행을 제한할 수 없다는 이유만으로 일률적으로 감액하여 보상하는 것이 타당하지 않은 경우도 있다.

또한 도로부지의 소유자는 사유재산을 아무런 대가 없이 공공의 사용에 제공해 오고 있는 것인데, 이러한 결과로 단지 통행을 제한할 수 없다는 이유만으로 사후에 공익사업을 위한 보상을 하면서 인근 토지에 비하여 현저하게 낮게 보상한다면, 국가나 사회를 위하여 희생한 자에게 불이익을 주게 되는 결과가 초래되므로 바람직하지 않다. 특히 1995.1.7. (구)「공공용지의 취득 및 손실보상에 관한 특례법 시행규칙」 제6조의 2를 개정하여 「사도법」에 따른 사도를 제외한 모든 도로를 인근토지에 대한 평가금액의 3분의 1 이내로 평가하도록 하였으나, 이러한 개정에도 불구하고 대법원은 도로의 개설 경위와 목적, 주위 환경, 인접 토지의 필지별 면적과 소유관계 및 이용상태 등 여러 사정에 비추어 토지소유자가 자기 토지의 편익을 위하여 스스로 공중의 통행에 제공하는 등 인근 토지에 비하여 낮은 가격으로 보상하여 주어도 될 만한 객관적인 사유가 인정되는 경우에만 인근 토지의 3분의 1 이내에서 평가하고 그러한 사유가 인정되지 아니하는 경우에는 위 규정의 적용에서 제외하여야 한다고 판결한 바도 있다.

㉠ 이용상황의 고착성

자연발생적으로 형성된 도로를 '토지소유자가 그 의사에 의하여 타인의 통행을 제한할 수 없는 도로'로 보기 위해서는 i) 사유지가 일반 공중의 교통에 공용되고 있고 그 이용상황이 고착되어 있어 원상회복하는 것이 법률상 허용되지 아니하거나 사실상 현저히 곤란한 정도에 이른 경우에 해당되어야 하고, ii) 해당 도로가 주위 토지로 통하는 유일한 통로에 해당하여야 한다.

㉡ 낮은 가격으로 보상하여도 될 객관적인 사유의 인정

자연발생적으로 형성된 도로를 사실상의 사도로 볼 수 있기 위해서는 i) 원상회복이 가능한지 여부, ii) 독점적·배타적인 사용수익권을 포기하였다고 보아야 하는지 여부, iii) 관습상의 통행권에 상당하는 사유가 발생하였다고 볼 수 있는지 여부, iv) 국가 또는 지방자치단체를 점유주체로 볼 수 있는지 여부, v) 불법행위로 인한 손해배상청구가 가능한지 여부, vi) 부당이득이 성립되는지 여부, vii) 손실보상청구가 가능한지 여부 등을 고려하여야 인근 토지에 비하여 낮은 가격으로 보상하여 주어도 될 만한 객관적인 사유가 인정되어야 한다. 즉, 자연발생적으로 형성된 도로라고 하여 이를 일률적으로 사실상의 사도로 보는 것은 타당하지 않다.

㉢ 대법원 판례의 태도 : 도로로서의 이용상황이 고착되어 원상회복이 불가능할 경우에 한하여 '타인의 통행을 제한할 수 없는 도로'로 볼 수 있다.

[대판 2013.06.13, 2011두7007]

【판결요지】

공익사업을 위한 토지 등의 취득 및 보상에 관한 법률 시행규칙 제26조 제2항 제2호가 규정한 '토지소유자가 그 의사에 의하여 타인의 통행을 제한할 수 없는 도로'는 사유지가 종전부터 자연발생적으로 또는 도로예정지로 편입되어 있는 등으로 일반 공중의 교통에 공용되고 있고 그 이용상황이 고착되어 있어, 도로부지로 이용되지 아니하였을 경우에 예상되는 표준적인 이용상태로 원상회복하는 것이 법률상 허용되지 아니하거나 사실상 현저히 곤란한 정도에 이른 경우를 의미한다고 할 것이다. 이때 어느 토지가 불특정 다수인의 통행에 장기간 제공되어 왔고 이를 소유자가 용인하여 왔다는 사정이 있다는 것만으로 언제나 도로로서의 이용상황이 고착되었다고 볼 것은 아니고, 이는 당해 토지가 도로로 이용되게 된 경위, 일반의 통행에 제공된 기간, 도로로 이용되고 있는 토지의 면적 등과 더불어 그 도로가 주위 토지로 통하는 유일한 통로인지 여부 등 주변 상황과 당해 토지의 도로로서의 역할과 기능 등을 종합하여 원래의 지목 등에 따른 표준적인 이용상태로 회복하는 것이 용이한지 여부 등을 가려서 판단해야 할 것이다.

(3) 건축허가권자가 그 위치를 지정·공고한 도로

① 이해관계인의 동의

「건축법」 제45조의 규정에 의하여 건축허가권자가 도로의 위치를 지정·공고하려면 그 도로에 대한 이해관계인의 동의를 받아야 한다.

② 예외

㉠ 조례로 정하는 경우

i) 허가권자가 이해관계인이 해외에 거주하는 등의 사유로 이해관계인의 동의를 받기가 곤란하다고 인정하는 경우, ii) 주민이 오랫동안 통행로로 이용하고 있는 사실상의 통로로서 해당 지방자치단체의 조례로 정하는 경우에는 이해관계인의 동의를 받지 않아도 된다.

㉡ 시장 등이 그 위치를 지정·공고한 이후

「건축법」 제45조에 따라 도로로 한번 지정이 되면, 그 이후에 같은 도로에 접한 대지에서는 건축허가를 위하여 다시 도로지정을 받을 필요가 없다. 따라서 그 도로상에 접한 다른 대지의 소유자는 건축허가 신청 시에는 「건축법」상 도로의 요건을 충족하기 위한 이해관계인의 동의를 받을 필요가 없게 된다.

(4) 토지소유자가 대지 또는 공장용지 등을 조성하기 위하여 설치한 도로

① 개발행위허가 등을 받아 개설한 도로

i) 「국토계획법」 제56조 제1항 등 관계법령에 따른 개발행위허가 등을 받아 택지부분과 도로부분으로 구분하여 도로로 개설한 토지 또는 ii) 개발행위 허가 등을 받지 아니하였으나 택지부분과 도로부분으로 구분하여 도로로 개설한 토지는 단지분할형 도로로서는 「토지보상법 시행규칙」 제26조 제2항 제4호에 따른 사실상의 사도로 본다.

② 도로로 개설되어 있지 않으나 택지부분을 예정지로 감정평가하는 경우

「국토계획법」 제56조 제1항 등 관계법령에 따른 토지의 개발행위허가 등을 받지 아니하고 지적공부에서만 택지부분과 도로부분(지목이 변경되지 아니한 경우를 포함)으로 구분된 경우로서 택지부분을 일반거래관행에 따라 대지예정지 또는 공장예정지로 보고 개별 필지별로 감정평가하는 경우에는 그 도로부분은 도로로 개설되어 있지 않아도 이를 「토지보상법 시행규칙」 제26조 제2항 제4호에 따른 사실상의 사도로 본다(「토지보상평가지침」 제35조의2 제2항 단서).

4. 사실상 사도의 보상평가기준

인근토지평가액의 1/3 이내로 평가한다. 인근토지란 그 부지가 도로로 이용되지 아니하였을 경우에 예상되는 인근지역에 있는 표준적인 이용상황의 토지로서 지리적으로 가까운 것을 말한다. 또한 사실상의 사도부지에 대한 감정평가는 인근 토지에 대한 감정평가액의 3분의 1 이내로 하므로, 3분의 1을 적용할 경우의 단가사정은 반올림하지 않고 절사한다.

5. 사실상 사도의 판단 주체

(1) 사업시행자

사실상 사도인지 여부는 대상토지의 현실적인 이용상황의 확정에 해당하는 사항이므로 i) 토지조서의 작성, ii) 보상계획의 열람공고, iii) 토지소유자의 이의신청, iv) 사업시행자의 이의신청의 처리 등 「토지보상법」에서 정하는 절차에 따라 사업시행자가 결정한다.

(2) 감정평가법인 등

「감정평가 실무기준」[810-4] 제2항 제1호에 따라 감정평가법인 등이 「토지보상법 시행규칙」 제16조 제3항에 따라 현지조사한 결과 제시된 이용상황이 타당하지 않다고 판단되는 경우에는 그 내용을 사업시행자에게 조회한 후 감정평가하되, 수정된 목록의 제시가 없을 때에는 당초 제시목록을 기준으로 감정평가하고, 감정평가서에 현실적인 이용상황을 기준으로 한 단가 또는 면적을 따로 기재한다. 특히 '토지소유자가 그 의사에 의하여 타인의 통행을 제한할 수 없는 도로'에 해당하는지 여부는 법률적 판단 외에도 사실적 판단이 필요한 사항이므로, 감정평가법인 등이 자의적으로 판단하여서는 안 된다. 따라서 단순히 해당 토지가 불특정 다수인의 통행에 장기간 제공되어 왔고 이를 소유자가 용인하여 왔다는 사정만으로는 사실상의 도로에 해당한다고 할 수 없으나, 도로로서의 이용상황이 고착화되어 해당 토지의 표준적 이용상황으로 원상회복하는 것이 용이하지 아니한 상태에 이르는 등 인근의 토지에 비하여 낮은 가격으로 감정평가하여도 될 만한 객관적인 사정이 인정되는 경우에는 사실상의 사도에 포함된다고 볼 수 있다. 그러므로 감정평가법인 등은 대상토지가 사실상의 사도에 해당하는지 여부에 대해서는 신중하게 판단하여야 한다.

쟁점 **66**　예정공도부지의 보상평가(공도부지 보상평가 포함)　　　　C급

I　개설

예정공도란 「국토계획법」에 따른 도시·군계획시설(도로)로 결정된 이후에 해당 도시·군계획시설사업이 시행되지 아니한 상태에서 사실상 불특정 다수인의 통행에 이용되고 있는 토지를 말한다. 즉, 기반시설로서의 도로는 도시·군관리계획의 입안(국토계획법 제25조) → 도시·군관리계획 결정(동법 제30조) → 실시계획의 작성 및 인가(동법 제88조) → 토지 등의 수용 및 사용(동법 제95조) → 도로개설공사(동법 제43조) → 공사완료의 공고(동법 제98조) 등과 같은 도시·군계획시설사업의 시행절차에 따라 개설되나, 예정공도는 도시·군관리계획에 의하여 도로로 결정된 후 그 다음의 절차를 거치지 않고 사실상 일반 공중이 통행하고 있는 도로를 말한다.

II　예정공도와 건축허가 및 예정공도의 형성

1. 예정공도와 건축허가

「건축법」 제2조 제11호에서는 「국토계획법」, 「도로법」, 「사도법」, 그 밖의 관련 법령에 따라 신설 또는 변경에 관한 고시가 된 도로도 도로로 보고 건축허가가 가능하도록 규정하고 있으므로, 「국토계획법」 제30조에 따라 도시·군관리계획의 결정·고시가 있는 도시·군계획시설 도로에 접한 토지는 이를 도로로 보고 건축허가가 가능하다.

2. 예정공도의 형성

도시·군계획시설 도로를 도로로 보고 건축허가를 한 경우 「건축법」 제46조에 따른 건축선은 도시·군계획시설 도로선이 되므로 「건축법」 제47조 제1항에 따라 건축물과 담장은 건축선인 도시·군계획시설 도로선의 수직면(垂直面)을 넘을 수 없다. 이에 따라 도시·군계획시설 도로 부분은 자연히 일반인이 통행하는 도로가 된다.

III　예정공도의 성격

1. 원칙

「국토계획법」에 따른 도시·군관리계획에 의하여 도로로 결정된 후 인접 토지에서 건축 등을 함에 따라 개설된 도로인 예정공도는 그 성격상으로는 "자기 토지의 편익을 위하여 스스로 설치한 도로"인 사실상의 사도와 유사하다. 그러나 이러한 예정공도는 '자기 토지의 편익을 위하여' 설치한 도로이기는 하나, i) 도시·군관리계획에 의하여 도로로 결정됨으로 인하여 도로개설이 강제된 것이므로 '스스로 설치한 도로'로 해당되지 않으며, ii) 도로로 개설된 것에 따른 가치의 변동(하락)은 공익사업으로 인한 가치의 변동으로 보아야 하므로 예정공도는 사실상의 사도로 보지 않는다.

2. 예외

도시·군관리계획에 의하여 도로로 결정·고시되기 이전에 그 입안내용에 따라 <u>스스로</u> 도로에
제공한 경우는 도로개설이 강제된 것으로 볼 수 없고, 해당 공익사업으로 인한 가치의 변동으
로 볼 수도 없으므로 예정공도가 아니라 사실상의 사도에 해당된다.

> **【판례】**
>
> 토지소유자가 도시계획도로 입안내용에 따라 스스로 도로로 제공한 토지는 예정공도가 아니라 사실상
> 의 사도에 해당된다.
> [대판 1997.08.29, 96누2569]
>
> **【판결요지】**
>
> 토지수용으로 인한 손실보상액을 산정함에 있어서는 당해 공공사업의 시행을 직접 목적으로 하는 계획
> 의 승인·고시로 인한 가격변동은 이를 고려함이 없이 수용재결 당시의 가격을 기준으로 하여 적정가격
> 을 산정하여야 하며, 도시계획결정은 도시계획 고시일에 그 효력을 발생하는 것이므로, 당해 토지소유
> 자가 도시계획(도로)입안의 내용에 따라 스스로 토지를 도로로 제공하였고 도시계획(도로) 결정고시는
> 그 후에 있는 경우, 도시계획입안의 내용은 그 토지 지가 하락의 원인과 관계가 없어서 토지에 대한
> 손실보상금산정에 참작할 사유가 아니라고 한 사례

Ⅳ 예정공도의 보상평가

1. 원칙

「토지보상법 시행규칙」 제26조 제1항 제3호에 따라 예정공도부지는 「사도법」에 따른 사도부
지 및 사실상의 사도부지에 해당되지 않으므로 「토지보상법 시행규칙」 제22조의 규정에서 정
하는 방법에 따라 감정평가한다.
즉, 예정공도부지는 공도부지의 감정평가방법에 따라 감정평가한다.[11] 따라서 예정공도부지
는 인근토지의 표준적인 이용상황을 기준으로 한다.

2. 유의사항 – 예정공도에 접한 토지의 보상평가

(1) 문제의 발생

예정공도부지를 도로로 이용되지 아니하였을 경우에 예상되는 인근지역의 표준적인 이용
상황을 기준으로 즉, 도로가 아닌 상태를 기준으로 감정평가한다면 기준시점 당시에 해당
예정공도에 접한 토지의 도로조건을 어떻게 볼 것인가가 문제이다.

(2) 적용

예정공도부지를 도로가 아닌 인근지역의 표준적인 이용상황을 기준으로 감정평가하는 것

---

11) 2009.10.28. 개정 이전 (구)「토지보상평가지침」 제36조 제3항에서 예정공도부지는 미불용지(미지급용지)의
평가규정을 준용하도록 규정하고 있었으나, 예정공도부지는 미불용지와는 달리 종전의 공익사업이 시행된
바가 없으므로 종전의 공익사업에 편입될 당시의 이용상황이라는 것이 없다. 따라서 2009.10.28. 시행 「토
지보상평가지침」 제36조 제3항에서 예정공도부지는 공도부지의 감정평가방법을 준용하도록 개정하였다.

은 예정공도가 해당 공익사업에 편입되었기 때문이다.

따라서 예정공도부지를 도로가 아닌 것으로 보는 것에 따른 예정공도에 접한 토지가치의 변농은 해당 공익사업으로 인한 가치의 변농에 해당하므로 「토지보상법」 제67조 제2항에 따라 보상액의 산정에서는 이를 고려하지 않아야 한다. 따라서 예정공도에 접한 토지는 해당 예정공도에 접한 상태를 기준으로 감정평가한다.

Ⅴ 공도부지의 보상평가기준

1. 원칙

「토지보상평가지침」 제36조 제1항에 따라 공도부지는 용도폐지를 전제로 하여 도로로 이용되지 아니하였을 경우에 예상되는 인근지역의 표준적인 이용상황을 기준으로 감정평가한다.

(1) 인근지역

'인근지역'이란 대상부동산이 속한 지역으로서 부동산의 이용이 동질적이고 가치형성요인 중 지역요인을 공유하는 지역을 말한다(「감정평가에 관한 규칙」 제2조 제13호). 인근지역의 범위는 감정평가법인 등이 관련 법령, 감정평가 일반이론, 실지조사 분석 결과 등을 종합적으로 고려하여 판단·결정한다.

(2) 표준적인 이용상황

① 의의

'표준적인 이용상황'이란 대상토지의 인근지역에 있는 주된 용도의 토지로서 표준적인 획지의 최유효이용에 따른 이용상황을 말한다(「토지보상평가지침」 제3조 제7호).

② 판단기준

표준적인 이용상황은 감정평가법인 등이 관련 법령, 감정평가 일반이론, 실지조사 분석 결과 등을 종합적으로 고려하여 판단한다. 공도부지는 그 특성상 긴 선형(線形)의 형태를 가질 수 있으므로 인근지역 및 표준적인 이용상황이 2개 이상이 있을 수 있다. 이러한 경우는 인근지역별 또는 표준적인 이용상황별로 구분감정평가하거나, 인근지역별 또는 표준적인 이용상황별로 구분하되 평균단가를 적용하여 감정평가할 수도 있다.

2. 예외

공도부지가 「토지보상법 시행규칙」 제25조에 따른 미지급용지인 경우에는 미지급용지의 감정평가기준에 따른다. 즉, 도로에 편입될 당시의 이용상황 및 형태 등을 기준으로 감정평가한다. 그러므로 공도부지가 미지급용지이고 공도에 편입될 당시에 「토지보상법 시행규칙」 제26조 제2항에서 규정한 '사실상의 사도'에 해당하는 경우에는 '사실상의 사도'의 감정평가규정을 적용한다.

쟁점 **67** 구거 및 도수로 부지 보상평가 　　C급

I 구거와 도수로의 구분

1. 구거

「공간정보의 구축 및 관리 등에 관한 법률 시행령」 제58조 제18호에서 '구거'는 용수(用水) 또는 배수(排水)를 위하여 일정한 형태를 갖춘 인공적인 수로·둑 및 그 부속시설물의 부지와 자연의 유수(流水)가 있거나 있을 것으로 예상되는 소규모 수로부지로 규정하고 있다.

2. 도수로부지

도수로에 대한 용어의 정의를 규정하고 있는 법령은 없다. 다만, 일반적으로 '도수로부지'란 관행용수권과 관련하여 용수·배수를 목적으로 일정한 형태를 갖춘 인공적인 수로·둑 및 그 부속시설물의 부지를 의미한다. 즉, 도수로부지는 구거 중 관행용수권과 관련하여 인공적으로 조성된 수로를 말한다.

(1) 관행용수권

'관행용수권'이란 하천으로부터 농업용수나 생활용수를 취수 또는 인수하는 관행상의 권리를 말한다. 즉, 「하천법」 제50조에서는 생활·공업·농업·환경개선·발전·주운(舟運) 등의 용도로 하천수를 사용하려는 자는 환경부장관의 허가를 받아야 하도록 규정하고 있으나, 이러한 허가 등이 없이 장기간 하천이나 구거로부터 농업용수나 생활용수를 취수 또는 인수하여 옴에 따라 관행으로 인정된 물의 사용권을 말한다.

(2) 인공적인 수로

'인공적인 수로'란 인공적으로 조성된 수로를 의미한다. 즉, 자연적인 유수가 있거나 있을 것으로 예상되는 수로와 대비되는 개념이다.

여기서 인공적이란 자연발생적이 아닌 인위적 방법으로 조성되기만 하면 되고 어떠한 시설물을 설치하여야 하는 것은 아니다.

(3) 도수로와 구거의 구분

구거와 도수로는 i) 개설목적, ii) 상린관계, iii) 전용가능성, iv) 인공적 시설, v) 가치의 화체 등에서 차이가 있으며, 이러한 차이에 따라 가치가 다르게 되므로 감정평가기준을 달리한다.

1) 개설목적

① 구거

구거는 용수 또는 배수를 목적으로 인위적으로 조성되기도 하나, 유수에 의해 자연적으로도 형성된다. 즉, 구거는 인공적인 것도 있고 자연적인 것도 있다.

② 도수로

　도수로는 관행용수권과 관련하여 용수 또는 배수를 목적으로 인위적으로 조성된다.

2) 상린관계

구거와 도수로 모두 상린관계의 적용을 받으나, 도수로는 자연적 유수에 의한 구거는 보다 강한 상린관계가 적용된다.

3) 전용의 가능성

① 구거

　구거는 물이 자연적으로 흐르든 사람이 일정한 방향으로 흐르도록 이끌든 그것은 가리지 않고 「민법」상의 상린관계에 따라 원칙적으로 소유자가 임의로 유수를 조절하거나 다른 용도로 전용하는 것이 제한된다.

② 도수로

　도수로는 소유자 또는 관리자의 의사에 의해서 일정한 방향으로 물이 흐르는 토지이므로 유수를 조절할 수 있고, 몽리(蒙利) 토지 등이 없어진 경우 등 개설목적에 더 이상 사용할 필요가 없게 되면 언제든지 다른 용도로 전용할 수 있다.

4) 인공적 시설

구거는 용수 또는 배수를 위하여 일정한 인공적 시설이 있는 경우도 있고, 자연적 유수와 같이 인공적인 시설이 없는 경우도 있으나, 도수로는 반드시 인공적 시설이 있어야 한다.

5) 가치의 화체 여부

① 구거

　구거의 가치는 원칙적으로 인근토지의 가치에 화체되지 않는다고 본다.

② 도수로

　도수로의 가치도 원칙적으로 인근토지의 가치에 화체되지 않는다고 본다.

　즉, 도수로로 인하여 인근 몽리토지의 가치가 상승한다고 하여도 도수로 소유자와 몽리토지의 소유자가 다른 경우에는 가치의 화체가 인정되지도 않는다. 다만 개설당시의 토지소유자가 자기 토지의 편익을 위하여 스스로 설치한 도수로부지의 가치는 인근토지에 화체된다고 본다.

6) 실적 적용

도수로와 구거의 구분은 개설경위 · 목적 · 주위환경 · 소유관계 · 이용상태 등의 제반 사정을 기준으로 판단한다.

> **【판례】**
> 도수로부지와 구거부지의 구분은 개설경위, 목적, 주위환경, 소유관계, 이용상태 등의 제반 사정을 고려하여 판단한다.
> [대판 2001.04.24, 99두5085]

【판결요지】

「공공용지의 취득 및 손실보상에 관한 특례법 시행규칙」 제6조의2 제2항, 제12조 제2항, 제6조 제1항, 제2항은 구거부지에 대하여는 인근토지에 대한 평가금액의 1/3 이내로 평가하도록 하면서 관행용수를 위한 도수로부지에 대하여는 일반토지의 평가방법에 의하여 평가하도록 규정하고 있는 바, 이와 같이 구거부지와 도수로부지의 평가방법을 달리하는 이유는 그 가치에 차이가 있다고 보기 때문이므로, 일반토지의 평가방법에 의한 가격으로 평가하도록 되어 있는 도수로부지를 그보다 낮은 가격으로 평가하는 구거 부지로 보기 위하여는 그 도수로의 개설경위, 목적, 주위환경, 소유관계, 이용상태 등의 제반 사정에 비추어 구거부지로 평가하여도 될만한 객관적인 사유가 있어야 한다. 관행용수를 위한 도수로부지에 그 소유자의 의사에 의하지 아니한 채 생활오폐수가 흐르고 있다는 사정은 원래 일반토지의 평가방법에 의한 가격으로 평가하도록 되어 있는 도수로부지를 그보다 낮은 가격으로 평가하는 구거부지로 보아도 될만한 객관적인 사유가 될 수 없다.

Ⅱ 구거 및 도수로부지의 보상평가

1. 구거

(1) 원칙

구거부지는 인근토지에 대한 감정평가금액의 3분의 1 이내로 감정평가한다. 따라서 구거에 해당되면 그 소유자가 누구인지, 자기토지의 편익에 이용하고 있는지 등에 관계없이 인근토지에 대한 감정평가금액의 3분의 1 이내로 감정평가한다.

1) 감액 평가하는 이유

구거를 감액 평가하는 이유는 구거의 가치가 인근토지의 가치에 화체되었기 때문이 아니라, 구거는 대부분 물이 높은 곳으로부터 낮은 곳으로 흐름에 따라 자연스럽게 형성되고, 구거와 관련된 토지의 합리적인 이용을 위한 상린관계가 성립되어, 소유권을 행사하여 그 구거를 임의로 폐쇄시키거나 변경시키는 것이 금지되는 등 여러 가지 제한이 부가되므로 인근토지에 비하여 감액 평가하는 것이다.

2) 적용

① 인근 토지

인근토지란 해당 구거부지가 구거로 이용되지 아니하였을 경우에 예상되는 표준적인 이용상황의 토지로서 대상토지와 지리적으로 가까운 토지를 말한다.

인근지역의 범위는 감정평가법인 등이 관련 법령, 감정평가 일반이론, 실지조사 분석 결과 등을 종합적으로 고려하여 판단·결정한다.

② 표준적인 이용상황

㉠ 의의

'표준적인 이용상황'이란 대상토지의 인근지역에 있는 주된 용도의 토지로서 표준적인 획지의 최유효이용에 따른 이용상황을 말한다(「토지보상평가지침」 제3조 제7호).

    ⓛ 판단기준

표준적인 이용상황은 감정평가법인 등이 관련 법령, 감정평가 일반이론, 실지조사 분석 결과 등을 종합적으로 고려하여 판단한다.

즉, 구거부지는 그 특성상 긴 선형(線形)의 형태를 가지므로 인근지역 및 표준적인 이용상황이 2개 이상이 있을 수 있다. 이러한 경우는 인근지역별 또는 표준적인 이용상황별로 구분감정평가하거나, 인근지역별 또는 표준적인 이용상황별로 구분하되 평균단가를 적용하여 감정평가할 수 있다.

    ⓒ 인근토지에 대한 감정평가액

인근토지에 대한 감정평가액은 구거가 개설된 상태에서의 감정평가금액으로 한다.

    ⓔ 단가사정

구거부지에 대한 감정평가는 인근토지에 대한 감정평가액의 3분의 1 이내로 하므로, 3분의 1을 적용할 경우의 단가사정은 반올림하지 않고 절사한다.

(2) 예외

1) 구거로 보지 않는 토지

i) 지적공부상으로 구거로 구분되어 있으나 기준시점 현재 구거로 이용되고 있지 아니하거나 사실상 용도폐지된 상태에 있는 토지, ii) 지적공부상으로 구거로 구분되어 있지 아니한 상태에서 기준시점 현재 사실상 구거로 이용되고 있으나 소유자의 의사에 따라 법률적·사실적으로 유수(流水)를 제한할 수 있는 토지는 구거로 보지 않는다(「토지보상 평가지침」 제38조 제3항).

> **【판례】**
> 소유자가 사용을 금지시킬 수 있는 구거는 인근토지에 대한 감정평가금액의 3분의 1 이내로 감정평가하는 구거에 해당되지 않는다.
> [대판 1983.12.13, 83다카1747]
>
> **【판결요지】**
> 「공공용지의 취득 및 손실보상에 관한 특례법 시행규칙」 제6조의2 제2항 제1호 소정의 사실상의 사도 또는 구거라 함은 토지소유자가 자기토지의 이익증진을 위하여 스스로 개설한 도로 또는 구거를 의미하고 소유 토지의 일부가 일정기간 불특정다수인의 통행에 공여되거나 사실상 구거 등으로 사용되고 있으나 토지소유권자가 소유권을 행사하여 그 통행 또는 사용을 금지시킬 수 있는 상태에 있는 토지는 사실상의 사도 또는 구거에 해당되지 않는다.

2) 구거로 보지 않는 경우의 보상평가

① 원칙

「토지보상법」 제70조 제2항에 따라 토지의 보상평가는 기준시점에서의 현실적인 이용상황을 기준으로 하므로 구거로 보지 않는 토지는 현실이용상황을 기준으로 감정평가한다. 즉, 이 경우는 인근토지에 대한 감정평가액의 3분의 1 이내로 감액하여 감정평가하여서는 안 된다.

② 예외

구거로 보지 않는 토지의 현실이용상황이 「국토계획법」 등 관계법령에 의하여 허가를 받거나 신고하고 형질변경을 하여야 하나 허가를 받지 아니하거나 신고하지 아니하고 형질변경하여 불법형질변경에 해당하는 경우는 「토지보상법 시행규칙」 제24조에 따라 형질변경될 당시의 이용상황인 구거를 기준으로 감정평가한다.

다만, i) 해당 토지의 형질변경이 허가나 신고하여야 하는 형질변경에 해당하고, ii) 형질변경 허가 또는 신고가 없었다는 점은 사업시행자가 입증하여야 한다.

2. 도수로부지

(1) 원칙

도수로부지는 도수로로 이용되지 아니하였을 경우에 예상되는 인근지역의 표준적인 이용상황을 기준으로 감정평가하며, 이 경우 공작물 등 도수로 시설물의 가치는 도수로 부지의 감정평가액에 포함하지 않고, 대상토지가 도수로부지인 것에 따른 용도적 제한은 고려하지 않는다(「토지보상평가지침」 제37조의2 제1항, 제2항).

① 감액 평가하지 않는 이유

도수로부지는 다음과 같은 사유로 인하여 구거와는 달리 감액 평가하지 않는다.

㉠ 전용 가능성

도수로는 관행용수권과 관련하여 인공적으로 조성된 수로이므로 소유자 또는 관리자의 의사에 의해서 유수를 조절할 수 있고, 몽리(蒙利) 토지 등이 없어진 경우 등 개설목적에 더 이상 사용할 필요가 없게 되면 언제든지 다른 용도로 전용할 수 있다.

㉡ 가치의 화체 여부

도수로는 원칙적으로 인근토지의 가치에 화체되지 않는다.

즉, 도수로는 몽리 토지로부터 수리의 이용료 등을 징수할 수 있으므로, 원칙적으로 도수로와 몽리 토지 사이에 가치의 화체가 인정되지도 않는다.

② 적용

㉠ 인근지역의 표준적인 이용상황이 농경지 또는 임야인 경우

인근지역의 표준적인 이용상황이 전·답 등 농경지인 경우에는 그 표준적인 이용상황의 토지와 유사한 이용상황의 표준지공시지가를 기준으로 감정평가하되, 도수로의 지반조성 등에 통상 필요한 비용 상당액 등을 고려할 수 있다.

㉡ 인근지역의 표준적인 이용상황이 '대' 및 이와 유사한 용도인 경우

인근지역의 표준적인 이용상황이 '대' 및 이와 유사한 용도의 것인 경우에는 그 표준적인 이용상황의 토지와 유사한 표준지공시지가를 기준으로 감정평가하되, '대'로 전환할 경우 예상되는 도로개설 등의 부담비율 등을 고려할 수 있다. 이 경우 도수로의 지반 조성 등에 통상 필요한 비용 상당액은 고려하지 않는다.

㉢ 사실상 기능이 상실되었거나 용도폐지된 경우

기준시점 이전에 도수로로서의 기능이 사실상 상실되었거나 용도폐지된 도수로부

지는 다른 용도로의 전환가능성, 전환 후의 용도, 용도전환에 통상 필요한 비용 상
당액 등을 고려하여 감정평가하며, 이 경우에는 인근지역에 있는 것으로서 일반적
으로 전환 가능한 용도와 비슷한 토지의 표준지공시지가를 기준으로 감정평가한다
(「토지보상평가지침」 제37조의2 제3항).

ⓔ 공익사업으로 조성된 도수로부지

　종전의 「농촌근대화촉진법」에 따른 농지개량사업, 「농어촌정비법」에 따른 농어촌
정비사업 등 관계법령에 따른 공익사업의 시행으로 설치된 도수로의 부지는 공물에
해당하므로 위 ㉠ 및 ㉡을 준용하여 감정평가한다.

(2) 예외 : 토지소유자가 자기 토지의 편익을 위하여 스스로 설치한 도수로부지

　개설 당시의 토지소유자가 자기 토지의 편익을 위하여 스스로 설치한 도수로부지의 경우에
는 동일한 소유자 간의 가치화체가 인정되므로 감액하여 감정평가하는 것이 타당하다. 따
라서 이러한 도수로는 구거의 감정평가방법을 준용한다.

쟁점 **68** 개간비의 보상평가 C급

I 개간비 보상의 개요

1. 용어의 정의

(1) 개간

'개간'이란 일반적으로 쓸모없는 땅을 전·답으로 만드는 것을 말하나, 「토지보상법 시행규칙」 제27조에서 개간이란 이러한 협의의 개간뿐만 아니라, 매립·간척[12] 및 이에 준하는 행위까지를 포함한다. 따라서 개간이란 형질변경 등을 포함하며 종전 토지의 이용가치를 보다 높이는 행위로 본다.

(2) 개간비

'개간비'란 기준시점에서 개간에 통상 필요한 비용 상당액을 말한다.

다만, 「토지보상법 시행규칙」 제27조에 따른 개간비는 개간 후의 토지가액에서 개간 전의 토지가 액을 뺀 금액(증가액)을 초과할 수 없다.

2. 개간비 보상의 의의

개간비 보상은 국·공유지에 대한 개량비 상당액의 감액 및 점유자에 대한 유익비 상환으로서의 제도적 의의를 가진다.

(1) 「국유재산법」 등에 의한 개량비 상당액의 감액

「국유재산법 시행령」 제42조 제5항 및 「공유재산 및 물품관리법 시행령」 제28조 제1항에서는 개척·매립·간척 또는 조림하거나 그 밖에 정당한 사유로 점유하고 개량한 자에게 해당 재산을 매각하는 경우에는 매각 당시의 개량한 상태의 가액에서 개량비에 해당하는 금액을 빼고 남은 금액을 매각대금으로 하되, 매각을 위한 평가일 현재 개량하지 않은 상태의 가액이 개량한 상태의 가액에서 개량비에 해당하는 금액을 빼고 남은 금액보다 높을 때에는 그 개량하지 않은 상태의 가액 이상으로 매각대금을 결정하도록 규정하고 있다. 따라서 국·공유지를 관계법령에 의하여 적법하게 개간한 자가 해당 국·공유지를 매입하는 경우 개량비 상당액을 공제받을 수 있음에도 공익사업의 시행으로 이러한 기회를 상실한 개간자에게 사업시행자가 개간비 보상을 통하여 이를 벌충해 주도록 하는 것이 개간비 보상의 제도적 의의이다.

(2) 「민법」상 점유자의 유익비 상환청구권

「민법」 제203조 제2항에서는 점유자가 점유물을 개량하기 위하여 지출한 금액 기타 유익

---

[12] 매립은 물이 고인 땅을 물높이 위까지 메워서 이용하기 좋은 땅으로 만드는 것을 말하고, 간척은 호수·하천· 바닷가에 둑을 쌓아 물이 들어오지 못하도록 하여 주위의 물높이보다 낮은 부분을 이용할 수 있게 만드는 것을 말한다.

비에 관하여는 그 가액의 증가가 현존한 경우에 한하여 회복자의 선택에 좇아 그 지출금액이나 증가액의 상환을 청구할 수 있도록 규정하고 있다. 따라서 개간비 보상도 점유자가 소유자로부터 상환받을 수 있는 개량에 지출한 유익비에 대한 보상의 성격을 가진다. 다만, i) 유익비는 지출금액이나 증가액 중에서 선택하여 지급할 수 있으나, 개간비는 개간 후의 토지가액에서 개간 전의 토지가액을 뺀 금액(증가액)의 범위 이내에서 지출 금액으로 지급한다는 점, ii) 유익비는 소유자를 제한하지 않으나, 개간비는 국·공유지에 한한다는 점에서 차이점이 있다.

Ⅱ 개간비 보상의 대상

1. 대상토지

개간비보상의 대상 토지는 국유지 또는 공유지에 한한다. 따라서 사유지를 소유자가 아닌 자가 적법하게 개간한 경우에는 개간비의 보상대상이 아니므로 개간 후의 현실적인 이용상황을 기준으로 감정평가한 보상액을 토지소유자에게 지급하며, 이 경우 개간자는 토지소유자에게 「민법」 제203조 제2항에 따라 유익비의 상환을 청구하거나, 「민법」 제741조에 따라 부당이득반환을 청구할 수 있을 뿐이다. 이와 같이 개간비보상의 대상을 국·공유지로 한정한 이유는 사유지의 경우 계약에 의해 개간비의 귀속이 달라질 수 있으므로 이를 법령으로 제한할 수 없기 때문이다.

2. 토지가치의 상승

개간비는 개간 후의 토지가액에서 개간 전의 토지가액을 뺀 금액을 초과하지 못하므로, 실제로 개간비용이 지출되었다고 하여도 개간으로 인하여 토지가치가 상승하지 않았다면 보상대상이 아니다.

3. 적법한 개간

(1) 원칙

개간을 위하여 관련 법령에 따라 허가·인가 등을 받아야 하는 경우는 허가·인가 등을 받고 개간한 토지여야 한다. 이러한 허가·인가 등에는 「국토계획법」에 따른 형질변경허가 등뿐만 아니라 「국유재산법」 및 「공유재산 및 물품 관리법」에 따른 사용허가 또는 대부계약을 포함한다.

(2) 예외

관련 법령에 따라 허가·인가 등을 받지 않고 개간한 무허가개간 토지가 1995년 1월 7일 당시에 공익사업시행지구에 편입된 경우에는 개간비를 보상한다(「토지보상법 시행규칙」 부칙 제6조). 이 경우 1995년 1월 7일 당시에 공익사업시행지구에 편입되었는지 여부의 판단은 불법형질변경토지의 기준을 준용한다.

Ⅲ 보상대상자

1. 원칙

개간한 자가 개간 당시부터 보상 당시까지 계속하여 적법하게 해당 토지를 점유하고 있어야 한다. 즉, 개간비의 지출자와 보상대상자가 동일인이어야 한다. 따라서 개간한 자가 기준시점 당시에 사실상 점유하고 있지 아니하거나, 불법적으로 점유하고 있는 때에는 원칙적으로 보상대상자가 되지 않는다.

2. 예외

개간한 자가 사망한 경우로서 그 상속인이 개간한 자가 사망한 때부터 계속하여 적법하게 해당 토지를 점유하고 있는 경우에는 개간비 보상대상자가 된다. 따라서 개간한 자가 사망하지 않은 경우는 그 자녀가 권리의무를 승계하여 경작하고 있는 경우에도 개간비 보상대상자가 되지 않는다.

Ⅳ 개간비의 보상평가

1. 원칙

(1) 비용 상당액

개간비는 기준시점에서 개간에 통상 필요한 비용 상당액을 기준으로 감정평가한다. 이 경우 개간 전과 개간 후의 토지의 지세·지질·비옥도·이용상황 및 개간의 난이도 등을 종합적으로 고려하며, 기준시점은 「토지보상법」 제67조 제1항에 따라 협의의 경우는 협의성립 당시, 재결의 경우는 재결 당시가 된다. 또한 개간비는 개간 당시 실제 지출된 비용을 기준으로 하는 「민법」 제203조 제2항에 따른 유익비상환청구와는 달리 기준시점을 기준으로 감정평가하므로, 개간 당시에 실제 지출된 금액이 아니라 기준시점에서 새로이 개간하는 것을 전제로 할 때 통상 필요한 비용 상당액을 기준으로 한다.

(2) 개간비의 상한

개간비는 개간 후의 토지가액에서 개간 전의 토지가액을 뺀 금액을 초과하지 못한다. 따라서 개간에 통상 필요한 비용 상당액을 기준 감정평가한 금액이 개간 후의 토지가액에서 개간 전의 토지가액을 뺀 금액을 초과하는 경우에는 개간 후의 토지가액에서 개간 전의 토지가액을 뺀 금액이 개간비의 감정평가액이 된다.

2. 예외

개간에 통상 필요한 비용 상당액을 산정하거나 개간 전의 토지가액을 감정평가하기 위해서는 먼저 개간 전 토지의 지세·지질·비옥도·이용상황 등의 파악이 가능하여야 하나, 개간 후 장기간이 경과되어 주위환경이 변경된 경우는 기준시점에서 사실상 이를 산정하거나 감정평가하는 것이 불가능하다. 따라서 이러한 경우 개간비는 인근지역에 있는 표준지공시지가를 기준으로 한 개간 후의 토지에 대한 평가가액의 3분의 1 이내로 할 수 있다.

다만, 개간지가 i) 도시지역의 녹지지역 안에 있는 경우에는 5분의 1, ii) 도시지역의 그 밖의 용도지역 안에 있는 경우에는 10분의 1 이내로 할 수 있다(「토지보상평가지침」 제52조 제1항). 이와 같이 개간비를 감정평가한 경우에는 그 내용을 감정평가서에 기재하여야 한다.

3. 국가 또는 지방자치단체에 대한 보상

개간비를 보상한 경우 토지소유자인 국가 또는 지방자치단체에 대한 보상액은 개간 후의 토지가액에서 개간비를 뺀 금액으로 한다. 즉, 개간 후의 현실적인 이용상황을 기준으로 한 토지의 감정평가액에서 개간비를 뺀 금액으로 보상한다.

V 개간비의 보상평가 유의 사항

1. 점용기간이 만료된 경우

개간비는 개간한 자가 개간 당시부터 보상 당시까지 계속하여 적법하게 해당 토지를 점유하고 있어야 하므로, 적법하게 개간하였다고 하여도 점용기간이 만료된 후에 점용기간의 갱신 없이 점유하고 있는 경우는 적법하게 점유하고 있다고 볼 수 없으므로 개간비의 보상대상이 아니다.[13]

2. 허가 용도와 다른 용도로 개간한 경우

관련 법령에 의하여 허가를 받고 개간하였으나 그 용도가 허가된 용도와 다른 경우에는 이를 적법하게 개간한 경우로 볼 수 없으므로 개간비 보상대상이 아니다.

3. 점용허가 면적과 개간 면적이 상이한 경우

점용허가 면적을 초과하여 개간한 경우 초과 부분은 적법한 개간으로 볼 수 없으므로 개간비의 보상대상이 아니다. 또한 개간면적이 인ㆍ허가면적보다 작은 경우에는 개간면적에 대해서만 보상한다.

4. 원상회복 또는 보상제한의 부관이 있는 경우

(1) 점용기간 만료 시 원상회복의 부관이 있는 경우

점용허가의 부관으로 점용기간 만료 시에는 원상회복하여야 한다는 등의 부관이 있는 경우는 개간비 보상대상이 아니다.

> **【판례】**
> 하천 점용기간 만료 시 원상회복의 부관을 붙인 경우에는 개간비 보상대상이 아니다.
> [대판 2008.07.24, 2007두25930ㆍ25947ㆍ25954]

---

13) (구)「공공용지의 취득 및 손실보상에 관한 특례법」 제9조에서는 점유의 적법성을 규정하고 있지 않았으므로 점용기간이 만료된 이후에 점유하고 있는 경우에도 개간비의 보상대상으로 볼 수 있었으나(토정 58342-1027, 1997.7.24), 「토지보상법 시행규칙」 제27조에서는 점유의 적법성을 요건으로 규정하고 있으므로 이런 경우 개간비의 보상대상으로 볼 수 없다.

> **【판결요지】**
> 하천의 점용허가를 받아 하천을 점용하는 자는 그 허가가 실효되거나 점용 또는 사용을 폐지한 때
> 에는 하천을 원상으로 회복시켜야 하고 예외적으로 관리청은 그 원상회복의무를 면제할 수 있으며
> 원상회복의무가 면제된 때에는 당해 공작물 또는 기타 물건을 무상으로 국유화할 수 있다는 취지
> 의 구 하천법 제73조 제1항, 제3항의 규정 내용, 앞서 본 바와 같은 사정들 및 이 사건 기록에
> 비추어 살펴보면, 이 사건 각 하천점용허가의 부관 제10조에서 정하고 있는 '점유기간 만료 또는
> 점용을 폐지하였을 때에는 즉시 원상복구할 것'의 의미는 원고들이 이 사건 각 하천부지에 대한
> 점용기간 만료 시 그에 관한 개간비보상청구권을 포기하는 것을 조건으로 하여 이 사건 각 하천점
> 용허가를 한 것으로 해석함이 상당하고, 하천점용허가 시 위와 같은 내용의 부관을 붙이는 것은
> 점용허가관청의 재량에 속하는 것이므로, 위 부관 제10조의 내용은 원고들에게 유효하게 그 효력
> 을 미친다고 할 것이다.

(2) 공익사업의 시행 시 원상회복 및 보상제한의 부관이 있는 경우

① 공익사업을 특정한 경우

개간허가를 하면서 공익사업을 특정하여 원상회복 및 보상제한의 부관을 붙인 경우는
보상대상에서 제외된다고 본다.

② 공익사업을 특정하지 않은 경우

개간허가를 하면서 공익사업을 특정하지 않고 포괄적으로 공익사업이 시행되는 경우
원상회복 및 보상제한을 하도록 하는 부관이 있는 경우는 보상대상에서 제외할 수는
없다. 다만, 이 경우에도 위법의 정도 등을 고려할 때 손실보상을 하는 것이 사회적으
로 용인될 수 없다고 인정되는 경우에는 손실보상 대상이 되지 않는다.

쟁점 69 　토지에 대한 소유권 외의 권리에 대한 보상　　　C급

I 　개설

1. 개념

'토지에 관한 소유권 외의 권리'란 토지의 소유권에 설정되어 있는 제한물권 또는 채권을 말한
다. 이러한 소유권 외의 권리는 취득의 대상이 되는 토지의 소유권과는 달리 해당 공익사업을
위한 소멸의 대상이 된다. 또한 소유권 외의 권리자는 「토지보상법」 제2조 제5호에 따른 '관계
인'에 해당되므로 사업시행자는 「토지보상법」에서 관계인의 서명 또는 날인을 받거나 관계인
에게 통지하도록 규정하고 있는 경우는 반드시 해당 절차를 준수하여야 한다. 그리고 「토지보
상법」 제64조에 따라 손실보상은 토지소유자나 관계인에게 개인별로 하여야 하므로 토지소유
자와 별도로 소유권외 권리자와도 협의의 절차를 진행하고 보상금을 지급하는 것이 원칙이다.

> **【판례】**
> 지상권자에게는 소유자와는 별도로 보상금을 지급하여야 한다.
> [서울행정법원 2006.03.10, 2005구합15557]
>
> **【판결요지】**
> 지상권이 설정된 수용대상토지가 하천공사사업에 수용되었고 그로 인하여 지상권도 소멸하게 되었으므
> 로, 사업시행자는 원고에게 지상권의 소멸에 대한 손실보상금을 지급하여야 한다.

2. 관련규정

「토지보상법」 제70조(취득하는 토지의 보상)

⑥ 취득하는 토지와 이에 관한 소유권 외의 권리에 대한 구체적인 보상액 산정 및 평가방법은
　　투자비용, 예상수익 및 거래가격 등을 고려하여 국토교통부령으로 정한다.

「토지보상법 시행규칙」 제28조(토지에 관한 소유권 외의 권리의 평가)

① 취득하는 토지에 설정된 소유권 외의 권리에 대하여는 당해 권리의 종류, 존속기간 및 기대
　　이익 등을 종합적으로 고려하여 평가한다. 이 경우 점유는 권리로 보지 아니한다.

② 제1항의 규정에 의한 토지에 관한 소유권 외의 권리에 대하여는 거래사례비교법에 의하여
　　평가함을 원칙으로 하되, 일반적으로 양도성이 없는 경우에는 당해 권리의 유무에 따른 토
　　지의 가격차액 또는 권리설정계약을 기준으로 평가한다.

「감정평가 실무기준」[810-6.3.2] 토지에 관한 소유권 외의 권리

① 취득하는 토지에 설정된 소유권 외의 권리는 해당 권리의 종류, 존속기간 및 기대이익 등을
　　종합적으로 고려하여 감정평가한다. 이 경우 점유는 권리로 보지 아니한다.

② 토지에 관한 소유권 외의 권리는 거래사례비교법에 따라 감정평가하는 것을 원칙으로 하
　　되, 일반적으로 양도성이 없는 경우에는 다음 각 호의 방법에 따를 수 있다.

  ⿹ 해당 권리의 유무에 따른 토지가액의 차이로 감정평가하는 방법
  ⿺ 권리설정계약을 기준으로 감정평가하는 방법
  ⿻ 해당 권리를 통하여 획득할 수 있는 장래기대이익의 현재가치로 감정평가하는 방법

3. 범위

「토지보상법」 제3조에서는 이 법의 적용 대상으로 i) 토지 및 이에 관한 소유권 외의 권리, ii) 토지와 함께 공익사업을 위하여 필요한 입목(立木), 건물, 그 밖에 토지에 정착된 물건 및 이에 관한 소유권 외의 권리, iii) 광업권·어업권·양식업권 또는 물의 사용에 관한 권리, iv) 토지에 속한 흙·돌·모래 또는 자갈에 관한 권리 등을 규정하고 있다. 따라서 '토지에 관한 소유권 외의 권리'에는 건축물 등에 관한 소유권 및 소유권 외의 권리는 물론이고, 토지와 관련이 있는 광업권·어업권·양식업권 또는 물의 사용에 관한 권리, 토지에 속한 흙·돌·모래 또는 자갈에 관한 권리 등은 포함되지 않는다.

Ⅱ 토지의 소유권외 권리의 보상

1. 원칙

「토지보상법 시행규칙」 제28조 제1항에 따라 취득하는 토지에 설정된 소유권 외의 권리에 대하여는 당해 권리의 종류, 존속기간 및 기대이익 등을 종합적으로 고려하여 감정평가하도록 규정하고 있고, 제28조 제2항 및 「감정평가 실무기준」[810-6.3.2] 제2항에서는 다음과 같이 구분하여 감정평가하도록 규정하고 있다.

2. 양도성이 있는 경우

소유권 외의 권리로서 양도성이 있고, 거래사례의 포착이 가능한 경우에는 거래사례비교법으로 감정평가한다. 따라서 양도성이 있는 지상권 및 전세권은 거래사례비교법으로 감정평가할 수 있다.

3. 양도성이 없는 경우 등

소유권 외의 권리로서 양도성이 없는 경우와 양도성이 있다고 하여도 사실상 거래사례를 포착하기 어려운 경우에는 i) 해당 권리의 유무에 따른 토지가액의 차이로 감정평가하는 방법, ii) 권리설정계약을 기준으로 감정평가하는 방법, iii) 해당 권리를 통하여 획득할 수 있는 장래기대이익의 현재가치로 감정평가하는 방법 등 중에서 대상 권리의 성격에 가장 부합하는 합리적인 방법을 선정하여 감정평가할 수 있다. 따라서 양도성이 없는 지역권, 저당권, 유치권, 임대차 및 사용대차는 위의 방법으로 감정평가한다.

쟁점 70 오염 토지의 보상평가   B급

I 오염 토지의 보상평가 관련 규정

1. 「감정평가에 관한 규칙」 제25조(소음 등으로 인한 대상물건의 가치하락분에 대한 감정평가)

감정평가법인등은 소음·진동·일조침해 또는 환경오염 등(이하 "소음 등"이라 한다)으로 대상물건에 직접적 또는 간접적인 피해가 발생하여 대상물건의 가치가 하락한 경우 그 가치하락분을 감정평가할 때에 소음 등이 발생하기 전의 대상물건의 가액 및 원상회복비용 등을 고려하여야 한다.

2. 「감정평가 실무기준」[670-2.3] 소음 등으로 인한 대상물건의 가치하락분에 대한 감정평가방법

① 소음 등으로 인한 대상물건의 가치하락분을 감정평가할 때에는 소음 등이 발생하기 전의 대상물건의 가액과 소음 등이 발생한 후의 대상물건의 가액 및 원상회복비용 등을 고려하여야 한다.

② 가치하락분에는 관련 법령에 따른 소음 등의 허용기준, 원상회복비용 및 스티그마(STIGMA) 등을 고려하되, 일시적인 소음 등으로 인한 가치하락 및 정신적인 피해 등 주관적 가치하락은 제외한다. 다만, 가축 등 생명체에 대한 피해는 가치하락분에 포함할 수 있다.

③ 제1항에서 소음 등의 발생 전과 발생 후의 대상물건의 가액은 거래사례비교법에 의한 비준가액이나 수익환원법에 의한 수익가액으로 산정하되 소음 등이 발생한 후의 대상물건의 가액은 다음 각 호와 같이 산정한다.

  1. 비준가액 : 대상물건에 영향을 미치고 있는 소음 등과 같거나 비슷한 형태의 소음 등에 의해 가치가 하락한 상태로 거래된 사례를 선정하여 시점수정을 하고 가치형성요인을 비교하여 산정

  2. 수익가액 : 소음 등이 발생한 후의 순수익을 소음 등으로 인한 위험이 반영된 환원율로 환원하여 산정

④ 가치하락분을 원가법에 의하여 직접 산정하는 경우에는 소음 등을 복구하거나 관리하는 데 드는 비용 외에 원상회복 불가능한 가치하락분을 고려하여 감정평가한다.

II 오염 토지의 보상평가방법

오염 토지의 보상평가방법에 대하여 「토지보상법」에서는 별도로 규정하지 않고 「토지보상평가지침」 제34조의3에서 규정하고 있으며 그 내용은 다음과 같다(다만 토지보상평가지침은 직능단체가 만든 것으로 법규성은 없다).

1. 오염 토지 보상평가 원칙

(1) 공시지가비준법의 적용

오염 토지가 「토양환경보전법」 제15조에 따른 토양오염방지 조치명령 등이 있거나 예상되는 경우로서 의뢰인이 해당 토지의 이용을 저해하는 정도를 고려하는 조건으로 감정평가를 의뢰한 경우에는 그 토양오염이 될 당시의 이용상황과 비슷한 토지의 표준지공시지가를 기준으로 감정평가한다.

(2) 개별요인 비교

1) 오염의 정도가 허용기준 이내인 경우

① 요건

「토양환경보전법」 제10조의2에 따른 토양환경평가 등 결과 그 오염의 정도가 허용기준 이내인 것으로 의뢰인이 인정하여야 한다.

② 개별요인 비교방법

토양오염으로 인한 감가(減價)는 비교표준지와 해당 토지의 개별요인의 비교 시에 기타조건(장래 동향 등) 등 항목에서 그 불리한 정도 등을 비율수정법을 적용하여 비교한다.

③ 이론적 근거

오염 토지에 대한 토양환경평가 등 결과 그 오염의 정도가 허용기준 이내인 경우는 토양정화의 대상이 아니므로 오염토양정화비용 상당액의 산정도 불가능하다.

따라서 개별요인의 비교에서 금액수정법을 적용할 수 없으므로 비율수정법을 적용하여 감정평가한다.

2) 토양정화의 대상이 되었거나 예상이 되는 경우

① 요건

i) 의뢰인이 토양정밀조사 등 결과 토양정화의 대상이 되었거나 예상이 되는 것으로 인정하여야 하고, ii) 의뢰인의 승인을 얻어 토양오염 정화업체 등의 자문 또는 용역절차를 거쳐 그 용역보고서 등에서 오염토양정화비용상당액이 제시되어야 한다.

이 경우 오염토양정화비용 상당액에는 사업시행자가 지출한 토양정밀조사비용을 포함한다.

② 개별요인 비교방법

토양오염으로 인한 감가(減價)는 의뢰인의 승인을 얻어 토양오염 정화업체 등의 자문 또는 용역절차를 거친 후 그 용역보고서 등에서 제시한 오염토양정화비용 상당액을 비교표준지와 해당 토지의 개별요인의 비교 시에 기타조건 등(장래 동향 등) 항목에서 고려한다. 이 경우 개별요인의 비교방법은 비율수정법 및 금액수정법을 모두 사용할 수 있다.

③ 이론적 근거

「감정평가에 관한 규칙」 제25조에서 소음·진동·일조침해 또는 환경오염 등(이하

"소음 등"이라 함)으로 대상물건에 직접적 또는 간접적인 피해가 발생하여 대상물건의 가치가 하락한 경우 그 가치하락분을 감정평가할 때에 소음 등이 발생하기 전의 대상물건의 가액 및 원상회복비용 등을 고려하도록 규정하고 있고, 「감정평가 실무기준」 [670-2.3.①]에서 소음 등으로 인한 대상물건의 가치하락분을 감정평가할 때에는 소음 등이 발생하기 전의 대상물건의 가액과 소음 등이 발생한 후의 대상물건의 가액 및 원상회복비용 등을 고려하도록 규정하고 있으므로, 오염 토지는 오염되지 않은 상태를 기준으로 한 토지가액에서 오염 토양정화비용 상당액을 고려한 가액으로 감정평가한다.

2. 오염토양정화비용 상당액이 해당 토지가액을 초과하는 경우

(1) 적용

토양오염 정화업체 등의 자문 또는 용역결과 오염토양정화비용 상당액이 해당 토지가 오염 등이 되지 아니한 상태를 기준으로 한 가액을 뚜렷이 초과하는 것으로 인정되는 경우에는 감정평가액란에 실질적 가치가 없는 것으로 표시한다. 여기서 '감정평가액란에 실질적 가치가 없는 것으로 표시한다.'는 의미는 감정평가액을 0원으로 표시한다는 의미이다.

(2) 개별요인 비교방법

비율수정법을 적용하여 개별요인을 비교할 경우는 실질적 가치가 없는 것으로 표시할 수 없으므로 금액수정법을 적용하여 개별요인을 비교하는 것을 원칙으로 한다.

(3) 감정평가서의 기재

감정평가서에 추후 사업시행자가 실제로 지출한 오염토양 정화비용 상당액이 당초 용역보고서 등에서 제시된 오염토양 정화비용 상당액과 비교하여 뚜렷이 낮아지게 되는 경우에는 감정평가액이 변동될 수 있다는 내용을 기재한다.

3. 토양오염물질과 부적정처리폐기물이 혼재하는 경우

부적정처리폐기물이 매립된 토지가 「폐기물관리법」 제48조에 따른 폐기물 처리에 대한 조치명령이 있거나 예상되는 경우 등으로서 의뢰인[14])이 해당 토지의 이용을 저해하는 정도를 고려하는 조건으로 감정평가를 의뢰한 경우에는 그 부적정처리폐기물이 매립될 당시의 이용상황과 비슷한 토지의 표준지공시지가를 기준으로 감정평가한다.

4. 토지소유자 등이 정화책임자가 아닌 경우

해당 토지의 소유자 또는 관계인이 「토양환경보전법」 제10조의4 제1항 각 호의 어느 하나에 해당하는 정화책임자가 아닌 것으로 명시하여 감정평가 의뢰되었거나 감정평가 진행과정에서 그 사실이 밝혀진 경우에는 의뢰인과 협의를 한 후 토양오염이 될 당시의 이용상황을 기준으로 감정평가할 수 있다. 이 경우에는 감정평가서에 그 내용을 기재한다.

---

14) 「토지보상평가지침」에서는 '의뢰자'라는 용어를 사용하고 있으나, 「감정평가에 관한 규칙」에서는 '의뢰인'이라는 용어를 사용하고 있으므로 여기에서는 '의뢰인'으로 표시한다. 의뢰인에는 사업시행자, 토지수용위원회, 법원 등이 있을 수 있다.

쟁점 **71** 　잔여지 가치감소 및 공사비 보상평가 　　　　　　　B급

I 　잔여지 가치감소보상

1. 잔여지 가치감소보상과 특별한 희생

행정상 손실보상이란 공공필요에 의한 적법한 공권력의 행사에 의하여 개인의 재산권에 가하여진 '특별한 희생'을 대상으로 하므로 잔여지의 가치감소도 그것이 '특별한 희생'에 해당되어야 보상대상이 된다. 따라서 잔여지 가치감소보상액이 어느 정도가 되어야 재산권에 내재하는 사회적 제약을 넘어서는 '특별한 희생'에 해당된다고 볼 수 있는지가 문제이다. 그러나 잔여지 가치감소보상을 규정한 「토지보상법」 제73조 제1항은 '동일한 소유자에게 속하는 일단의 토지의 일부가 취득되거나 사용됨으로 인하여 잔여지의 가격이 감소하거나 그 밖의 손실이 있을 때'라고 규정하여, 잔여지의 가치감소 자체를 보상의 대상으로 규정하고 있으므로, 현행 「토지보상법」상으로는 감소액의 다소에 구애됨이 없이 보상대상이 되는 것으로 보아야 한다.[15] 따라서 잔여지 가치감소 보상평가는 전체 잔여지에 대해 의뢰되고 수행되어야 한다.

2. 잔여지 가치감소보상의 요건

잔여지의 가치가 실제적으로 감소하거나 그 밖의 손실이 있어야 한다. 여기서 그 밖의 손실은 효용성의 감소, 비용의 증가 등으로 볼 수 있으나, 이는 결국에는 잔여지 가치의 감소로 나타나므로 별도로 구분하지 않고 잔여지 가치감소에 포함한다. 따라서 잔여지가 '종래의 목적에 사용하는 것이 현저히 곤란할 때'에 해당되어 매수보상의 대상이 되지 않을 경우에도 잔여지의 가치가 감소한 경우에는 보상대상이 된다.

> **【판례】**
> 잔여지를 종래의 목적으로 사용하는 것이 가능한 경우에도 잔여지 가치감소보상을 청구할 수 있다. [대판 2018.07.20, 2015두4044]
>
> **【판결요지】**
> 사업시행자가 동일한 토지소유자에 속하는 일단의 토지 일부를 취득함으로 인하여 잔여지의 가격이 감소하거나 그 밖의 손실이 있을 때 등에는 잔여지를 종래의 목적으로 사용하는 것이 가능한 경우라도 잔여지 손실보상의 대상이 되며, 잔여지를 종래의 목적에 사용하는 것이 불가능하거나 현저히 곤란한 경우이어야만 잔여지 손실보상청구를 할 수 있는 것이 아니다.

(1) 실제적 가치감소의 발생

잔여지 가치감소 보상을 위해서는 가치감소의 개연성만으로는 부족하고 실제적으로 가치감소가 발생하여야 한다.

---

15) 현실적으로 특별한 희생에 해당하는 잔여지 가치감소의 정도를 규정한다는 것은 사실상 불가능하다.

특히 사업손실 등으로 인한 실제적 가치감소의 발생 여부를 명확하게 판단할 수 있도록 하기 위하여 2008.4.18. 「토지보상법」 제73조 제2항을 신설하여 잔여지 가치감소보상 청구권의 제척기간을 해당 사업의 공사완료일부터 1년으로 규정한 것이다. 현재는 사업완료일부터 1년으로 개정되었다.

(2) 소유자의 청구

잔여지 가치감소보상은 편입 토지의 협의보상시점에서 사업시행자가 잔여지 가치감소액을 감정평가를 통하여 산정한 후 편입토지의 보상액과 합산하여 협의요청을 하되, 토지소유자가 잔여지 가치감소액에 대해 이의를 제기하는 경우는 편입토지에 대해서만 보상하고 잔여지 가치감소액은 공사 완료일 1년 이내에 소유자가 청구하는 경우 재평가하여 보상하도록 하는 것이 타당할 것이다. 즉, 잔여지 가치감소보상액은 편입 토지의 보상액의 일부로 보아야 하므로 잔여지의 가치감소가 명확함에도 이를 포함하지 않고 편입토지의 보상액을 결정하는 것 자체가 위법의 여지가 있다.

3. 잔여지 가치감소보상의 기준

(1) 감정평가방법의 구분

잔여지 가치감소보상의 감정평가방법에는 전후비교법과 분리 합산법이 있다.

1) 전후비교법

전후비교법은 공익사업시행지구에 편입되기 전의 잔여지의 가액에서 공익사업시행지구에 편입된 후의 잔여지의 가액을 뺀 금액으로 감정평가하는 방법이다. 이 방법은 정당한 보상은 공익사업에 편입되기 전과 후의 재산적 가치를 동일하게 하여야 한다는 원칙에는 부합하나, 사업손실이 발생할 경우 등과 같이 편입토지의 보상시점에서 편입 후의 가치감소의 파악이 어렵다는 문제점이 있다. 이러한 문제를 해소하기 위하여 2008.4.18. 「토지보상법」 제73조 제2항을 신설하여 잔여지 가치감소보상 청구권의 제척기간을 연장하고, 편입부분의 가치와 잔여지의 가치감소분을 따로 감정평가하도록 한 것이다.

2) 분리합산법

분리합산법은 잔여지로 분할됨으로 인한 가치감소분을 각 요인별로 별도로 감정평가한 후, 이를 합산하여 감정평가하는 방법이다. 이 방법은 이론적이기는 하나 각 요인별 가치감소분을 구분하여 구한다는 것이 현실적으로 불가능하다는 문제점이 있다.

(2) 적용

「토지보상법 시행규칙」 제32조 제1항에서 잔여지의 가치감소에 따른 보상평가는 공익사업시행지구에 편입되기 전의 잔여지의 가액에서 공익사업시행지구에 편입된 후의 잔여지의 가액을 뺀 금액으로 감정평가하도록 규정하고 있으므로 전후비교법이 적용된다.

Ⅱ 잔여지에 대한 공사비 등의 보상

1. 잔여지에 대한 공사비 보상

잔여지에 통로·구거·담장 등의 신설 그 밖의 공사가 필요하게 된 경우의 손실은 그 시설의 설치나 공사에 필요한 비용으로 평가한다(토지보상법 시행규칙 제32조 제2항). 이는 사업으로 인해 발생한 피해를 구제하기 위한 조치로서 사업보상 또는 비용보상의 성격을 갖는다.

2. 잔여지가치하락에 따른 보상에 갈음하는 매수보상

(1) 내용

잔여지의 가치하락에 따른 보상과 잔여지에 대한 공사비 등의 보상을 동시에 하는 경우로 서 잔여지의 가치하락에 따른 보상액과 잔여지에 대한 공사비 보상액을 합한 금액이 잔여 지의 가액보다 큰 경우에는 잔여지의 가액으로 보상한다.

(2) 잔여지 매수의 효과

사업인정고시가 된 후 사업시행자가 잔여지를 매수하는 경우 그 잔여지에 대해서는 사업인 정 및 사업인정고시가 된 것으로 본다(토지보상법 제73조 제3항).

(3) 권리구제

잔여지의 손실 또는 비용의 보상이나 토지의 취득에 관하여는 손실에 대한 협의 및 협의 불성립 시 재결신청에 관한 규정을 준용한다(토지보상법 제73조 제4항). 즉 손실보상은 사 업시행자와 손실을 입은 자가 협의하여 결정하며, 협의가 성립되지 아니하면 사업시행자 나 손실을 입은 자는 관할 토지수용위원회에 재결을 신청할 수 있다.

3. 대법원 판례

대법원은 이 규정의 내용 및 입법 취지 등을 종합하여 보면 토지소유자가 사업시행자로부터 잔여지 가격감소 등으로 인한 손실보상을 받기 위해서는 재결절차를 거친 다음 그 재결에 대하 여 불복이 있는 때에 비로소 토지보상법 규정에 따라 권리구제를 받을 수 있을 뿐, 이러한 재 결절차를 거치지 않은 채 곧바로 사업시행자를 상대로 손실보상을 청구하는 것은 허용되지 않 는다고 한다.

쟁점 72 · 잔여지 취득 보상평가   B급

I 개념

잔여지 매수 또는 수용보상의 대상이 되기 위해서는 i) 공익사업이 시행되어야 하고, ii) 공익사업에 편입된 토지가 협의 매수되거나 수용되어야 하며, iii) 잔여지를 종래의 목적에 사용하는 것이 현저히 곤란하여야 하며, iv) 잔여지에 대한 매수 또는 수용 청구가 있어야 한다.

① 공익사업의 시행

잔여지 매수 또는 수용보상은 사업시행자가 '공익사업'을 수행하기 위해 토지를 수용하거나 협의로 매수한 결과 남게 된 일단의 토지 일부를 종래의 목적에 사용하는 것이 현저히 곤란한 경우 해당 토지소유자에게 매수청구권 및 수용청구권을 인정하는 것이므로, 공익사업의 시행 없이 사실상의 공도 등으로 사용되고 있는 토지를 지방자치단체가 매수하는 경우는 그 인접 토지를 잔여지로 보아 「토지보상법」 제74조에 따라 매수할 수는 없다.

② 편입토지의 매수 또는 수용

잔여지에 대한 매수 또는 수용보상은 편입토지의 매수 또는 수용을 전제로 하므로 편입토지의 매수 또는 수용이 이루어지지 않은 상태에서 잔여지만을 매수 또는 수용할 수 없다.

③ 잔여지를 종래의 목적에 사용하는 것이 현저히 곤란

'종래의 목적'이라 함은 수용재결 당시에 해당 잔여지가 현실적으로 사용되고 있는 구체적인 용도를 의미하고, '사용하는 것이 현저히 곤란한 때'라고 함은 물리적으로 사용하는 것이 곤란하게 된 경우는 물론 사회적, 경제적으로 사용하는 것이 곤란하게 된 경우, 즉 절대적으로 이용 불가능한 경우만이 아니라 이용은 가능하나 많은 비용이 소요되는 경우를 포함한다고 할 것이다.

④ 잔여지의 매수 또는 수용의 청구

잔여지는 공익사업에 직접 필요한 토지가 아니므로 잔여지 소유자의 매수 또는 수용의 청구가 있는 경우에 한하여 취득할 수 있다. 따라서 사업시행자는 잔여지의 수용을 청구할 수 없다.

II 잔여지 매수 · 수용청구의 요건

1. 토지보상법 제74조 제1항

동일한 소유자에게 속하는 일단의 토지의 일부가 협의에 의하여 매수되거나 수용됨으로 인하여 잔여지를 종래의 목적에 사용하는 것이 현저히 곤란할 때에는 해당 토지소유자는 사업시행자에게 잔여지를 매수하여 줄 것을 청구할 수 있으며, 사업인정 이후에는 관할 토지수용위원회에 수용을 청구할 수 있다. 이 경우 수용의 청구는 매수에 관한 협의가 성립되지 아니한 경우에만 할 수 있으며, 그 사업완료일까지 하여야 한다.

2. 구체적인 요건

① 동일한 토지소유자에게 속하는 일단의 토지 일부가 협의에 의해 매수되거나 수용됨으로 인하여 잔여지를 종래의 목적에 사용하는 것이 현저히 곤란할 것을 요한다. ② 판례는 종래의 목적이라 함은 수용재결 당시에 해당 잔여지가 현실적으로 사용되고 있는 구체적인 용도를 의미하고, ③ 사용하는 것이 현저히 곤란한 때라고 함은 물리적으로 사용하는 것이 곤란하게 된 경우는 물론 사회적·경제적으로 사용하는 것이 곤란하게 된 경우, 즉 절대적으로 이용 불가능한 경우만이 아니라 이용은 가능하나 많은 비용이 소요되는 경우를 포함한다고 판시했다.

3. 종래의 목적에 사용하는 것이 현저히 곤란하게 된 경우

잔여지가 종래의 목적에 사용하는 것이 현저히 곤란하게 되어 매수·수용 보상의 대상이 되기 위해서는 ① 대지로서 면적이 너무 작거나 부정형 등의 사유로 건축물을 건축할 수 없거나 건축물의 건축이 현저히 곤란한 경우, ② 농지로서 농기계의 진입과 회전이 곤란할 정도로 폭이 좁고 길게 남거나 부정형 등의 사유로 영농이 현저히 곤란한 경우, ③ 공익사업의 시행으로 교통이 두절되어 사용이나 경작이 불가능하게 된 경우, ④ 위의 사항과 유사한 정도로 잔여지를 종래의 목적대로 사용하는 것이 현저히 곤란하다고 인정되는 경우 중 어느 하나에 해당되어야 한다(동법 시행령 제39조 제1항).

4. 잔여지의 판단기준

잔여지를 판단할 때에는 ① 잔여지의 위치·형상·이용상황 및 용도지역, ② 공익사업 편입토지의 면적 및 잔여지의 면적 사항을 종합적으로 고려하여야 한다(토지보상법 시행령 제39조 제2항). 또한 잔여지와 인접한 본인 소유토지의 유·무 및 일단지 사용의 가능성 등도 고려한다.

Ⅲ 잔여지 취득 보상 평가 방법

1. 전후비교법

매수·수용하는 잔여지는 일단의 토지 전체가액에서 편입되는 토지의 가액을 뺀 금액으로 감정평가하므로, 잔여지 매수·수용 보상에서도 전·후비교법이 적용된다. 여기서 일단의 토지 전체가액이란 잔여지를 포함한 일단의 토지 전체가액을 말한다.

2. 전체토지가액에서 차감법

잔여지 매수보상은 잔여지를 포함한 일단의 토지 전체의 가액에서 공익사업시행지구에 편입되는 토지가액을 뺀 금액으로 보상하는 것이므로, 잔여지가 종래의 목적에 이용될 수 없어 가치가 하락하거나 최유효이용 면적에 미달하여 가치가 하락하였더라도 그 하락되지 아니한 가치로 보상액을 결정한다. 따라서 해당 공익사업으로 인한 가치의 변동이 있는 경우에도 이러한 변동은 매수보상금액에 포함하여서는 안 된다.

IV 잔여지 매수와 수용절차와 권익구제 방법

1. 잔여지 매수 · 수용 절차

동일한 소유자에게 속하는 일단의 토지의 일부가 협의에 의하여 매수되거나 수용됨으로 인하여 잔여지를 종래의 목적에 사용하는 것이 현저히 곤란할 때에는 해당 토지소유자는 사업시행자에게 잔여지를 매수하여 줄 것을 청구할 수 있으며, 사업인정 이후에는 관할 토지수용위원회에 수용을 청구할 수 있다. 이 경우 수용의 청구는 매수에 관한 협의가 성립되지 아니한 경우에만 할 수 있으며, 사업완료일까지 하여야 한다.

2. 잔여지수용청구를 거부한 경우 보상금증감청구소송

대법원은 잔여지 수용 요건을 구비한 때에는, 잔여지를 수용하는 토지수용위원회의 재결이 없더라도 그 청구에 의하여 수용의 효과가 발생하는 형성권적 성질을 가지므로, 잔여지 수용청구를 받아들이지 않은 토지수용위원회의 재결에 대하여 토지소유자가 불복하여 제기하는 소송은 보상금의 증감에 관한 소송에 해당하여 사업시행자를 피고로 하여야 한다고 판시하였다.

쟁점 73 　사용하는 토지에 대한 보상평가　　　　　　C급

I　일반 토지의 사용료 평가

1. 의의

공익사업의 시행을 원인으로 타인의 토지를 사용하게 되는 경우 해당 토지의 소유권을 완전하게 취득하는 정도에는 이르지 않으나, 결국 소유권의 행사에 제한을 주게 되므로 이에 대한 보상으로 사용료를 지급하여야 한다. 이 경우 토지사용료의 보상범위는 지표상의 토지사용만이 대상이 되는 것이 아니라, 토지의 입체적 소유권의 개념에 기초하여 토지의 지상 및 지하부분의 사용을 포함하게 된다. 또한 공중공간의 사용에 대한 보상평가는 사용기간이 일시적인가 영구적인가(구분지상권 설정)에 따라 기준을 달리하고 있으므로 설정된 사용기간의 장단에도 주의하여야 한다.

2. 보상기준

협의 또는 재결에 의하여 사용하는 토지에 대하여는 그 토지와 인근 유사토지의 지료·임대료·사용방법·사용기간 및 그 토지의 가격 등을 고려하여 평가한 적정가격으로 보상하여야 한다(토지보상법 제71조 제1항). 사용하는 토지와 그 지하 및 지상의 공간 사용에 대한 구체적인 보상액 산정 및 평가방법은 투자비용, 예상수익 및 거래가격 등을 고려하여 국토교통부령으로 정한다(동조 제2항). 토지의 사용이란 토지보상법이 정한 절차에 따른 적법한 사용만을 의미한다. 토지의 사용료는 임대사례비교법으로 평가한다. 다만 적정한 임대사례가 없거나 대상 토지의 특성으로 보아 임대사례비교법으로 평가하는 것이 적정하지 아니한 경우에는 적산법으로 평가할 수 있다(토지보상법 시행규칙 제30조).

II　토지의 지하·지상공간의 사용에 대한 보상평가

1. 지하·공중공간 이용 관련 법체계 및 보상기준

과거에는 지하철을 건설할 경우 지상권을 설정하거나 지하사용을 강제하는 방식을 취하였으나, 강제취득 방식이 많은 시간과 비용이 낭비되는 폐단이 발생하였고, 도로와 같은 공익사업 용지의 지하만으로는 지하공간의 이용수요를 충족할 수 없게 되면서 이에 대한 법제화가 요구되었다. 이 문제를 해결하기 위하여 1984년 민법을 일부 개정하여 지하 및 공중에 대해 구분소유권(구분지상권)을 설정할 수 있는 제도를 도입하였다. 도시철도법은 적극적인 지하사용에 대한 규정을 두기에 이르렀고, 동법 시행령은 지하공간의 이용으로 발생하는 손실을 입체이용저해율에 따라 보상하는 규정을 두었다.

토지보상법은 토지의 지하사용뿐만 아니라 지상공간 사용에 대한 평가 규정을 신설하고 '입체이용저해율'을 곱하여 산정하되, 사실상 영구적으로 사용하는 경우와 일정한 기간 동안 사용하는 경우로 구분하여 평가하도록 하고 있다(토지보상법 시행규칙 제31조).

2. 영구적으로 사용하는 경우

토지의 지하 또는 지상공간을 사실상 영구적으로 사용하는 경우 당해 공간에 대한 사용료는 표준지의 공시지가를 기준으로 하여 산정한 당해 토지의 가격에 당해 공간을 사용함으로 인하여 토지의 이용이 저해되는 정도에 따른 적정한 비율(이하 "입체이용저해율"이라 함)을 곱하여 산정한 금액으로 평가한다(토지보상법 시행규칙 제31조 제1항).

3. 일시적으로 사용하는 경우

토지의 지하 또는 지상공간을 일정한 기간 동안 사용하는 경우 당해 공간에 대한 사용료는 임대사례비교법이나 적산법 등을 적용하여 산정한 당해 토지의 사용료에 입체이용저해율을 곱하여 산정한 금액으로 평가한다(토지보상법 시행규칙 제31조 제2항).

4. 관련 문제

대심도란 토지소유자의 통상적인 이용행위가 예상되지 아니하고 지하시설물을 따로 설치하더라도 일반적인 토지이용에 지장이 없을 것으로 판단되는 지하공간을 의미한다. 대심도는 개인의 사용·수익·처분권이 미치지 않는 범위로 무보상·무승낙의 개념으로 이해되고 있는 문제가 있다.

토지보상법에서는 입체이용저해율에 의한 보상액 산정방법을 규정하고 있으나, 구체적인 입체이용저해율 산정방법에는 언급이 없다. 지하공간의 사용에 따른 보상평가액은 깊이에 따른 입체이용저해율에 의해서 산정하되 그 깊이와 토질의 종류, 지상 토지이용의 용도, 지하시설물의 구조 등을 고려한 보다 구체적인 기준이 필요하다.

쟁점 **74** 건축물 등 물건에 대한 보상평가　　C급

Ⅰ 건축물 등 용어의 개념

1. 건축물 등

'건축물 등'이란 건축물·입목·공작물과 그 밖에 토지에 정착(定着)한 물건을 말한다(「토지보상법」 제75조 제1항). 즉, 건축물 등이란 토지 위에 정착한 물건으로서 토지에 부합하여 토지소유권의 일부를 구성하는 것을 제외한 물건을 말한다. 다만, 완전보상 및 개인별 보상을 위하여 일반적으로 토지에 부합하는 것으로 보는 포장이나 건축물에 부합하는 것으로 보는 차양 등도 별도의 공작물 또는 시설물로 구분하기도 한다.

2. 건축물

'건축물'이란 토지에 정착하는 공작물 중 지붕과 기둥 또는 벽이 있는 것과 이에 딸린 시설물, 지하나 고가(高架)의 공작물에 설치하는 사무소·공연장·점포·차고·창고 등을 말한다(「건축법」 제2조 제2호).

3. 공작물

'공작물'이란 지상이나 지하에 축조되는 인공 구조물로서 대지를 조성하기 위한 옹벽·굴뚝·광고탑·고가수조(高架水槽)·지하 대피호 그 밖에 이와 유사한 것을 말한다(「건축법」 제83조).

4. 입목

'입목'이란 토지에 자라고 있는 수목의 집단으로서 「입목에 관한 법률」에 따라 소유권보존의 등기를 받은 것 또는 이에 준하는 것을 말한다(「입목에 관한 법률」 제2조 제1호 및 「토지보상법 시행규칙」 제39조). 이 경우 소유권보존의 등기를 받은 것에 준하는 입목은 「입목에 관한 법률」 제8조에 따라 입목등록원부에 등록되었으나 입목등기부에 소유권보존의 등기를 하지 않은 입목 또는 명인방법에 의해 소유권이 인정되는 입목 등을 의미한다.

5. 분묘

'분묘'란 시신이나 유골을 매장하는 시설을 말한다(「장사 등에 관한 법률」 제2조 제6호). 분묘는 시신이나 유골을 매장하는 시설이므로 화장한 유골의 골분(骨粉)을 수목·화초·잔디 등의 밑이나 주변에 묻어 장사하는 자연장지(동조 제13호) 또는 산림에 조성하는 수목장림(동조 제14호)은 별도의 매장하는 시설이 있다고 볼 수 없으므로 분묘에 해당하지 않으며, 유골을 안치하는 봉안묘, 봉안당, 봉안탑, 봉안담 등의 봉안시설(동조 제9호)은 매장하지 않으므로 분묘에 해당되지 않는다.

6. 지장물

'지장물'이란 공익사업시행지구 내에 소재하는 건축물 등 중에서 해당 공익사업의 수행을 위하여 직접 필요하지 아니한 건축물 등을 말한다(「토지보상법 시행규칙」 제2조 제3호). 공익사업을 위하여 소유자의 의사에 불구하고 대상물건을 취득 또는 사용하는 것은 재산권의 침해에 해당하므로, 그 대상물건은 대체성이 없는 것에 한정되는 것이 원칙이다. 따라서 일반적으로 대체성이 인정되는 건축물 등은 대부분 취득 또는 사용의 대상이 되지 않으며 공익사업의 시행을 위하여 이전해야 하는 지장물에 해당된다.

Ⅱ 건축물등에 대한 보상평가(토지보상법 제75조 제1항)

1. 보상 원칙

(1) 기준시점

기준시점이란 대상물건의 감정평가액을 결정하는 기준이 되는 날짜를 말하며(「감정평가에 관한 규칙」 제2조 제2호), 건축물 등 보상평가의 기준시점은 협의에 의한 경우에는 협의성립 당시를, 재결에 의한 경우에는 수용재결 당시를 기준으로 한다(「토지보상법」 제67조 제1항).

(2) 일반적 이용방법 및 객관적 상황 기준

건축물 등도 일반적 이용방법 및 객관적 상황을 기준으로 감정평가한다. 즉, 건축물 등을 특수한 용도에 이용할 것을 전제로 하거나 주위환경이 특별하게 바뀔 것을 전제하는 경우 등은 객관적 상황을 기준으로 하는 것이 아니다.

2. 공익사업에 직접 사용할 목적으로 취득하는 건축물 등의 보상평가

(1) 건축물 등의 취득

사업시행자는 공익사업의 시행을 위하여 필요한 물건을 수용할 수 있으나 필요한 물건이라 하여 모두 수용할 수 있는 것은 아니다. 공용수용은 법률에 의한 재산권의 필요적 침해행위가 되므로 수용하는 물건은 i) 공익사업을 위하여 반드시 필요하고(적합성의 원칙), ii) 다른 방법으로 공익사업에 필요한 수요를 충당시킬 수 없어야 하며(비대체성의 원칙), iii) 이러한 두 가지 요건을 모두 충족하는 경우에도 그 필요한 최소한도에 그쳐야 한다(최소성의 원칙). 일반적으로 건축물 등은 이와 같은 3가지 요건을 모두 충족하는 경우가 드물기 때문에 공익사업의 시행을 위하여 취득하는 경우는 거의 없고 대부분 지장물로서 이전의 대상이 된다. 그러나 건축물 등의 경우에도 특별한 경우 공익사업을 위하여 취득할 수도 있다.

(2) 감정평가방법

취득하는 건축물 등의 감정평가방법은 건축물 등의 종류에 따라 다르므로 구체적인 감정평가방법은 해당 건축물 등에서 설명한다.

3. 지장물인 건축물 등의 보상평가

(1) 원칙

건축물 등이 지장물인 경우는 이전비로 감정평가한다.

(2) 예외

건축물 등이 지장물인 경우에도 다음 중 어느 하나에 해당하면 가액으로 감정평가한다. 이 경우 가액의 감정평가방법은 취득하는 경우와 같다.

1) 이전이 어렵거나 이전으로 인해 종래의 목적대로 사용할 수 없게 되는 경우

① 이전이 어려운 경우

이전 가능성 여부는 주관적 의사가 아닌 객관적 타당성을 기준으로 판단한다. 따라서 i) 사인 간의 계약으로 이전 등을 금지하고 있다거나, ii) 이전할 장소가 없다고 하여 이를 기준으로 이전 가능성 여부를 판단할 수 없다.

또한 이전 가능성 여부는 기술적인 관점이 아니라 경제적인 관점에서 판단하여야 한다.

② 종래의 목적대로 사용할 수 없게 되는 경우

종래의 목적대로 사용할 수 있는지 여부는 건축물 등의 효용성을 동일하게 유지하면서 사용하는 것이 가능한지 여부를 기준으로 판단한다.

③ 이전비와의 비교 여부

이전이 물리적으로 불가능하거나, 설사 가능하다고 하여도 이전하여 종래의 목적대로 사용할 수 없는 경우에는 가액과 이전비를 비교하지 않고 가액으로 감정평가한다.

2) 건축물 등의 이전비가 그 물건의 가액을 넘는 경우

① 적용

건축물 등의 이전이 가능한 경우에 적용한다.

② 이전비와 가액의 비교

㉠ 원칙

이 규정의 취지는 공익사업은 사회적 비용을 최소화하면서 외부효과를 극대화시키기 위해서 시행하는 것이므로, 이전비가 가액을 초과하는 경우 가액으로 보상하도록 하여 사업시행자의 불필요한 비용지출을 막으면서도 정당한 보상을 실현하기 위함이다. 따라서 건축물 등이 이전이 가능한 경우는 반드시 이전비와 가액을 비교하여 이전비가 가액을 초과하지 않는 경우는 이전비로 감정평가하고, 이전비가 가액을 초과할 경우에만 가액으로 감정평가한다.

㉡ 예외

건축물 등의 이전비가 가액을 초과하는 경우에도 해당 건축물 등이 문화재 등에 해당하여 반드시 이전하여야 하는 경우에는 이전비로 보상할 수 있다.

③ 이전거리

건축물 등을 이전할 경우 이전거리는 30킬로미터 이내로 한다. 다만, i) 30킬로미터 이내의 지역에서 해당 건축물 등의 건축 · 이전과 관련한 허가 등을 받을 수 없는 경우, ii) 건축물 등의 규모 등을 고려할 때 30킬로미터 이내의 지역에서 사실상 이전 적지가 없는 경우, iii) 댐 사업 등과 같은 대규모의 공익사업으로 30킬로미터 이상의 이전이 불가피한 경우에는 이를 초과할 수 있다. 이 경우 그 사유 및 이전거리를 감정평가서에 기재한다.

■ 무허가건축물과 가설건축물 쟁점 **A급**

무허가건축물등에 대한 보상

Ⅰ. 무허가건축물의 의의

무허가건축물이란 「건축법」 등 관계법령에 의하여 허가를 받거나 신고를 하고 건축 또는 용도변경을 하여야 하는 건축물을 허가를 받지 아니하거나 신고를 하지 아니하고 건축 또는 용도변경한 건축물을 말한다.

Ⅱ. 무허가건축물의 보상 여부

1. 학설

① 모든 무허가건축물은 보상대상이 아니라는 견해가 있으나, ② 무허가건축물도 적법한 건축물과 같이 보상대상이라는 견해, ③ 사업인정고시일 전에 건축한 무허가 건축물은 보상의 대상이 된다는 견해가 대립된다.

2. 판례

판례는 사업인정고시 전에 건축한 건축물은 그 건축물이 적법하게 건축허가를 받아 건축한 것인지 또는 허가를 받지 아니하고 건축한 무허가건축물에 해당하는지 관계없이 손실보상의 대상이 된다고 하였다.

3. 검토

상기 ①의 견해는 명문의 근거 없이 보상대상을 축소하여 기득권 보호 차원에 문제가 있다. 또한 ②의 견해는 보상 범위를 확대하여 사업시행자의 비용 부담을 안겨주는바, 판례 및 ③의 견해처럼 사업인정고시일을 기준으로 보상여부를 판단함이 타당하다.

Ⅲ. 관련 문제 : 가설건축물 보상평가

국토계획법에 의하여 설치된 가설건축물은 국토계획법에 의하면 도시군계획시설 사업의 시행 예정일의 일정기간 전까지 가설건축물의 소유자의 부담으로 그 가설건축물을 철거 등 원상회복에 필요한 조치를 해야 한다. 이러한 가설건축물은 사업인정고시일 이전에 건축되거나 설치되었다고 하여도 보상대상이 아니다.

쟁점 75 잔여 건축물의 보상평가   C급

Ⅰ 잔여 건축물에 대한 보상

1. 잔여 건축물의 요건

매수보상 대상이 되는 잔여 건축물의 종래의 목적에 사용하는 것이 현저히 곤란하여야 하나, 잔여 건축물의 가치하락 또는 보수비 등에 따른 손실보상에서는 이러한 요건에 구애되지 않는다. 따라서 매수보상 시 일부만 취득하고 남은 건축물은 모두 잔여 건축물이 된다.

2. 잔여 건축물의 가격이 감소한 경우 손실

동일한 건축물소유자에 속하는 일단의 건축물의 일부가 취득 또는 사용됨으로 인하여 잔여 건축물의 가격이 감소된 경우의 잔여 건축물의 손실은 공익사업시행지구에 편입되기 전의 잔여 건축물의 가격(해당 건축물이 공익사업시행지구에 편입됨으로 인하여 잔여 건축물의 가격이 변동된 경우에는 변동되기 전의 가격을 말함)에서 공익사업시행지구에 편입된 후의 잔여 건축물의 가격을 뺀 금액으로 평가한다(동법 시행규칙 제35조 제1항).

3. 잔여 건축물의 보수가 필요한 경우 보수비

동일한 건축물소유자에 속하는 일단의 건축물의 일부가 취득 또는 사용됨으로 인하여 잔여 건축물에 보수가 필요한 경우의 보수비는 건축물의 잔여부분을 종래의 목적대로 사용할 수 있도록 그 유용성을 동일하게 유지하는데 통상 필요하다고 볼 수 있는 공사에 사용되는 비용(「건축법」 등 관계법령에 의하여 요구되는 시설의 개선에 필요한 비용은 포함하지 아니함)으로 평가한다(동법 시행규칙 제35조 제2항).

Ⅱ 잔여 건축물의 손실에 대한 보상 등

1. 원칙

사업시행자는 동일한 소유자에게 속하는 일단의 건축물의 일부가 취득되거나 사용됨으로 인하여 잔여 건축물의 가격이 감소하거나 그 밖의 손실이 있을 때에는 그 손실을 보상하여야 한다(토지보상법 제75조의2 제1항 본문). 여기서 동일한 소유자는 일단의 건축물의 등기명의가 반드시 동일하여야 하는 것은 아니고, 사실상 동일 소유관계 여부와 무방하다. 또한 일단의 건축물이란 반드시 1동의 건축물만을 의미하는 것은 아니며, 일반적인 이용방법에 의한 객관적인 상황이 동일한 여러 동의 건축물도 포함한다.

2. 잔여 건축물의 가격 감소에 대한 보상과 매수

사업시행자는 동일한 소유자에게 속하는 일단의 건축물의 일부가 취득되거나 사용됨으로 인하여 잔여 건축물의 가격이 감소하거나 그 밖의 손실이 있을 때에는 국토교통부령으로 정하는 바에 따라 그 손실을 보상하여야 한다. 다만, 잔여 건축물의 가격 감소분과 보수비(건축물의 나머지 부분을 종래의 목적대로 사용할 수 있도록 그 유용성을 동일하게 유지하는 데에 일반적으로 필요하다고 볼 수 있는 공사에 사용되는 비용을 말한다. 다만, 「건축법」 등 관계 법령에 따라 요구되는 시설 개선에 필요한 비용은 포함하지 아니함)를 합한 금액이 잔여 건축물의 가격보다 큰 경우에는 사업시행자는 그 잔여 건축물을 매수할 수 있다(토지보상법 제75조의2 제1항).

3. 잔여 건축물 매수 및 수용청구, 보상절차

동일한 소유자에게 속하는 일단의 건축물의 일부가 협의에 의하여 매수되거나 수용됨으로 인하여 잔여 건축물을 종래의 목적에 사용하는 것이 현저히 곤란할 때에는 그 건축물소유자는 사업시행자에게 잔여 건축물을 매수하여 줄 것을 청구할 수 있으며, 사업인정 이후에는 관할 토지수용위원회에 수용을 청구할 수 있다. 이 경우 수용 청구는 매수에 관한 협의가 성립되지 아니한 경우에만 하되, 사업완료일까지 하여야 한다(토지보상법 제75조의2 제2항). 잔여 건축물의 손실 또는 보수비 보상은 사업완료일부터 1년이 지난 후에는 청구할 수 없다.

4. 사업인정고시 의제 효과

잔여 건축물의 손실 및 보수비가 잔여 건축물의 가격을 초과하여 사업인정고시가 있은 후 사업시행자가 잔여 건축물을 매수하는 경우 그 잔여 건축물에 대하여 사업인정고시가 있는 것으로 본다.

Ⅲ 잔여 건축물 보상에 대한 권리구제

잔여 건축물의 가격감소에 따른 보상 및 잔여 건축물의 취득에 관하여는 토지보상법 제9조 제6항 및 제7항을 준용한다(토지보상법 제75조의2 제3항). 즉, 손실의 보상은 사업시행자와 손실을 입은 자가 협의하여 결정하며, 협의가 성립되지 아니하면 사업시행자나 손실을 입은 자는 관할 토지수용위원회에 재결을 신청할 수 있다. 토지보상법 제34조에 따른 재결이 나오면 이의신청(동법 제83조)을 거쳐 동법 제85조 제2항에 따라 보상금증감청구소송을 제기하여 권리구제를 받을 수 있다.

쟁점 76 공작물의 보상평가 C급

Ⅰ 공작물의 의의 및 보상평가방법

공작물은 「건축법」 등 법령에서 개념 정의를 하고 있지 않으나, 용어의 사용에 비추어 보면 인공적인 힘이 가해진 토지에 정착한 구조물로서 건축물이 아닌 것으로 정의할 수 있다. 건축물 평가(동법 시행규칙 제33조), 건축물에 관한 소유권 외의 권리 등의 평가(동법 시행규칙 제34조), 잔여 건축물에 대한 평가(동법 시행규칙 제35조) 규정은 공작물 등의 평가에 준용한다.

Ⅱ 차별평가 금지

다음에 해당하는 공작물 등은 이를 별도의 가치가 있는 것으로 평가하여서는 아니 된다(토지보상법 시행규칙 제36조 제2항).
① 공작물등의 용도가 폐지되었거나 기능이 상실되어 경제적 가치가 없는 경우
② 공작물등의 가치가 보상이 되는 다른 토지등의 가치에 충분히 반영되어 토지등의 가격이 증가한 경우
③ 사업시행자가 공익사업에 편입되는 공작물등에 대한 대체시설을 하는 경우

Ⅲ 공작물등 보상제한 규정 유추적용

토지보상법상 손실보상은 공익사업시행등 적법한 공권력의 행사에 의한 재산상의 특별한 희생에 대하여 사유재산권의 보장과 전체적인 공평부담의 견지에서 행하여지는 조절적인 재산권 보장이라 할 수 있다. 따라서 임야 비탈에 관리되지 않는 뽕나무나 자작나무 등과 같이 경제적 가치가 없는 것이라면 보상대상으로 보기는 어렵다. 이렇듯 보상은 경제적 가치를 전제로 하므로 보상이 제한되는 공작물등의 규정은 다른 물건의 보상대상 여부를 판단하는데 유추적용할 수 있다.

쟁점 77 수목의 보상평가   C급

I 수목의 의의 및 수목보상 평가기준

수목이라 함은 토지 위에 식생하고 있는 모든 식물군을 말한다. 공익사업이 시행되는 지역 안에 존재하는 수목은 직접 해당 공익사업에 제공되지 않는 것이 일반적이다. 따라서 이들 수목은 지장물에 해당되어 공익사업에 지장이 없도록 제거하여야 하고, 이를 위해 이전비를 보상하고 이전하여야 할 것이다. 그러나 수목은 다른 물건과는 달리 살아있는 자연물이기 때문에 이식하여야할 것이다. 또한 이전비에 의한 보상의 예외로서 취득가격에 의해 지장물을 보상하도록 하고 있는 규정은 수목의 경우에도 타당하다. 즉 이식이 어렵거나 이식으로 인하여 수목을 종래의 목적대로 사용할 수 없게 된 경우, 이식비가 수목의 가격을 넘는 경우, 사업시행자가 직접 공익사업에 사용할 목적으로 취득하는 경우 이전비로 보상할 것이 아니라 취득비로 보상하여야 한다.

II 수목의 수량 산정방법

1. 원칙 – 그루별 평가방법

(1) 그루별 조사산정과 표본추출방식에 의한 산정(토지보상법 시행규칙 제40조 제1항)

수목의 수량은 평가의 대상이 되는 수목을 그루별로 조사하여 산정한다. 다만, 그루별로 조사할 수 없는 특별한 사유가 있는 경우에는 단위면적을 기준으로 하는 표본추출방식에 의한다.

(2) 수목보상액의 평가 한도(동법 시행규칙 제40조 제2항)

수목의 손실에 대한 보상액은 정상식(경제적으로 식재목적에 부합되고 정상적인 생육이 가능한 수목의 식재상태를 말함)을 기준으로 한 평가액을 초과하지 못한다.

2. 예외 – 표본추출방식

다만 그루별로 조사할 수 없는 특별한 사유가 있는 경우 예를 들어, 식재된 상태가 헤아릴 수 없을 정도로 불규칙한 경우 또는 그 규모가 광대하여 불가피한 경우라면 단위면적을 기준으로 하는 표본추출방식에 의한다(토지보상법 시행규칙 제40조 제1항 단서).

III 수익수 및 관상수의 보상평가

1. 수익수 및 관상수 보상평가의 일반적 기준

과수 그 밖에 수익이 나는 나무(이하 이 조에서 "수익수"라 한다) 또는 관상수(묘목을 제외한다. 이하 이 조에서 같다)에 대하여는 수종·규격·수령·수량·식수면적·관리상태·수익성·이식가능성 및 이식의 난이도 그 밖에 가격형성에 관련되는 제요인을 종합적으로 고려하여 평가한다(토지보상법 제37조 제1항).

2. 과수의 경우

지장물인 과수에 대하여는 이식가능성·이식적기·고손율 및 감수율에 관하여는 별표 2의 기준을 참작하여 평가한다. 과수 외의 수익수 및 관상수에 대한 평가에 관하여 과수평가를 준용하되, 관상수의 경우에는 감수액을 고려하지 아니한다.

3. 이식이 불가능한 수익수등의 벌채비용

이식이 불가능한 수익수 또는 관상수의 벌채비용은 사업시행자가 부담한다. 다만, 수목의 소유자가 해당 수목을 처분할 목적으로 벌채하는 경우에는 수목의 소유자가 부담한다.

Ⅳ 묘목의 보상평가(동법 시행규칙 제38조)

묘목에 대하여는 상품화 가능 여부, 이식에 따른 고손율, 성장정도 및 관리상태 등을 종합적으로 고려하여 평가한다.

Ⅴ 입목의 보상평가(동법 시행규칙 제39조)

입목(죽목 포함)은 벌기령·수종·주수·면적 및 수익성 그 밖에 가격형성에 관련되는 제요인을 종합적으로 고려하여 평가한다.

C급

쟁점 78 농작물의 보상평가

I 농작물의 보상평가 관련 규정

「토지보상법」 제75조(건축물 등 물건에 대한 보상)

② 농작물에 대한 손실은 그 종류와 성장의 정도 등을 종합적으로 고려하여 보상하여야 한다.

> **「토지보상법 시행규칙」 제41조(농작물의 평가)**
> ① 농작물을 수확하기 전에 토지를 사용하는 경우의 농작물의 손실은 농작물의 종류 및 성숙도 등을 종합적으로 고려하여 다음 각 호의 구분에 따라 평가한다.
> 　1. 파종 중 또는 발아기에 있거나 묘포에 있는 농작물 : 가격시점까지 소요된 비용의 현가액
> 　2. 제1호의 농작물 외의 농작물 : 예상총수입의 현가액에서 장래 투하비용의 현가액을 뺀 금액. 이 경우 보상 당시에 상품화가 가능한 풋고추·들깻잎 또는 호박 등의 농작물이 있는 경우에는 그 금액을 뺀다.
> ② 제1항 제2호에서 "예상총수입"이라 함은 당해 농작물의 최근 3년간(풍흉작이 현저한 연도를 제외한다)의 평균총수입을 말한다.

II 농작물 보상의 주요 용어와 농작물의 보상평가

1. 용어의 정의

(1) 농작물

'농작물'이란 논이나 밭에서 식용·사료·공예·원예 등의 목적으로 재배하는 모든 식물을 말한다.

다만, 과수 또는 묘목은 「토지보상법 시행규칙」 제37조 및 제38조에서 별도로 규정하고 있으므로 이 조에 따른 농작물로 보지 않는다.

(2) 현가액

'현가액'이란 과거 또는 미래의 수익이나 비용을 적정한 이자율 또는 환원이율 등으로 할인하거나 곱하여 현재의 가액으로 전환한 것을 말한다.

(3) 예상총수입

'예상총수입'이란 해당 농작물의 최근 3년간(풍흉작이 현저한 연도를 제외)의 평균 총수입을 말한다.

2. 농작물의 보상평가

(1) 감정평가기준

농작물은 그 종류와 성장의 정도 등을 종합적으로 고려하여 감정평가한다(「토지보상법」 제75조 제2항). 즉, 농작물은 파종 또는 발아기에 있는지 아니면 수확기에 있는지 등의 성장의 정도를 기준으로 감정평가방법을 달리 적용한다.

(2) 감정평가방법

1) 파종 중 또는 발아기에 있거나 묘포에 있는 농작물

파종 중 또는 발아기에 있거나 묘포에 있는 농작물은 기준시점까지 소요된 비용의 현가액
으로 감정평가한다. 이 경우는 비용의 지출을 손실로 보고 투입된 비용을 기준으로 보상액
을 감정평가하는 것이다.

2) 그 외의 농작물

파종 중 또는 발아기에 있거나 묘포에 있는 농작물 외의 농작물은 해당 농작물의 예상 총
수입의 현가액에서 장래 투하비용의 현가액을 뺀 가액으로 감정평가하되, 보상 당시에 상
품화가 가능한 풋고추·들깻잎 또는 호박 등의 농작물이 있는 경우에는 그 금액을 뺀 가액
으로 감정평가한다. 이 경우는 기대이익의 상실을 손실로 보고 장래 수익을 기준으로 보상
액을 감정평가하는 것이다.

① **예상총수입**

예상총수입은 해당 농작물의 최근 3년간의 평균총수입을 기준으로 산정하되, 최근 3년
간 중에 풍흉작이 현저한 연도를 제외하고 산정한다.[16)]

즉, 최근 3년 중 한 해가 풍흉작이 현저하였다면 해당 연도를 제외하고 2년간의 평균총
수입을 기준으로 산정한다.

② **장래 투하비용**

장래 투하비용은 수확기까지 소요되는 직접생산비·간접생산비 및 기타의 경비 등으로
산정한다.

---

16) 실제소득을 기준으로 산정하는 영농보상의 경우는 2015.4.28. 이전 「토지보상법 시행규칙」 제48조 제2항에
서는 '실제소득의 2년분'으로 규정하고 있었으므로 풍흉작이 현저한 연도의 제외 여부가 문제되었으나,
2015.4.28.자로 이를 '직전 3년간 평균의 2년분'으로 개정하였으므로 직전 3년간에 풍흉작이 현저한 연도가
포함되어 있더라도 이를 제외할 수 없다. 따라서 지금은 영농보상과 농작물보상의 수입산정방법이 상이하다.

<table><tr><td>쟁점 79</td><td>권리에 대한 보상(광업권, 어업권)</td><td>C급</td></tr></table>

I 광업권의 보상평가

1. 의의 및 근거(토지보상법 제76조 및 동법 시행규칙 제43조)

광업권이란 「광업법」 제38조의 규정에 따라 광구에서 등록을 한 광물과 이와 같은 광상 중에 부존하는 다른 광물을 채굴 및 취득하는 권리를 말하며, 탐사권과 채굴권으로 구분된다(「광업법」 제3조 제3호).

> **「토지보상법 시행규칙」 제43조(광업권의 평가)**
> ① 광업권에 대한 손실의 평가는 「광업법 시행령」 제30조에 따른다.
> ② 조업 중인 광산이 토지 등의 사용으로 인하여 휴업하는 경우의 손실은 휴업기간에 해당하는 영업이익을 기준으로 평가한다. 이 경우 영업이익은 최근 3년간의 연평균 영업이익을 기준으로 한다.
> ③ 광물매장량의 부재(채광으로 채산이 맞지 아니하는 정도로 매장량이 소량이거나 이에 준하는 상태를 포함한다)로 인하여 휴업 중인 광산은 손실이 없는 것으로 본다.

2. 광업권의 보상평가

(1) 원칙

「토지보상법」 제76조 제1항에 따라 광업권에 대하여는 투자비용·예상수익 및 거래가격 등을 참작하여 평가한 적정가격으로 보상하여야 한다.

그리고 「토지보상법 시행규칙」 제43조 제1항에 따라 광업권에 대한 손실의 평가는 「광업법 시행령」 제30조에 따른다.

다만, 「광업법」은 광산을 보상대상으로 보고 이에 대한 보상을 규정하고 있는 반면, 「토지보상법」은 광산을 구성하는 시설물들은 지장물로서 별도의 보상대상이 되므로 광업권만을 보상대상으로 한다.

(2) 조업 중인 광산의 광업권

조업 중이거나 정상적으로 생산 중에 있는 광산이 공익사업으로 인하여 광업권이 취소되거나 또는 광구가 감소된 경우의 보상액은 광산평가액에서 이전(移轉)이나 전용(轉用)이 가능한 시설의 잔존가치(殘存價値)를 뺀 금액으로 감정평가한다. 즉, 광업권은 그 자체만으로 수익을 발생시키지 않고 광업권과 함께 광물을 채굴·취득하기 위한 제반시설과 결합한 광산으로서 비로소 수익을 발생시키므로, 광업권의 가치는 광산의 가치에서 시설물의 가치를 공제하여 감정평가한다. 이 경우 광업권은 토지소유권과 별개의 권리이므로 광업권이 설정된 토지는 시설물에 포함되지 않는다.

> 광업권의 감정평가액 = 광산의 감정평가액 − 현존시설의 감정평가액

II 어업권의 보상평가(토지보상법 제76조 및 동법 시행규칙 제44조)

1. 어업권의 의의

어업권이라 함은 수산업법에 의한 면허를 받아 어업을 경영할 수 있는 권리를 말한다. 어업권 등은 면허, 허가, 신고를 말하며, 어업보상이란 공익상 필요에 의해 면허, 신고어업에 대해 관계청이 어업의 취소, 제한, 정지 또는 면허기간 연장의 거부처분에 의한 어업손실과 공공사업으로 인하여 사실상 발생하는 피해에 대하여 보상하는 것을 말한다. 어업보상은 어업권등의 소멸보상으로 재산권 보상에 해당하며, 공공사업 시행으로 인근어업의 간접보상과 생활보상 성격도 포함한다.

2. 어업권의 보상평가규정

> **「토지보상법」 제76조(권리의 보상)**
>
> ① 광업권·어업권·양식업권 및 물(용수시설을 포함한다) 등의 사용에 관한 권리에 대하여는 투자비용, 예상 수익 및 거래가격 등을 고려하여 평가한 적정가격으로 보상하여야 한다.
> ② 제1항에 따른 보상액의 구체적인 산정 및 평가방법은 국토교통부령으로 정한다.
>
> **「토지보상법 시행규칙」 제44조(어업권의 평가 등)**
>
> ① 공익사업의 시행으로 인하여 어업권이 제한·정지 또는 취소되거나 「수산업법」 제14조 또는 「내수면어업법」 제13조에 따른 어업면허의 유효기간의 연장이 허가되지 아니하는 경우 해당 어업권 및 어선·어구 또는 시설물에 대한 손실의 평가는 「수산업법 시행령」 별표 10에 따른다.
> ② 공익사업의 시행으로 인하여 어업권이 취소되거나 「수산업법」 제14조 또는 「내수면어업법」 제13조에 따른 어업면허의 유효기간의 연장이 허가되지 아니하는 경우로서 다른 어장에 시설을 이전하여 어업이 가능한 경우 해당 어업권에 대한 손실의 평가는 「수산업법 시행령」 별표 10 중 어업권이 정지된 경우의 손실액 산출방법 및 기준에 따른다.
> ③ 법 제15조 제1항 본문의 규정에 의한 보상계획의 공고(동항 단서의 규정에 의하는 경우에는 토지소유자 및 관계인에 대한 보상계획의 통지를 말한다) 또는 법 제22조의 규정에 의한 사업인정의 고시가 있은 날(이하 "사업인정고시일등"이라 한다) 이후에 어업권의 면허를 받은 자에 대하여는 제1항 및 제2항의 규정을 적용하지 아니한다.
> ④ 제1항 내지 제3항의 규정은 허가어업 및 신고어업(「내수면어업법」 제11조 제2항의 규정에 의한 신고어업을 제외한다)에 대한 손실의 평가에 관하여 이를 준용한다.
> ⑤ 제52조는 이 조의 어업에 대한 보상에 관하여 이를 준용한다.

3. 어업권의 보상평가

「토지보상법」 제76조 제1항에 따라 어업권에 대하여는 투자비용·예상수익 및 거래가격 등을 참작하여 평가한 적정가격으로 보상한다.

Ⅲ 어업권의 보상기준

1. 재산권 보상

면허, 허가, 신고어업에 대하여 취소·정지된 경우 평년수익액을 기준으로 보상하며, 시설물에 대하여는 실비로 보상(동법 시행규칙 제44조)한다.

2. 공익사업시행지구 밖 어업보상

공익사업의 시행으로 인하여 해당 공익사업시행지구 인근에 있는 어업에 피해가 발생한 경우 사업시행자는 실제 피해액을 확인할 수 있는 때에 그 피해에 대하여 보상하여야 한다. 이 경우 실제 피해액은 감소된 어획량 및 「수산업법 시행령」 별표 10의 평년수익액 등을 참작하여 평가한다(동법 시행규칙 제63조).

3. 이어비 등 생활보상

무허가 영업이 폐업하는 경우 4월분의 주거이전비, 이어비 등이 있다.

4. 구체적인 보상 평가방법

(1) 면허 : 평년수익액 ÷ 12% + 어선·어구 등 시설물 가액

(2) 허가·신고 : 평년수익액 × 3년 + 어선·어구 등 시설물 가액

Ⅳ 관행입어권의 보상인정여부

1. 관행입어권의 의의

관행입어권이란 일정한 공유수면에서 계속적으로 수산, 동식물포획 등 사실이 대다수 사람들에게 인정되는 경우의 권리를 말한다. 수산업법 개정으로 어업권원부에 '98.2.1.까지 등록된 경우에 한하여 인정한다.

2. 대법원 판례의 태도

현행 대법원은 관행어업을 권리로 인정받기 위해 어업권원부에 등록을 요하므로 어업권원부에 등록하지 않으면 관행입어권은 그 권리가 소멸된다고 한다.

쟁점 80 영업의 대상　　　　　　　　　　　　　　　　　A급

Ⅰ 영업보상대상의 개요

1. 영업의 의의

(1) 사전적 의미

일반적으로 영업이란 i) 상인 또는 회사가 계속적으로 같은 종류의 영리행위를 반복하는 일, ii) 일정한 영리목적에 제공된 재산의 총체 또는 총괄적인 재산적 조직체, iii) 완성된 제품을 상품화하는 과정(marketing) 등의 의미로 사용되고 있다.

(2) 법적 의미

「상법」에서는 영업과 유사한 개념으로 '상행위'를 규정하면서 이를 '기본적 상행위(제46조)'와 '보조적 상행위(제47조)'로 구분하고 있다.

1) 기본적 상행위

「상법」 제46조에서는 영업으로 하는 i) 동산, 부동산, 유가증권 기타의 재산의 매매, ii) 동산, 부동산, 유가증권 기타의 재산의 임대차, iii) 제조, 가공 또는 수선에 관한 행위 등 22가지를 기본적 상행위로 규정하고 있다.

2) 보조적 상행위

「상법」 제47조 제1항에서는 상인이 영업을 위하여 하는 행위를 보조적 상행위로 규정하고 있다.

(3) 「토지보상법」에서의 의미

「토지보상법」에서는 영업에 대하여 별도로 규정하고 있지 않으나, 영업은 생업으로서 직업적인 면에 중점을 둔 것으로 본다.

손실보상에서의 영업은 그 영업장소가 공익사업 시행지구에 편입됨으로 인하여 일정한 손실이 발생하는 것을 요건으로 한다. 즉 인적·물적시설을 갖추고 일정한 장소에서 계속적으로 하는 행위가 공익사업으로 인하여 영업의 폐지 또는 휴업함으로 인하여 손실이 발생되는 경우를 의미한다.

(4) 영업으로 보지 않는 경우

1) 종교시설

종교행위는 영업으로 볼 수 없으므로 종교시설은 영업보상대상으로 보지 않는다.

> **【유권해석】** 종교시설은 영업보상대상이 아니다.
> [2009.09.04. 토지정책과-4117]

> **【질의요지】**
> 종교시설(사찰)이 영업보상대상인지 여부
>
> **【회신내용】**
> 「토지보상법 시행규칙」 제45조의 규정에 의하면 사업인정고시일 등 전부터 적법한 장소에서 인적·물적시설을 갖추고 계속적으로 행하고 있는 영업이어야 하며, 영업을 행함에 있어서 관계법령에 의한 허가·면허·신고 등(이하 "허가등"이라 한다)을 필요로 하는 경우에는 사업인정고시일 등 전에 허가등을 받아 그 내용대로 행하고 있는 영업이 공익사업으로 인하여 폐지하거나 휴업함에 따른 영업손실을 보상하도록 규정하고 있습니다. 따라서 영업보상 입법취지를 감안할 때 종교시설(사찰)을 영업행위로 보기 어려우므로 영업보상 대상에 해당되지 아니한다고 봅니다.

2) 교육시설

「교육기본법」 제9조에 따른 학교는 영업시설로 볼 수 없으므로 영업보상대상으로 보지 않는다.[17] 일반적으로 학교는 공익사업시행지구에서 제척되며, 포함되는 경우에도 존치되므로 학교가 보상대상이 되는 경우는 거의 없으나, 유치원 또는 어린이집 등은 공익사업시행지구에 편입되는 경우가 많다. 이에 대해 살펴보면 다음과 같다.

① 유치원

「유아교육법」 제7조에 따른 유치원이 공익사업시행지구에 편입되는 경우가 있으나, 유치원은 「교육기본법」 제9조에 따라 학교로 분류되므로 보상실무에서는 영업보상대상으로 보지 않고 있다.

> **【재결례】** 유치원은 영업보상대상이 아니다.
> [중토위 2019.04.25. 이의재결]
>
> **【재결요지】**
> 유치원에 대한 영업보상을 하여 달라는 주장에 대하여, … ○○유치원은 「유아교육법」 제8조에 따라 인천직할시북부교육청교육장에게 인가를 받아 설립된 교육기관으로, … 「교육기본법」 제9조(학교교육) 제1항에 따르면 유아교육·초등교육·중등교육 및 고등교육을 하기 위하여 학교를 둔다고 되어 있는 점, 같은 법 제2조 제2호에 따르면 "유치원"이란 유아의 교육을 위하여 이 법에 따라 설립·운영되는 학교를 말한다고 되어 있는 점, 「사립학교법」 제2조에 따르면 "사립학교"란 학교법인, 공공단체 외의 법인 또는 그 밖의 사인(私人)이 설치하는 「유아교육법」 제2조 제2호, 「초·중등교육법」 제2조 및 「고등교육법」 제2조에 따른 학교를 말한다고 되어 있는 점 등으로 볼 때 유치원은 교육기관(학교)에 해당되어 위 규정에서 정한 영업의 손실보상 대상이 될 수 없다고 판단되므로 이의신청인의 주장을 받아들일 수 없다.

② 어린이집

「영유아보육법」 제10조에 따른 어린이집은 「교육기본법」 제9조에서 학교에 포함되지

---

17) 「교육기본법」 제9조 제1항에서는 "유아교육·초등교육·중등교육 및 고등교육을 하기 위하여 학교를 둔다."라고 규정하고 있고, 제2항에서 "학교는 공공성을 가지며, 학생의 교육 외에 학술 및 문화적 전통의 유지·발전과 주민의 평생교육을 위하여 노력하여야 한다."라고 규정하여 공공성을 목적으로 한다고 본다.

않으므로 영업보상대상으로 본다. 따라서 「영유아보육법」 제13조에 따라 시장 등의 인가를 받아 설치·운영하고 있는 어린이집은 영업보상대상이다.

> **【재결례】** 어린이집은 영업 보상대상이다.
> [중토위 2019.04.25. 이의재결]
>
> **【재결요지】**
> 어린이집에 대한 영업보상을 하여 달라는 주장에 대하여, ··· 관계자료(사업시행자 의견, 어린이집 인가증, 유치원 인가증 등)를 검토한 결과, ○○○○○어린이집은 「영유아보육법」 제13조에 따라 사업인정고시일 등 이전부터 인천광역시부평구청장에게 적법하게 허가받아 설치하였으며, 설치의 목적을 유아복지에 둔 점 등으로 볼 때 위 규정에서 정한 영업(「영유아보육법」 제2조 제2호 : "보육"이란 영유아를 건강하고 안전하게 보호·양육하고 영유아의 발달 특성에 맞는 교육을 제공하는 어린이집 및 가정양육 지원에 관한 사회서비스를 말한다)에 해당되므로 금회 영업의 손실에 대한 보상을 하기로 한다.

③ **소결**

「토지보상법 시행규칙」 제45조에서 '영업' 자체에 대해서는 별도로 규정하고 있지 않으므로 보상대상에 해당하는지 여부는 공익사업의 시행으로 인하여 실제로 손실이 발생하였는지 및 해당 손실이 특별한 희생에 해당되는지 등에 따라 개별적으로 판단하여야 한다. 그럼에도 단순히 유치원 또는 어린이집이 「교육기본법」 제9조에서 학교로 분류하고 있는지에 따라 영업보상대상 여부를 결정하는 것은 타당하지 않다고 생각한다. 유치원이 영업보상대상이 되지 않으면 공익사업시행지구에 편입되어 이전할 경우 「토지보상법 시행규칙」 제55조에 따른 동산의 이전비만을 보상받게 되나, 실제적으로는 동산의 이전비 외에도 이전기간 동안의 인건비 및 부대비용 등의 지출이 예상된다. 따라서 이러한 비용을 보상하여 유치원이 폐업하지 않고 다른 장소로 이전하여 유아교육을 지속적으로 영위할 수 있도록 하기 위해서도 유치원을 영업보상대상으로 보는 것이 타당하다. 다만, 「유아교육법」 제24조 및 「영유아보육법」 제34조에서 유아교육 및 영유아 보육은 무상으로 실시하며, 그 비용은 국가나 지방자치단체가 부담하는 것으로 규정하고 있으므로 영업이익은 없는 것으로 보아야 할 것이다.

2. 영업의 손실 보상대상의 법적 요건(토지보상법 시행규칙 제45조)

영업손실을 보상하여야 하는 영업은 다음 모두에 해당하는 영업으로 한다. ① 사업인정고시일 등 전부터 적법한 장소(무허가건축물등, 불법형질변경토지, 그 밖에 다른 법령에서 물건을 쌓아놓는 행위가 금지되는 장소가 아닌 곳을 말함)에서 인적·물적시설을 갖추고 계속적으로 행하고 있는 영업이어야 한다. 다만, 무허가건축물등에서 임차인이 영업하는 경우에는 그 임차인이 사업인정고시일등 1년 이전부터 「부가가치세법」 제8조에 따른 사업자등록을 하고 행하고 있는 영업을 말한다. ② 영업을 행함에 있어서 관계법령에 의한 허가 등을 필요로 하는 경우에는 사업인정고시일등 전에 허가 등을 받아 그 내용대로 행하고 있는 영업을 말한다.

Ⅱ 영업손실 보상 대상 요건의 구체적인 의미

1. 영업보상의 시간적 요건

'사업인정고시일등'이라 함은 보상계획의 공고 또는 사업인정고시가 있은 날을 말하며(동법 시행규칙 제44조 제3항), 개별법이 정한 행위제한일이 사업인정고시일등 이전인 경우에는 이 날을 기준으로 한다고 보아야 한다.

2. 영업보상의 장소적 요건

(1) 원칙

영업이 보상대상이 되기 위해서는 적법한 장소에서 행하여야 한다. 즉, 따라서 무허가건축물 등이나 불법형질변경 토지 그 밖에 다른 법령에서 물건을 쌓아놓는 행위가 금지되는 장소에서 하는 자유영업도 보상대상에서 제외된다.

(2) 무허가건축물등과 가설건축물등 영업보상여부등

1) 무허가건축물 등의 임차인의 영업

공익사업으로 인하여 생계에 지장을 받을 수 있는 영세 서민을 보호하기 위하여 무허가건축물 등의 임차인이 사업인정고시일등 1년 이전부터 「부가가치세법」 제8조에 따른 사업자등록을 하고 행하고 있는 영업은 영업보상 대상으로 본다.

2) 가설건축물에서의 영업 보상 여부

적법한 장소라고 하여도 건축법에 따른 가설건축물 안에서 행하던 영업은 보상대상이 되지 아니한다. 이러한 가설건축물은 「국토계획법」에 따라 도시·군계획시설사업이 시행되는 경우에는 가설건축물 소유자의 부담으로 그 가설건축물을 철거하여야 하기 때문이다.

> **【판례】** 가설건축물에서 임차인이 행하는 영업을 영업보상대상에서 제외하는 것은 재산권을 침해한 것이 아니다.
> [헌법재판소 2012.03.29, 2010헌바470 결정]
>
> **【결정요지】**
> 1. 도시계획시설부지 내 가설건축물 임차인은 가설건축물의 한시적 이용 및 그에 따른 경제성 기타 이해득실을 형량하여 임대차계약 체결 여부를 결정한 것으로 볼 수 있고, 임차인의 권능은 그 소유자의 권능에 터잡은 것으로서 임대차 기간이나 차임 등도 가설건축물에 대한 허가조건의 내용 등과 같은 특수한 사정을 기초로 한 것이다. 따라서 도시계획시설부지로 결정된 토지에 허가를 받아 건축된 가설건축물을 임차하였다면 그 목적물을 원상회복할 의무의 부담을 스스로 감수한 것으로 볼 수 있어서, 이러한 가설건축물 임차인의 영업손실에 대하여 보상하지 않는 것이 과도한 침해라거나 특별한 희생이라고 볼 수 없으므로 이 사건 법률조항이 재산권을 침해한 것이라고 할 수 없다.
> 2. 일반허가건축물의 임차인이나 무허가건축물 중 일정한 요건을 갖춘 임차인의 영업손실과 달리 가설건축물 임차인의 영업손실에 대하여 보상을 하지 아니하는 것은 도시계획시설부지 내에 이미 존치기간이 한정되어 있는 가설건축물을 임차하였다면 장차 도시계획시설사업이 시행될 때 소유자를 따라 원상회복하여야 하는 사정을 기초로 계약을 체결하고 이를 감수한 것으로 볼 수 있는 등 차별에 합리적 이유가 있으므로 이 사건 법률조항이 평등원칙에 위반된다고 할 수 없다.

3) 1989.1.24. 당시 무허가건축물등에서 영업

1989.1.24. 당시의 무허가건축물 등에 대하여는 부칙에 따라 보상을 함에 있어 이를 적법한 건축물로 보도록 규정하고 있다.

4) 불법용도변경 건축물에서의 영업

부칙에서 토지보상법 시행규칙 제24조의 개정규정은 이 규칙 시행 후 최초로 보상계획을 공고하거나 토지소유자 및 관계인에게 보상계획을 통지하는 공익사업부터 적용하도록 규정하고 있으므로, 2012.1.2. 이전에 보상계획을 공고하거나 토지소유자 및 관계인에게 보상계획을 통지한 공익사업에서는 불법 용도변경 건축물에서의 영업도 보상대상으로 보아야 한다.

3. 영업보상의 시설적 요건 – 인적·물적 시설

영업이 보상대상이 되기 위해서는 일정한 정도의 인적·물적 시설을 갖추어야 한다. 다만, 어느 정도의 인적·물적 시설을 갖추어야 하는지에 대해서는 일률적인 기준이 없으므로, 해당 사업의 성격 등을 종합적으로 고려하여 객관적으로 결정한다. 대법원은 5일 중 3일 정도 영업에 전력을 다하였고, 가설물이었더라도 상행위의 지속성, 시설물등 고정성을 충분히 인정할 수 있으므로 인적·물적 시설을 갖추고 계속적으로 영업을 하였다고 봄이 상당하다고 하여 시설적 요건을 완화하고 있다(대판 2010두26513).

4. 영업보상의 계속성 요건

영업이 보상대상이 되기 위해서는 계속적으로 영업행위를 해야 한다. 다만, 어느 정도까지 영업을 계속 행하여야 하는지에 대해서는 일률적인 기준을 적용할 수 없으며 해당 사업의 성격 등을 종합적으로 고려하여 객관적으로 결정한다. 또한 계속성 요건의 판단도 단순히 시간적인 길고 짧음으로 판단할 것이 아니고 영업으로서의 계속성과 실질적인 손실발생을 기준으로 판단한다.

【판례】 장날에만 영업하였다고 하여도 반복적으로 영업하는 경우에는 영업의 계속성을 인정할 수 있다. [대판 2012.03.15, 2010두26513]

【판결요지】
장터에서 토지를 임차하여 앵글과 천막 구조의 가설물을 축조하고 … 장날의 전날에는 음식을 준비하고 장날 당일에는 종일 장사를 하며 그 다음날에는 뒷정리를 하는 등 5일 중 3일 정도는 이 사건 영업에 전력을 다하였다고 보이는 점 등에 비추어 볼 때, 비록 원고들이 영업을 5일에 한 번씩 하였고 그 장소도 철거가 용이한 가설물이었다고 하더라도 원고들의 상행위의 지속성, 시설물 등의 고정성을 충분히 인정할 수 있으므로, 원고들은 이 사건 장소에서 인적·물적시설을 갖추고 계속적으로 영리를 목적으로 영업을 하였다고 봄이 상당하다.

5. 영업보상대상으로 허가 등을 받아 그 내용대로 행하는 영업

영업이 보상대상이 되기 위해서는 영업을 행함에 있어서 관련 법령에 따른 허가 등을 필요로 하는 경우에는 사업인정고시일 등 이전에 허가 등을 받아 그 내용대로 행하고 있어야 한다.

(1) 허가 등

「토지보상법 시행규칙」 제15조 제2항 제1호에서 '허가 등'이란 관련 법령에 따른 허가·면허·신고 등으로 규정하고 있으나, 인가, 승인, 등록 등 용어에 불구하고 사실상 허가 등에 해당되는 경우를 포함한다. 따라서 「영유아보육법」 제13조에 따른 어린이집의 인가, 「산업집적활성화 및 공장설립에 관한 법률」 제13조에 따른 공장설립 등의 승인[18]과 제14조의3에 따른 제조시설설치 승인[19] 등에 따른 승인 등의 대상인 경우에는 해당 승인을 받아야 영업보상대상이 되며, 「건설기계관리법」 제21조에 따른 건설기계사업의 등록[20] 등에 따른 등록의 대상인 경우는 등록하여야 영업보상대상이 된다.

(2) 허가 등의 내용대로 하는 영업

허가 등을 받아 그 내용대로 행하고 있어야 하므로 허가 등을 받은 경우에도 i) 허가 등의 내용을 벗어났거나, ii) 허가 등을 받은 자가 아닌 다른 사람이 행하는 영업 또는 iii) 허가 등을 받은 장소가 아닌 다른 장소에서 행하는 영업은 보상대상이 되지 않는다.

(3) 개정 규정의 적용시점

개정 「토지보상법 시행규칙」 부칙 제4조에 따라 제45조의 개정규정은 이 규칙 시행일인 2007.4.12. 이후에 「토지보상법」 제15조(법 제26조 제1항에 따라 준용되는 경우를 포함한다)에 따라 보상계획을 공고하고 토지소유자 및 관계인에게 보상계획을 통지하는 분부터 적용한다.

Ⅲ 영업손실보상 대상에서의 예외

1. 부가가치세법 제8조에 따른 사업자등록

「부가가치세법」 제8조에 따른 사업자등록은 조세행정의 편의를 위한 것일 뿐 영업의 적법성과는 관련이 없으므로, 사업자등록을 하지 않았다고 하여 영업보상의 대상에서 제외되지 않는다. 다만, 무허가건축물 등에서 보상계획의 공고·통지 또는 사업인정의 고시가 있기 1년 이전부

---

18) 「산업집적활성화 및 공장설립에 관한 법률」 제13조 제1항에서는 공장건축면적이 500제곱미터 이상인 공장의 신설·증설 또는 업종변경(이하 "공장설립등"이라 한다)을 하려는 자는 대통령령으로 정하는 바에 따라 시장·군수 또는 구청장의 승인을 받도록 규정하고 있다.
19) 「산업집적활성화 및 공장설립에 관한 법률」 제14조의3 제1항에서는 공장건축면적 500제곱미터 이상인 공장건축물의 전부 또는 일부에 제조시설등을 설치하여 제조업을 하려는 자는 대통령령으로 정하는 바에 따라 시장·군수 또는 구청장의 승인을 받도록 규정하고 있다.
20) 「건설기계관리법」 제21조 제1항에서는 건설기계사업을 하려는 자(지방자치단체는 제외)는 대통령령으로 정하는 바에 따라 사업의 종류별로 자치구의 구청장(시장·군수 또는 구청장이라 함)에게 등록하도록 규정하고 있다.

터 임차인이 영업하는 경우로서 그 임차인에게 영업보상을 하는 경우에는 그 임차인이 사업자 등록을 하여야 영업보상대상이 된다.

2. 자기완결적 신고

신고영업의 경우 신고의 성격에는 전형적 신고(자기완결적 신고)와 수리를 요하는 신고로 구분 된다. 전형적 신고 즉 자기완결적 신고란 특정의 사실·법률 관계에 관하여 행정청에 단순히 알림으로써 그 의무를 다하는 보통의 신고를 말하며, 이러한 신고행위는 그 자체로 법적 효과 를 완성시키는 것이므로 따로 행정청의 수리를 전제로 하지 않는 개념이다. 원칙적으로 행정청 에 대하여 일정한 사항을 통지함으로써 최종적인 법률효과가 발생하는 자기완결적 신고는 신 고에 의해 어떤 창설적 효과가 생기는 것이 아니므로, 이러한 신고영업을 신고하지 않았다고 하여 일률적으로 보상대상에서 제외함은 타당하지 않다는 지적이 있다. 아래 판례에 의하면 자기완결적 신고를 하지 않은 영업도 보상대상으로 보아야 한다고 판시하고 있다(대판 2010두 12842).

【판례】 자기완결적 신고를 하지 않은 영업도 보상대상으로 보아야 한다.
[대판 2012.12.13, 2010두12842]

【판결요지】
영업의 종류에 따라서는 관련 행정법규에서 일정한 사항을 신고하도록 규정하고는 있지만 그러한 신고 를 하도록 한 목적이나 관련 법령의 체제 및 내용 등에 비추어 볼 때 신고를 하지 않았다고 하여 영업 자체가 위법성을 가진다고 평가할 것은 아닌 경우도 적지 않고, 이러한 경우라면 신고 등을 하지 않았 다고 하더라도 그 영업손실 등에 대해서는 보상을 하는 것이 헌법상 정당보상의 원칙에 합치하므로, 위 구 공익사업법 시행규칙의 규정은 그러한 한도에서만 적용되는 것으로 제한하여 새겨야 한다.

쟁점 81 영업의 폐업에 대한 보상평가   A급

I 영업의 폐업 보상의 대상

「토지보상법 시행규칙」 제46조 제2항에 따라 영업의 폐업 보상의 대상은 「토지보상법 시행규칙」 제45조에 따른 영업손실 보상대상인 영업으로서 i) 영업장소 또는 배후지의 특수성으로 인하여 해당 영업소가 소재하고 있는 시·군·구 또는 인접하고 있는 시·군·구의 지역 안의 다른 장소에 이전하여서는 해당 영업을 할 수 없는 경우, ii) 해당 영업소가 소재하고 있는 시·군·구 또는 인접하고 있는 시·군·구의 지역 안의 다른 장소에서는 해당 영업의 허가 등을 받을 수 없는 경우, iii) 도축장 등 악취 등이 심하여 인근 주민에게 혐오감을 주는 영업시설로서 해당 영업소가 소재하고 있는 시·군·구 또는 인접하고 있는 시·군·구의 지역 안의 다른 장소로 이전하는 것이 현저히 곤란하다고 특별자치도지사·시장·군수 또는 구청장이 객관적인 사실에 근거하여 인정하는 경우 중에서 어느 하나에 해당되어 폐업하는 영업이다. 이를 구분하면 다음과 같다.

1. 배후지의 특수성으로 인근 시·군·구로 이전할 수 없는 경우

(1) 배후지 상실의 경우

영업장소 또는 배후지의 특수성으로 인하여 해당 영업소가 소재하고 있는 시·군·구 또는 인접하고 있는 시·군·구의 지역 안의 다른 장소에 이전하여서는 해당 영업을 할 수 없는 경우를 말한다. 댐사업 등과 같은 대규모 공익사업으로 인하여 배후지 자체가 상실되어 인근지역으로 이전한다고 하여도 종전과 같은 영업을 할 수 없는 경우가 여기에 해당된다. 배후지의 특수성이란 제품원료 및 취급품목 등의 지역적 특수성으로 배후지가 상실될 때에는 해당 영업을 계속할 수 없는 경우 등으로서 배후지가 해당 영업에 갖는 특수한 성격을 말한다(「영업손실보상평가지침」 제9조 제2항). 즉, 도정공장·양수장·창고업 등과 같이 제품원료 및 취급품목의 성격상 배후지가 상실되면 영업행위를 할 수 없는 경우를 말한다.

(2) 인접하고 있는 시·군·구

인접하고 있는 시·군·구란 해당 영업소가 소재하고 있는 시·군·구와 접하고 있는 모든 시·군·구를 말한다.

> **【판례】** 인접하고 있는 시·군 또는 구라 함은 해당 영업소가 소재하고 있는 시·군 또는 구와 행정구역상으로 인접한 모든 시·군 또는 구를 말한다.
> [대판 1999.10.26, 97누3972]
>
> **【판결요지】**
> (구)「공공용지의 취득 및 손실보상에 관한 특례법 시행규칙」 제24조 제2항 제1호, 제3호 소정의

> 영업의 폐지[21])로 보기 위하여는 당해 영업소가 소재하고 있거나 인접하고 있는 시·군 또는 구
> 지역 안의 다른 장소에의 이전가능성 여부를 따져 보아야 하고, 여기서 그 인접하고 있는 시·군
> 또는 구라 함은 다른 특별한 사정이 없는 이상 당해 영업소가 소재하고 있는 시·군 또는 구와
> 행정구역상으로 인접한 모든 시·군 또는 구를 한다.

(3) 해당 영업을 할 수 없는 경우

해당 영업을 할 수 없는 경우란 법적이나 물리적으로 할 수 없는 경우는 물론, 다른 장소에
이전하여서는 수익의 감소로 사실상 영업을 할 수 없는 경우를 포함한다.

2. 법적으로 이전이 불가능한 경우

해당 영업소가 소재하고 있는 시·군·구 또는 인접하고 있는 시·군·구의 지역 안의 다른
장소에서는 해당 영업의 허가 등을 받을 수 없기 때문에 법적으로 이전이 불가능한 경우이다.
여기에는 i) 해당 영업소가 소재하고 있는 시·군·구 또는 인접하고 있는 시·군·구의 지역
에서 관련 법령의 제한으로 해당 영업의 허가 또는 면허를 받을 수 없거나 신고가 수리되지
않는 경우와 ii)「국토계획법」 등 관련 법령에 따른 용도지역 등의 제한으로 해당 영업의 허가·
신고 자체가 불가능한 경우가 해당된다.

> **【판례】**「국토계획법」 등 관련 법령에 따른 용도지역 등의 제한으로 영업소를 이전할 수 없는 경우는
> 영업폐지에 해당한다.
> [대법원 1993.12.10. 선고 93누11579 판결]
>
> **【판결요지】**
> 토지수용되는 연탄공장이 있던 당해 시나 인접한 시·군 모두 전용공업지역은 없고, 인근 군에 좁은
> 면적의 일반 및 준공업지역이 있으며, 당해 시에 좁은 면적의 준공업 지역이 있을 뿐이나, 어느 곳에서
> 도 집단민원 또는 청정해역·국립공원·수자원보전지역·산림보전지역 등의 이유로 연탄공장을 할 수
> 있는 토지를 구할 수 없어 토지수용 되는 연탄공장이 위치하고 있던 소재지 및 그 인근지역에 당해 공장
> 을 법률상 또는 사실상 이전할 수 없게 되었으므로 폐업이 불가피하게 된 사실을 인정하여 영업의 폐지
> 에 해당한다고 한 사실인정 및 판단은 정당한 것으로 수긍이 된다.

3. 도축장등 사실상 이전이 불가능한 경우등 객관적 사실

(1) 도축장등 사실상 이전이 불가능한 경우

도축장 등 악취 등이 심하여 인근주민에게 혐오감을 주는 영업시설로서 해당 영업소가 소
재하고 있는 시·군·구 또는 인접하고 있는 시·군·구의 지역 안의 다른 장소로 이전하
는 것이 현저히 곤란하다고 특별자치도지사·시장·군수 또는 구청장(자치구의 구청장을
말함)이 객관적인 사실에 근거하여 인정하는 경우이다.

---

21) 종전 「토지보상법」 제77조 제1항에서는 '영업을 폐지하거나'로 규정하고 있었으나, 2020.6.9. 이를 '영업을
폐업하거나'로 개정하였고, 「토지보상법 시행규칙」 제46조에서는 현재에는 '영업을 폐업하는 경우'로 규정하
고 있다.

> **【판례】** 양돈장 이전을 위한 허가신청 등이 주민들의 반대로 모두 반려되었다면 영업폐지에 해당한다.
> [대판 1990.10.10, 89누7719]
>
> **【판결요지】**
> 주택건설사업시행자에 의하여 강제철거된 양돈장을 경영하던 원고가 그 양돈장 부근 일대에 주택
> 건설사업계획이 확정된 이후 양돈장을 이전하기 위하여 인접 군 등에 5곳의 영업장소 후보지를
> 선정하고, 관할관청에 토지형질변경허가신청서 및 산림훼손허가 신청서 등을 제출하였으나 생활환
> 경의 오염 등을 우려하는 주민들의 집단반대진정 등으로 위 허가신청 등이 모두 반려되었으며, 다
> 른 인접군에 있어서도 같은 규모의 양돈장 설치는 주민들의 반대로 사실상 불가능할 것으로 예견
> 되어 영업소를 이전하여 영업을 할 수는 없게 되었다면 (구)공공용지의 취득 및 손실보상에 관한
> 특례법 시행규칙 제24조 제2항 제1호에 의한 영업의 폐지에 해당한다고 보아야 할 것이다.

(2) 객관적 사실

'객관적인 사실'은 2007.4.12. 「토지보상법 시행규칙」을 개정하여 추가되었다. 이는 시장·
군수 또는 구청장이 민원 등에 의해 합리적인 이유 없이 이전이 불가능하다고 인정하여
영업폐지 보상대상이 확대되는 것을 막기 위한 조치였다. 따라서 객관적인 사실에 근거하
여 인정하는 경우란 단순히 이전이 불가능하다는 공문만으로는 부족하고, 실제적으로 해
당 시·군·구에서 동종 영업의 허가 등이 이루어지지 않고 있다는 등의 사실의 적시가
필요하다는 의미이다.

> **【재결례】** 다른 장소로 이전하는 것이 현저히 곤란하다는 것은 객관적인 사실에 근거하여 인정되어
> 야 한다.
> [중토위 2017.01.05. 재결]
>
> **【재결요지】**
> ○○산업(주)이 폐업보상을 하여 달라는 주장에 대하여 관계자료(소유자 의견서, 건설폐기물 임시
> 보관장 사전승인 질의에 대한 회신문, 사업시행자 의견서 등)를 검토한 결과, 신청인이 ○○구 및
> ○○구로부터 건설폐기물 임시보관장 사전승인요청에 대하여 부적합 통보를 받은 사실이 확인되
> 나 이는 물건의 적치가 금지되어 있는 개발제한구역 내에 토지로 한정하여 사전승인을 신청한 것
> 으로 확인되고, ○○시로부터는 관련부서 협의완료 후 임시보관장 설치 승인이 가능하다는 회신을
> 받은 사실을 고려할 때 당해 영업소가 소재하고 있는 시·군·구 또는 인접하고 있는 시·군·구
> 의 지역 안의 다른 장소에 이전하여서는 당해 영업을 할 수 없는 경우에 해당하지 않는 것으로
> 판단되고, ○○산업(주)가 건설폐기물처리업을 행하는 것이 현저히 곤란하다고 단정할 만한 객관
> 적 사실에 근거한 입증자료가 없는 등 토지보상법 시행규칙 제46조 제2항에서 규정하고 있는 폐업
> 보상의 요건에 해당되지 아니하므로 신청인의 주장은 받아들일 수 없다.

(3) 시장 등의 인정

해당지역 및 인접하고 있는 모든 시·군·구의 시장 등의 인정이 있어야 한다.

4. 영업의 폐업 보상대상의 결정

영업의 폐업 보상대상 여부는 「토지보상법」이 정한 절차에 따라 사업시행자가 이를 판단·결

정하며, 이에 이의가 있는 영업보상대상자는 토지수용위원회에 이의를 제시하거나, 법원에 처분의 취소 또는 변경을 할 수 있다.

Ⅱ 영업의 폐업 보상평가

1. 관련 규정

「토지보상법 시행규칙」 제46조 제1항에 따라 영업의 폐업에 대한 손실은 2년간의 영업 이익 또는 소득(개인영업인 경우)에 영업용 고정자산 등의 매각손실액을 더한 금액으로 감정평가한다.

2. 영업의 폐업 보상의 의의

영업의 폐업 보상은 전업(轉業)한다는 것을 전제로 하므로 손실액은 i) 전업기간 동안의 수익 감소액(일실손실액)과 ii) 전업에 필요한 전업비용, iii) 고정자산 등의 매각손실(실비변상적 보상)으로 파악할 수 있다. 이 경우 수익감소액은 전업기간 동안의 영업이익에서 보상금의 정상적인 운용이익(이자 등)을 차감한 금액으로 산정할 수 있으나, 전업비용은 직업선택의 자유에 의해 영업자가 어느 업종으로 전업할 것인지를 확정할 수 없으므로 이를 산정한다는 것이 사실상 불가능하다. 그러므로 전업비용과 보상금의 정상적인 운용이익을 동일하다고 가정하면 결국 영업의 폐업으로 인한 손실액은 i) 전업기간 동안의 영업이익과 ii) 고정자산 등의 매각손실을 더한 금액이 된다.

3. 영업의 폐업 보상평가 산식

> 폐업손실액 = 전업기간 동안의 수익감소액 + 전업비용 + 고정자산 등의 매각손실
>   = 영업이익 − 보상금의 운용이익 + 전업비용 + 고정자산 등의 매각손실
>   = 영업이익 + 고정자산 등의 매각손실

Ⅲ 영업의 폐업과 휴업의 구별기준 및 영업의 폐업에 해당되지 않는 경우

1. 영업의 폐업과 영업의 휴업에 대한 구별기준

대법원은 영업의 폐업으로 볼 것인지 아니면 영업의 휴업으로 볼 것인지를 구별하는 기준은 해당 영업을 그 영업소 소재지나 인접 시·군·구 또는 그 지역 안의 다른 장소로 이전하는 것이 가능한지 여부에 달려 있고, 이러한 이전 가능성 여부는 법령상의 이전 장애 사유 유무와 해당 영업의 종류와 특성, 영업시설의 규모, 인접 지역의 현황과 특성, 그 이전을 위하여 당사자가 들인 노력 등과 인근 주민들의 반대 등과 같은 사실상의 이전 장애 사유 유무 등을 종합하여 판단하여야 한다고 한다.

2. 영업의 폐업 요건에 해당되지 않는 경우

인근지역에 이전 장소가 없다거나, 이전 소요비용이 기존 토지나 시설 등에 대한 보상액의 합계액을 초과함으로써 다른 장소로 이전하여서는 사실상 해당 영업을 계속하기 곤란하다 등의 사유 등은 영업의 폐업 요건에 해당되지 않는다.

쟁점 **82** 영업 휴업 등에 대한 보상평가   B급

I 영업 휴업 등에 대한 보상평가 관련 규정

「토지보상법」 제77조(영업의 손실 등에 대한 보상)

① 영업을 폐업하거나 휴업함에 따른 영업손실에 대하여는 영업이익과 시설의 이전비용 등을 고려하여 보상하여야 한다.

「토지보상법 시행규칙」 제47조(영업의 휴업 등에 대한 손실의 평가)

① 공익사업의 시행으로 인하여 영업장소를 이전하여야 하는 경우의 영업손실은 휴업기간에 해당하는 영업이익과 영업장소 이전 후 발생하는 영업이익감소액에 다음 각 호의 비용을 합한 금액으로 평가한다.

1. 휴업기간 중의 영업용 자산에 대한 감가상각비·유지관리비와 휴업기간 중에도 정상적으로 근무하여야 하는 최소인원에 대한 인건비 등 고정적 비용
2. 영업시설·원재료·제품 및 상품의 이전에 소요되는 비용 및 그 이전에 따른 감손상당액
3. 이전광고비 및 개업비 등 영업장소를 이전함으로 인하여 소요되는 부대비용

② 제1항의 규정에 의한 휴업기간은 4개월 이내로 한다. 다만, 다음 각 호의 어느 하나에 해당하는 경우에는 실제 휴업기간으로 하되, 그 휴업기간은 2년을 초과할 수 없다.

1. 당해 공익사업을 위한 영업의 금지 또는 제한으로 인하여 4개월 이상의 기간 동안 영업을 할 수 없는 경우
2. 영업시설의 규모가 크거나 이전에 고도의 정밀성을 요구하는 등 당해 영업의 고유한 특수성으로 인하여 4개월 이내에 다른 장소로 이전하는 것이 어렵다고 객관적으로 인정되는 경우

③ 공익사업에 영업시설의 일부가 편입됨으로 인하여 잔여시설에 그 시설을 새로이 설치하거나 잔여시설을 보수하지 아니하고는 그 영업을 계속할 수 없는 경우의 영업손실 및 영업 규모의 축소에 따른 영업손실은 다음 각 호에 해당하는 금액을 더한 금액으로 평가한다.
이 경우 보상액은 제1항에 따른 평가액을 초과하지 못한다.

1. 해당 시설의 설치 등에 소요되는 기간의 영업이익
2. 해당 시설의 설치 등에 통상 소요되는 비용
3. 영업규모의 축소에 따른 영업용 고정자산·원재료·제품 및 상품 등의 매각손실액

④ 영업을 휴업하지 아니하고 임시영업소를 설치하여 영업을 계속하는 경우의 영업손실은 임시영업소의 설치비용으로 평가한다. 이 경우 보상액은 제1항의 규정에 의한 평가액을 초과하지 못한다.

⑤ 제46조 제3항 전단은 이 조에 따른 영업이익의 평가에 관하여 이를 준용한다. 이 경우 개인영업으로서 휴업기간에 해당하는 영업이익이 「통계법」 제3조 제3호에 따른 통계작성기관이 조사·발표하는 가계조사통계의 도시근로자가구 월평균 가계지출비를 기준으로 산정한 3인 가

구의 휴업기간 동안의 가계지출비(휴업기간이 4개월을 초과하는 경우에는 4개월분의 가계지출비를 기준으로 함)에 미달하는 경우에는 그 가계지출비를 휴업기간에 해당하는 영업이익으로 본다.

⑥ 제45조 제1호 단서에 따른 임차인의 영업에 대한 보상액 중 제1항 제2호의 비용을 제외한 금액은 제1항에 불구하고 1천만원을 초과하지 못한다.

⑦ 제1항 각 호 외의 부분에서 영업장소 이전 후 발생하는 영업이익 감소액은 제1항 각 호 외의 부분의 휴업기간에 해당하는 영업이익(⑤ 후단에 따른 개인영업의 경우에는 가계지출비를 말한다)의 100분의 20으로 하되, 그 금액은 1천만원을 초과하지 못한다.

Ⅱ 영업의 휴업 등의 보상대상

1. 보상대상인 영업

영업손실 중 영업의 폐업 보상대상을 제외한 것이 영업의 휴업 등의 보상대상이다. 즉, 「토지보상법 시행규칙」 제45조에 따른 영업손실 보상대상 중 「토지보상법 시행규칙」 제46조 제2항에 따른 영업의 폐업 보상대상인 영업을 제외한 모든 영업이 영업휴업 등의 보상이 된다.

2. 보상대상의 구분

「토지보상법 시행규칙」 제47조에 따라 영업휴업 등은 i) 공익사업의 시행으로 인하여 영업장소를 이전하여야 하는 경우, ii) 공익사업에 영업시설의 일부가 편입됨으로 인하여 잔여시설에 그 시설을 새로이 설치하거나 잔여시설을 보수하지 아니하고는 그 영업을 계속할 수 없는 경우, iii) 영업을 휴업하지 아니하고 임시영업소를 설치하여 영업을 계속하는 경우 등으로 구분할 수 있다.

3. 영업장소 이전에 따른 휴업보상

「토지보상법 시행규칙」 제47조 제1항에 따라 공익사업의 시행으로 인하여 영업장소를 이전하여야 하는 경우의 영업손실은 i) 휴업기간에 해당하는 영업이익과 ii) 영업장소 이전 후 발생하는 영업이익감소액에 iii) 이전에 따라 발생하는 비용을 합한 금액으로 감정평가한다. 이 경우 이전에 따라 발생하는 비용에는 i) 휴업기간 중의 영업용 자산에 대한 감가상각비·유지관리비와 휴업기간 중에도 정상적으로 근무하여야 하는 최소인원에 대한 인건비 등 고정적 비용, ii) 영업시설·원재료·제품 및 상품의 이전에 소요되는 비용 및 그 이전에 따른 감손상당액, iii) 이전광고비 및 개업비 등 영업장소를 이전함으로 인하여 소요되는 부대비용 등이 포함된다.

쟁점 83 — 토지보상법상 영업손실보상금 상당의 재산상 손해배상과 전신적 손해에 대한 위자료 청구(대법원 2018다204022 판결)   B급

I 사전보상 원칙과 무보상 공사착수의 법적 효과

1. 토지보상법상 사전보상 원칙

토지보상법은 공익사업의 시행자가 공사에 착수하기 전에 토지소유자 및 관계인에게 보상액 전액을 지급하여야 한다는 사전보상 원칙을 규정하고 있다. 이는 공익사업으로 인한 재산권 침해가 발생하기 전에 정당한 보상이 선행되어야 한다는 헌법상 정당보상 원칙을 구체화한 것이다.

2. 보상금 지급 또는 승낙 없는 공사착수의 효과

사업시행자가 보상금 지급이나 관계인의 승낙 없이 공사에 착수하여 손해가 발생한 경우에는 불법행위가 성립할 수 있다. 이 경우 사업시행자는 토지소유자 또는 관계인에게 발생한 손해에 대하여 손해배상책임을 부담한다.

3. 관계인의 범위와 본 판결에서 사안의 위치

토지보상법상 관계인에는 임차인도 포함될 수 있다. 임차인이 공익사업으로 인해 휴업 또는 폐업한 경우에는 영업손실 보상 문제가 발생한다. 사업인정고시나 수용재결은 강제취득을 위한 절차적 요건이므로, 공익사업이 존재하고 그로 인해 영업이 폐업·휴업되었다면 사업인정고시가 없더라도 관계인에 대한 보상 문제는 발생할 수 있다.

II 손해배상 범위(손실보상금 상당 손해 + 별도 손해·위자료)와 증명책임

1. 쟁점의 정리

이 사안의 쟁점은 사전보상 없이 공사에 착수한 경우 손해배상책임이 성립하는지, 손해배상의 범위가 어디까지 인정되는지, 위자료와 같은 별도의 손해가 포함되는지 여부이다.

2. 대법원 판례의 태도

대법원은 공익사업 시행자가 사전보상 없이 공사에 착수하여 손해가 발생한 경우 불법행위가 성립할 수 있다고 본다. 이때 토지소유자 또는 관계인이 입은 손해는 손실보상청구권이 침해된 데 따른 손해이므로, 배상해야 할 손해액은 원칙적으로 손실보상금에 해당한다고 본다.

3. 별도의 손해가 있는 경우와 증명책임

사전보상 미이행 과정에서 손실보상금에 해당하는 손해 외에 별도의 손해가 실제로 발생하였다면 사업시행자는 그 손해도 배상할 책임이 있다. 다만 그와 같은 별도의 손해의 발생과 범위에 관한 증명책임은 이를 주장하는 자에게 있다.

4. 검토

① 재산상 손해(영업손실 보상금 상당)

본 사안에서 공익사업으로 인해 임차인들의 영업이 폐업 또는 휴업에 이르렀다면, 이는 토지보상법 제77조 등에 따른 영업손실 보상 대상이 된다. 보상금 지급 없이 공사에 착수한 경우 임차인들이 입은 재산상 손해는 원칙적으로 영업손실 보상금 상당액으로 구성된다.

② 위자료(정신적 손해) 인정 여부

대법원은 손실보상금 지급이 지연되었다는 사정만으로는 손실보상금에 해당하는 손해 외에 별도의 손해가 발생하였다고 보기 어렵다고 본다. 보상 지연으로 인한 불이익은 통상 지연손해금으로 보전될 수 있으므로, 특별한 사정이 없는 한 위자료까지 인정하면 중복배상이 될 수 있다. 따라서 위자료를 인정받기 위해서는 단순한 보상 지연을 넘어 재산상 손해배상으로 회복할 수 없는 별도의 정신적 손해가 발생하였음을 구체적으로 주장·증명해야 한다.

5. 소결

사전보상 없이 공사에 착수한 경우 불법행위에 따른 손해배상책임은 인정될 수 있다. 다만 손해배상 범위는 원칙적으로 영업손실 보상금 상당의 재산상 손해로 한정된다. 위자료 등 별도의 손해는 특별한 사정이 구체적으로 입증되는 경우에 한하여 예외적으로 인정된다.

Ⅲ 결

대법원 2018다204022 판결은 사전보상 원칙 위반 시 불법행위 성립 가능성을 인정하면서도, 손해배상 범위를 원칙적으로 손실보상금 상당으로 한정하고 있다. 위자료와 같은 별도의 손해에 대해서는 엄격한 주장·증명을 요구함으로써 중복배상과 과잉배상을 경계한 판례로 평가된다. 따라서 본 판결에서는 사전보상 원칙, 불법행위 성립, 손해배상 범위의 원칙과 예외를 구조적으로 구분하여 판단하는 것이 타당하다.

쟁점 84 　사업폐지 등에 대한 보상　　　　A급

I 　사업폐지 등에 대한 보상 관련 규정

「토지보상법 시행규칙」 제57조(사업폐지 등에 대한 보상) 공익사업의 시행으로 인하여 건축물의 건축을 위한 건축허가 등 관계법령에 의한 절차를 진행 중이던 사업 등이 폐지·변경 또는 중지되는 경우 그 사업 등에 소요된 법정수수료 그 밖의 비용 등의 손실에 대하여는 이를 보상하여야 한다.

II 　사업폐지 등에 대한 보상 주요 내용

1. 사업폐지 등에 대한 보상의 의의

「국토계획법」 제57조 제1항에 따라 개발행위를 하려는 자는 그 개발행위에 따른 기반시설의 설치나 그에 필요한 용지의 확보, 위해(危害) 방지, 환경오염 방지, 경관, 조경 등에 관한 계획서를 첨부한 신청서를 개발행위허가권자에게 제출해야 한다. 또한 「건축법」 제11조에 따라 건축허가 등을 받기 위해서는 사전에 설계설명서, 구조계획서, 지질조사서, 시방서, 투시도, 평면도, 입면도, 내외마감표, 주차장평면도, 건축설비도, 소방설비도, 상·하수도계통도 등 「건축법 시행규칙」 제7조 제1항에서 규정한 도서를 제출하여야 한다. 그런데 개발행위를 하려는 자 또는 건축주가 개발행위허가나 건축허가 등을 위하여 위와 같은 서류를 준비하고 있던 중 해당 토지가 공익사업시행지구에 편입되어 개발행위 허가 또는 건축허가 등이 불가능하게 되었거나[22], 개발행위허가 또는 건축허가 등을 받았으나 착공하기 이전에 공익사업 시행지구에 편입되어 개발행위허가 또는 건축허가 등이 실효된 것으로 보는 경우(「공공주택특별법」 제11조 제3항 및 「택지개발촉진법」 제6조 제3항), 이를 위하여 기 지출한 비용은 해당 공익사업의 시행으로 인하여 발생하는 손실에 해당하므로 이를 보상하여야 한다.

이러한 손실에 대한 보상을 규정한 것이 「토지보상법 시행규칙」 제57조에 따른 사업폐지 등에 대한 보상이다.

2. 사업폐지 등에 대한 보상의 요건

(1) 보상대상자

보상대상자는 건축허가 등을 위하여 법정수수료 등의 비용을 지출한 자이다.

(2) 해당 공익사업으로 인한 건축허가 등의 폐지·변경 또는 중지

해당 공익사업으로 인하여 건축허가 등이 폐지·변경 또는 중지되어야 한다.

따라서 다른 사유로 인하여 건축허가 등이 폐지·변경 또는 중지된 후 해당 공익사업이 시행되는 경우는 해당 공익사업과 다른 사유가 인과관계가 있는 경우에도 사업폐지 등에 대한 보상대상이 아니다.

---

22) 「국토계획법」 제64조 제1항에서는 도시·군계획시설의 설치 장소로 결정된 지상·수상·공중·수중 또는 지하는 그 도시·군계획시설이 아닌 건축물의 건축이나 공작물의 설치를 허가할 수 없도록 규정하고 있다.

(3) 비용의 지출

건축허가 등을 위하여 법정수수료 그 밖의 비용 등이 이미 지출되어야 하며 사실상 회수가 불가능하여야 한다.

3. 사업폐지 등에 대한 보상의 절차 및 불복

사업폐지 등에 대한 보상은 적법한 공권력의 행사에 의한 재산상 특별한 희생에 대한 손실보상의 일종이므로 「토지보상법」상의 협의 및 재결절차를 통하여 보상하여야 하며, 보상금에 대한 쟁송은 민사소송이 아닌 행정소송절차에 의하여야 한다.

【판례】 사업폐지 등에 대한 보상은 「토지보상법」에 따라 보상하여야 하며, 보상금에 대한 쟁송은 행정소송절차에 의하여야 한다.
[대판 2012.10.11, 2010다23210]

【판결요지】
공익사업법 시행규칙 제57조에 따른 사업폐지 등에 대한 보상청구권은 공익사업의 시행 등 적법한 공권력의 행사에 의한 재산상 특별한 희생에 대하여 전체적인 공평부담의 견지에서 공익사업의 주체가 손해를 보상하여 주는 손실보상의 일종으로 공법상 권리임이 분명하므로 그에 관한 쟁송은 민사소송이 아닌 행정소송절차에 의하여야 한다. 또한 위 규정들과 구 공익사업법 제26조, 제28조, 제30조, 제34조, 제50조, 제61조, 제83조 내지 제85조의 규정 내용·체계 및 입법 취지 등을 종합하여 보면, 공익사업으로 인한 사업폐지 등으로 손실을 입게 된 자는 구 공익사업법 제34조, 제50조 등에 규정된 재결절차를 거친 다음 재결에 대하여 불복이 있는 때에 비로소 구 공익사업법 제83조 내지 제85조에 따라 권리구제를 받을 수 있다고 보아야 한다.

【재결례】 사업폐지 등으로 인한 손실보상은 재결대상이다.
[중토위 2017.02.23. 이의재결]

【재결요지】
사업폐지 등에 따른 골프장 조성에 투입된 손실을 보상하여 달라는 주장에 대하여 살펴본다.
대법원은 … 공익사업으로 인한 사업폐지 등으로 손실을 입게 된 자는 구 공익사업법 제34조, 제50조 등에 규정된 절차를 거친 다음 재결에 대하여 불복이 있는 때에 비로소 구 공익사업법 제83조 내지 제85조에 따라 권리구제를 받을 수 있다고 판시하고 있다(대판 2012.10.11, 2010다23210).
위 판례 등의 취지를 고려할 때, 2014.10.8. 이의신청인이 사업시행자에게 재결신청청구한 사업폐지 등에 대한 보상청구권은 공법상 권리로서 행정소송에 의해서 권리구제를 받는 손실보상의 일종으로 재결의 대상이 됨에도 불구하고 2016.2.26. 중앙토지수용위원회에서 이의신청인의 사업폐지 등의 손실보상을 각하한 것은 부적법하므로 사업시행자의 수용재결신청을 각하한 수용재결을 취소하기로 한다.

Ⅲ 사업폐지 등에 대한 보상의 범위

1. 원칙

사업폐지 등에 대한 보상의 범위는 건축허가 등 관계법령에 의한 절차를 진행 중이던 사업 등이 폐지·변경 또는 중지되는 경우 그 사업 등에 소요된 법정수수료 그 밖의 비용 등으로 한다. 이 경우 보상 범위는 지출된 비용 중 i) 해당 공익사업으로 인하여 폐지·변경 또는 중지되는 건축허가 등에 소요된 비용 및 ii) 행정주체의 행정행위를 신뢰하여 그에 따라 건축허가 등을 진행하여 지출된 비용 등과 같이 직접적인 손실에 해당하는 비용에 한하며, 구체적인 범위는 사업시행자가 정한다.

2. 예외

(1) 해당 공익사업의 공고일 등 이후 지출된 비용

관련 법령에 따라 해당 공익사업의 계획 또는 시행이 공고되거나 고시된 이후에 지출된 비용은 공익사업의 시행이 예상되어 건축허가 등이 허용되지 않는다는 것을 알면서도 지출한 것이므로 원칙적으로 사업폐지 등에 대한 보상 범위에 포함되지 않는다.

(2) 회수가 가능한 비용

「농지법」 제38조에 따른 농지보전부담금 및 「산지관리법」 제19조에 따른 대체산림자원조성비는 농지전용허가 또는 산지전용허가 신청 시에 미리 납부하고 농지전용허가 또는 산지전용허가를 받지 못하거나 취소된 경우에는 환급하도록 규정하고 있다(「농지법」 제38조 및 「산지관리법」 제19조의2). 농지보전부담금 및 대체산림자원조성비와 같이 허가를 받지 못하거나 허가가 취소된 경우 회수가 가능한 비용은 사업폐지 등에 대한 보상 범위에 포함되지 않는다.

Ⅳ 사업폐지 등에 대한 보상의 감정평가와 근거의 불비성

1. 사업폐지 등에 대한 보상 감정평가

「토지보상법」 제68조 제1항에서 "사업시행자는 토지 등에 대한 보상액을 산정하려는 경우에는 감정평가법인 등 3인을 선정하여 토지 등의 평가를 의뢰하여야 한다. 다만, 사업시행자가 국토교통부령으로 정하는 기준에 따라 직접 보상액을 산정할 수 있을 때에는 그러하지 아니하다."라고 규정하고 있다. 따라서 사업시행자가 「토지보상법 시행규칙」에서 정하는 기준에 따라 직접 보상액을 산정할 수 없는 경우는 감정평가법인 등에게 감정평가를 의뢰하여야 하므로, 사업폐지 등에 대한 보상도 사업시행자가 직접 보상액을 산정할 수 없는 경우에는 감정평가법인 등에 보상평가를 의뢰할 수 있고, 감정평가법인 등은 사업폐지 등에 대한 보상액을 산정할 수 있다.

> **【유권해석】** 사업폐지 등에 대한 보상도 감정평가대상이다.
> [국토부 2005.09.08. 토지정책팀-104]
>
> **【질의요지】**
> 사업폐지 등에 따른 소요비용 등의 손실을 보상함에 있어 감정평가업자에게 감정평가를 의뢰하여 그 결과에 따라 보상이 가능한지 여부
>
> **【회신내용】**
> 사업폐지 등에 따른 소요비용에 대하여는 같은 법 제68조의 규정에 의하여 감정평가업자로 하여금 평가를 의뢰하여 손실보상액을 산정할 수 있을 것으로 봅니다.

2. 「토지보상법」상 근거 조항의 불비성 문제

「토지보상법 시행규칙」 제57조에 따른 사업폐지 등에 대한 보상의 「토지보상법」상 근거 조항이 명확하지 않다는 문제점이 있다. 대법원 판례(대판 2012.10.11, 2010다23210)에서는 「토지보상법 시행규칙」 제57조에 따른 사업폐지 등에 대한 보상도 「토지보상법」 제34조, 제50조 등에 규정된 재결절차를 거친 다음 재결에 대하여 불복이 있는 때에 비로소 「토지보상법」 제83조 내지 제85조에 따라 권리구제를 받을 수 있다고 판시하고 있으나 그 근거 규정을 명확히 밝히지 않고 있다. 이는 입법적 불비이므로 「토지보상법」상의 근거 규정의 신설이 필요하다고 본다.

쟁점 **85** 농업손실보상   A급

I 의의 및 성격(토지보상법 시행규칙 제48조)

농업손실보상이란 공익사업시행으로 인하여 해당 토지가 공익사업에 편입되어 영농을 계속할 수 없게 됨에 따라 발생하는 손실로서, 농민에게 영농손실액을 보상하는 것을 말한다. 이는 전업에 소요되는 기간을 고려한 합리적 기대이익의 상실에 대한 보상으로 일실손실의 보상이며, 유기체적인 생활을 종전 상태로 회복하는 의미에서 생활보상의 성격도 존재한다.

II 보상의 대상

1. 물적 대상(물적 범위)

해당 토지의 지목에 불구하고 실제로 농작물을 경작하는 경우에는 이를 농지로 본다. 다만, 다음의 경우에는 농지로 보지 않는다(토지보상법 시행규칙 제48조 제3항).
① 사업인정고시일 등 이후부터 농지로 이용되고 있는 토지, ② 토지이용계획·주위환경 등으로 보아 일시적으로 농지로 이용되고 있는 토지, ③ 타인소유의 토지를 불법으로 점유하여 경작하고 있는 토지, ④ 농민이 아닌 자가 경작하고 있는 토지, ⑤ 토지의 취득에 대한 보상 이후 사업시행자가 2년 이상 계속하여 경작하도록 허용하는 토지

2. 인적 대상(인적 범위)

자경농지가 아닌 농지에 대한 영농손실액은 실제 경작자에게 지급한다. 단, 소유자가 해당 지역에 거주하는 경우 협의에 따라 보상하고, 협의가 성립되지 않을 경우 1/2씩 보상한다.

III 보상의 방법

1. 영농손실액(토지보상법 시행규칙 제48조 제1항, 제2항)

공익사업시행지구에 편입되는 농지에 대해 '해당 도별 연간 농가평균 단위경작면적당 농작물 총수입'의 직전 3년간 평균의 2년분을 영농손실액으로 지급한다. 다만 국토교통부장관이 고시한 농작물로서 실제소득을 증명한 경우 농작물총수입 대신 실제소득으로 보상한다.

2. 농기구 매각손실액(토지보상법 시행규칙 제48조 제6항)

경작지의 2/3 이상이 공익사업지구에 편입되어 영농을 계속할 수 없게 된 경우 농기구에 대하여는 매각손실액을 평가하여 보상한다. 매각손실액의 평가가 현실적으로 곤란한 경우에는 원가법에 의해 산정한 가격의 60% 이내에서 매각손실액을 정할 수 있다.

3. 농업손실보상의 간접보상(토지보상법 시행규칙 제65조)

농지의 2/3 이상에 해당하는 면적이 공익사업시행지구에 편입됨으로 인하여 영농을 계속할 수 없게 된 농민에 대해서는 공익사업시행지구 밖에서 그가 경작하고 있는 농지에 대하여도 영농손실액을 지급한다.

Ⅳ 농업손실보상에 대한 최근 대법원 판례

① 농업손실보상청구권의 법적 성질 : 공권으로 행정소송절차에 의함

'토지보상법에 따른 농업손실보상청구권은 공익사업의 시행 등 적법한 공권력의 행사에 의한 재산상의 특별한 희생에 대하여 전체적인 공평부담의 견지에서 공익사업의 주체가 그 손해를 보상하여 주는 손실 보상의 일종으로 공법상의 권리임이 분명하므로 그에 관한 쟁송은 민사소송이 아닌 행정소송절차에 의 하여야 할 것'이라고 판시한 바 있다(대판 2011.10.13, 2009다43461).

② 농업손실에 대한 보상과 관련하여 국토교통부장관이 고시한 농작물실제소득인정기준에서 규정 한 서류 이외의 증명방법으로 농작물 총수입을 인정할 수 있는지 여부(적극)

관련 법령의 내용, 형식 및 취지 등과 헌법 제23조 제3항에 규정된 정당한 보상의 원칙에 비추어 보면, 공공필요에 의한 수용 등으로 인한 손실의 보상은 정당한 보상이어야 하고, 농업손실에 대한 정당한 보상은 수용되는 농지의 특성과 영농상황 등 고유의 사정이 반영된 실제소득을 기준으로 하는 것이 원 칙이다. 따라서 이 사건 고시에서 농작물 총수입의 입증자료로 거래실적을 증명하는 서류 등을 규정한 것은 객관성과 합리성이 있는 증명방법을 예시한 데 지나지 아니하고, 거기에 열거된 서류 이외의 증명 방법이라도 객관성과 합리성이 있다면 그에 의하여 농작물 총수입을 인정할 수 있다고 봄이 타당하다 (대판 2012.6.14, 2011두26794 [손실보상금]).

③ 대판 2019.8.29, 2018두57865[수용재결신청청구거부처분취소] - 재결전치주의 및 재결 신청청구 거부 시 취소소송 가능함.

【판시사항】

[1] 공익사업으로 농업의 손실을 입게 된 자가 공익사업을 위한 토지 등의 취득 및 보상에 관한 법률 제34 조, 제50조 등에 규정된 재결절차를 거치지 않은 채 곧바로 사업시행자를 상대로 손실보상을 청구할 수 있는지 여부(소극)

[2] 편입토지 보상, 지장물 보상, 영업·농업 보상에 관하여 토지소유자나 관계인이 사업시행자에게 재결신 청을 청구했음에도 사업시행자가 재결신청을 하지 않을 경우, 토지소유자나 관계인의 불복 방법 및 이 때 사업시행자에게 재결신청을 할 의무가 있는지가 소송요건 심사단계에서 고려할 요소인지 여부(소극)

[3] 한국수자원공사법에 따른 사업을 수행하기 위한 토지 등의 수용 또는 사용으로 손실을 입게 된 토지소 유자나 관계인이 공익사업을 위한 토지 등의 취득 및 보상에 관한 법률 제30조에 따라 한국수자원공사 에 재결신청을 청구하는 경우, 위 사업의 실시계획을 승인할 때 정한 사업시행기간 내에 해야 하는지 여부(적극)

【판결요지】

[1] 공익사업을 위한 토지 등의 취득 및 보상에 관한 법률(이하 '토지보상법'이라 한다) 제26조, 제28조, 제30조, 제34조, 제50조, 제61조, 제83조 내지 제85조의 규정 내용 및 입법 취지 등을 종합하면, 공 익사업으로 농업의 손실을 입게 된 자가 사업시행자로부터 토지보상법 제77조 제2항에 따라 농업손실 에 대한 보상을 받기 위해서는 토지보상법 제34조, 제50조 등에 규정된 재결절차를 거친 다음 그 재결 에 대하여 불복이 있는 때에 비로소 토지보상법 제83조 내지 제85조에 따라 권리구제를 받을 수 있을 뿐, 이러한 재결절차를 거치지 않은 채 곧바로 사업시행자를 상대로 손실보상을 청구하는 것은 허용되 지 않는다.

[2] 공익사업을 위한 토지 등의 취득 및 보상에 관한 법률 제28조, 제30조에 따르면, 편입토지 보상, 지장 물 보상, 영업·농업 보상에 관해서는 사업시행자만이 재결을 신청할 수 있고 토지소유자와 관계인은

사업시행자에게 재결신청을 청구하도록 규정하고 있으므로, 토지소유자나 관계인의 재결신청 청구에도 사업시행자가 재결신청을 하지 않을 때 토지소유자나 관계인은 사업시행자를 상대로 거부처분 취소소송 또는 부작위 위법확인소송의 방법으로 다투어야 한다. 구체적인 사안에서 토지소유자나 관계인의 재결신청 청구가 적법하여 사업시행자가 재결신청을 할 의무가 있는지는 본안에서 사업시행자의 거부처분이나 부작위가 적법한가를 판단하는 단계에서 고려할 요소이지, 소송요건 심사단계에서 고려할 요소가 아니다.

[3] 한국수자원공사법에 따르면, 한국수자원공사는 수자원을 종합적으로 개발·관리하여 생활용수 등의 공급을 원활하게 하고 수질을 개선함으로써 국민생활의 향상과 공공복리의 증진에 이바지함을 목적으로 설립된 공법인으로서(제1조, 제2조), 사업을 수행하기 위하여 필요한 경우에는 공익사업을 위한 토지 등의 취득 및 보상에 관한 법률(이하 '토지보상법'이라 한다) 제3조에 따른 토지 등을 수용 또는 사용할 수 있고, 토지 등의 수용 또는 사용에 관하여 한국수자원공사법에 특별한 규정이 있는 경우 외에는 토지보상법을 적용한다(제24조 제1항, 제7항). 한국수자원공사법 제10조에 따른 실시계획의 승인·고시가 있으면 토지보상법 제20조 제1항 및 제22조에 따른 사업인정 및 사업인정의 고시가 있은 것으로 보고, 이 경우 재결신청은 토지보상법 제23조 제1항 및 제28조 제1항에도 불구하고 실시계획을 승인할 때 정한 사업의 시행기간 내에 하여야 한다(제24조 제2항).
위와 같은 관련 규정들의 내용과 체계, 입법 취지 등을 종합하면, 한국수자원공사가 한국수자원공사법에 따른 사업을 수행하기 위하여 토지 등을 수용 또는 사용하고자 하는 경우에 재결신청은 실시계획을 승인할 때 정한 사업의 시행기간 내에 하여야 하므로, 토지소유자나 관계인이 토지보상법 제30조에 의하여 한국수자원공사에 하는 재결신청의 청구도 위 사업시행기간 내에 하여야 한다.

④ **대판 2020.4.29, 2019두32696[손실보상금] – 토지보상법 시행규칙 제48조 제2항 단서 제1호 개정은 헌법상 정당보상원칙을 위배하지 않았고, 비례의 원칙 위반도 아니고, 위임입법의 한계를 일탈한 것도 아니면서 진정소급입법도 아님.**

【판시사항】

[1] 2013.4.25. 국토교통부령 제5호로 개정된 공익사업을 위한 토지 등의 취득 및 보상에 관한 법률 시행규칙 제48조 제2항 단서 제1호가 헌법상 정당보상원칙, 비례원칙에 위반되거나 위임입법의 한계를 일탈한 것인지 여부(소극)

[2] 2013.4.25. 국토교통부령 제5호로 개정된 공익사업을 위한 토지 등의 취득 및 보상에 관한 법률 시행규칙 시행일 전에 사업인정고시가 이루어졌으나 위 시행규칙 시행 후 보상계획의 공고·통지가 이루어진 공익사업에 대해서도 영농보상금액의 구체적인 산정방법·기준에 관한 위 시행규칙 제48조 제2항 단서 제1호를 적용하도록 규정한 위 시행규칙 부칙(2013.4.25.) 제4조 제1항이 진정소급입법에 해당하는지 여부(소극)

【판결요지】

[1] 공익사업을 위한 토지 등의 취득 및 보상에 관한 법률 제77조 제4항은 농업손실 보상액의 구체적인 산정 및 평가 방법과 보상기준에 관한 사항을 국토교통부령으로 정하도록 위임하고 있다. 그 위임에 따라 2013.4.25. 국토교통부령 제5호로 개정된 공익사업을 위한 토지 등의 취득 및 보상에 관한 법률 시행규칙(이하 '개정 시행규칙'이라 한다) 제48조 제2항 단서 제1호가 실제소득 적용 영농보상금의 예외로서, 농민이 제출한 입증자료에 따라 산정한 실제소득이 동일 작목별 평균소득의 2배를 초과하는 경우에 해당 작목별 평균생산량의 2배를 판매한 금액을 실제소득으로 간주하도록 규정함으로써 실제소득 적용 영농보상금의 '상한'을 설정하였다.
이와 같은 개정 시행규칙 제48조 제2항 단서 제1호는, 영농보상이 장래의 불확정적인 일실소득을 보

상하는 것이자 농민의 생존배려·생계지원을 위한 보상인 점, 실제소득 산정의 어려움 등을 고려하여, 농민이 실농으로 인한 대체생활을 준비하는 기간의 생계를 보장할 수 있는 범위 내에서 실제소득 적용 영농보상금의 '상한'을 설정함으로써 나름대로 합리적인 적정한 보상액의 산정방법을 마련한 것이므로, 헌법상 정당보상원칙, 비례원칙에 위반되거나 위임입법의 한계를 일탈한 것으로는 볼 수 없다.

[2] 사업인정고시일 전부터 해당 토지를 소유하거나 사용권원을 확보하여 적법하게 농업에 종사해 온 농민은 사업인정고시일 이후에도 수용개시일 전날까지는 해당 토지에서 그간 해온 농업을 계속할 수 있다. 그러나 사업인정고시일 이후에 수용개시일 전날까지 농민이 해당 공익사업의 시행과 무관한 어떤 다른 사유로 경작을 중단한 경우에는 손실보상의 대상에서 제외될 수 있다. 사업인정고시가 이루어졌다는 점만으로 농민이 구체적인 영농보상금 청구권을 확정적으로 취득하였다고는 볼 수 없으며, 보상협의 또는 재결절차를 거쳐 협의성립 당시 또는 수용재결 당시의 사정을 기준으로 구체적으로 산정되는 것이다.

또한 공익사업을 위한 토지 등의 취득 및 보상에 관한 법률 시행규칙 제48조에 따른 영농보상은 수용개시일 이후 편입농지에서 더 이상 영농을 계속할 수 없게 됨에 따라 발생하는 손실에 대하여 장래의 2년간 일실소득을 예측하여 보상하는 것이므로, 수용재결 당시를 기준으로도 영농보상은 아직 발생하지 않은 장래의 손실에 대하여 보상하는 것이다.

따라서 공익사업을 위한 토지 등의 취득 및 보상에 관한 법률 시행규칙 부칙(2013.4.25.) 제4조 제1항이 영농보상금액의 구체적인 산정방법·기준에 관한 2013.4.25. 국토교통부령 제5호로 개정된 공익사업을 위한 토지 등의 취득 및 보상에 관한 법률 시행규칙(이하 '개정 시행규칙'이라 한다) 제48조 제2항 단서 제1호를 개정 시행규칙 시행일 전에 사업인정고시가 이루어졌으나 개정 시행규칙 시행 후 보상계획의 공고·통지가 이루어진 공익사업에 대해서도 적용하도록 규정한 것은 진정소급입법에 해당하지 않는다.

⑤ **대법원 2023.8.18, 2022두34913 판결 – 토지보상법 제77조 제2항, 같은 법 시행규칙 제48조 제2항 본문에서 정한 '영농손실보상'의 법적 성격은 간접보상이자 생활보상이며, 농지가 수용되어 특별한 희생이 생기는 경우 보상하는 것임.**

【판시사항】

[1] 구 공익사업을 위한 토지 등의 취득 및 보상에 관한 법률 제77조 제2항, 같은 법 시행규칙 제48조 제2항 본문에서 정한 '영농손실보상'의 법적 성격 / 같은 법 시행규칙 제48조에서 규정한 영농손실보상은 공익사업시행지구 안에서 수용의 대상인 농지를 이용하여 경작을 하는 자가 그 농지의 수용으로 인하여 장래에 영농을 계속하지 못하게 되어 특별한 희생이 생기는 경우 이를 보상하기 위한 것인지 여부(적극)

[2] 구 공익사업을 위한 토지 등의 취득 및 보상에 관한 법률 시행규칙 제48조 제2항 단서 제2호의 '직접 해당 농지의 지력을 이용하지 아니하고 재배 중인 작물을 이전하여 해당 영농을 계속하는 것이 가능하다고 인정하는 작목 및 재배방식'을 규정한 '농작물실제소득인정기준'(국토교통부고시) 제6조 제3항 [별지 2]에 열거되어 있지 아니한 시설콩나물 재배업에 관하여도 같은 시행규칙 제48조 제2항 단서 제2호를 적용할 수 있는지 여부(적극)

【판결요지】

[1] 공공필요에 의한 재산권의 수용·사용 또는 제한 및 그에 대한 보상은 법률로써 하되, 정당한 보상을 지급하여야 한다(헌법 제23조 제3항). 구 공익사업을 위한 토지 등의 취득 및 보상에 관한 법률(2020.6.9. 법률 제17453호로 개정되기 전의 것, 이하 '구 토지보상법'이라고 한다) 제77조 소정의 영업의 손실 등에 대한 보상은 위와 같은 헌법상의 정당한 보상 원칙에 따라 공익사업의 시행 등 적법

한 공권력의 행사에 의한 재산상의 특별한 희생에 대하여 사유재산권의 보장과 전체적인 공평부담의 견지에서 행하여지는 조절적인 재산적 보상이다. 특히 구 토지보상법 제77조 제2항, 구 공익사업을 위한 토지 등의 취득 및 보상에 관한 법률 시행규칙(2020.12.11. 국토교통부령 제788호로 개정되기 전의 것, 이하 '구 토지보상법 시행규칙'이라고 한다) 제48조 제2항 본문에서 정한 영농손실보상(이하 '영농보상'이라고 한다)은 편입토지 및 지장물에 관한 손실보상과는 별개로 이루어지는 것으로서, 농작물과 농지의 특수성으로 인하여 같은 시행규칙 제46조에서 정한 폐업보상과 구별해서 농지가 공익사업시행지구에 편입되어 공익사업의 시행으로 더 이상 영농을 계속할 수 없게 됨에 따라 발생하는 손실에 대하여 원칙적으로 같은 시행규칙 제46조에서 정한 폐업보상과 마찬가지로 장래의 2년간 일실소득을 보상함으로써, 농민이 대체 농지를 구입하여 영농을 재개하거나 다른 업종으로 전환하는 것을 보장하기 위한 것이다. 즉, 영농보상은 원칙적으로 농민이 기존 농업을 폐지한 후 새로운 직업 활동을 개시하기까지의 준비기간 동안에 농민의 생계를 지원하는 간접보상이자 생활보상으로서의 성격을 가진다. 영농보상은 그 보상금을 통계소득을 적용하여 산정하든, 아니면 해당 농민의 최근 실제소득을 적용하여 산정하든 간에, 모두 장래의 불확정적인 일실소득을 예측하여 보상하는 것으로, 기존에 형성된 재산의 객관적 가치에 대한 '완전한 보상'과는 그 법적 성질을 달리한다.

결국 구 토지보상법 시행규칙 제48조 소정의 영농보상 역시 공익사업시행지구 안에서 수용의 대상인 농지를 이용하여 경작을 하는 자가 그 농지의 수용으로 인하여 장래에 영농을 계속하지 못하게 되어 특별한 희생이 생기는 경우 이를 보상하기 위한 것이기 때문에, 위와 같은 재산상의 특별한 희생이 생겼다고 할 수 없는 경우에는 손실보상 또한 있을 수 없고, 이는 구 토지보상법 시행규칙 제48조 소정의 영농보상이라고 하여 달리 볼 것은 아니다.

[2] 관련 법리와 구 공익사업을 위한 토지 등의 취득 및 보상에 관한 법률 시행규칙(2020.12.11. 국토교통부령 제788호로 개정되기 전의 것, 이하 '구 토지보상법 시행규칙'이라고 한다) 제48조 제2항 단서 제2호의 신설 경과 등에 비추어 보면, 국토교통부장관이 농림축산식품부장관과의 협의를 거쳐 관보에 고시하는 '농작물실제소득인정기준' 제6조 제3항 [별지 2]에 열거된 작목 및 재배방식에 시설콩나물 재배업이 포함되어 있지 않더라도 시설콩나물 재배업에 관하여도 구 토지보상법 시행규칙 제48조 제2항 단서 제2호를 적용할 수 있다고 봄이 타당하다. 그 이유는 다음과 같다.

(가) 관련 법령의 내용, 형식 및 취지 등에 비추어 보면, 공공필요에 의한 수용 등으로 인한 손실의 보상은 정당한 보상이어야 하고, 영농손실에 대한 정당한 보상은 수용되는 '농지의 특성과 영농상황' 등 고유의 사정이 반영되어야 한다.

(나) 농지의 지력을 이용한 재배가 아닌 용기에 식재하여 재배되는 콩나물과 같이 용기를 기후 등 자연적 환경이나 교통 등 사회적 환경 등이 유사한 인근의 대체지로 옮겨 생육에 별다른 지장을 초래함이 없이 계속 재배를 할 수 있는 경우에는, 유사한 조건의 인근대체지를 마련할 수 없는 등으로 장래에 영농을 계속하지 못하게 되는 것과 같은 특단의 사정이 없는 이상 휴업보상에 준하는 보상이 필요한 범위를 넘는 특별한 희생이 생겼다고 할 수 없다.

(다) 시설콩나물 재배시설에서 재배하는 콩나물과 '농작물실제소득인정기준' 제6조 제3항 [별지 2]에서 규정하고 있는 작물인 버섯, 화훼, 육묘는 모두 직접 해당 농지의 지력을 이용하지 않고 재배한다는 점에서 상호 간에 본질적인 차이가 없으며, 특히 '용기(트레이)에 재배하는 어린묘'와 그 재배방식이 유사하다.

(라) 시설콩나물 재배방식의 본질은 재배시설이 설치된 토지가 농지인지 여부, 즉 농지의 특성에 있는 것이 아니라 '고정식온실' 등에서 용기에 재배하고, 특별한 사정이 없는 한 그 재배시설 이전이 어렵지 않다는 점에 있다. 본질적으로 같은 재배방식에 대하여 '고정식온실' 등이 농지에 설치되어 있다는 사정만으로 2년간의 일실소득을 인정하는 것은 정당한 보상 원칙에 부합하지 않는다.

(마) 구 토지보상법 시행규칙 제48조 제2항 단서 제2호가 적용되어 실제소득의 4개월분에 해당하는 농업손실보상을 하는 작물에 관하여 규정한 '농작물실제소득인정기준' 제6조 제3항 [별지 2]는 '직접 해당 농지의 지력을 이용하지 아니하고 재배 중인 작물을 이전하여 해당 영농을 계속하는 것이 가능하다고 인정하는 경우'를 예시한 것으로, 거기에 열거된 작목이 아니더라도 객관적이고 합리적으로 '직접 해당 농지의 지력을 이용하지 아니하고 재배 중인 작물을 이전하여 해당 영농을 계속하는 것이 가능'하다고 인정된다면 구 토지보상법 시행규칙 제48조 제2항 단서 제2호에 따라 4개월분의 영농손실보상을 인정할 수 있다고 보는 것이 영농손실보상제도의 취지에 부합한다.

쟁점 86   표준지공시지가   A급

Ⅰ   표준지공시지가

1. 의의 및 취지(부동산공시법 제3조)

표준지공시지가란 부동산공시법이 정한 절차에 따라 국토교통부장관이 조사·평가하여 공시한 표준지의 단위면적당 가격을 말한다. 이는 적정가격형성 도모 및 국민경제 발전의 이바지 등에 취지가 인정된다.

2. 법적 성질

(1) 문제점

부동산공시법에서는 공시지가에 대한 항고소송을 규정하고 있지 않으므로, 이에 대한 처분성 유무에 따라서 행정쟁송제기 가능 여부가 문제된다.

(2) 학설

① **행정행위설** : 표준지공시지가는 보상액 산정 및 개발부담금 산정에 있어서 구속력을 갖는다는 견해이다.

② **행정계획설** : 표준지공시지가는 지가정책집행의 활동기준 및 내부적 효력만을 갖는 구속력 없는 행정계획으로 보는 견해이다.

③ **행정규칙설** : 표준지공시지가는 개별성, 구체성을 결여한 지가정책의 사무처리기준이라는 견해이다.

④ **법규명령의 성질을 갖는 고시설** : 표준지공시지가는 각종 부담금 및 개별공시지가 산정의 기준이 되고 위법한 표준지공시지가를 기준으로 행하여진 처분도 위법하다고 보아야 하므로 법규명령의 성질을 갖는 고시로 보아야 한다는 견해이다.

(3) 판례(하자승계의 판례이면서 처분성 근거의 판례)

표준지공시지가결정이 위법한 경우에는 그 자체를 행정소송의 대상이 되는 행정처분으로 보아 그 위법 여부를 다툴 수 있음을 물론, 수용보상금의 증액을 구하는 소송에서도 비교표준지 공시가격결정의 위법을 독립한 사유로 주장할 수 있다고 판시하여 표준지공시지가의 처분성을 인정하였다(대판 2008.8.21, 2007두13845).

(4) 검토

법률관계의 조속한 확정 및 법적 안정성을 도모하기 위해 처분성을 인정함이 타당하다.

3. 표준지공시지가의 공시절차

국토교통부장관은 표준지 선정 및 관리지침에 따라 표준지를 선정하고, 둘 이상의 감정평가법인등에게 표준지의 적정가격을 조사·평가의뢰하며, 감정평가법인등은 관할 시장·군수·구청장의 의견을 듣고, 공시일 현재의 적정가격을 조사·평가한다. 이후, 국토교통부장관은 중앙부동산가격공시위원회의 심의를 거쳐 표준지공시지가를 공시해야 한다.

4. 표준지공시지가의 효력 및 적용

(1) 표준지공시지가의 효력(부동산공시법 제9조)

표준지공시지가는 토지시장에 지가정보를 제공하고 일반적인 토지거래의 지표가 되며, 국가·지방자치단체 등이 그 업무와 관련하여 지가를 산정하거나 감정평가법인등이 개별적으로 토지를 감정평가하는 경우에 기준이 된다.

(2) 적용범위

표준지공시지가는 ① 감정평가법인등의 토지 감정평가 시 기준이 되며, ② 개별공시지가의 산정기준이 된다. 또한, ③ 국가·지방자치단체 등이 공공용지의 매수, 토지의 수용·사용에 대한 보상, 국공유지의 취득, 처분 등 행정목적을 위한 산정의 기준이 된다.

Ⅱ 표준지공시지가에 대한 불복

1. 개설

표준지공시지가의 처분성 인정 여부에 따라 불복방법이 달라진다. 처분성을 긍정하는 입장에서는 이의신청을 거치고 그에 불복이 있으면 행정심판 또는 행정소송을 제기할 수 있다. 그러나 처분성을 부정하는 입장에서는 행정심판 및 행정소송을 제기할 수 없고 이의신청만을 제기할 수 있다.

2. 이의신청(부동산공시법 제7조)

(1) 의의 및 취지

부동산공시법상 이의신청이란 표준지공시지가에 이의가 있는 자가 국토교통부장관에게 이의를 신청하고 국토교통부장관이 이를 심사하도록 하는 제도로서 이는 공시지가의 객관성을 확보하여 공신력을 높여주는 데 제도적 취지가 인정된다.

(2) 이의신청의 성격

① 학설

이의신청의 처분성이 인정되고 부동산가격공시위원회의 심의를 규정하고 있다는 점에 특별법상 행정심판으로 보는 견해와 이의신청은 처분청인 국토교통부장관에게 하도록 되어 있다는 점에 강학상 이의신청으로 보는 견해가 있다.

② 재결례 변경

종전 대법원은 표준지공시지가 이의신청에 대해서는 특별법상 행정심판으로 보았으나, 최근 중앙행정심판위원회에서 재결례를 변경하여 강학상 이의신청으로 보고 있다.

③ 검토

처분청인 국토교통부장관에게 신청하는 것이라는 점, 국민의 권리구제에 유리하다는 점 등을 이유로 강학상 이의신청으로 봄이 타당하다.

(3) 이의신청의 절차 및 효과

공시일로부터 30일 이내에 서면으로 국토교통부장관에게 이의신청을 하고, 국토교통부장관은 이의신청기간 만료일부터 30일 이내에 이를 심사하고 그 결과를 신청인에게 통지해야 한다. 이의가 타당한 경우 표준지공시지가를 조정하여 재공시(직권변경처분)해야 한다.

행정기본법 제36조(처분에 대한 이의신청)

① 행정청의 처분(「행정심판법」 제3조에 따라 같은 법에 따른 행정심판의 대상이 되는 처분을 말한다. 이하 이 조에서 같다)에 이의가 있는 당사자는 처분을 받은 날부터 30일 이내에 해당 행정청에 이의신청을 할 수 있다.

② 행정청은 제1항에 따른 이의신청을 받으면 그 신청을 받은 날부터 14일 이내에 그 이의신청에 대한 결과를 신청인에게 통지하여야 한다. 다만, 부득이한 사유로 14일 이내에 통지할 수 없는 경우에는 그 기간을 만료일 다음 날부터 기산하여 10일의 범위에서 한 차례 연장할 수 있으며, 연장 사유를 신청인에게 통지하여야 한다.

③ 제1항에 따라 이의신청을 한 경우에도 그 이의신청과 관계없이 「행정심판법」에 따른 행정심판 또는 「행정소송법」에 따른 행정소송을 제기할 수 있다.

④ 이의신청에 대한 결과를 통지받은 후 행정심판 또는 행정소송을 제기하려는 자는 그 결과를 통지받은 날(제2항에 따른 통지기간 내에 결과를 통지받지 못한 경우에는 같은 항에 따른 통지기간이 만료되는 날의 다음 날을 말한다)부터 90일 이내에 제1항의 처분(이의신청 결과 처분이 변경된 경우에는 변경된 처분으로 한다)에 대하여 행정심판 또는 행정소송을 제기할 수 있다. 〈개정 2025.3.18.〉

⑤ 행정청은 제2항 또는 다른 법률에 따라 이의신청에 대한 결과를 통지할 때에는 대통령령으로 정하는 바에 따라 제4항에 따른 행정심판 또는 행정소송을 제기할 수 있는 기간 등 행정심판 또는 행정소송의 제기에 관한 사항을 함께 안내하여야 한다. 다만, 이의신청에 대한 결과를 통지하기 전에 이미 신청인이 행정심판 또는 행정소송을 제기한 경우에는 안내하지 아니할 수 있다. 〈신설 2025.3.18.〉

⑥ 다른 법률에서 이의신청과 이에 준하는 절차에 대하여 정하고 있는 경우에도 그 법률에서 규정하지 아니한 사항에 관하여는 이 조에서 정하는 바에 따른다. 〈개정 2025.3.18.〉

---

3. 행정심판

최근 판례의 태도에 따르면 이의신청을 거친 경우나 거치지 않은 경우 모두 행정심판을 제기할 수 있다고 본다.

4. 행정소송

(1) 의의 및 종류

위법한 표준지공시지가의 결정·공시에 대해 취소 또는 변경을 구할 효력의 존재 여부를 확인할 이익이 있는 자는 국토교통부장관을 피고로 관할 행정법원에 취소소송 및 무효등확인소송을 제기할 수 있다.

(2) 행정심판임의주의

행정소송법 제19조에서 행정심판임의주의를 원칙으로 규정하는 점에 비추어 볼 때, 행정심판을 거치지 않은 경우라도 행정소송을 제기할 수 있을 것이다.

(3) 소송요건

① 대상적격 및 관할

표준지공시지가는 처분성이 인정되므로 표준지공시지가를 대상으로 토지소재지의 행정법원에 소를 제기할 수 있다.

② 원고적격

토지소유자는 원고적격을 갖고 있으나, 인근 주민에게 원고적격이 인정되는지 문제된다. 부동산공시법 시행령 제12조에서는 표준지공시지가에 대하여 이의신청을 제기할 수 있는 자를 표준지 소유자에 한정하지 않고, 표준지의 이용자, 그 밖에 법률상 이해관계를 가진 자도 포함시키고 있다. 이러한 부동산공시법의 입법취지 및 목적, 표준지공시지가의 영향범위 등을 고려할 때 인근 주민도 원고적격이 인정된다 할 것이다.

③ 제소기간

㉠ 문제점

행정소송법 제20조에서는 처분이 있음을 안 날로부터 90일, 있은 날로부터 1년의 제소기간을 규정하고 있다. 표준지공시지가와 개별공시지가처럼 처분 등이 공고, 고시로 이루어지는 경우 이의 해석이 문제된다.

㉡ 처분 등 공고, 고시로 이루어진 경우 '있은 날'

'처분이 있은 날'이란 처분이 공고, 고시에 의해 외부에 표시되어 효력이 발생한 날을 의미한다. 부동산공시법상 이의신청 제기기간을 공시일로부터 30일로 규정하므로, 이와 균형을 도모하기 위해 공시일을 있은 날로 봄이 타당하다.

㉢ 처분 등 공고, 고시로 이루어진 경우 '안 날'

'안 날'은 '통지·공고' 등으로 현실적으로 안 날을 의미한다. 간접적으로 처분이 있음을 안 것에 불과한 경우에는 안 것에 해당하지 않는다. 개별통지가 이루어지지 않은 경우 문제가 된다. 공시일을 안 날로 의미하는 명문규정이 없으므로 '현실적으로 안 날로 보는 견해와 불특정 다수의 이해관계와 관련하여 공시가 적절한 수단이고 불가쟁력의 기산점을 통일하여 법적 안정성을 도모해야 하므로 '공시일'로 보는 견해가 있다. 판례는 공고, 고시의 상대방은 불특정 다수이고, 효력이 일률적으로 적용되는 것이므로 공시가 효력을 발생하는 날에 행정처분이 있음을 알았다고 보아야 한다고 판시하여 공시일을 '안 날'로 보고 있다.

④ 소송제기 효과

표준지공시지가에 대한 항고소송이 제기되면 관할법원에 사건이 계속되며 법원은 이를 심리하고 판결할 의무가 발생하게 된다. 표준지공시지가에 대한 항고소송이 제기되었다 하더라도 해당 처분의 효력 등에 아무런 영향을 주지 않는다(집행부정지).

⑤ 심리 및 판결

법원은 당사자의 주장을 심리하고 당사자의 주장이 이유가 있는 경우에는 인용판결을 할 수 있고, 이유가 없는 경우에는 기각판결을 할 수 있다. 소송요건을 갖추지 못한 경우에는 각하판결을 해야 할 것이다.

5. 표준지공시지가와 하자승계의 문제

(1) 표준지공시지가와 개별공시지가(부정)

표준지로 선정된 토지의 공시지가에 대하여 불복하기 위하여는 지가공시 및 토지 등의 평가에 관한 법률 제8조 제1항 소정의 이의절차를 거쳐 처분청을 상대로 공시지가결정의 취소를 구하는 행정소송을 제기하여야 하고, 그러한 절차를 밟지 아니한 채 개별토지가격 결정을 다투는 소송에서 개별토지가격 산정의 기초가 된 표준지공시지가의 위법성을 다툴 수는 없다(대판 1996.5.10, 95누9808).

(2) 표준지공시지가와 과세처분(부정)

개별토지가격에 대한 불복방법과는 달리 표준지의 공시지가에 대한 불복방법을 지가공시 및 토지 등의 평가에 관한 법률 제8조 제1항 소정의 절차를 거쳐 처분청을 상대로 다툴 수 있을 뿐 그러한 절차를 밟지 아니한 채 조세소송에서 그 공시지가결정의 위법성을 다툴 수 없도록 제한하고 있는 것은 표준지의 공시지가와 개별토지가격은 그 목적·대상·결정기관·결정절차·금액 등 여러 가지 면에서 서로 다른 성질의 것이라는 점을 고려한 것이므로, 이러한 차이점에 근거하여 표준지의 공시지가에 대한 불복방법을 개별토지가격에 대한 불복방법과 달리 인정한다고 하여 그것이 헌법상 평등의 원칙, 재판권 보장의 원칙에 위반된다고 볼 수 없다(대판 1997.9.26, 96누7649).

(3) 표준지공시지가결정과 수용재결의 하자승계(인정)

토지소유자는 수용재결 등 구체적 불이익이 현실적으로 나타났을 경우 권리구제의 길을 찾는 것이 우리 국민의 권리의식이고, 항상 토지가격을 주시하여 시정하도록 요구하는 것은 부당하게 높은 주의의무를 지우는 것이며, 수용재결 등 후행 행정처분에서 표준지공시지가결정의 위법을 주장할 수 없도록 하는 것은 수인한도를 넘는 불이익을 강요하는 것으로, 국민의 재산권과 재판받을 권리를 보장하기 위하여 수용보상금의 증액을 구하는 소송에서도 비교표준지 공시지가결정의 위법을 독립한 사유로 주장할 수 있다고 판시하였다(대판 2008.8.21, 2007두13845).

> **■ 대판 2008.8.21, 2007두13845[토지보상금]**
>
> **【판시사항】**
> 수용보상금의 증액을 구하는 소송에서 선행처분으로서 그 수용대상 토지 가격 산정의 기초가 된 비교표준지공시지가결정의 위법을 독립한 사유로 주장할 수 있는지 여부(적극)
>
> **【판결요지】**
> 표준지공시지가결정은 이를 기초로 한 수용재결 등과는 별개의 독립된 처분으로서 서로 독립하여 별개의 법률효과를 목적으로 하지만, 표준지공시지가는 이를 인근 토지의 소유자나 기타 이해관계인에게 개별적으로 고지하도록 되어 있는 것이 아니어서 인근 토지의 소유자 등이 표준지공시지가 결정 내용을 알고 있었다고 전제하기가 곤란할 뿐만 아니라, 결정된 표준지공시지가가 공시될 당시 보상금 산정의 기준이 되는 표준지의 인근 토지를 함께 공시하는 것이 아니어서 인근 토지 소유

자는 보상금 산정의 기준이 되는 표준지가 어느 토지인지를 알 수 없으므로, 인근 토지 소유자가 표준지의 공시지가가 확정되기 전에 이를 다투는 것은 불가능하다. 더욱이 장차 어떠한 수용재결 등 구체적인 불이익이 현실적으로 나타나게 되었을 경우에 비로소 권리구제의 길을 찾는 것이 우리 국민의 권리의식임을 감안하여 볼 때, 인근 토지소유자 등으로 하여금 결정된 표준지공시지가를 기초로 하여 장차 토지보상 등이 이루어질 것에 대비하여 항상 토지의 가격을 주시하고 표준지공시지가결정이 잘못된 경우 정해진 시정절차를 통하여 이를 시정하도록 요구하는 것은 부당하게 높은 주의의무를 지우는 것이고, 위법한 표준지공시지가결정에 대하여 그 정해진 시정절차를 통하여 시정하도록 요구하지 않았다는 이유로 위법한 표준지공시지가를 기초로 한 수용재결 등 후행 행정처분에서 표준지공시지가결정의 위법을 주장할 수 없도록 하는 것은 수인한도를 넘는 불이익을 강요하는 것으로서 국민의 재산권과 재판받을 권리를 보장한 헌법의 이념에도 부합하는 것이 아니다. 따라서 표준지공시지가결정이 위법한 경우에는 그 자체를 행정소송의 대상이 되는 행정처분으로 보아 그 위법 여부를 다툴 수 있음은 물론, 수용보상금의 증액을 구하는 소송에서도 선행처분으로서 그 수용대상 토지 가격 산정의 기초가 된 비교표준지공시지가결정의 위법을 독립한 사유로 주장할 수 있다.

■ 표준지공시지가와 과세처분 하자의 승계 부정함.
[대판 2022.5.13, 2018두50147[재산세부과처분취소]

【판시사항】

[1] 표준지로 선정된 토지의 표준지공시지가에 대한 불복방법 및 그러한 절차를 밟지 않은 채 토지 등에 관한 재산세 등 부과처분의 취소를 구하는 소송에서 표준지공시지가결정의 위법성을 다투는 것이 허용되는지 여부(원칙적 소극)

[2] 갑 주식회사가 강제경매절차에서 표준지로 선정된 토지를 대지권의 목적으로 하는 집합건물 중 구분건물 일부를 취득하자, 관할 구청장이 재산세를 부과한 사안에서, 위 부동산에 대한 시가표준액이 감정가액과 상당히 차이가 난다는 등의 이유로 시가표준액 산정이 위법하다고 본 원심판결에 법리오해 등의 잘못이 있다고 한 사례

【판결요지】

[1] 표준지로 선정된 토지의 표준지공시지가를 다투기 위해서는 처분청인 국토교통부장관에게 이의를 신청하거나 국토교통부장관을 상대로 공시지가결정의 취소를 구하는 행정심판이나 행정소송을 제기해야 한다. 그러한 절차를 밟지 않은 채 토지 등에 관한 재산세 등 부과처분의 취소를 구하는 소송에서 표준지공시지가결정의 위법성을 다투는 것은 원칙적으로 허용되지 않는다.

[2] 갑 주식회사가 강제경매절차에서 표준지로 선정된 토지를 대지권의 목적으로 하는 집합건물 중 구분건물 일부를 취득하자, 관할 구청장이 재산세를 부과한 사안에서, 위 토지는 표준지로서 시가표준액은 표준지공시지가결정에 따라 그대로 정해지고, 위 건축물에 대한 시가표준액은 거래가격 등을 고려하여 정한 기준가격에 건축물의 구조, 용도, 위치와 잔존가치 등 여러 사정을 반영하여 정한 기준에 따라 결정되므로, 법원이 위 건축물에 대한 시가표준액 결정이 위법하다고 판단하기 위해서는 위 각 산정 요소의 적정 여부를 따져보아야 하는데, 이를 따져보지 않은 채 단지 위 건축물에 대한 시가표준액이 그 감정가액과 상당히 차이가 난다거나 위 건축물의 시가표준액을 결정할 때 위치지수로 반영되는 위 토지의 공시지가가 과도하게 높게 결정되었다는 등의 사정만으로 섣불리 시가표준액 결정이 위법하다고 단정할 수 없으므로, 위 부동산에 대한 시가표준액이 감정가액과 상당히 차이가 난다는 등의 이유로 시가표준액 산정이 위법하다고 본 원심판결에 법리오해 등의 잘못이 있다고 한 사례

쟁점 87 개별공시지가   A급

I 개별공시지가

1. 의의 및 취지(부동산공시법 제10조)

개별공시지가란 시장·군수 또는 구청장이 공시하는 국세·지방세 등 각종 세금의 부과, 그 밖의 다른 법령에서 정하는 목적을 위한 지가의 산정에 사용하도록 하기 위하여 시·군·구 부동산가격공시위원회의 심의를 거쳐 매년 공시지가의 공시기준일 현재 관할구역 안의 개별토지에 대하여 결정·공시하는 단위면적당 적정가격을 말한다. 이는 조세 및 개발부담금 산정의 기준이 되어 행정의 효율성 제고를 도모함에 제도적 취지가 인정된다.

2. 법적 성질

(1) 문제점

개별공시지가의 처분성 인정 여부가 문제된다. 논의의 실익은 개별공시지가 산정절차상 하자의 위법성 인정 여부, 항고쟁송의 대상적격을 인정할 수 있는지 여부에 있다.

(2) 학설

① **행정행위설** : 개별공시지가는 과세의 기준이 되어 국민의 권리·의무에 직접 영향을 미치므로 행정행위성을 갖는다는 견해이다.

② **행정규칙설** : 개별공시지가는 직접 국민의 권리·의무에 영향이 없고, 후행 행정처분의 부과기준으로서 역할을 하는 일반적·추상적 규율에 불과하다는 견해이다.

③ **개별공시지가 물적행정행위설** : 지가 결정을 특정 개인에 대한 행위가 아니라 토지라는 '물건'의 객관적 가치와 법적 상태를 확정하는 행위로 보는 견해이다. 이 견해에 따르면 소유자가 바뀌어도 결정된 지가의 효력이 물건에 귀속되어 새로운 소유자에게 그대로 승계되는 대물적 성격을 가진다.

④ **법규명령의 성질을 갖는 고시설** : 개별공시지가는 법령에 근거하여 결정되며 여러 행정처분의 기준이 되는 것이므로 법규명령의 성질을 갖는 고시에 준하는 성질을 갖는 것으로 보아야 한다는 견해이다.

(3) 판례

대법원은 개별공시지가는 과세의 기준이 되어 국민의 권리·의무 내지 법률상 이익에 직접적으로 관계된다고 하여 처분성을 인정하였다.

(4) 검토

개별공시지가는 향후 과세처분의 기준이 되어 국민의 권리·의무에 직접 영향을 미치므로 행정행위로 처분에 해당되며, 토지라는 물건의 객관적 가치와 법적상태를 확정하는 행위로 물적행정행위로 보는 것이 타당하다고 판단된다.

3. 개별공시지가의 공시절차

시장·군수·구청장이 개별공시지가를 산정하고, 그 타당성에 대하여 감정평가법인등에게 검증을 받고, 토지소유자 및 이해관계인의 의견을 청취한다. 그 후, 시·군·구 부동산가격공시위원회의 심의 후 결정·공시하며, 필요 시 개별통지할 수 있다(하자의 승계문제).

4. 개별공시지가의 효력 및 적용

개별공시지가는 토지 관련 국세, 지방세 및 각종 부담금의 부과를 위한 과세표준이 된다. 따라서 개별공시지가를 기준으로 일정세율을 곱하여 조세 및 부담금을 부과하게 된다. 다만, 개별공시지가를 기준으로 하여 행정목적에 활용하기 위해서는 다른 법률에 명시적으로 규정이 있어야 하므로 명시적인 규정이 없는 경우에는 표준지공시지가를 기준으로 개별적으로 토지가격을 산정하여야 할 것이다.

Ⅱ 개별공시지가에 대한 불복

1. 개설

개별공시지가의 법적 성질을 어떻게 보느냐에 따라 불복절차의 내용이 달라진다. 개별공시지가의 처분성을 인정하는 견해에 의하면 항고소송을 제기할 수 있으나, 처분성을 부정하는 견해에 의하면 후행(과세)처분단계에서 개별공시지가의 위법을 간접적으로 다툴 수 있다. 이하에서는 처분성을 인정하는 견해에 따라 설명하기로 한다.

2. 이의신청(부동산공시법 제11조)

(1) 의의 및 취지

개별공시지가에 대하여 이의가 있는 자가 시장·군수·구청장에게 이의를 신청하고 시장·군수·구청장이 이를 심사하는 제도로서 이는 공시지가의 객관성을 확보하여 공신력을 높여주는 데 제도적 취지가 인정된다.

(2) 이의신청의 성격

① 학설

처분청인 지방자치단체에 대하여 제기한다는 점 등을 논거로 본래의 강학상 이의신청이라는 견해와 개별공시지가의 목적 등을 고려할 때 전문성과 특수성이 요구되며 행정심판법 제4조의 규정취지를 감안할 때 특별법상 행정심판으로 보아야 한다는 견해가 있다.

② 판례

최근 개별공시지가와 관련된 판례는 이의신청을 제기한 이후에도 별도로 행정심판을 제기할 수 있다고 판시한 바 있다.

부동산 가격공시에 관한 법률에 행정심판의 제기를 배제하는 명시적 규정이 없고 이의신청과 행정심판은 그 절차 및 기간에 차이가 있는 점을 종합하면, 행정심판법 제3조

제1항에서 행정심판의 제기를 배제하는 "다른 법률에 특별한 규정이 있는 경우"에 해당한다고 볼 수 없으므로 곧바로 행정소송을 제기하거나, 이의신청과 행정심판 청구 중 어느 하나만을 거쳐 행정소송을 제기할 수 있을 뿐 아니라, 이의신청을 하고 행정심판을 거쳐 행정소송을 제기할 수 있다고 보아야 한다. 이 경우 제소기간은 재결서 정본을 받은 날부터 기산한다고 판시한 바 있다.

③ **검토**

부동산공시법상의 이의신청은 처분청인 시장·군수·구청장에게 제기한다는 점과 국민의 권리구제를 위해 본래의 강학상 이의신청이라 봄이 타당하다.

(3) 이의신청의 절차 및 효과

공시일로부터 30일 이내에 서면으로 시장·군수·구청장에게 이의신청을 하고 시장·군수·구청장은 기간만료일부터 30일 이내에 심사하고 그 결과를 신청인에게 통지해야 한다. 이의가 타당한 경우 개별공시지가를 조정하여 재공시해야 한다.

> **행정기본법 제36조(처분에 대한 이의신청)**
> ① 행정청의 처분(「행정심판법」 제3조에 따라 같은 법에 따른 행정심판의 대상이 되는 처분을 말한다. 이하 이 조에서 같다)에 이의가 있는 당사자는 처분을 받은 날부터 30일 이내에 해당 행정청에 이의신청을 할 수 있다.
> ② 행정청은 제1항에 따른 이의신청을 받으면 그 신청을 받은 날부터 14일 이내에 그 이의신청에 대한 결과를 신청인에게 통지하여야 한다. 다만, 부득이한 사유로 14일 이내에 통지할 수 없는 경우에는 그 기간을 만료일 다음 날부터 기산하여 10일의 범위에서 한 차례 연장할 수 있으며, 연장 사유를 신청인에게 통지하여야 한다.
> ③ 제1항에 따라 이의신청을 한 경우에도 그 이의신청과 관계없이 「행정심판법」에 따른 행정심판 또는 「행정소송법」에 따른 행정소송을 제기할 수 있다.
> ④ 이의신청에 대한 결과를 통지받은 후 행정심판 또는 행정소송을 제기하려는 자는 그 결과를 통지받은 날(제2항에 따른 통지기간 내에 결과를 통지받지 못한 경우에는 같은 항에 따른 통지기간이 만료되는 날의 다음 날을 말한다)부터 90일 이내에 제1항의 처분(이의신청 결과 처분이 변경된 경우에는 변경된 처분으로 한다)에 대하여 행정심판 또는 행정소송을 제기할 수 있다. 〈개정 2025.3.18.〉
> ⑤ 행정청은 제2항 또는 다른 법률에 따라 이의신청에 대한 결과를 통지할 때에는 대통령령으로 정하는 바에 따라 제4항에 따른 행정심판 또는 행정소송을 제기할 수 있는 기간 등 행정심판 또는 행정소송의 제기에 관한 사항을 함께 안내하여야 한다. 다만, 이의신청에 대한 결과를 통지하기 전에 이미 신청인이 행정심판 또는 행정소송을 제기한 경우에는 안내하지 아니할 수 있다. 〈신설 2025.3.18.〉
> ⑥ 다른 법률에서 이의신청과 이에 준하는 절차에 대하여 정하고 있는 경우에도 그 법률에서 규정하지 아니한 사항에 관하여는 이 조에서 정하는 바에 따른다. 〈개정 2025.3.18.〉

3. 행정심판

이의신청을 거치지 않고 행정심판을 제기할 수 있고, 이의신청을 거친 경우에도 행정심판을 제기할 수 있을 것이다.

4. 행정소송

(1) 의의 및 종류

위법한 개별공시지가의 결정·공시에 대해 취소 또는 변경을 구할 효력의 존재 여부를 확인할 이익이 있는 자는 시장·군수·구청장을 피고로 관할 행정법원에 취소소송 및 무효등확인소송을 제기할 수 있다.

(2) 행정심판임의주의

행정소송법 제18조에서 행정심판임의주의를 원칙으로 규정하는 점에 비추어 볼 때, 행정심판을 거치지 않은 경우라도 행정소송을 제기할 수 있을 것이다.

(3) 소송요건

① 대상적격

개별공시지가는 처분성이 인정되므로 항고소송의 대상적격이 인정된다.

② 원고적격

개별공시지가의 토지소유자는 개별공시지가를 다툴 법률상 이익이 인정되므로 원고적격이 있으나, 인근 주민에게 개별공시지가를 다툴 원고적격이 있는지 의문인데 개별공시지가는 해당 토지에 대한 과세기준이 될 뿐 인근 토지의 가격에 영향을 미치지 않으므로 인근 주민에게 원고적격은 없다고 본다.

③ 제소기간

㉠ 문제점

행정소송법 제20조에서는 처분이 있음을 안 날로부터 90일, 있은 날로부터 1년의 제소기간을 규정하고 있다. 표준지공시지가와 개별공시지가처럼 처분 등이 공고, 고시로 이루어지는 경우 이의 해석이 문제된다.

㉡ 처분 등 공고, 고시로 이루어진 경우 '있은 날'

'처분이 있은 날'이란 처분이 공고, 고시에 의해 외부에 표시되어 효력이 발생한 날을 의미한다. 부동산공시법상 이의신청 제기기간을 공시일로부터 30일로 규정하므로, 이와 균형을 도모하기 위해 공시일을 있은 날로 봄이 타당하다. 판례도 공고일부터 효력이 발생한다고 판시한 바 있다.

㉢ 처분 등 공고, 고시로 이루어진 경우 '안 날 - 고시 또는 공고에 의하여 행정처분을 하는 경우, 그에 대한 취소소송 제소기간의 기산일(= 고시 또는 공고의 효력발생일)

'안 날'은 '통지·공고' 등으로 현실적으로 안 날을 의미한다. 간접적으로 처분이 있음을 안 것에 불과한 경우에는 안 것에 해당하지 않는다. 개별통지가 이루어지지 않은 경우 문제가 된다. 판례는 개별토지가격결정과 같이 처분의 효력이 각 상대방에게 개별적으로 발생하는 경우는 개별토지가격결정처분이 있음을 알았다고까지 의제할 수 없으므로 행정심판법 제27조 제3항을 적용하여 180일 이내에 심판을 청구할 수 있다. 다만 개별공시지가는 2012년도에 결정통지문을 폐지하고, 시군구 게시판에 개별공시지가를 결정·공시하기 때문에 행정소송의 제소기간 기산점인 안 날에 대해서는 대법원 2014두619 판결에서 "통상 고시 또는 공고에 의하여 행정처분을 하는 경우에는 그 처분의 상대방이 불특정 다수인이고 그 처분의 효력이 불특정 다수인에게 일률적으로 적용되는 것이므로, 그 행정처분에 이해관계를 갖는 자가 고시 또는 공고가 있었다는 사실을 현실적으로 알았는지 여부에 관계없이 고시가 효력을 발생하는 날 행정처분이 있음을 알았다고 보아야 한다."고 판시하고 있는바, 판례의 태도가 타당하다고 보여진다.

④ 소송제기 효과

개별공시지가에 대한 항고소송이 제기되면 관할법원에 사건이 계속되며 법원은 이를 심리하고 판결할 의무가 발생하게 된다. 개별공시지가에 대한 항고소송이 제기되었다 하더라도 해당 처분의 효력 등에 아무런 영향을 주지 않는다(집행부정지).

5. 개별공시지가와 과세처분의 하자승계

(1) 긍정한 판례

두 개 이상의 행정처분이 연속적으로 행하여지는 경우 선행처분과 후행처분이 서로 결합하여 1개의 법률효과를 완성하는 때에는 선행처분에 하자가 있으면 그 하자는 후행처분에 승계되므로 선행처분에 불가쟁력이 생겨 그 효력을 다툴 수 없게 된 경우에도 선행처분의 하자를 이유로 후행처분의 효력을 다툴 수 있는 반면 선행처분과 후행처분이 서로 독립하여 별개의 법률효과를 목적으로 하는 때에는 선행처분에 불가쟁력이 생겨 그 효력을 다툴 수 없게 된 경우에는 선행처분의 하자가 중대하고 명백하여 당연무효인 경우를 제외하고는 선행처분의 하자를 이유로 후행처분의 효력을 다툴 수 없는 것이 원칙이나 선행처분과 후행처분이 서로 독립하여 별개의 효과를 목적으로 하는 경우에도 선행처분의 불가쟁력이나 구속력이 그로 인하여 불이익을 입게 되는 자에게 수인한도를 넘는 가혹함을 가져오며, 그 결과가 당사자에게 예측가능한 것이 아닌 경우에는 국민의 재판받을 권리를 보장하고 있는 헌법의 이념에 비추어 선행처분의 후행처분에 대한 구속력은 인정될 수 없다(대판 1994.1.25, 93누8542).

(2) 부정한 판례

원고가 이 사건 토지를 매도한 이후에 그 양도소득세 산정의 기초가 되는 개별공시지가결정에 대하여 한 재조사청구에 따른 조정결정을 통지받고서도 더 이상 다투지 아니한 경우까지 선행처분인 개별공시지가결정의 불가쟁력이나 구속력이 수인한도를 넘는 가혹한 것이거나 예측불가능하다고 볼 수 없어, 위 개별공시지가결정의 위법을 이 사건 과세처분의 위법사유로 주장할 수 없다(대판 1998.3.13, 96누6059).

★ **공인중개사 업무정지처분과 등록취소처분의 하자의 승계(부정)**
　[대판 2019.1.31, 2017두40372[중개사무소의 개설등록취소처분취소]

【판시사항】

[1] 공인중개사법 제38조 제1항 제7호에서 정한 '중개업무'에 거래 당사자 쌍방의 의뢰를 받아 이루어지는 경우 외에 거래 당사자 일방의 의뢰를 받아 이루어지는 경우가 포함되는지 여부(적극) 및 어떠한 행위가 '중개업무의 수행'에 해당하는지 판단하는 기준

[2] 선행처분과 후행처분이 서로 독립하여 별개의 법률효과를 발생시키는 경우, 선행처분에 불가쟁력이 생겨 그 효력을 다툴 수 없게 되면 선행처분의 하자를 이유로 후행처분의 효력을 다툴 수 있는지 여부(원칙적 소극) 및 예외적으로 선행처분의 하자를 이유로 후행처분의 효력을 다툴 수 있는 경우

【판결요지】

[1] 공인중개사법 제38조 제1항 제7호는 '업무정지기간 중에 중개업무를 하는 경우'를 중개사무소의 개설등록 취소사유로 규정하고 있다. 여기에서 말하는 중개업무란 중개대상물에 대하여 거래 당사자 간의 매매·교환·임대차 기타 권리의 득실·변경에 관한 행위를 알선하는 업무를 말한다(공인중개사법 제2조 제1호). 그러한 업무는 거래 당사자 쌍방의 의뢰를 받아 이루어지는 경우뿐만 아니라 거래 당사자 일방의 의뢰를 받아 이루어지는 경우도 포함한다. 한편 어떠한 행위가 '중개업무의 수행'에 해당하는지는 중개업자의 행위를 객관적으로 보아 사회통념상 거래의 알선·중개를 위한 행위라고 인정되는지에 따라 판단하여야 한다.

[2] 2개 이상의 행정처분이 연속적 또는 단계적으로 이루어지는 경우 선행처분과 후행처분이 서로 합하여 1개의 법률효과를 완성하는 때에는 선행처분에 하자가 있으면 그 하자는 후행처분에 승계된다. 이러한 경우에는 선행처분에 불가쟁력이 생겨 그 효력을 다툴 수 없게 되더라도 선행처분의 하자를 이유로 후행처분의 효력을 다툴 수 있다. 그러나 선행처분과 후행처분이 서로 독립하여 별개의 법률효과를 발생시키는 경우에는 선행처분에 불가쟁력이 생겨 그 효력을 다툴 수 없게 되면 선행처분의 하자가 중대하고 명백하여 선행처분이 당연무효인 경우를 제외하고는 특별한 사정이 없는 한 선행처분의 하자를 이유로 후행처분의 효력을 다툴 수 없는 것이 원칙이다. 다만 그 경우에도 선행처분의 불가쟁력이나 구속력이 그로 인하여 불이익을 입게 되는 자에게 수인한도를 넘는 가혹함을 가져오고, 그 결과가 당사자에게 예측가능한 것이 아니라면, 국민의 재판받을 권리를 보장하고 있는 헌법의 이념에 비추어 선행처분의 후행처분에 대한 구속력을 인정할 수 없다.

쟁점 **88** 개별공시지가의 직권 정정   A급

I 개별공시지가의 직권 정정의 의의

개별공시지가의 직권정정제도란 개별공시지가에 틀린 계산·오기 등 명백한 오류가 있는 경우 이를 직권으로 정정할 수 있는 제도이다. 이는 개별공시지가의 적정성을 담보하기 위한 수단으로써 불필요한 행정쟁송을 방지하여 행정의 능률화를 도모함에 취지가 있다.

II 개별공시지가의 직권 정정 사유

시장·군수 또는 구청장은 개별공시지가에 틀린 계산, 오기, 표준지 선정의 착오, 그 밖에 대통령령이 정하는 명백한 오류가 있음을 발견한 때에는 지체 없이 이를 정정하여야 한다(부동산공시법 제12조). "그 밖에 대통령령이 정하는 명백한 오류"라 함은 ① 공시절차를 완전하게 이행하지 아니한 경우, ② 용도지역 등 토지 가격에 영향을 미치는 주요 요인의 조사를 잘못한 경우, ③ 토지가격비준표의 적용에 오류가 있는 경우를 말한다(부동산공시법 시행령 제23조 제1항).

III 개별공시지가 직권 정정 절차 및 신청에 의한 정정등의 가능성

1. 개별공시지가의 직권 정정 절차

시장·군수 또는 구청장이 오류를 정정하고자 하는 때에는 시·군·구 부동산가격공시위원회의 심의를 거쳐 정정사항을 결정·공시하여야 한다. 다만, 틀린 계산 또는 오기의 경우에는 시·군·구 부동산가격공시위원회의 심의를 거치지 아니할 수 있다(부동산공시법 시행령 제23조 제2항).

2. 개별공시지가의 신청에 의한 정정과 다양한 권익구제 방법론

(1) 개별공시지가에 대하여 신청에 의한 직권정정이 가능한지

행정의 적법성 보장과 국민의 권익구제 차원에서 행정절차법 제25조에서는 "행정청은 처분에 오기(誤記), 오산(誤算) 또는 그 밖에 이에 준하는 명백한 잘못이 있을 때에는 직권으로 또는 신청에 따라 지체 없이 정정하고 그 사실을 당사자에게 통지하여야 한다."고 규정하고 있다. 그런데 부동산공시법에서는 개별공시지가에 대한 직권 정정에 대하여 신청에 의한 개별공시지가 직권 정정규정이 없다. 일반법인 행정절차법에서 처분의 정정 신청과 같이 오기, 위산이 있는 경우에 개별공시지가의 경우에도 직권정정뿐만 아니라 신청에 의한 정정도 인정하는 것이 타당하다고 보여진다.

(2) 다양한 권리구제 방법론의 존재

다만 부동산공시법에서는 개별공시지가의 이의신청에 의한 정정도 인정하기 때문에 반드시 개별공시지가의 직권정정만 인정된다고 보기는 어렵다. 이는 개별공시지가가 과표로

작용하는 문제가 있어서 신속한 조세행정을 위해 조세법률주의의 효율성이 법령에 반영된 것으로 생각된다. 개별공시지가의 정정사유에 공시절차를 완전하게 이행하지 아니한 경우도 부동산공시법 시행령에서는 포함하고 있다. 이는 개별공시지가 공시절차의 일부라도 불이행된 경우, 개별공시지가의 위법성을 소송단계에 이르지 않고 직권 정정할 수 있도록 규정한 것으로 볼 수 있다. 다만 개별공시지가 이의신청제도를 통하여 잘못 공시된 개별공시지가를 시정할 기회를 부여하고 있는 점도 특징이라고 하겠다.

Ⅳ 개별공시지가의 직권 정정에 대한 특징적인 대법원 판례

1. 개별공시지가 직권 정정신청에 대한 행정청의 거부행위에 대한 불복

"원고의 이 사건 토지에 대한 개별공시지가 조정신청을 재조사청구가 아닌 경정결정신청으로 본다고 할지라도, 이는 피고에 대하여 직권발동을 촉구하는 의미밖에 없다. 따라서 피고가 원고의 조정신청에 대하여 정정불가 결정 통지를 한 것은 이른바 관념의 통지에 불과할 뿐 항고소송의 대상이 되는 처분이 아니므로, 결국 원고의 예비적 청구는 각하되어야 한다."라고 판시함으로써(대판 2002.2.5, 2000두5043[개별공시지가정정불가처분취소]) 개별공시지가 직권 정정 신청에 대한 불가 통지는 거부처분의 3대 요건인 ① 공권력 행사로서의 거부, ② 국민의 권리와 의무에 직접적인 영향을 미칠 것, ③ 법규상 조리상 신청권이 존재할 것의 요건 중 판례는 법령의 신청권 존부를 부정하고 있는바, 판례의 태도가 타당하다고 판단된다. 다만 행정절차법 제25조 규정에 의할 때 위법의 소지가 있으나, 3,600만 필지의 개별공시지가에 대한 신청에 따른 정정을 인정하게 되면 상당한 조세 행정의 부담으로 작용할 것이므로, 조세행정의 특수성으로 말미암아 판례의 태도가 합당하다고 본다.

2. 토지특성조사 착오가 명백한 경우만 정정결정을 할 수 있는지 여부

"개별토지가격합동조사지침 제12조의3은 행정청이 개별토지가격결정에 위산·오기 등 명백한 오류가 있음을 발견한 경우 직권으로 이를 경정하도록 한 규정으로서 토지소유자 등 이해관계인이 그 경정결정을 신청할 수 있는 권리를 인정하고 있지 아니하므로"라고 판시함으로써(대판 2000두5043 판결) 부동산공시법 시행령 제23조 제1항은 명백한 오류의 예시규정으로 보는 것이 타당하다고 보여진다.

3. 개별공시지가의 직권정정의 소급효 및 제소기간

개별토지가격이 지가산정에 명백한 잘못이 있어 경정결정 공고되었다면 당초에 결정 공고된 개별토지가격은 그 효력을 상실하고 경정결정된 새로운 개별토지가격이 공시기준일에 소급하여 그 효력을 발생한다(대판 1994.10.7, 93누15588). 따라서 개별공시지가의 직권 정정의 경우에 공시기준일에 소급해서 소급적으로 효력이 발생한다. 다만 해당 개별공시지가 직권정정의 제소기간 기산점은 새로운 개별공시지가의 직권정정 결정공시일로 하는 것이 국민의 권익구제 차원에서 타당하다고 보여진다.

■ 개별공시지가 직권정정과 이의신청 정정의 제소기간 A

① 개별공시지가 정정 불가 결정 통지는 관념의 통지 – 항고소송의 대상이 되는 처분이 아니다.

■ [대판 2002.2.5, 2000두5043[개별공시지가정정불가처분취소]

【판시사항】

개별토지가격합동조사지침 제12조의3 소정의 개별공시지가 경정결정신청에 대한 행정청의 정정불가 결정 통지가 항고소송의 대상이 되는 처분인지 여부(소극)

【판결요지】

개별토지가격합동조사지침(1991.3.29. 국무총리훈령 제248호로 개정된 것) 제12조의3은 행정청이 개별토지가격결정에 위산·오기 등 명백한 오류가 있음을 발견한 경우 직권으로 이를 경정하도록 한 규정으로서 토지소유자 등 이해관계인이 그 경정결정을 신청할 수 있는 권리를 인정하고 있지 아니하므로, 토지소유자 등의 토지에 대한 개별공시지가 조정신청을 재조사청구가 아닌 경정결정신청으로 본다고 할지라도, 이는 행정청에 대하여 직권발동을 촉구하는 의미밖에 없으므로, 행정청이 위 조정신청에 대하여 정정불가 결정 통지를 한 것은 이른바 관념의 통지에 불과할 뿐 항고소송의 대상이 되는 처분이 아니다.

② 개별공시지가 직권 정정 소급효 공시기준일에 소급하여 효력이 발생한다.

개별공시지가의 직권정정을 통지한 경우에 제소기간의 기산일 : 새로운 개별공시지가 직권정정 통지서를 받은 날/통지를 하지 않고 결정공시만 하는 경우(이것이 최근 일반적임)에는 정정결정공시한 날 효력이 발생하고, 제소기간도 정정결정공시한 날

국토부에서 2012년에 개별공시지가 결정통지문을 폐지하였고, 지방자치단체도 거의 대부분이 폐지된 시점에서 실무적으로 현재는 시군구 게시판(인터텟 홈페이지 – 부동산가격공시알리미서비스)에 30일간 결정공시를 한다. 그렇다면 이때의 효력발생일과 제소기간은 개별공시지가의 원래 취지와 같이 정정 결정공시일에 효력이 발생하고(1월 1일 공시기준일에 소급효) 제소기간은 일반처분 대법원 2004두619 판결과 같이 제소기간은 정정 결정공시일에 발생하는 것으로 보는 것이 타당하다고 판단된다. 최초 결정공시일로 볼 경우에는 지나치게 당사자에게 권익이 침해되는 결과를 초래한다고 볼 수 있기 때문에 개별공시지가를 직권정정한 경우에 당사자에게 직권정정 통지서를 발송한 경우 개별토지소유자는 이를 수령한 날을 안 날로 보아 90일 이내에 행정심판 또는 행정소송을 제기하는 것이 타당하다고 생각된다. (최근에는 개별공시지가 결정통지문이 폐지되어 해당 시군구 게시판에 정정 결정공시되었다면 개별공시지가 정정 결정공시일을 새로운 효력발생일로 보고 제소기간 기산점으로 보는 것이 타당하다고 보여진다.)

(실무적으로는 이에 대한 이론이 있지만 경기도 행정심판위원회에서 2013년도 행정심판으로 받아준 전례가 있어 각 지방자치단체에 이와 동일하게 행정쟁송을 제기할 수 있도록 하는 것이 국민의 권익구제에 도움이 될 것으로 판단된다.)

■ [대판 1994.10.7, 93누15588[토지초과이득세부과처분취소]

【판시사항】

가. 과세처분 등 행정처분의 취소를 구하는 행정소송에서 선행처분인 개별공시지가결정의 위법을 독립된 위법사유로 주장할 수 있는지 여부

나. 토지특성조사의 착오가 명백하여야만 개별토지가격경정결정을 할 수 있는지 여부

다. 개별토지가격이 경정되면 당초 공시기준일에 소급하여 효력이 발생하는지 여부

【판결요지】

가. 개별토지가격의 결정에 위법이 있는 경우에는 그 자체를 행정소송의 대상이 되는 행정처분으로 보아 그 위법 여부를 다툴 수 있음은 물론 이를 기초로 한 과세처분 등 행정처분의 취소를 구하는 행정소송에서도 선행처분인 개별토지가격결정의 위법을 독립된 위법사유로 주장할 수 있다.

나. 개별토지가격합동조사지침 제12조의3에 의하면 토지특성조사의 착오 기타 위산·오기 등 지가산정에 명백한 잘못이 있을 경우에는 시장·군수 또는 구청장이 지방토지평가위원회의 심의를 거쳐 경정결정할 수 있고, 다만, 경미한 사항일 경우에는 지방토지평가위원회의 심의를 거치지 아니할 수 있다고 규정되어 있는바, 여기서 토지특성조사의 착오 또는 위산·오기는 지가산정에 명백한 잘못이 있는 경우의 예시로서 이러한 사유가 있으면 경정결정할 수 있는 것으로 보아야 하고 그 착오가 명백하여야 비로소 경정결정할 수 있다고 해석할 것은 아니다.

다. 개별토지가격이 지가산정에 명백한 잘못이 있어 경정결정 공고되었다면 당초에 결정 공고된 개별토지가격은 그 효력을 상실하고 경정결정된 새로운 개별토지가격이 공시기준일에 소급하여 그 효력을 발생한다.

③ 개별공시지가 (이의신청과 행정심판) 행정소송에 대한 제소기간 논거는 대법원 2008두19987 판결을 쓰면 된다.

■ **대판 2010.1.28, 2008두19987[개별공시지가결정처분취소]**

【판시사항】

개별공시지가에 대하여 이의가 있는 자가 행정심판을 거쳐 행정소송을 제기하는 경우 제소기간의 기산점

【판결요지】

부동산 가격공시 및 감정평가에 관한 법률 제12조, 행정소송법 제20조 제1항, 행정심판법 제3조 제1항의 규정 내용 및 취지와 아울러 부동산 가격공시 및 감정평가에 관한 법률에 행정심판의 제기를 배제하는 명시적인 규정이 없고 부동산 가격공시 및 감정평가에 관한 법률에 따른 이의신청과 행정심판은 그 절차 및 담당 기관에 차이가 있는 점을 종합하면, 부동산 가격공시 및 감정평가에 관한 법률이 이의신청에 관하여 규정하고 있다고 하여 이를 행정심판법 제3조 제1항에서 행정심판의 제기를 배제하는 '다른 법률에 특별한 규정이 있는 경우'에 해당한다고 볼 수 없으므로, 개별공시지가에 대하여 이의가 있는 자는 곧바로 행정소송을 제기하거나 부동산 가격공시 및 감정평가에 관한 법률에 따른 이의신청과 행정심판법에 따른 행정심판청구 중 어느 하나만을 거쳐 행정소송을 제기할 수 있을 뿐 아니라, 이의신청을 하여 그 결과 통지를 받은 후 다시 행정심판을 거쳐 행정소송을 제기할 수도 있다고 보아야 하고, 이 경우 행정소송의 제소기간은 그 행정심판 재결서 정본을 송달받은 날부터 기산한다.

④ 개별공시지가의 이의신청에 따른 제소기간 : 행정기본법 제36조 제4항 이의신청 결과통지서를 받은 날로부터 90일 제소기간

행정기본법 제36조(처분에 대한 이의신청)

① 행정청의 처분(「행정심판법」 제3조에 따라 같은 법에 따른 행정심판의 대상이 되는 처분을 말한다. 이하 이 조에서 같다)에 이의가 있는 당사자는 처분을 받은 날부터 30일 이내에 해당 행정청에 이의신청을 할 수 있다.

② 행정청은 제1항에 따른 이의신청을 받으면 그 신청을 받은 날부터 14일 이내에 그 이의신청에 대한 결과를 신청인에게 통지하여야 한다. 다만, 부득이한 사유로 14일 이내에 통지할 수 없는

경우에는 그 기간을 만료일 다음 날부터 기산하여 10일의 범위에서 한 차례 연장할 수 있으며, 연장 사유를 신청인에게 통지하여야 한다.

③ 제1항에 따라 이의신청을 한 경우에도 그 이의신청과 관계없이 「행정심판법」에 따른 행정심판 또는 「행정소송법」에 따른 행정소송을 제기할 수 있다.

④ 이의신청에 대한 결과를 통지받은 후 행정심판 또는 행정소송을 제기하려는 자는 그 결과를 통지받은 날(제2항에 따른 통지기간 내에 결과를 통지받지 못한 경우에는 같은 항에 따른 통지기간이 만료되는 날의 다음 날을 말한다)부터 90일 이내에 제1항의 처분(이의신청 결과 처분이 변경된 경우에는 변경된 처분으로 한다)에 대하여 행정심판 또는 행정소송을 제기할 수 있다. 〈개정 2025.3.18.〉

⑤ 행정청은 제2항 또는 다른 법률에 따라 이의신청에 대한 결과를 통지할 때에는 대통령령으로 정하는 바에 따라 제4항에 따른 행정심판 또는 행정소송을 제기할 수 있는 기간 등 행정심판 또는 행정소송의 제기에 관한 사항을 함께 안내하여야 한다. 다만, 이의신청에 대한 결과를 통지하기 전에 이미 신청인이 행정심판 또는 행정소송을 제기한 경우에는 안내하지 아니할 수 있다. 〈신설 2025.3.18.〉

⑥ 다른 법률에서 이의신청과 이에 준하는 절차에 대하여 정하고 있는 경우에도 그 법률에서 규정하지 아니한 사항에 관하여는 이 조에서 정하는 바에 따른다. 〈개정 2025.3.18.〉

※ 정부입법에 의한 행정기본법 제36조 처분에 대한 이의신청 제도 정비(변경처분은 변경처분이 소송의 대상, 기각된 경우에는 원처분이 소송의 대상)

〈안 제36조 제4항 및 제5항 개정안〉

☞ 법제처 행정기본법 개정법률안 검토의견서 내용

이의신청에 대한 행정청의 결정에 대해 불복하는 경우 원처분과 이의신청에 대한 결정 중 어느 것을 대상으로 행정쟁송을 제기할 것인가에 대해서는 학계의 의견이 대립되는 부분이 존재함. 이의신청의 인용결정은 이의신청인의 권리의무에 변동을 가져오고 원처분을 대체하는 새로운 처분이므로 당연히 대상적격을 가진다는 것이 통설의 입장임.

그러나 이의신청에 대한 기각 또는 각하결정에 대해서는 기존의 원처분의 결론을 그대로 유지하는 것이고 이의신청인의 권리·의무에 새로운 변동을 가져오는 공권력의 행사나 이에 준하는 행정작용으로 볼 수 없다는 점에서 기각 또는 각하결정의 통지는 단순한 사실행위로 대상적격을 부정하는 것이 다수설과 판례(대판 2012.11.15, 2010두8676)의 입장임. 반면, 대상적격을 인정하는 견해는 이의신청 결정은 별도의 절차에서 인정된 행정작용으로 이를 독립된 대상적격으로 인정하지 못할 바는 없다는 것을 근거로 하고 있음.

이처럼 학계에서도 의견이 나뉘는바 일반국민이 행정쟁송의 대상적격에 대해 알기 어렵다는 점에서 개정안은 다수설 및 판례의 입장과 같이 처분에 대한 이의신청 결과를 통지받고 행정심판 또는 행정소송을 제기하는 경우에는 '제1항의 원처분'이 대상이고, 예외적으로 처분이 변경된 경우에 한하여 변경된 처분의 대상적격을 인정한다는 것을 법문으로 명확히 하려는 것으로 그 취지의 타당성이 인정된다고 할 것임.

안 제36조 제5항은 현행 제36조 제4항에 따라 이의신청인은 이의신청 결과를 통지받은 날부터 90일 이내에 행정심판 또는 행정소송을 제기할 수 있는바 이의신청인이 행정청으로부터 결과통지를 받을 때 이 사실을 함께 안내하도록 하여 국민의 권리구제를 강화하려는 것으로 타당성이 인정된다고 할 것임(국회 법사위원회 행정기본법 일부개정법률안에 대한 검토보고서 일부인용함).

참고 대법원 판례 : 민원사무처리에 관한 법률 제18조 제1항에서 정한 '거부처분에 대한 이의신청'을 받아들이지 않는 취지의 기각 결정 또는 그 취지의 통지가 항고소송의 대상이 되는지 여부(소극)

■ 대판 2012.11.15, 2010두8676[주택건설사업승인불허가처분취소등]

【판시사항】

[1] 민원사항에 대한 행정기관의 장의 거부처분에 불복하여 (구)민원사무처리에 관한 법률 제18조 제1항(현행 제35조 제1항)에 따라 이의신청을 한 경우, 이의신청에 대한 결과를 통지받은 날부터 취소소송의 제소기간이 기산되는지 여부(소극) 및 위 이의신청 절차가 헌법 제27조에서 정한 재판청구권을 침해하는지 여부(소극)

[2] (구)민원사무처리에 관한 법률 제18조 제1항에서 정한 '거부처분에 대한 이의신청'을 받아들이지 않는 취지의 기각 결정 또는 그 취지의 통지가 항고소송의 대상이 되는지 여부(소극)

【판결요지】

[1] 행정소송법 제18조 내지 제20조, 행정심판법 제3조 제1항, 제4조 제1항, (구)민원사무처리에 관한 법률(이하 '민원사무처리법'이라 한다) 제18조, 같은 법 시행령 제29조(현행 제40조) 등의 규정들과 그 취지를 종합하여 보면, 민원사무처리법에서 정한 민원 이의신청의 대상인 거부처분에 대하여는 민원 이의신청과 상관없이 행정심판 또는 행정소송을 제기할 수 있으며, 또한 민원 이의신청은 민원사무처리에 관하여 인정된 기본사항의 하나로 처분청으로 하여금 다시 거부처분에 대하여 심사하도록 한 절차로서 행정심판법에서 정한 행정심판과는 성질을 달리하고 또한 사안의 전문성과 특수성을 살리기 위하여 특별한 필요에 따라 둔 행정심판에 대한 특별 또는 특례 절차라 할 수도 없어 행정소송법에서 정한 행정심판을 거친 경우의 제소기간의 특례가 적용된다고 할 수도 없으므로, 민원 이의신청에 대한 결과를 통지받은 날부터 취소소송의 제소기간이 기산된다고 할 수 없다. 그리고 이와 같이 민원 이의신청 절차와는 별도로 그 대상이 된 거부처분에 대하여 행정심판 또는 행정소송을 제기할 수 있도록 보장하고 있는 이상, 민원 이의신청 절차에 의하여 국민의 권익 보호가 소홀하게 된다거나 헌법 제27조에서 정한 재판청구권이 침해된다고 볼 수도 없다.

[2] (구)민원사무처리에 관한 법률(이하 '민원사무처리법'이라 한다) 제18조 제1항에서 정한 거부처분에 대한 이의신청(이하 '민원 이의신청'이라 한다)은 행정청의 위법 또는 부당한 처분이나 부작위로 침해된 국민의 권리 또는 이익을 구제함을 목적으로 하여 행정청과 별도의 행정심판기관에 대하여 불복할 수 있도록 한 절차인 행정심판과는 달리, 민원사무처리법에 의하여 민원사무처리를 거부한 처분청이 민원인의 신청 사항을 다시 심사하여 잘못이 있는 경우 스스로 시정하도록 한 절차이다. 이에 따라, 민원 이의신청을 받아들이는 경우에는 이의신청 대상인 거부처분을 취소하지 않고 바로 최초의 신청을 받아들이는 새로운 처분을 하여야 하지만, 이의신청을 받아들이지 않는 경우에는 다시 거부처분을 하지 않고 그 결과를 통지함에 그칠 뿐이다. 따라서 이의신청을 받아들이지 않는 취지의 기각 결정 내지는 그 취지의 통지는, 종전의 거부처분을 유지함을 전제로 한 것에 불과하고 또한 거부처분에 대한 행정심판이나 행정소송의 제기에도 영향을 주지 못하므로, 결국 민원 이의신청인의 권리·의무에 새로운 변동을 가져오는 공권력의 행사나 이에 준하는 행정작용이라고 할 수 없어, 독자적인 항고소송의 대상이 된다고 볼 수 없다고 봄이 타당하다.

쟁점 **89**　토지가격비준표　　　　　　　　　　　　　　　　B급

I　토지가격비준표의 의의 및 취지(부동산공시법 제3조 제8항)

토지가격비준표는 표준지와 개별토지의 지가형성요인에 관한 표준적인 비교표이다. 이는 표준지를 기준으로 개별토지의 대량평가를 위하여 작성된 객관적인 지가산정표로서 행정목적을 위한 지가산정 시, 비용절감 및 전문성을 보완함에 제도적 취지가 인정된다.

II　토지가격비준표의 법적 성질 – 법령보충적 행정규칙

1. 문제점

토지비준표의 법적 성질에 따라 그 활용상 하자가 존재하는 경우 위법성 판단구조가 달라진다.

2. 학설

① 법치주의의 원리상 법규명령의 제정절차를 거치지 아니한 규범은 법규명령으로 볼 수 없다고 보는 행정규칙설, ② 법령의 위임에 따라 법령을 보충하는 실질을 중시하여 법규명령으로 보는 법규명령설, ③ 상위규범을 구체화하는 규범구체화 행정규칙설, ④ 우리 헌법상 행정규칙 형식의 법규명령은 허용되지 않는다고 보는 위헌무효설, ⑤ 법규명령의 효력을 가지는 행정규칙으로 보는 견해 등이 있다.

3. 대법원 판례

국세청장의 훈령인 재산세사무처리규정의 법적 성질을 법령보충규칙으로 법규명령적 성질을 갖는다 하여 법령보충적 구실을 하는 법규적 성질을 가지고 있는 것으로 보아야 한다고 판시한 바 있다.

4. 검토

법령을 보충하여 대외적 효력이 인정되는 이상 그 보충규정의 내용이 위임법령의 위임한계를 벗어났다는 등 특별한 사정이 없는 한 법규명령으로 보아 재판규범으로 효력을 인정하는 것이 당사자의 권리구제 측면에서 타당하다고 본다. 따라서 토지가격비준표는 법령보충적 행정규칙으로 법규성이 인정된다고 판단된다.

III　토지가격비준표의 내용

토지의 가격형성에 영향을 미치는 주요한 항목을 설정하여 다중회귀분석에 의해 작성되며 공통비준표와 지역비준표가 있다. 이는 대량의 토지를 일시에 평가하는 경우 합리적인 산정기준을 제시하여 자의성을 배제하는 기능을 가지며, 개별공시지가 산정 및 각 행정목적을 위한 지가산정에 활용된다.

Ⅳ 토지가격비준표에 대한 권리구제(작성상의 하자와 활용상 하자)

1. 작성상의 하자

토지가격비준표는 그 작성 자체가 국민의 권리·의무에 직접 영향을 미친다고 보이지는 않으므로, 작성상 하자가 있더라도 쟁송의 제기는 불가능하다 할 것이다. 판례 역시 가격배율이나 토지특성 항목의 변경을 이유로 하는 행정쟁송의 제기를 부정하였다. 또한 비준표상의 토지의 특성 및 평가요소 등이 추가 또는 제외됨으로 인하여 가격상승 또는 가격하락이 있게 되었다는 것만으로는 개별토지가격결정이 부당하다고 하여 이를 다툴 수 없다고 하였다.

2. 활용상 하자

토지가격비준표를 통한 가격배율 추출상의 하자와 같이 활용상의 하자는 개별공시지가 산정절차의 하자가 된다. 따라서 개별공시지가 공시의 처분성을 인정하는 견해에 따르면 이에 불복하여 행정쟁송을 제기할 수 있다. 이는 토지가격비준표를 통한 표준지와 해당 토지의 특성조사·비교에 잘못이 있거나, 가격조정률을 잘못 추출한 경우를 말하며, 기타 틀린 계산·오기로 인하여 지가산정이 잘못된 경우도 포함된다.

① 판례는 토지가격비준표상의 가격배율은 비교표준지와 당해 토지의 특성을 비교하여 추출하고, 이를 개별토지의 가격을 산정할 때 모두 반영하여야 한다고 하고, 따라서 그 비교된 토지특성 중 임의로 일부 항목에 관한 가격배율만을 적용하여 산정한 지가를 기초로 하여 결정공고된 개별토지가격결정은 위법하다고 하였다.

② 또한 가격조정률은 토지가격비준표상의 것을 적용하여야 하며, 이와는 다른 조정률을 적용하여 개별토지가격을 결정하게 되면 그 처분은 위법한 것이 된다고 하였다(대판 1998.7.10, 97누1051).

③ 국토교통부장관이 작성하여 관계행정기관에 제공하는 '지가형성요인에 관한 표준적인 비교표(토지가격비준표)'는 개별토지가격을 산정하기 위한 자료로 제공되는 것으로, 토지수용에 따른 보상액 산정의 기준이 되는 것은 아니고 단지 참작자료에 불과할 뿐이다(대판 2007.7.12, 2006두11507).

④ 판례는 부동산공시법의 취지와 문언에 비추어 보면, 시장 등은 표준지공시지가에 토지가격비준표를 사용하여 산정된 지가와 감정평가법인등의 검증의견 및 토지소유자 등의 의견을 종합하여 당해 토지에 대하여 표준지공시지가와 균형을 유지한 개별공시지가를 결정할 수 있고, 그와 같이 결정된 개별공시지가가 표준지공시지가와 균형을 유지하지 못할 정도로 현저히 불합리하다는 등의 특별한 사정이 없는 한, 결과적으로 토지가격비준표를 사용하여 산정한 지가와 달리 결정되었거나 감정평가사의 검증의견에 따라 결정되었다는 이유만으로 그 개별공시지가 결정이 위법하다고 볼 수는 없다고 판시했다(대판 2012두15364).

Ⅴ 토지가격비준표의 문제점 및 개선방안

토지가격비준표는 개별성을 지니는 토지의 일률적 비교로서 개별필지 간의 지가불균형, 적정가격과의 괴리, 통계오차 등의 문제점을 지닐 수 있다. 이러한 문제점을 해결하기 위해 정확한 토지특성의 조사, 지역의 세분화 및 동일수급권별 작성 및 적용의 탄력성 부여 등을 통한 개별토지가격의 적정성 확보를 위한 노력이 필요하다.

Ⅵ 토지가격비준표의 대법원 판례 쟁점

1. 대판 2000.6.0, 00두5542[개별토지공시지가결정처분취소등]

【판시사항】

[1] 개별토지가격 산정 시 비교표준지의 선택 기준

[2] 개발부담금부과처분 취소소송에 있어 당사자가 제출한 자료에 의하여 적법하게 부과될 정당한 부담금 액을 산출할 수 없는 경우, 개발부담금부과처분 전부를 취소하여야 하는지 여부(적극)

[3] 구 개발이익환수에 관한 법률 제10조의 규정의 취지 및 부과관청이 개발부담금 부과종료시점지가를 산정함에 있어 개별공시지가를 산정한 데에 위법이 있는 경우, 감정인에 의한 감정평가액을 일응의 개별공시지가로 삼을 수 있는지 여부(소극)

【판결요지】

[1] 개별토지가격은 기본적으로 대상 토지와 같은 가격권 안에 있는 표준지 중에서 지가형성요인이 가장 유사한 표준지를 비교표준지로 선택하여야 보다 합리적이고 객관적으로 산정할 수 있는 것이므로 그 비교표준지는 대상 토지와 용도지역, 토지이용상황 기타 자연적·사회적 조건 등 토지특성이 같거나 가장 유사한 표준지 중에서 선택하여야 한다.

[2] 개발부담금부과처분 취소소송에 있어 당사자가 제출한 자료에 의하여 적법하게 부과될 정당한 부담금 액이 산출되는 때에는 그 정당한 금액을 초과하는 부분만 취소하여야 하고 그렇지 않은 경우에는 부과 처분 전부를 취소할 수밖에 없다.

[3] 구 개발이익환수에 관한 법률(1997.1.13. 법률 제5285호로 개정되기 전의 것) 제10조의 규정은 부과 종료시점지가에 대하여 감정인에 의한 평가방법을 배제하고, 매년 개별공시지가를 결정·공시하여 옴 으로써 지가산정의 능력과 경험이 있는 부과관청으로 하여금 개별공시지가를 산정하는 방법과 동일한 방법으로 부과종료시점 당시의 부과대상 토지의 상태를 기준으로 한 일응의 개별공시지가를 산정하고 거기에 정상지가상승분을 더하여 부과종료시점지가를 산정함으로써 개발부담금산정에 있어서의 개별 공시지가 적용원칙을 관철하려는 데에 그 취지가 있는 만큼, 부과관청이 부과종료시점지가 산정에 있 어 같은 법 제10조 제1항 본문의 규정에 의한 일응의 개별공시지가를 산정한 데에 위법이 있다 하더라 도 개별공시지가의 결정과 마찬가지로 부과관청이 기술적·전문적 판단에 기하여 다시 산정하도록 함 이 타당하고, 감정인에 의한 감정평가액을 일응의 개별공시지가로 삼을 수는 없다.

2. 대판 1998.7.10, 97누1051[개별지가결정처분취소]

【판시사항】

[1] 개별토지가격 산정방식에 대한 석명권 행사를 게을리한 잘못이 있다고 한 사례

[2] 개별토지가격결정에 있어 토지이용상황이 특수필지에 해당된다는 이유로 [표준지공시지가 × 가격조 정률] 방식에 의하지 아니하고 감정평가사의 감정가액으로 결정한 것이 적법한지 여부(소극)

【판결요지】

[1] 개별토지가격 산정방식에 대한 석명권 행사를 게을리한 잘못이 있다고 한 사례

[2] 건설교통부장관이 작성하여 관계 행정기관에 제공한 1995년도 지가형성요인에 관한 표준적인 비교표 (토지가격비준표, 이하 토지가격비준표라고만 한다)의 활용지침에는 특수필지에 대하여는 감정평가사 에 의뢰하여 개별토지가격을 결정할 수 있도록 규정되어 있으나, 위 활용지침 중 특수필지 가격결정방

식에 대한 부분은 건설교통부장관이 관계 행정기관이나 지가조사공무원에 대하여 토지가격비준표를 사용한 지가산정업무처리의 기준을 정하여 주기 위한 지침일 뿐 대외적으로 법원이나 국민에 대하여 법적 구속력을 가지는 것은 아니므로 토지이용상황이 특수필지에 해당된다고 하더라도 표준지 공시지가에 토지가격비준표에 의한 가격조정률을 적용하는 방식에 따르지 아니한 개별토지가격결정은 구 지가공시 및 토지 등의 평가에 관한 법률(1995.12.29. 법률 제5108호로 개정되기 전의 것) 및 개별토지가격합동조사지침에서 정하는 개별토지가격 산정방식에 어긋나는 것으로서 위법하다.

쟁점 90 공시지가와 시가의 관계　　　　　　　　C급

I 개설

시가란 불특정 다수의 시장에서 자유로이 거래가 이루어지는 경우에 통상 성립한다고 인정되는 가액이다. 시가와 현저히 차이가 나는 공시지가 결정은 위법한지와 관련하여 견해의 대립이 있다.

II 견해의 대립

① 정책가격설은 부동산공시법 제1조에서 나타나는 바와 같이 공시지가의 공시를 통하여 부동산의 적정한 가격형성을 도모하는 기능이 있으므로, 이는 투기억제 또는 지가안정이라는 정책적 목적을 위하여 결정·공시되는 가격이라고 한다.

② 시가설은 공시지가는 각종 세금이나 부담금의 산정기준이 되는 토지가격으로 현실시장의 가격을 반영한 가격이어야 한다고 한다.

III 대법원 판례의 태도

1. 개별공시지가가 시가에 미치지 못한다고 위법이 아니다.

개별토지가격은 당해 토지의 시가나 실제 거래가격과 직접적인 관련이 있는 것은 아니므로 단지 그 가격이 시가나 실제 거래가격을 초과하거나 미달한다는 사유만으로 그것이 현저하게 불합리한 가격이어서 그 가격 결정이 위법하다고 단정할 것은 아니고 당해 토지의 실제 취득가격이 당해 연도에 이루어진 공매에 의한 가격이라고 해서 달리 볼 것은 아니다(대판 1996.9.20, 95누11931).

2. 지가와 달리 결정되었거나 감정평가사의 검증의견에 따라 결정되었다는 이유만으로 위법한 것이 아니다.

(구)부동산 가격공시 및 감정평가에 관한 법률 제11조(현행 제10조), (구)부동산 가격공시 및 감정평가에 관한 법률 시행령 제17조(현행 제18조) 제2항의 취지와 문언에 비추어 보면, 시장·군수 또는 구청장은 표준지공시지가에 토지가격비준표를 사용하여 산정된 지가와 감정평가업자의 검증의견 및 토지소유자 등의 의견을 종합하여 당해 토지에 대하여 표준지공시지가와 균형을 유지한 개별공시지가를 결정할 수 있고, 그와 같이 결정된 개별공시지가가 표준지공시지가와 균형을 유지하지 못할 정도로 현저히 불합리하다는 등의 특별한 사정이 없는 한, 결과적으로 토지가격비준표를 사용하여 산정한 지가와 달리 결정되었거나 감정평가사의 검증의견에 따라 결정되었다는 이유만으로 그 개별공시지가 결정이 위법하다고 볼 수는 없다(대판 2013.11.14, 2012두15364).

Ⅳ 결

① 정책가격설입장에서 공시지가가 통상적 시장에서 형성되는 시가를 반영하는 것이 바람직하나, 공시지가 제도를 둔 취지상 공시지가와 시가가 현저한 차이가 난다는 사유만으로 그 위법을 인정할 수는 없다. 단지, 공시지가의 산정절차나 비교표준지선정 등에 위법이 있을 때 이러한 위법을 이유로 다툴 수 있다고 보는 것이 타당하다고 본다.

② 시가설입장에서 공시지가의 산정절차 및 방법은 공시지가가 시가와 부합하여 시가를 담보하고 있는 것으로 보이고, 각종 세금 등의 산정기준으로서 정책적으로 결정되는 것이라면 조세형평의 원칙에 반할 위험이 있다. 또한 정책가격으로 볼 때 공시지가 수준에 대한 사법적 통제가 불가능하여 단지 절차·방식의 위반만을 다툴 수 있어 불복제도가 유명무실해질 것이 자명하다고 판단된다.

쟁점 91 부동산공시법상 타인토지출입   C급

I 개설

관계 공무원 또는 부동산 가격공시업무를 의뢰받은 자(이하 "관계공무원등"이라 한다)는 표준지 가격의 조사·평가 또는 개별공시지가의 산정을 위하여 필요한 때에는 타인의 토지에 출입할 수 있다(부동산공시법 제13조 제1항).

II 부동산공시법상 타인토지 출입절차 및 제한 등

1. 점유자에게 출입할 날의 3일 전까지 통지

시장·군수 또는 구청장의 허가(부동산 가격공시업무를 의뢰받은 자에 한정)를 받아 출입할 날의 3일 전에 그 점유자에게 일시와 장소를 통지하여야 한다. 다만, 점유자를 알 수 없거나 부득이한 사유가 있는 경우에는 그러하지 아니하다(부동산공시법 제13조 제2항).

2. 일출 전, 일몰 후에는 점유자의 동의 및 증표의 휴대

일출 전·일몰 후에는 그 토지의 점유자의 승인 없이 택지 또는 담장이나 울타리로 둘러싸인 타인의 토지에 출입할 수 없다(부동산공시법 제13조 제3항). 출입을 하고자 하는 자는 그 권한을 표시하는 증표와 허가증을 지니고 이를 관계인에게 내보여야 한다(동조 제4항).

III 토지보상법상 타인토지출입과 부동산공시법상 타인토지출입과의 비교

1. 공통점

① 법적 성질

공용부담적 측면에서 모두 공용제한 중 사용제한에 해당한다. 또한 행정의 실효성 확보차원에서 행정조사로 볼 수 있다. 출입허가의 법적 성질에 대해 통설은 특허로 본다.

② 출입의 제한 및 증표 등의 휴대

양법(兩法) 모두 해가 뜨기 전, 해가 지고 난 후에 토지점유자의 승낙 없이 타인의 토지에 출입할 수 없으며 출입하고자 할 때는 허가증 및 증표를 휴대하도록 규정하고 있다.

2. 차이점

① 입법취지

토지보상법상 타인토지출입은 공공복리 목적의 공익사업의 원활한 준비를 위해서 사업인정 전에 사업의 준비를 행하기 위함이고, 부동산공시법상 타인토지출입은 공시지가의 조사·평가 및 개별토지가격의 산정을 하기 위함이다.

② 보상규정

토지보상법은 타인토지출입으로 인한 손실에 대해 보상규정을 두고 있으나, 부동산공시법은 보상규정을 마련하고 있지 않아 문제가 된다.

③ **토지점유자의 인용의무**

토지보상법은 인용의무를 규정하고 위반 시 200만원 벌금 형벌을 가할 수 있도록 하고 있으나, 부동산공시법상에는 인용의무에 대한 규정이 없다.

④ **출입의 절차 및 기간**

토지보상법은 출입하고자 하는 날의 5일 전까지 그 일시 및 장소를 시장·군수·구청장에게 통지하여야 하고, 시장·군수·구청장은 통지를 받았을 때, 지체 없이 이를 공고하고 토지점유자에게 통지하여야 한다. 이에 반해 부동산공시법은 출입할 날의 3일 전에 그 점유자에게 일시와 장소를 통지하여야 한다.

⑤ **장해물의 제거**

토지보상법은 사업의 준비를 위해 장해물 등을 제거할 수 있다고 규정을 두고 있으나, 부동산공시법에는 이러한 규정이 없다.

Ⅳ 손실이나 손해를 입은 경우 권리구제 방안

1. 토지보상법상 타인토지출입

만약 토지보상법상 타인토지출입 시 손실이 발생하면 사업시행자와 피수용자가 협의하고, 협의가 되지 않으면 관할 토지수용위원회에 재결신청을 하며, 재결이 나오면 이의신청 및 행정소송을 통하여 권리구제를 받을 수 있다.

2. 부동산공시법상 타인토지출입

부동산공시법에서는 타인토지출입 시에 손실보상규정을 두고 있지 않기 때문에 만약에 관계공무원 또는 부동산 가격공시업무를 의뢰받은 자가 표준지가격의 조사·평가 또는 토지가격의 산정을 위하여 필요한 때에는 타인의 토지에 출입하다가 손해가 발생한다면 손해를 입은 자는 국가배상청구로 권리구제를 받을 수 있을 것이다.

쟁점 92 개별공시지가 검증제도   C급

I 의의 및 취지(부동산공시법 제10조 제5항 및 제6항)

개별공시지가 검증이란, 개별토지가격에 대하여 검증을 의뢰받은 감정평가법인등이 토지특성조사, 비교표준지 선정, 토지가격비준표의 적용 등을 종합적으로 검토하여 지가의 적정성을 판단하는 과정이다. 이는 담당공무원의 비전문성을 보완하고 개별공시지가의 객관성, 신뢰성을 확보하는 데에 취지가 있다.

II 법적 성질

개별공시지가의 검증은 검증 자체로는 법률효과의 발생이 없으며, 개별공시지가 산정에 대한 적정성을 단순히 확인하고 의견을 제시하는 것이므로 사실행위로 볼 수 있다.

III 검증의 내용

1. 주체 및 책임

개별공시지가 검증의 주체는 감정평가법인등이며, 시장·군수·구청장은 해당 지역의 표준지공시지가를 조사·평가한 감정평가법인등 또는 감정평가실적 등이 우수한 감정평가법인등에게 검증을 의뢰하여야 한다.

2. 검증의 종류

① **산정지가검증(부동산공시법 제10조 제5항 및 시행령 제18조)**

산정지가검증이란 시장·군수·구청장이 산정한 지가에 대하여 지가현황도면 및 지가조사자료를 기준으로 실시하는 검증을 말한다. 이는 전체필지를 대상으로 하는 필수절차로 도면상 검증이고, 지가열람 전에 실시하는 검증이다.

② **의견제출 지가검증**

의견제출 지가검증이란 시장·군수·구청장이 산정한 지가에 대하여 토지소유자 및 기타 이해관계인이 지가열람 및 의견제출기간 중에 의견을 제출한 경우 실시한 검증을 말한다.

③ **이의신청 지가검증**

이의신청 지가검증이란 시장·군수·구청장이 개별공시지가를 결정·공시한 후 토지소유자 등이 이의신청을 제기한 경우에 실시하는 검증을 말한다.

3. 검증의 실시 및 생략

시장·군수·구청장은 감정평가법인등의 검증이 필요 없다고 인정되는 경우 검증을 생략할 수 있으며, 감정평가법인등의 검증을 생략하고자 하는 때에는 해당 토지가 소재하는 시·군·구의 연평균 지가변동률의 차이가 작은 순으로 대상토지를 선정하여 검증을 생략한다. 다만, 개발사업이 시행되거나 용도지역·지구가 변경되는 등의 사유가 발생한 토지에 대하여는 검증을 실시하여야 한다.

4. 검증을 결한 개별공시지가의 효력

검증을 임의적으로 생략하거나 하자 있는 검증은 개별공시지가의 효력에 영향을 미치게 되며 그 하자의 정도에 따라 개별공시지가 결정을 무효 또는 취소로 만든다.

Ⅳ 문제점 및 개선방향

개별공시지가 검증기간의 부족, 자료의 부족, 검증수수료의 현실화 문제 등이 있다. 이에 대하여 충분한 검증기간의 부여, 공무원의 협조요청, 검증수수료의 현실화 등의 방안을 모색하여야 한다.

쟁점 93 주택가격공시제도　　　　　　　　　　　　　　　　　C급

I 표준주택가격(부동산공시법 제16조)

1. 의의

표준주택가격이란 국토교통부장관이 용도지역, 건물의 구조 등이 일반적으로 유사하다고 인정되는 일단의 단독주택 중에서 선정한 표준주택에 대한 매년 공시기준일 현재의 적정가격을 말한다.

2. 법적 성질

표준주택공시가격의 법적 성질이 무엇인지에 대해 아직 논의가 성숙되지 못하였다. 표준주택공시가격은 표준지공시지가와 매우 흡사하지만 표준지공시지가는 다양한 행정목적을 위하여 만들어진 공적지가인 반면 표준주택가격은 과세의 기준으로만 활용된다. 따라서 표준주택가격의 법적 성질은 개별공시지가와 유사하게 국민의 권리·의무에 직접적 영향이 있다고 보아야 하기에 처분성이 있다고 판단된다.

3. 산정

(1) 산정 및 공시절차

국토교통부장관은 일단의 단독주택 중에서 일단의 주택을 대표할 수 있는 주택을 선정하고, 한국부동산원에 이를 의뢰한다. 이후 중앙부동산가격공시위원회의 심의를 거쳐 표준주택을 공시하게 되며, 표준주택가격의 공시일은 원칙적으로 1월 1일로 한다.

(2) 공시사항

표준주택가격을 공시할 때는 지번, 대지면적, 형상, 용도, 연면적, 구조, 사용승인일, 기타 대통령령으로 정하는 사항을 공시하여야 한다.

4. 효력

표준주택의 가격은 국가·지방자치단체 등의 업무와 관련하여 개별주택가격을 산정하는 경우에 그 기준이 된다.

5. 불복

표준주택가격에 대한 불복은 표준지공시지가 이의신청을 준용하도록 부동산공시법 제16조 제7항에서 규정하고 있는바, 이의신청을 준용하여 부동산공시법에서 정한 이의신청절차를 거치게 된다. 이후 표준주택가격의 처분성을 인정하게 되면 항고소송을 제기할 수 있다.

II 개별주택가격의 공시(부동산공시법 제17조)

1. 의의

개별주택가격이란 시장·군수·구청장이 시·군·구 부동산가격공시위원회의 심의를 거쳐 결정·공시한 개별주택에 대한 매년 공시기준일 현재의 가격을 말한다.

2. 법적 성질

개별주택가격은 개별공시지가와 같이 과세의 기준이 된다는 점에서 법적 성질이 동일하다고 볼 수 있다. 따라서 개별주택가격은 국민의 권리·의무에 직접적인 영향을 미치는 처분에 해당한다고 하겠다.

3. 산정

(1) 산정절차 및 공시

시장·군수·구청장은 원칙적으로 전국의 모든 개별주택가격을 조사·산정한다. 산정된 개별주택가격은 한국부동산원이 검증을 하게 되고, 이후 시·군·구 부동산가격공시위원회의 심의를 거쳐 공시한다.

(2) 공시사항

개별주택가격을 공시할 때에는 지번, 개별주택가격 기타 대통령령으로 정하는 사항을 공시하여야 한다.

4. 효력

개별주택가격은 주택시장의 가격정보를 제공하고, 국가·지방자치단체 등의 기관이 과세 등의 업무와 관련하여 주택의 가격을 산정하는 경우에 그 기준으로 활용될 수 있다.

5. 불복

개별주택가격에 대한 불복은 개별공시지가 이의신청을 준용하도록 법 제17조 제8항에서 규정하고 있는바, 개별공시지가의 이의신청을 준용하여 부동산공시법에서 정한 이의신청절차를 거치게 된다. 이후 개별주택가격의 처분성을 인정하게 되면 항고소송을 제기할 수 있다.

III 공동주택가격의 공시(부동산공시법 제18조)

1. 의의

공동주택가격이란 국토교통부장관이 조사·산정하여 중앙부동산가격공시위원회의 심의를 거쳐 공시한 공동주택에 대한 매년 공시기준일 현재의 적정가격을 말한다.

2. 법적 성질

개별공시지가 및 개별주택가격과 같이 과세의 기준이 된다는 점에서 법적 성질이 동일하다고 볼 수 있다. 따라서 공동주택가격은 국민의 권리·의무에 직접적인 영향이 있다고 보이므로 처분성이 있다고 본다.

3. 산정

(1) 산정절차 및 공시

국토교통부장관은 원칙적으로 전국 모든 공동주택가격을 조사·산정한다. 산정된 가격은 한국부동산원의 검증 후, 중앙부동산가격공시위원회의 심의를 거쳐 공시하게 된다. 국토교통부장관은 공동주택가격을 산정한 때에는 대통령령으로 정하는 바에 따라 토지소유자와 기타 이해관계인의 의견을 들어야 한다.

(2) 공시사항

공동주택가격을 공시할 때에는 지번, 명칭, 동·호·수, 공동주택가격, 공동주택의 면적 및 이의신청에 관한 사항 등을 공시하여야 한다.

4. 효력

공동주택가격은 주택시장의 가격정보를 제공하고, 국가·지방자치단체 등의 기관이 과세 등의 업무와 관련하여 주택의 가격을 산정하는 경우에 그 기준으로 활용될 수 있다.

5. 불복

공동주택가격에 대한 불복은 표준지공시지가 이의신청을 준용하도록 법 제18조 제8항에서 규정하고 있는바, 표준지공시지가의 이의신청을 준용하여 부동산공시법에서 정한 이의신청절차를 거치게 된다. 이후 공동주택가격의 처분성을 인정하게 되면 항고소송을 제기할 수 있다.

쟁점 94 비주거용 부동산가격의 공시   C급

I 비주거용 표준부동산가격(부동산공시법 제20조)

1. 의의

국토교통부장관이 공시하는 용도지역, 이용상황, 건물구조 등이 일반적으로 유사하다고 인정되는 일단의 비주거용 일반부동산 중에서 선정한 비주거용 표준부동산에 대한 매년 공시기준일 현재의 적정가격을 말한다.

2. 법적 성질

비주거용 표준부동산가격은 국가·지방자치단체 등이 그 업무와 관련하여 비주거용 개별부동산가격을 산정하는 경우에 그 기준이 된다. 그 법적 성질은 개별공시지가와 유사하게 국민의 권리·의무에 직접 영향이 있다고 볼 수 있어 처분으로 봄이 타당하다.

3. 산정절차

감정평가법인등 또는 부동산가격의 조사·산정에 관한 전문성이 있는 자에게 의뢰하고, 의뢰받은 자는 공시기준일 현재의 적정가격을 조사·산정한 뒤 중앙부동산가격공시위원회의 심의를 거쳐 비주거용 표준부동산가격을 공시한다. 비주거용 표준부동산가격을 공시할 때는 지번, 가격, 대지면적 및 형상, 용도, 연면적, 구조, 사용승인일, 그 밖에 대통령령으로 정하는 사항을 공시하여야 한다.

4. 효력 및 불복

비주거용 표준부동산가격은 국가·지방자치단체 등이 업무와 관련하여 비주거용 개별부동산가격을 산정하는 기준이 된다. 불복은 표준지공시지가의 이의신청을 준용하도록 규정하고 있으며(부동산공시법 제20조 제7항), 비주거용 표준부동산가격의 처분성을 인정하면 항고소송을 제기할 수 있다.

II 비주거용 개별부동산가격(부동산공시법 제21조)

1. 의의

시장·군수·구청장이 공시하는 관할구역 안의 비주거용 개별부동산에 대한 매년 공시기준일 현재의 가격을 말한다.

2. 법적 성질

비주거용 개별부동산가격은 개별공시지가와 같이 과세의 기준이 된다는 점에서 개별공시지가의 법적 성질과 동일하다고 볼 수 있다. 따라서 국민의 권리·의무에 직접 영향을 미치는 처분에 해당한다.

3. 산정절차

비주거용 표준부동산가격의 조사·산정을 의뢰받은 자 등 대통령령으로 정하는 자의 검증을 받고 이해관계인의 의견청취 후 시·군·구 부동산가격공시위원회의 심의를 거쳐 결정·공시한다.

4. 효력 및 불복

비주거용 개별부동산가격은 비주거용 부동산시장의 가격정보를 제공하고, 국가 등의 과세 등 업무와 관련하여 비주거용 부동산의 가격을 산정하는 경우 기준으로 활용될 수 있다. 불복은 개별공시지가 이의신청을 준용하도록 규정하고 있으며(부동산공시법 제21조 제8항), 비주거용 개별부동산가격의 처분성을 인정하면 항고소송을 제기할 수 있다.

Ⅲ 비주거용 집합부동산가격(부동산공시법 제22조)

1. 의의

비주거용 집합부동산가격이란 국토교통부장관이 조사·산정하여 중앙부동산가격공시위원회의 심의를 거쳐 공시한 비주거용 집합부동산가격에 대한 매년 공시기준일 현재의 적정가격을 말한다.

2. 법적 성질

개별공시지가 및 개별주택가격과 같이 과세의 기준이 된다는 점에서 법적 성질이 동일하다고 볼 수 있다. 따라서 비주거용 집합부동산가격은 국민의 권리·의무에 직접 영향이 있다고 보이므로 처분이라 봄이 타당하다.

3. 산정절차

국토교통부장관은 비주거용 집합부동산가격에 대하여 매년 공시기준일 현재 적정가격을 조사·산정한다. 이를 위해 부동산원 또는 대통령령으로 정하는 부동산가격의 조사·산정에 관한 전문성이 있는 자에게 의뢰한다. 비주거용 집합부동산 소유자와 그 밖의 이해관계인의 의견청취 후 중앙부동산가격공시위원회의 심의를 거쳐 공시한다.

4. 효력 및 불복

비주거용 집합부동산가격은 비주거용 부동산시장의 가격정보를 제공하고, 국가 등 기관이 과세 등 업무와 관련하여 비주거용 부동산가격을 산정하는 경우 기준으로 활용될 수 있다. 불복은 표준지공시지가의 이의신청을 준용하도록 규정하고 있으며(부동산공시법 제22조 제9항), 비주거용 집합부동산가격의 처분성을 인정하면 항고소송을 제기할 수 있다.

쟁점 **95** 부동산가격공시위원회 C급

I 의의

부동산가격공시위원회란 부동산공시법상의 내용과 관련된 사항을 심의하는 위원회를 말하며, 국토교통부장관 소속하에 두는 중앙부동산가격공시위원회와 시장·군수·구청장 소속하에 두는 시·군·구 부동산가격공시위원회가 있다.

II 부동산가격공시위원회의 성격

1. 필수기관

중앙부동산가격공시위원회는 국토교통부장관의 소속하에 두고, 시·군·구 부동산가격공시위원회는 시장·군수·구청장 소속하에 두는 필수기관이다.

2. 심의기관의 성격

의결기관과 자문기관의 중간 형태의 심의기관의 성격이 있다고 본다.

III 중앙부동산가격공시위원회(부동산공시법 제24조)

1. 설치 및 운영

국토교통부장관 소속하에 두고, 위원장은 국토교통부 제1차관이 되고 공무원이 아닌 자는 2년을 임기로 한다. 위원회의 회의는 재적위원 과반수의 출석, 출석위원 과반수의 찬성으로 의결한다.

2. 심의사항

① 부동산 가격공시 관계법령의 제·개정에 관한 사항 중 국토교통부장관이 심의에 부치는 사항
② 제3조에 따른 표준지의 선정 및 관리지침
③ 제3조에 따라 조사·평가된 표준지공시지가
④ 제7조에 따른 표준지공시지가에 대한 이의신청에 관한 사항
⑤ 제16조에 따른 표준주택의 선정 및 관리지침
⑥ 제16조에 따라 조사·산정된 표준주택가격
⑦ 제16조에 따른 표준주택가격에 대한 이의신청에 관한 사항
⑧ 제18조에 따른 공동주택의 조사 및 산정지침
⑨ 제18조에 따라 조사·산정된 공동주택가격
⑩ 제18조에 따른 공동주택가격에 대한 이의신청에 관한 사항
⑪ 제20조에 따른 비주거용 표준부동산의 선정 및 관리지침
⑫ 제20조에 따라 조사·산정된 비주거용 표준부동산가격

⑬ 제20조에 따른 비주거용 표준부동산가격에 대한 이의신청에 관한 사항
⑭ 제22조에 따른 비주거용 집합부동산의 조사 및 산정 지침
⑮ 제22조에 따라 조사·산정된 비주거용 집합부동산가석
⑯ 제22조에 따른 비주거용 집합부동산가격에 대한 이의신청에 관한 사항
⑰ 제26조의2에 따른 계획수립에 관한 사항
⑱ 그 밖에 부동산정책에 관한 사항 등 국토교통부장관이 심의에 부치는 사항

Ⅳ 시·군·구 부동산가격공시위원회(부동산공시법 제25조)

1. 설치 및 운영

시장·군수·구청장 소속하에 두고, 위원장은 부시장, 부군수, 부구청장이다. 시·군·구 부동산가격공시위원회의 구성과 운영에 관하여 필요한 사항은 해당 시·군·구의 조례로 정한다.

2. 심의사항

① 제10조에 따른 개별공시지가의 결정에 관한 사항
② 제11조에 따른 개별공시지가에 대한 이의신청에 관한 사항
③ 제17조에 따른 개별주택가격의 결정에 관한 사항
④ 제17조에 따른 개별주택가격에 대한 이의신청에 관한 사항
⑤ 제21조에 따른 비주거용 개별부동산가격의 결정에 관한 사항
⑥ 제21조에 따른 비주거용 개별부동산가격에 대한 이의신청에 관한 사항
⑦ 그 밖에 시장·군수·구청장이 심의에 부치는 사항

쟁점 96 공시지가제도의 문제점과 개선방안 　　　　C급

I 개설

공시지가제도는 종래의 다원화된 지가체계를 일원화시켜 바람직하다고 생각되는 지가수준을 국민에게 널리 알려 지가행정의 원활함과 행정의 공신력을 확보하기 위한 제도이다. 그러나 그동안 제도, 운영상 여러 가지 문제점으로 인하여 불신을 받고 있다.

II 문제점 발생의 배경

문제점의 발생원인은 ① 지가조사의 근본적인 어려움, ② 제도시행상의 문제점, ③ 이해관계에 따라 지가를 다르게 인식하는 경향, ④ 이론지가와 현실가의 괴리 등에서 찾을 수 있다.

III 체감지가가 제대로 반영되지 못하는 문제

공시지가는 적정한 가격수준이라 하지만 체감지가를 제대로 반영하지 못하는 문제가 있다. 이를 개선하기 위하여는 공시지가의 평가에 비교방식, 수익방식, 원가방식 등 감정평가의 각 방식 중 가장 적절한 방식과 기법을 적용하도록 함이 바람직하다.

IV 개별공시지가의 신뢰도 문제점 및 개선방안

① 비전문가인 공무원의 비교표준지 선정 잘못의 문제로 이는 개별공시지가 조사·산정지침상의 비교표준지 선정기준을 숙지시키는 교육을 철저히 할 필요가 있다.
② 토지가격비준표의 한계성 문제로 이는 비준표를 가격권별로 작성하여 같이 적용하는 방안을 검토해 볼 만하다.
③ 검증제도의 효율성 문제는 검증제도가 개별공시지가의 객관성, 신뢰성을 위하여 도입된 제도로 전필지에 대한 검증이 요구된다.
④ 지가공무원의 비전문성 문제는 지가공무원에 대한 전문화 교육의 강화, 전문성에 대한 응분의 처우, 빈번한 인사이동의 억제, 타업무의 배제 등이 요구된다.

V 공시지가의 획일적 적용으로 인한 문제

지가체계의 일원화 정신은 살리되 평가목적과 평가조건에 맞는 가격이 도출될 수 있도록 평가기준과 방법의 재정비가 필요하다고 본다.

VI 공시지가의 가격불균형 문제 및 표준지의 대표성 문제

가격의 결정 시에 인근 표준지, 개별지 등과의 균형을 신중히 검토하는 가격균형협의제의 적극적 활용이 요구되며, 표준지의 선정에 있어서도 표준지선정 및 관리지침상의 "표준지의 선정기준"에 충실한 표준지 선정이 되도록 교육을 강화하여야 한다고 본다.

쟁점 **97** 감정평가사의 자격등록 C급

I 감정평가사의 자격등록

1. 의의 및 취지

감정평가사의 자격등록이란 감정평가사 자격이 있는 사람이 감정평가의 업무를 하려는 경우 국토교통부장관에게 등록신청을 하고, 국토교통부장관은 자격요건 등 등록요건 구비사실을 유효한 것으로 받아들이는 것을 말한다. 이는 감정평가사의 효율적 관리 및 신뢰성 제고에 취지가 인정된다.

2. 법적 성질

(1) 자격등록신청의 법적 성질

감정평가사 자격이 있는 자가 행정청인 국토교통부장관에게 감정평가업의 영위를 위한 등록신청은 사인의 공법행위에 해당한다.

(2) 자격등록행위의 법적 성질(공증, 기속행위성)

자격등록행위에 대해 국토교통부장관은 자격등록 요건사항을 검토하여 공적 증거력을 부여하는 것이므로 공증으로 보는 견해와 인감등록 시 인감만 가지고 행정기관에 등록만 하는 공증과 달리 감정평가사 자격등록은 일정한 결격사유 등이 있는 경우에는 거부할 수 있는바, 완화된 허가로 보는 견해 등이 있다. 생각건대 국토교통부장관의 자격등록행위는 감정평가사가 자격을 갖춘 자라는 사실에 대한 공적 증거력을 부여하는 공증에 해당한다고 본다. 또한 감정평가법 문언형식으로 볼 때 기속행위에 해당한다.

3. 요건 및 절차

(1) 요건 : 결격사유에 해당하지 않을 것(감정평가법 제12조)

① 다음 각 호의 어느 하나에 해당하는 사람은 감정평가사가 될 수 없다.

> 1. 삭제 〈2021.7.20.〉
> 2. 파산선고를 받은 사람으로서 복권되지 아니한 사람
> 3. 금고 이상의 실형을 선고받고 그 집행이 종료(집행이 종료된 것으로 보는 경우를 포함한다) 되거나 그 집행이 면제된 날부터 3년이 지나지 아니한 사람
> 4. 금고 이상의 형의 집행유예를 받고 그 유예기간이 만료된 날부터 1년이 지나지 아니한 사람
> 5. 금고 이상의 형의 선고유예를 받고 그 선고유예기간 중에 있는 사람
> 6. 제13조에 따라 감정평가사 자격이 취소된 후 3년이 지나지 아니한 사람. 다만, 제7호에 해당하는 사람은 제외한다.
> 7. 제39조 제1항 제11호 및 제12호에 따라 자격이 취소된 후 5년이 지나지 아니한 사람

② 국토교통부장관은 감정평가사가 제1항 제2호부터 제5호까지의 어느 하나에 해당하는 지 여부를 확인하기 위하여 관계 기관에 자료를 요청할 수 있다. 이 경우 관계 기관은 특별한 사정이 없으면 그 자료를 제공하여야 한다.

(2) 절차

등록신청서를 작성하여 등록신청을 하고, 결격사유가 없으면 등록증을 교부하여야 한다.

4. 등록의 효과

적법한 등록의 효과는 행정청이 유효한 것으로 받아들임에 따라 감정평가업무를 수행할 수 있는 업자의 지위를 향유할 수 있다. 위법한 등록의 효과는 하자의 정도에 따라 등록의 효과가 상이하다. 무효인 경우 처음부터 등록의 효과가 없으나, 취소사유인 경우 취소 전까지는 공정력에 의해 등록의 효과가 발생한다.

5. 등록거부에 대한 권리구제(거부가 처분이 되기 위한 요건 검토)

등록거부는 감정평가사에게 침익적 처분으로서 행정절차법상에 사전통지 및 의견제출 등을 거치고(의견대립 있음), 일정한 등록거부사유에 대한 이유제시를 하여야 한다. 등록거부 등을 한 경우에는 관보 등에 공고하고, 정보통신망 등을 이용하여 일반인에게 알려야 한다.

국토교통부장관의 등록거부는 처분에 해당하므로, 행정심판 및 행정소송을 제기하여 등록거부 행위의 위법성에 다툴 수 있을 것이다. 또한 위법한 등록거부로 인해 손해가 발생한 경우 국가배상을 청구할 수 있을 것이다.

6. 자격등록제도의 개선점

국토교통부장관이 아닌 협회의 전문가집단에 의한 등록의 적격성 통제가 바람직하고, 등록심사제도를 도입하여 개별·구체적 상황마다 등록 여부를 결정하는 합리성을 제고하여야 할 것이다.

쟁점 98 · 감정평가사 자격 등록갱신제도   B급

I 의의 및 취지

감정평가사 자격 등록갱신제도란 등록에 기한이 설정된 경우, 종전 등록의 법적 효과를 유지시키는 행정청의 행위를 말한다. 감정평가법은 5년마다 등록을 갱신하도록 규정하고 있다. 이는 감정평가업무를 수행할 수 있는 적정성을 주기적으로 확인하여 감정평가제도의 신뢰성을 제고함에 취지가 있다.

II 법적 성질

등록갱신하는 경우에는 감정평가업을 지속적으로 할 수 있는 요건을 갖추었는지를 판단하여야만 하는 것으로, 자연적 자유를 회복하여 감정평가업을 하게 하는 완화된 허가의 성질을 지닌 것이라는 견해와 공적 증거력을 부여하는 공증으로 보는 견해 등이 있다. 자격등록과 마찬가지로 공증으로 봄이 타당하며, 문언의 형식상 기속행위에 해당한다 하겠다.

III 요건 및 절차

등록일로부터 5년이 경과하기 60일 전까지 갱신신청을 할 것과 감정평가법 제17조의 등록요건을 갖출 것을 요건으로 한다. 상기요건을 갖춘 경우, 국토교통부장관은 갱신하여 갱신등록증을 교부하여야 한다.

IV 효과 및 권리구제

종전 등록효과가 유지되어 계속하여 감정평가업무를 수행할 수 있는 법적 지위를 향유할 수 있으며, 갱신등록도 처분성이 인정되므로 행정쟁송을 통한 구제가 가능할 것이다.

★ 집행정지에 대한 새로운 판례(제34회 기출문제 – 집행정지)
■ [대판 2020.9.3, 2020두34070[직접생산확인취소처분취소]
【판시사항】
[1] 제재처분에 대한 행정쟁송절차에서 처분에 대해 집행정지결정이 이루어지고 본안에서 해당 처분이 최종적으로 적법한 것으로 확정되어 집행정지결정이 실효되고 제재처분을 다시 집행할 수 있게 된 경우 및 반대로 처분상대방이 집행정지결정을 받지 못했으나 본안소송에서 해당 제재처분이 위법하다는 것이 확인되어 취소하는 판결이 확정된 경우, 처분청이 취할 조치

[2] 중소기업제품 구매촉진 및 판로지원에 관한 법률에 따른 1차 직접생산확인 취소처분에 대하여 중소기업자가 제기한 취소소송절차에서 집행정지결정이 이루어졌다가 본안소송에서 중소기업자의 패소판결이 확정되어 집행정지가 실효되고 취소처분을 집행할 수 있게 되었으나 1차 취소처분 당시 유효기간이 남아 있었던 직접생산확인의 전부 또는 일부가 집행정지기간 중 유효기간이 모두 만료되고 집행정지기

간 중 새로 받은 직접생산확인의 유효기간이 남아 있는 경우, 관할 행정청이 직접생산확인 취소 대상을 '1차 취소처분 당시' 유효기간이 남아 있었던 모든 제품에서 '1차 취소처분을 집행할 수 있게 된 시점 또는 그와 가까운 시점'을 기준으로 유효기간이 남아 있는 모든 제품으로 변경하는 처분을 할 수 있는 지 여부(적극)

【판결요지】

[1] 집행정지결정의 효력은 결정 주문에서 정한 기간까지 존속하다가 그 기간이 만료되면 장래에 향하여 소멸한다. 집행정지결정은 처분의 집행으로 회복하기 어려운 손해를 예방하기 위하여 긴급한 필요가 있고 달리 공공복리에 중대한 영향을 미치지 않을 것을 요건으로 하여 본안판결이 있을 때까지 해당 처분의 집행을 잠정적으로 정지함으로써 위와 같은 손해를 예방하는 데 취지가 있으므로, 항고소송을 제기한 원고가 본안소송에서 패소확정판결을 받았더라도 집행정지결정의 효력이 소급하여 소멸하지 않는다.

그러나 제재처분에 대한 행정쟁송절차에서 처분에 대해 집행정지결정이 이루어졌더라도 본안에서 해당 처분이 최종적으로 적법한 것으로 확정되어 집행정지결정이 실효되고 제재처분을 다시 집행할 수 있게 되면, 처분청으로서는 당초 집행정지결정이 없었던 경우와 동등한 수준으로 해당 제재처분이 집행되도록 필요한 조치를 취하여야 한다. 집행정지는 행정쟁송절차에서 실효적 권리구제를 확보하기 위한 잠정적 조치일 뿐이므로, 본안 확정판결로 해당 제재처분이 적법하다는 점이 확인되었다면 제재처분의 상대방이 잠정적 집행정지를 통해 집행정지가 이루어지지 않은 경우와 비교하여 제재를 덜 받게 되는 결과가 초래되도록 해서는 안 된다. 반대로, 처분상대방이 집행정지결정을 받지 못했으나 본안소송에서 해당 제재처분이 위법하다는 것이 확인되어 취소하는 판결이 확정되면, 처분청은 그 제재처분으로 처분상대방에게 초래된 불이익한 결과를 제거하기 위하여 필요한 조치를 취하여야 한다.

[2] 직접생산확인을 받은 중소기업자가 공공기관의 장과 납품 계약을 체결한 후 직접생산하지 않은 제품을 납품하였다. 관할 행정청은 중소기업제품 구매촉진 및 판로지원에 관한 법률 제11조 제3항에 따라 당시 유효기간이 남아 있는 중소기업자의 모든 제품에 대한 직접생산확인을 취소하는 1차 취소처분을 하였다. 중소기업자는 1차 취소처분에 대하여 취소소송을 제기하였고, 집행정지결정이 이루어졌다. 그러나 결국 중소기업자의 패소판결이 확정되어 집행정지가 실효되고, 취소처분을 집행할 수 있게 되었다. 그런데 1차 취소처분 당시 유효기간이 남아 있었던 직접생산확인의 전부 또는 일부는 집행정지기간 중 유효기간이 모두 만료되었고, 1차 취소처분 당시 유효기간이 남아 있었던 직접생산확인 제품 목록과 취소처분을 집행할 수 있게 된 시점에 유효기간이 남아 있는 직접생산확인 제품 목록은 다르다. 위와 같은 경우 관할 행정청은 1차 취소처분을 집행할 수 있게 된 시점으로부터 상당한 기간 내에 직접생산확인 취소 대상을 '1차 취소처분 당시' 유효기간이 남아 있었던 모든 제품에서 '1차 취소처분을 집행할 수 있게 된 시점 또는 그와 가까운 시점'을 기준으로 유효기간이 남아 있는 모든 제품으로 변경하는 처분을 할 수 있다. 이러한 변경처분은 중소기업자가 직접생산하지 않은 제품을 납품하였다는 점과 중소기업제품 구매촉진 및 판로지원에 관한 법률 제11조 제3항 중 제2항 제3호에 관한 부분을 각각 궁극적인 '처분하려는 원인이 되는 사실'과 '법적 근거'로 한다는 점에서 1차 취소처분과 동일하고, 제재의 실효성을 확보하기 위하여 직접생산확인 취소 대상만을 변경한 것이다.

■ 대판 2022.2.11. 2021두40720 [위반차량운행정지취소등]

【판시사항】

[1] 효력기간이 정해져 있는 제재적 행정처분에 대한 취소소송에서 법원이 본안소송의 판결 선고 시까지 집행정지결정을 한 경우, 처분에서 정해 둔 효력기간은 판결 선고 시까지 진행하지 않다가 선고된 때에 다시 진행하는지 여부(적극) / 처분에서 정해 둔 효력기간의 시기와 종기가 집행정지기간 중에 모두

경과한 경우에도 마찬가지인지 여부(적극) / 이러한 법리는 행정심판위원회가 행정심판법 제30조에 따라 집행정지결정을 한 경우에도 그대로 적용되는지 여부(적극)

[2] 효력기간이 정해져 있는 제재적 행정처분의 효력이 발생한 이후 행정청이 상대방에 대한 별도의 처분으로 효력기간의 시기와 종기를 다시 정할 수 있는지 여부(적극) / 위와 같은 후속 변경처분서에 당초 행정처분의 집행을 특정 소송사건의 판결 시까지 유예한다고 기재한 경우, 처분의 효력기간은 판결 선고 시까지 진행이 정지되었다가 선고되면 다시 진행하는지 여부(적극) / 당초의 제재적 행정처분에서 정한 효력기간이 경과한 후 동일한 사유로 다시 제재적 행정처분을 하는 것이 위법한 이중처분에 해당하는지 여부(적극)

【판결요지】

[1] 행정소송법 제23조에 따른 집행정지결정의 효력은 결정 주문에서 정한 종기까지 존속하고, 그 종기가 도래하면 당연히 소멸한다. 따라서 효력기간이 정해져 있는 제재적 행정처분에 대한 취소소송에서 법원이 본안소송의 판결 선고 시까지 집행정지결정을 하면, 처분에서 정해 둔 효력기간(집행정지결정 당시 이미 일부 집행되었다면 그 나머지 기간)은 판결 선고 시까지 진행하지 않다가 판결이 선고되면 그때 집행정지결정의 효력이 소멸함과 동시에 처분의 효력이 당연히 부활하여 처분에서 정한 효력기간이 다시 진행한다. 이는 처분에서 효력기간의 시기와 종기를 정해 두었는데, 그 시기와 종기가 집행정지기간 중에 모두 경과한 경우에도 특별한 사정이 없는 한 마찬가지이다. 이러한 법리는 행정심판위원회가 행정심판법 제30조에 따라 집행정지결정을 한 경우에도 그대로 적용된다. 행정심판위원회가 행정심판 청구 사건의 재결이 있을 때까지 처분의 집행을 정지한다고 결정한 경우에는, 재결서 정본이 청구인에게 송달된 때 재결의 효력이 발생하므로(행정심판법 제48조 제2항, 제1항 참조) 그때 집행정지결정의 효력이 소멸함과 동시에 처분의 효력이 부활한다.

[2] 효력기간이 정해져 있는 제재적 행정처분의 효력이 발생한 이후에도 행정청은 특별한 사정이 없는 한 상대방에 대한 별도의 처분으로써 효력기간의 시기와 종기를 다시 정할 수 있다. 이는 당초의 제재적 행정처분이 유효함을 전제로 그 구체적인 집행시기만을 변경하는 후속 변경처분이다. 이러한 후속 변경처분도 특별한 규정이 없는 한 의사표시에 관한 일반법리에 따라 상대방에게 고지되어야 효력이 발생한다. 위와 같은 후속 변경처분서에 효력기간의 시기와 종기를 다시 특정하는 대신 당초 제재적 행정처분의 집행을 특정 소송사건의 판결 시까지 유예한다고 기재되어 있다면, 처분의 효력기간은 원칙적으로 그 사건의 판결 선고 시까지 진행이 정지되었다가 판결이 선고되면 다시 진행된다. 다만 이러한 후속 변경처분 권한은 특별한 사정이 없는 한 당초의 제재적 행정처분의 효력이 유지되는 동안에만 인정된다. 당초의 제재적 행정처분에서 정한 효력기간이 경과하면 그로써 처분의 집행은 종료되어 처분의 효력이 소멸하는 것이므로(행정소송법 제12조 후문 참조), 그 후 동일한 사유로 다시 제재적 행정처분을 하는 것은 위법한 이중처분에 해당한다.

> 행정소송규칙 제10조(집행정지의 종기) 법원이 법 제23조 제2항에 따른 집행정지를 결정하는 경우 그 종기는 본안판결 선고일부터 30일 이내의 범위에서 정한다. 다만, 법원은 당사자의 의사, 회복하기 어려운 손해의 내용 및 그 성질, 본안 청구의 승소가능성 등을 고려하여 달리 정할 수 있다.

★ 대법원 2021두40720 판결에서 "행정소송법 제23조에 따른 집행정지결정의 효력은 결정 주문에서 정한 종기까지 존속하고, 그 종기가 도래하면 당연히 소멸한다. 따라서 효력기간이 정해져 있는 제재적 행정처분에 대한 취소소송에서 법원이 본안소송의 판결 선고 시까지 집행정

지결정을 하면, 처분에서 정해 둔 효력기간(집행정지결정 당시 이미 일부 집행되었다면 그 나머지 기간)은 판결 선고 시까지 진행하지 않다가 판결이 선고되면 그때 집행정지결정의 효력이 소멸함과 동시에 처분의 효력이 당연히 부활하여 처분에서 정한 효력기간이 다시 진행한다."라고 판시하고 있으나 최근 행정소송규칙 제10조가 신설되어 법원이 본안판결 선고일부터 30일 이내의 범위에서 집행정지 기간을 정할 수 있도록 규정하고 있다.

쟁점 99 감정평가사의 권리와 의무(법적 지위)   B급

I 개설

1. 감정평가자의 자격 및 직무

감정평가사는 감정평가법이 정한 요건에 의하여 자격을 취득한 자로서 타인의 의뢰를 받아 토지 등을 감정평가하는 것을 그 직무로 하는 자(감정평가법 제4조 제1항)이다. 감정평가사가 수행하는 업무는 국민의 재산권과 관련하여 사회성·공공성·윤리성이 강조되므로, 감정평가법은 감정평가사에 대한 권리와 의무 및 책임을 규정하고 있으며, 의무 위반에 대한 일정한 제재조치를 규정하고 있다.

2. 감정평가 및 감정평가업의 의미

감정평가란 토지등의 경제적 가치를 판정하여 그 결과를 가액으로 표시하는 것을 말한다(감정평가법 제2조 제2호). 감정평가업이란 타인의 의뢰에 따라 일정한 보수를 받고 토지등의 감정평가를 업으로 행하는 것을 말한다(동조 제3호).

II 감정평가사의 권리 및 의무 등

1. 감정평가사의 권리

감정평가사는 일정한 요건을 갖추어 등록(감정평가법 제17조)을 하고, 사무소 개설(동법 제21조)을 하거나 감정평가법인 설립인가(동법 제29조)를 받거나 그에 소속되어 감정평가할 권리를 지닌다. 그 외에도 청문권(동법 제45조 제1호), 행정쟁송제기권 등의 권리를 지닌다.

2. 감정평가사의 의무

감정평가사 자격을 취득하면 등록 및 갱신등록의 의무(감정평가법 제17조), 감정평가사 자격을 등록하게 되면 성실의무 등(동법 제25조), 비밀 엄수 의무(동법 제26조), 명의대여금지 의무(동법 제27조) 등이 있다.

3. 감정평가사의 행정상 책임과 형사상 책임

(1) 감정평가사의 행정상 책임

1) 감정평가사 자격의 취소(감정평가법 제13조 제1항)

국토교통부장관은 감정평가사가 부정한 방법으로 감정평가사의 자격을 받은 경우와 동법 제39조 제2항 제1호에 해당하는 징계를 받은 경우 중 어느 하나에 해당하는 경우에는 그 자격을 취소하여야 한다.

2) 감정평가사 징계(감정평가법 제39조)

국토교통부장관은 감정평가사가 감정평가법에 따른 징계사유가 발생했을 때, 자격의 취소, 등록의 취소, 2년 이하의 업무정지, 견책의 징계를 발령할 수 있다.

3) 감정평가사 과태료(감정평가법 제52조)

국토교통부장관은 감정평가법에 따른 과태료 부과 사유가 발생했을 때, 500만원 이하의 과태료를 포함하여 그 사유에 따라 4단계로 부과한다.

(2) 형사상 책임

1) 행정형벌(감정평가법 제49조 및 제50조)

감정평가법상 위반 사유가 발생하면 동법 제49조 및 제50조에 따라 징역 또는 벌금에 처하게 된다.

2) 공무원 의제처벌(감정평가법 제48조)

표준지의 적정가격의 조사·평가 등의 업무, 공공용지의 매수 및 토지의 수용·사용에 대한 보상 등 업무를 수행할 때의 감정평가사(감정평가법 제48조 제1호), 감정평가관리·징계위원회의 위원 중 공무원이 아닌 위원(동조 제2호), 위탁업무에 종사하는 협회의 임직원(동조 제3호) 중 어느 하나에 해당하는 사람은 벌칙적용에 있어 「형법」 제129조부터 제132조 규정을 적용할 때에는 공무원으로 본다.

3) 몰수 및 추징(감정평가법 제50조의2)

감정평가법 제49조 제6호 및 제50조 제4호의 죄를 지은 자가 받은 금품이나 그 밖의 이익은 몰수한다. 이를 몰수할 수 없을 때에는 그 가액을 추징한다.

Ⅲ 감정평가사 직무와 업무에 따른 성실의무

1. 감정평가사의 직무

① 감정평가사는 타인의 의뢰를 받아 토지등을 감정평가하는 것을 그 직무로 한다(감정평가법 제4조 제1항). 감정평가사는 공공성을 지닌 가치평가 전문직으로서 공정하고 객관적으로 그 직무를 수행한다(동조 제2항). ② 토지등이란 토지 및 그 정착물, 동산, 그 밖에 대통령령으로 정하는 재산과 이들에 관한 소유권 외의 권리를 말한다(동법 제2조 제1호).

2. 감정평가법인등의 업무(동법 제10조)

감정평가법인등은 ① 「부동산 가격공시에 관한 법률」에 따라 감정평가법인등이 수행하는 업무, ② 「부동산 가격공시에 관한 법률」 제8조 제2호에 따른 목적을 위한 토지등의 감정평가, ③ 「자산재평가법」에 따른 토지등의 감정평가, ④ 법원에 계속 중인 소송 또는 경매를 위한 토지등의 감정평가, ⑤ 금융기관·보험회사·신탁회사 등 타인의 의뢰에 따른 토지등의 감정평가, ⑥ 감정평가와 관련된 상담 및 자문, ⑦ 토지등의 이용 및 개발 등에 대한 조언이나 정보 등의 제공, ⑧ 다른 법령에 따라 감정평가법인등이 할 수 있는 토지등의 감정평가의 업무를 행한다.

3. 감정평가사가 직무를 하면서 준수해야 할 성실의무

(1) 개설

감정평가 업무는 국민의 재산권과 관련하여 사회성, 공공성, 윤리성이 강조되므로 감정평가법은 감정평가법인등이 지켜야 할 성실의무를 규정하고 있다. 과거에는 성실의무 규정에 모두 규정되어 있다가 분설 규정되었다.

(2) 성실의무 등(감정평가법 제25조)

① 감정평가법인등(감정평가법인 또는 감정평가사사무소의 소속 감정평가사를 포함한다. 이하 이 조에서 같다)은 제10조에 따른 업무를 하는 경우 품위를 유지하여야 하고, 신의와 성실로써 공정하게 하여야 하며, 고의 또는 중대한 과실로 업무를 잘못하여서는 아니 된다. ② 감정평가법인등은 자기 또는 친족 소유, 그 밖에 불공정하게 제10조에 따른 업무를 수행할 우려가 있다고 인정되는 토지등에 대해서는 그 업무를 수행하여서는 아니 된다. ③ 감정평가법인등은 토지등의 매매업을 직접 하여서는 아니 된다. ④ 감정평가법인등이나 그 사무직원은 제23조에 따른 수수료와 실비 외에는 어떠한 명목으로도 그 업무와 관련된 대가를 받아서는 아니 되며, 감정평가 수주의 대가로 금품 또는 재산상의 이익을 제공하거나 제공하기로 약속하여서는 아니 된다. ⑤ 감정평가사는 둘 이상의 감정평가법인 또는 감정평가사사무소에 소속될 수 없다. ⑥ 감정평가법인등이나 사무직원은 제28조의2에서 정하는 유도 또는 요구에 따라서는 아니 된다.

(3) 비밀엄수(동법 제26조)

감정평가법인등이나 그 사무직원 또는 감정평가법인등이었거나 그 사무직원이었던 사람은 업무상 알게 된 비밀을 누설하여서는 아니 된다. 다만, 다른 법령에 특별한 규정이 있는 경우에는 그러하지 아니하다.

(4) 명의대여 등의 금지(동법 제27조)

① 감정평가사 또는 감정평가법인등은 다른 사람에게 자기의 성명 또는 상호를 사용하여 제10조에 따른 업무를 수행하게 하거나 자격증·등록증 또는 인가증을 양도·대여하거나 이를 부당하게 행사하여서는 아니 된다. ② 누구든지 상기 '①'의 행위를 알선해서는 아니 된다.

Ⅳ 결

전국적으로 큰 화두였던 전세사기 사건으로 법령이 개정되어 감정평가사는 금고 이상의 실형만 1회를 선고받아도 자격을 취소할 수 있도록 엄격한 사회적 잣대가 만들어졌다. 그만큼 사회적 책임이 가중되는 직업군이다. 따라서 성실의무를 잘 이행하여 국민적 기대에 부응하도록 윤리의식이 고양되어야 할 것이다.

쟁점 **100** 감정평가법인등(사무소개설과 감정평가법인설립)   C급

Ⅰ 사무소 개설 등 – 사무소 개설신고제는 폐지됨.

1. 의의(감정평가법 제21조)

신고는 사인이 일정한 법률효과의 발생을 위해서 일정사실을 행정청에게 알리는 것을 말한다. 사무소 개설신고란 감정평가업을 영위하기 위한 사무소 개설요건을 갖추었음을 알리는 행위를 말한다. 최근 법령을 개정하여 사무소 개설신고제도를 폐지하고 개설로 변경되었고, 한국감정평가사협회(이하 협회) 자체적으로 개설신고에 대한 관리를 전담하기로 하였다.

제21조(사무소 개설 등)

① 제17조에 따라 등록을 한 감정평가사가 감정평가업을 하려는 경우에는 감정평가사사무소를 개설할 수 있다.

② 다음 각 호의 어느 하나에 해당하는 사람은 제1항에 따른 개설을 할 수 없다.

  1. 제18조 제1항 각 호의 어느 하나에 해당하는 사람

  2. 제32조 제1항(제1호, 제7호 및 제15호는 제외한다)에 따라 설립인가가 취소되거나 업무가 정지된 감정평가법인의 설립인가가 취소된 후 1년이 지나지 아니하였거나 업무정지 기간이 지나지 아니한 경우 그 감정평가법인의 사원 또는 이사였던 사람

  3. 제32조 제1항(제1호 및 제7호는 제외한다)에 따라 업무가 정지된 감정평가사로서 업무정지 기간이 지나지 아니한 사람

③ 감정평가사는 그 업무를 효율적으로 수행하고 공신력을 높이기 위하여 합동사무소를 대통령령으로 정하는 바에 따라 설치할 수 있다. 이 경우 합동사무소는 대통령령으로 정하는 수 이상의 감정평가사를 두어야 한다.

④ 감정평가사는 감정평가업을 하기 위하여 1개의 사무소만을 설치할 수 있다.

⑤ 감정평가사사무소에는 소속 감정평가사를 둘 수 있다. 이 경우 소속 감정평가사는 제18조 제1항 각 호의 어느 하나에 해당하는 사람이 아니어야 하며, 감정평가사사무소를 개설한 감정평가사는 소속 감정평가사가 아닌 사람에게 제10조에 따른 업무를 하게 하여서는 아니 된다.

⑥ 삭제 〈2021.7.20.〉

---

2. 신고의 요건

  (1) 사무소 개설신고의 요건 – 개설신고제도는 폐지되었으나 협회에서 개설신고는 운영함

     사무소 보유 증명서류 등 필수서류를 첨부해야 하고, 감정평가법 제21조에서 정한 각 규정에 해당하지 않아야 개설할 수 있다. ① 제18조 제1항에 해당하지 않는 사람일 것, ② 법인의 인가취소 후 1년 미경과, 업무정지 미경과 시 법인의 사원 또는 이사였던 사람이 아닐 것, ③ 업무정지기간이 경과되지 않은 사람일 것을 그 요건으로 한다.

  (2) 소속 평가사 변경신고의 요건

     감정평가사사무소의 개설신고를 한 감정평가사는 신고한 사항에 변경이 있는 때에는 변경

한 날부터 14일 이내에 국토교통부장관에게 신고사항변경신고서를 제출하여야 한다. 신고
사항변경신고서에는 변경사항을 증명하는 서류 1부를 첨부해야 한다(국토교통부장관에게
변경신고는 사무소 개설신고 폐지로 삭제되었고, 실무적으로는 협회에서 사무소 개설신고
를 관리하고 있다).

3. 신고의 법적 성질

(1) 자기완결적 신고와 수리를 요하는 신고

① 의의
자기완결적 신고는 일정사항을 통지하고 그러한 통지사항이 행정청에 도달함으로써 효
력이 발생하는 신고이며, 수리를 요하는 신고는 그러한 통지사항을 행정청이 수리함으
로써 효력이 발생하는 신고이다.

② 구별실익
양자의 구별실익은 자기완결적 신고의 수리행위는 국민의 권리·의무에 영향을 주는
행정행위가 아니므로 처분성이 인정되지 않음에 있다.

③ 구별기준
㉠ 학설
신고요건이 형식적 요건 이외에 실질적 요건도 포함되는 경우에는 수리를 요하는
신고로 보는 견해와, 형식적 요건 외에도 실질적 요건을 요하는지로 구분하는 견해
가 있다.

㉡ 판례
판례는 관계법이 적법요건을 두고 있지 않은 경우에는 자기완결적 신고로 보고, 관
계법이 실질적 적법요건을 규정한 경우에는 행정청은 그 수리를 거부할 수 있는 것
으로 보아 수리를 요하는 신고로 보고 있다.

㉢ 검토
법문언상 수리규정이나 적법요건을 규정하는 경우에는 행위요건적 신고로 봄이 타
당하고, 불분명한 경우에는 국민에게 유리한 자기완결적 신고로 봄이 타당하다.

(2) 정보제공적 신고와 금지해제적 신고

① 의의
정보제공적 신고는 행정의 대상이 되는 사실에 관한 정보를 제공하는 기능을 갖는 신고
를 말하며, 금지해제적 신고는 정보제공기능뿐만 아니라 건축활동 등 사적활동을 규제
하는 기능을 갖는 신고를 말한다.

② 구별실익
정보제공적 신고는 신고 없이 행위를 하여도 행위 자체는 위법하지 않으므로 행정질서
벌인 과태료의 대상이 된다. 반면에 금지해제적 신고는 신고 없이 한 행위는 법상 금지
된 행위가 되며 행정형벌이나 시정조치의 대상이 된다.

(3) 사무소 개설신고의 경우 - 사무소 개설신고는 폐지되어 논의의 실익 없음

감정평가법에서는 등록과 신고를 구분하고 있으며 결격사유를 심사할 수 있도록 하는바, 수리를 요하는 신고로 봄이 타당하다. 또한 이러한 신고의무는 감정평가업무를 수행하기 위한 요건을 갖추었음을 알리는 정보제공행위로 볼 수 있어 정보제공적 신고로 볼 수 있다.

(4) 소속평가사 변경신고의 경우 - 소속평가사 변경신고제도도 폐지되어 논의의 실익 없음

감정평가법에서는 신고사항에 변경이 있는 경우 신고사항변경신고서 및 변경사항을 증명하는 서류를 제출하도록 형식적으로 규정하고 있는바 자기완결적 신고로 봄이 타당하다. 또한 감정평가법에서는 소속평가사가 아닌 자로 하여금 제10조 각 호의 업무를 하게 하여서는 안 된다는 금지규정(제50조 제2호)을 두고 있으며, 위반 시 행정형벌을 부과하도록 하고 있어 금지해제적 신고로 봄이 타당하다.

4. 신고수리거부의 처분성

(1) 문제점 - 사무소 개설신고제도가 폐지되어 논의의 실익은 없으나 과거 이력 공부차원임

감정평가사무소 개설신고와 소속평가사 변경신고의 수리거부가 거부처분이 되기 위해서는 공권력 행사의 거부와 법규상·조리상 신청권 등이 인정되어야 한다. 다른 요건은 문제되지 않으나 사무소 개설신고와 소속평가사 변경신고의 거부가 신청인의 법적 지위의 변동을 초래하는 행위인지 문제된다.

(2) 학설

① 자기완결적 신고는 사실행위로서 그 거부처분성이 부인되고 수리를 요하는 신고라면 신청인의 법적 지위의 변동을 초래할 수 있으므로 거부처분이 될 수 있다는 견해(신고의 법적 성질에 따라 구분하는 견해)와 ② 신고의 법적 성질 여하에 관계없이 수리가 반려될 경우 신고인이 불이익을 받을 위험 등 법적 지위가 불안정하게 될 수 있는지로 판단하는 견해(개별검토설)가 있다.

(3) 판례

종래 대법원은 건축법상 신고에 대해 사실행위로 보았으나(신고의 법적 성질에 따라 구분하는 견해), 최근 대법원 전원합의체 판결에서 건축신고가 반려될 경우 해당 건축물의 건축을 개시하면 시정명령, 이행강제금, 벌금의 대상이 되거나 해당 건축물을 사용하여 행할 행위의 허가가 거부될 우려가 있어 불안정한 지위에 놓이는 점, 장차 있을지도 모르는 위험에서 미리 벗어날 수 있도록 길을 열어주고, 위법한 건축물의 양산과 그 철거를 둘러싼 분쟁을 조기에 근본적으로 해결할 수 있다는 점 등을 이유로 건축신고 반려행위는 항고소송의 대상이라 판시하였다.

(4) 검토

판례의 태도와 같이 법적 분쟁을 조기에 해결하는 것이 법치주의에 부합한다고 보이므로 사무소 개설신고 수리거부와 소속평가사 변경신고 수리거부의 처분성을 인정함이 타당하다고 생각된다.

Ⅱ 감정평가법인 설립 등

1. 의의(감정평가법 제29조)

인가는 타인의 법률적 행위를 보충하여 그 법적 효력을 완성시키는 행정행위를 말한다. 국토교통부장관이 감정평가법인의 설립행위를 보충하여 사인 간의 법인설립행위의 효력을 완성시켜 주는 행위이다.

제29조(설립 등)

① 감정평가사는 제10조에 따른 업무를 조직적으로 수행하기 위하여 감정평가법인을 설립할 수 있다.

② 감정평가법인은 전체 사원 또는 이사의 100분의 70이 넘는 범위에서 대통령령으로 정하는 비율 이상을 감정평가사로 두어야 한다. 이 경우 감정평가사가 아닌 사원 또는 이사는 토지 등에 대한 전문성 등 대통령령으로 정하는 자격을 갖춘 자로서 제18조 제1항 제1호 또는 제5호에 해당하는 사람이 아니어야 한다.

③ 감정평가법인의 대표사원 또는 대표이사는 감정평가사여야 한다.

④ 감정평가법인과 그 주사무소(主事務所) 및 분사무소(分事務所)에는 대통령령으로 정하는 수 이상의 감정평가사를 두어야 한다. 이 경우 감정평가법인의 소속 감정평가사는 제18조 제1항 각 호의 어느 하나 및 제21조 제2항 제2호에 해당하는 사람이 아니어야 한다.

⑤ 감정평가법인을 설립하려는 경우에는 사원이 될 사람 또는 감정평가사인 발기인이 공동으로 다음 각 호의 사항을 포함한 정관을 작성하여 대통령령으로 정하는 바에 따라 국토교통부장관의 인가를 받아야 하며, 정관을 변경할 때에도 또한 같다. 다만, 대통령령으로 정하는 경미한 사항의 변경은 신고할 수 있다.

1. 목적
2. 명칭
3. 주사무소 및 분사무소의 소재지
4. 사원(주식회사의 경우에는 발기인)의 성명, 주민등록번호 및 주소
5. 사원의 출자(주식회사의 경우에는 주식의 발행)에 관한 사항
6. 업무에 관한 사항

⑥ 국토교통부장관은 제5항에 따른 인가의 신청을 받은 날부터 20일 이내에 인가 여부를 신청인에게 통지하여야 한다.

⑦ 국토교통부장관이 제6항에 따른 기간 내에 인가 여부를 통지할 수 없을 때에는 그 기간이 끝나는 날의 다음 날부터 기산(起算)하여 20일의 범위에서 기간을 연장할 수 있다. 이 경우 국토교통부장관은 연장된 사실과 연장 사유를 신청인에게 지체 없이 문서(전자문서를 포함한다)로 통지하여야 한다.

⑧ 감정평가법인은 사원 전원의 동의 또는 주주총회의 의결이 있는 때에는 국토교통부장관의 인가를 받아 다른 감정평가법인과 합병할 수 있다.

⑨ 감정평가법인은 해당 법인의 소속 감정평가사 외의 사람에게 제10조에 따른 업무를 하게 하여서는 아니 된다.

> ⑩ 감정평가법인은 「주식회사 등의 외부감사에 관한 법률」 제5조에 따른 회계처리 기준에 따라 회계처리를 하여야 한다.
> ⑪ 감정평가법인은 「주식회사 등의 외부감사에 관한 법률」 제2조 제2호에 따른 재무제표를 작성하여 매 사업연도가 끝난 후 3개월 이내에 국토교통부장관이 정하는 바에 따라 국토교통부장관에게 제출하여야 한다.
> ⑫ 국토교통부장관은 필요한 경우 제11항에 따른 재무제표가 적정하게 작성되었는지를 검사할 수 있다.
> ⑬ 감정평가법인에 관하여 이 법에서 정한 사항을 제외하고는 「상법」 중 회사에 관한 규정을 준용한다.

2. 법적 성질

법인설립인가는 행정청이 감정평가법인의 법률행위를 보충하여 효력을 완성시켜 주는 행정행위로서 강학상 인가에 해당한다. 인가는 새로운 권리설정행위가 아니고 공익판단의 규정이 없는 점을 고려할 때 인가요건을 구비했다면 인가를 거부할 수 없는 기속행위로 봄이 타당하다.

3. 요건 및 절차

(1) 요건

① 법인의 사원 또는 이사가 평가사일 것, ② 주·분사무소는 최소인원을 충족할 것, ③ 정관내용이 법령에 적합할 것, ④ 인가 후 설립등기를 할 것을 요건으로 한다.

(2) 절차

서면으로 국토교통부장관에게 신청서를 제출한 뒤, 심사 후 인가처분을 받는다. 설립인가를 받은 자는 설립일부터 1개월 이내에 설립등기를 하여야 한다.

4. 권리구제

(1) 인가에 하자가 있는 경우 권리구제

기본행위가 적법 유효하고 보충행위인 인가행위 자체에만 하자가 있다면 그 인가처분의 무효나 취소를 주장할 수 있다. 인가처분이 무효이거나 취소된 경우에는 그 기본행위는 무인가행위가 된다.

(2) 기본행위에 하자가 있는 경우 권리구제

설립행위가 하자를 이유로 성립하지 않거나 취소되면 인가도 무효가 되어 인가의 효력이 발생하지 않는다.

(3) 기본행위의 하자를 이유로 인가를 다툴 협의 소익이 있는지

인가의 보충성에 비추어 볼 때 기본행위에 하자가 있는 경우 인가에 대한 항고소송은 본안판결을 받을 법적 이익이 없다는 것이 다수의 견해이다. 판례도 기본행위에 하자가 있으면 기본행위의 하자를 다투어야 하며, 그를 이유로 인가처분의 취소 또는 무효확인을 소구할 법률상 이익이 없다고 판시한 바 있다.

* 재개발정비조합설립인가 : 종전에는 인가로 보아 민사소송으로 다투었으나, 최근 대법원 판례는 특허로 보아 행정소송으로 다투도록 함(기출문제)

쟁점 101 감정평가법인설립과 인가행위에 대한 법적 쟁점   C급

A등은 감정평가법인을 설립하여 국토교통부장관의 설립인가를 받았다. 설립인가 자체의 하자는 없지만, 감정평가법인의 사원에 관한 「감정평가 및 감정평가사에 관한 법률」의 요건을 충족하지 못하여 설립행위에 문제가 있음을 확인한 경쟁업체의 감정평가사 甲은 소송을 통하여 이를 다투고자 한다. 이러한 감정평가법인의 설립행위와 인가행위의 관계를 설명하고, 甲은 어떠한 소송에서 어떠한 하자를 다툴 수 있는지를 검토하시오. 10점

I 감정평가법인 설립행위와 인가행위의 관계

감정평가법인의 설립은 「감정평가 및 감정평가사에 관한 법률」(이하 '감정평가법')에 따라 일정한 요건을 갖추어 사원들이 설립행위를 하고, 이에 대해 국토교통부장관의 인가를 받아야 효력이 발생한다. 이때 감정평가법인 설립행위(사원구성, 정관작성 등)와 인가행위(행정청의 설립인가)는 다음과 같은 관계를 가진다.

1. 감정평가법인 설립행위

감정평가사 사원들이 법률상 요건(5인)을 갖추어 감정평가법인을 설립하려는 의사표시 및 행위이다. 이때 감정평가사 자격을 가진 사원, 감정평가사 5인 이상의 인원수 등 법정요건을 충족해야 한다. 여기서 감정평가법인 설립행위는 감정평가사 사원의 구성, 자본금, 정관작성 등 실체를 갖추는 〈기본행위〉로 보여진다.

> **감정평가법 제29조(설립 등)**
> ① 감정평가사는 제10조에 따른 업무를 조직적으로 수행하기 위하여 감정평가법인을 설립할 수 있다.
> ② 감정평가법인은 전체 사원 또는 이사의 100분의 70이 넘는 범위에서 대통령령으로 정하는 비율 이상을 감정평가사로 두어야 한다. 이 경우 감정평가사가 아닌 사원 또는 이사는 토지등에 대한 전문성 등 대통령령으로 정하는 자격을 갖춘 자로서 제18조 제1항 제1호 또는 제5호에 해당하는 사람이 아니어야 한다.
> ③ 감정평가법인의 대표사원 또는 대표이사는 감정평가사여야 한다.
> ④ 감정평가법인과 그 주사무소(主事務所) 및 분사무소(分事務所)에는 대통령령으로 정하는 수 이상의 감정평가사를 두어야 한다. 이 경우 감정평가법인의 소속 감정평가사는 제18조 제1항 각 호의 어느 하나 및 제21조 제2항 제2호에 해당하는 사람이 아니어야 한다.
> ⑤ 감정평가법인을 설립하려는 경우에는 사원이 될 사람 또는 감정평가사인 발기인이 공동으로 다음 각 호의 사항을 포함한 정관을 작성하여 대통령령으로 정하는 바에 따라 국토교통부장관의 인가를 받아야 하며, 정관을 변경할 때에도 또한 같다. 다만, 대통령령으로 정하는 경미한 사항의 변경은 신고할 수 있다.
> 1. 목적
> 2. 명칭

   3. 주사무소 및 분사무소의 소재지
   4. 사원(주식회사의 경우에는 발기인)의 성명, 주민등록번호 및 주소
   5. 사원의 출자(주식회사의 경우에는 주식의 발행)에 관한 사항
   6. 업무에 관한 사항
⑥ 국토교통부장관은 제5항에 따른 인가의 신청을 받은 날부터 20일 이내에 인가 여부를 신청인에게 통지하여야 한다.
⑦ 국토교통부장관이 제6항에 따른 기간 내에 인가 여부를 통지할 수 없을 때에는 그 기간이 끝나는 날의 다음 날부터 기산(起算)하여 20일의 범위에서 기간을 연장할 수 있다. 이 경우 국토교통부장관은 연장된 사실과 연장 사유를 신청인에게 지체 없이 문서(전자문서를 포함한다)로 통지하여야 한다.
⑧ 감정평가법인은 사원 전원의 동의 또는 주주총회의 의결이 있는 때에는 국토교통부장관의 인가를 받아 다른 감정평가법인과 합병할 수 있다.
⑨ 감정평가법인은 해당 법인의 소속 감정평가사 외의 사람에게 제10조에 따른 업무를 하게 하여서는 아니 된다.
⑩ 감정평가법인은 「주식회사 등의 외부감사에 관한 법률」 제5조에 따른 회계처리 기준에 따라 회계처리를 하여야 한다.
⑪ 감정평가법인은 「주식회사 등의 외부감사에 관한 법률」 제2조 제2호에 따른 재무제표를 작성하여 매 사업연도가 끝난 후 3개월 이내에 국토교통부장관이 정하는 바에 따라 국토교통부장관에게 제출하여야 한다.
⑫ 국토교통부장관은 필요한 경우 제11항에 따른 재무제표가 적정하게 작성되었는지를 검사할 수 있다.
⑬ 감정평가법인에 관하여 이 법에서 정한 사항을 제외하고는 「상법」 중 회사에 관한 규정을 준용한다.

2. 감정평가법인 인가행위

행정청의 당사자의 법률행위를 동의로서 보충하여 그 법률효과를 완성하여 주는 행위를 인가라고 하며, 행정청(국토교통부장관)이 감정평가법인 설립행위가 법률상 요건을 충족했는지 심사하여 인가를 부여하는 행정처분이다. 즉 인가행위는 위 감정평가법인 설립행위에 대해 행정청이 적법성을 심사하여 공법적으로 설립을 인정하는 행정처분으로 인가가 있은 후에야 감정평가법인은 법인격을 취득한다.

3. 설립행위와 인가행위의 관계

감정평가법인 설립행위와 감정평가법인 인가행위는 별개의 법률행위로, 감정평가법인 설립행위가 감정평가사 사원 5인 이상, 자본금 2억원 이상, 정관작성등 적법하게 이루어져야만 인가가 유효하게 성립한다. ① 감정평가법인 설립은 사원 등 실체적 요건을 갖추는 기본행위이고, ② 이에 대한 국토교통부장관의 인가라는 공법행위가 결합된 법률행위이다. 설립행위(사원 요건 등)에 하자가 있더라도, 인가행위에 중대한 하자가 없다면 인가 자체는 유효하게 성립할 수 있다. 그러나 설립행위의 하자가 중대하고 명백하여 인가의 전제가 부정된다면, 인가행위도 하자가 있는 것으로 볼 수 있다.

4. 기본행위(설립행위)에 하자가 있는 경우

인가는 신청에 따라 기본행위의 효력을 완성시켜 주는 보충행위이다. 따라서 기본행위가 성립하지 않거나 무효인 경우에 인가가 있어도 인가는 무효가 된다. 유효한 기본적 행위를 대상으로 인가가 행해진 후에 기본행위가 취소되거나 실효된 경우에는 인가는 실효된다. 기본행위에 취소원인이 있는 경우에는 기본행위가 취소되지 않는 한 인가의 효력에는 영향이 없다. 취소원인이 있는 기본행위는 인가가 있은 후에도 취소될 수도 있고, 기본행위가 취소되면 인가가 실효된다.

Ⅱ 甲이 제기할 수 있는 소송 및 다툴 수 있는 하자

1. 경쟁업체 감정평가사 甲의 법률상 이익이 있는지 여부

「행정소송법」 제12조는 "취소소송은 처분 등의 취소를 구할 법률상 이익이 있는 자가 제기할 수 있다."고 규정하고 있다. 여기서 법률상 이익이란, 단순히 사실적·경제적 이해관계나 간접적인 이익이 아니라, 처분의 근거가 되는 법률이나 관련 법령에 의해 보호되는 개별적·직접적·구체적인 이익을 의미한다. 경쟁업체가 설립인가처분에 대해 원고적격을 인정받으려면, 그 처분이 경쟁업체의 법률상 보호되는 이익을 직접 구체적으로 침해해야 하며, 이는 관련 법령에서 경쟁업체 보호를 명시적으로 규정하는 경우에 한정되면, 단순 경제적 이해관계만으로는 원고적격이 인정되지 않는다. 아래에서는 원고적격을 인정하는 전제하에 논의한다.

> **■ 특허적 성질을 갖는 경우 기존 경쟁업체가 새 경쟁업체의 특허(인가)등에 대하여 취소소송을 제기할 법률상 이익이 있다는 논거(특허는 경쟁업체의 원고적격이 인정됨)**
>
> [1] 행정처분의 직접 상대방이 아닌 제3자라 하더라도 당해 행정처분으로 인하여 법률상 보호되는 이익을 침해당한 경우에는 취소소송을 제기하여 그 당부의 판단을 받을 자격이 있다 할 것이나, 여기에서 말하는 법률상 보호되는 이익이란 당해 행정처분의 근거 법률에 의하여 보호되는 직접적이고 구체적인 이익을 말하고 제3자가 당해 행정처분과 관련하여 간접적이거나 사실적·경제적인 이해관계를 가지는 데 불과한 경우는 여기에 포함되지 아니한다.
>
> [2] 일반적으로 면허나 인·허가 등의 수익적 행정처분의 근거가 되는 법률이 해당 업자들 사이의 과당경쟁으로 인한 경영의 불합리를 방지하는 것도 그 목적으로 하고 있는 경우, <u>다른 업자에 대한 면허나 인·허가 등의 수익적 행정처분에 대하여 미리 같은 종류의 면허나 인·허가 등의 수익적 행정처분을 받아 영업을 하고 있는 기존의 업자는 경업자에 대하여 이루어진 면허나 인·허가 등 행정처분의 상대방이 아니라 하더라도 당해 행정처분의 취소를 구할 당사자적격이 있다.</u>
>
> (출처: 시외버스운송사업계획변경인가처분취소[대법원 2002.10.25. 선고 2001두4450 판결])

2. 甲이 다툴 수 있는 소송

감정평가법인의 설립에 하자가 있을 경우 경쟁업체의 감정평가사 甲(원고적격을 인정할 경우)은 감정평가법인의 설립인가처분의 취소를 구하는 행정소송(취소소송 등)을 제기할 수 있다. 이때 甲은 감정평가법인의 설립행위(감정평가사 사원 5인 미충족, 자본금 2억원 미달, 정관이 미작성등)에 하자가 있음을 이유로, 설립인가처분 자체의 위법성을 주장할 수 있다. 대법원 판례(2008다20172)에서는 "조합설립 인가처분이 있은 이후에는 조합설립결의의 하자를 이유로 조합설립의 무효를 주장하는 것은 조합설립 인가처분의 취소 또는 무효확인을 구하는 항고소송의 방법에 의하여야 할 것이고"라고 판시하고 있어 〈항고소송〉의 방법으로 다투는 것이 타당하다고 생각된다.

> **■ 대법원 2010.4.8. 자 2009마1026 결정**
>
> **【판시사항】**
>
> [1] 구 도시 및 주거환경정비법상 도시환경정비사업조합 설립인가신청에 대하여 행정청의 조합설립 인가처분이 있은 후 조합설립결의의 하자를 이유로 조합설립의 효력을 다투기 위한 소송(=항고소송)
>
> **【이유】**
>
> 구 도시 및 주거환경정비법(2005.1.14. 법률 제7335호로 개정되기 전의 것, 이하 '도시정비법'이라고 한다)상 도시환경정비사업조합은 도시환경정비사업의 추진위원회가 정비구역 안에 소재한 토지 또는 건축물의 소유자 등으로부터 조합설립의 동의(이하 '조합설립결의'라고 한다)를 받은 다음, 관계 법령이 정하는 요건과 절차에 따라 행정청에 조합설립 인가신청을 하여 행정청으로부터 조합설립의 인가를 받아 등기함으로써 법인으로 성립한다(도시정비법 제16조 제1항, 제5항, 제18조). 이와 같이 하여 설립된 도시환경정비사업조합은 도시환경정비사업의 사업시행자로서 조합원에 대한 법률관계에서 특수한 존립목적을 부여받은 행정주체로서의 지위를 가지게 되고, 이러한 행정주체의 지위에서 정비구역 안에 있는 토지 등을 수용하거나(같은 법 제38조), 관리처분계획(같은 법 제48조), 경비부과처분(같은 법 제61조) 등과 같은 행정처분을 할 수 있는 권한을 부여받는다. 따라서 도시환경정비사업조합 설립인가신청에 대한 행정청의 조합설립 인가처분은 단순히 사인(私人)들의 조합설립행위에 대한 보충행위로서의 성질을 가지는 것이 아니라 법령상 일정한 요건을 갖추는 경우 행정주체(공법인)의 지위를 부여하는 일종의 설권적 처분의 성질을 가진다고 봄이 상당하다(대법원 2010.1.28. 선고 2009두4845 판결 등 참조). 그리고 그와 같이 보는 이상, 일단 조합설립 인가처분이 있은 경우 조합설립결의는 위 인가처분이라는 행정처분을 하는 데 필요한 요건 중 하나에 불과한 것이어서, 조합설립 인가처분이 있은 이후에는 조합설립결의의 하자를 이유로 조합설립의 무효를 주장하는 것은 조합설립 인가처분의 취소 또는 무효확인을 구하는 항고소송의 방법에 의하여야 할 것이고, 이와는 별도로 조합설립결의만을 대상으로 그 효력 유무를 다투는 확인의 소를 제기하는 것은 확인의 이익이 없어 허용되지 아니한다(대법원 2009.11.26. 선고 2008다50172 판결 등 참조).

3. 다툴 수 있는 하자의 유형

기본행위인 감정평가법인 설립행위의 하자로 감정평가법인의 사원구성 등 설립요건 미충족(⃞ 감정평가사 5인 이상 사원 수 부족, 자본금 2억원 미달 등)등을 전제로 감정평가법인 인가행위의 하자로 인가처분이 설립행위의 하자를 간과한 채 이루어진 경우, 감정평가법인 인가처분 자체의 위법성(절차적·실체적 위법)을 주장할 수 있다.

4. 소결

소송의 쟁점은 경쟁업체 감정평가사 甲의 원고적격으로 해당 감정평가법인 인가처분으로 인해 법률상 이익이 침해되었음을 주장해야 원고적격이 인정된다. 감정평가법인 설립행위의 하자가 중대·명백하여 감정평가법인 인가처분이 위법하다고 인정될 경우, 감정평가법인 인가처분의 취소를 구할 수 있다.

> **■ 기본행위의 하자를 이유로 하는 이 사건 청구와 소의 이익 존부**
>
> 행정청이 도시정비법 등 관련 법령에 근거하여 행하는 조합설립인가처분은 단순히 사인들의 조합설립행위에 대한 보충행위로서의 성질을 갖는 것에 그치는 것이 아니라 법령상 요건을 갖출 경우 도시정비법상 주택재건축사업을 시행할 수 있는 권한을 갖는 행정주체(공법인)로서의 지위를 부여하는 일종의 설권적 처분의 성격을 갖는다고 보아야 하고, 그와 같이 보는 이상 <u>조합설립결의 등 조합설립행위의 적법여부는 조합설립인가처분이라는 행정처분을 하는 데 필요한 요건 중 하나에 불과하여(대법원 2009. 9. 24. 선고 2008다60568 판결 참조), 조합설립행위의 하자를 이유로 하여서도 조합설립인가처분의 무효나 취소를 구할 법률상 이익이 있다고 할 것이므로…</u>
>
> [서울고등법원 2009누37205 판결](해당 대법원 판결: 대법원 2012. 10. 25. 선고 2010두25107 판결[조합설립인가처분무효확인])

Ⅲ 사안의 해결

1. 설립행위와 인가행위의 관계

감정평가법 제29조(설립 등)에서는 감정평가사는 제10조에 따른 업무를 조직적으로 수행하기 위하여 감정평가법인을 설립할 수 있다고 규정하고 있으며, 감정평가법인 설립을 위해서는 감정평가사 사원 5인 이상, 자본금 2억원 이상, 정관작성등을 하여 설립행위를 하여야 하고, 국토교통부장관에게 별도의 감정평가법인 인가처분을 받아야 한다. 즉 감정평가법인의 설립은 설립행위와 인가행위로 구분되며, 감정평가법인의 설립행위와 감정평가법인의 인가행위는 실체와 인가를 결합한 불가분의 관계로서 설립행위의 하자는 인가행위의 위법사유가 될 수 있다.

2. 甲이 다툴 수 있는 소송

감정평가법상 설립요건인 감정평가사 사원 5인 이상, 자본금 2억원 이상, 정관작성등 법상 요건을 충족하지 못한 설립행위에 문제가 있음을 확인한 경쟁업체 감정평가사 甲은 법률상 이익이 있는 개별적, 직접적, 구체적 이익이 있는 당사자인지는 해당 설문으로 명확하지는 않지만 감정평가법상 법상 요건을 충족하지 못한 내용을 확인한 경쟁업체 감정평가사 甲의 법률상 이익을 인정하는 것을 전제로 설립인가 취소소송을 제기할 수 있고, 만약 감정평가법인이 설립요건을 충족하지 못한 사실이 확인된다면, 판결에 따라 국토교통부장관이 감정평가법인 설립인가를 취소할 수도 있고, 국토교통부장관이 직권으로 감정평가법 제32조에 따라 인가취소 처분을 할 수 있다. 따라서 경쟁업체인 甲은 행정소송(취소소송)에서 인가처분의 위법성, 즉 설립행위의 실체적 하자를 근거로 인가처분의 취소를 구할 수 있을 것으로 판단된다.

> **● 행정규제의 4단계 구조 이해**
>
> 1단계: 특허
> 2단계: 허가, 인가
> 3단계: 등록
> 4단계: 신고

1단계에서 4단계로 갈수록 규제는 완화되는 것이고, 4단계에서 1단계로 갈수록 행정규제는 강화되는 것이다. 보상법규 기출문제 제34회 4번의 경우 등록된 감정평가사임에도 다시 신고를 하도록 하는 것은 이중규제이므로 이를 완화하기 위해서 감정평가법 제21조에서는 사무소개설 신고제도를 폐지하였는바 이에 대한 정답은 규제완화이다. 보상법규 제36회 4번의 경우 경쟁업체인 제3자가 감정평가법인 설립행위의 하자에 대하여 등록된 감정평가사 5인의 요건을 갖추어 다시 인가처분을 하게 되면 규제는 강화되어 특허의 1단계로 강화되는 것이기 때문에 이를 제3자가 다투기 위해서는 항고소송으로 다투어야 함을 보여주고 있다. 이는 행정규제의 4단계의 특성을 이해하면 쉽게 해결되는 문제이다.

★ 기본행위 하자를 이유로 재개발조합설립인가처분 취소가능함(재개발조합설립인가신청에 대한 행정청의 조합설립인가처분은 단순히 사인의 조합설립행위에 대한 보충행위로서의 성질을 가지는 것이 아니라 법령상 일정한 요건을 갖추는 경우 행정주체로서 공법인의 지위를 부여하는 일종의 설권적 처분의 성질)

■ 대법원 2023.8.18. 선고 2022두51901 판결【주택재개발정비사업조합설립인가처분취소】

【판시사항】

[1] 재개발조합설립인가신청에 대한 행정청의 조합설립인가처분이 설권적 처분의 성질을 가지는지 여부(적극)

[2] 오로지 재개발조합설립을 위한 동의정족수를 충족하게 하거나 재개발사업 진행 과정에서 주도적 지위를 차지하기 위한 목적으로 형식적인 증여, 매매 등을 원인으로 하여 밀접한 관계에 있는 사람 등의 명의로 과소지분에 관한 소유권이전등기를 마치는 방식을 통하여 인위적으로 토지 등 소유자 수를 늘리고 그들로 하여금 조합설립에 동의하는 의사표시를 하도록 하는 것이 탈법행위에 해당하는지 여부(적극) 및 위와 같이 늘어난 토지 등 소유자들은 동의정족수를 산정함에 있어 전체 토지 등 소유자 및 동의자 수에서 제외되어야 하는지 여부(적극) / 과소지분의 형식적 이전을 통해 인위적으로 부풀린 토지 등 소유자들로 하여금 조합설립에 동의하는 의사표시를 하도록 하는 것이 탈법행위에 해당하는지 판단하는 기준

【판결요지】

[1] 재개발조합설립인가신청에 대한 행정청의 조합설립인가처분은 단순히 사인의 조합설립행위에 대한 보충행위로서의 성질을 가지는 것이 아니라 법령상 일정한 요건을 갖추는 경우 행정주체로서 공법인의 지위를 부여하는 일종의 설권적 처분의 성질을 가진다.

[2] 구 도시 및 주거환경정비법(2019.4.23. 법률 제16383호로 개정되기 전의 것) 제2조 제9호 (가)목, 제35조 제2항, 제36조 제4항, 도시 및 주거환경정비법 시행령 제33조 제1항 제1호 (가)목, (다)목의 규정 내용과 취지, 체계, 조합설립인가처분의 법적 성격 등을 종합하면, 오로지 재개발조합설립을 위한 동의정족수를 충족하게 하거나 재개발사업 진행 과정에서 주도적 지위를 차지하기 위한 목적으로 형식적인 증여, 매매 등을 원인으로 하여 밀접한 관계에 있는 사람 등의 명의로 과소지분에 관한 소유권이전등기를 마치는 방식을 통하여 인위적으로 토지 등 소유자 수를 늘리고 그들로 하여금 조합설립에 동의하는 의사표시를 하도록 하는 것은 조합설립을 위한 동의정족수 및 동의자 수 산정 방법을 엄격히 규정하고 있는 도시 및 주거환경정비법령(이하 '도시정비법령'이라 한다)의 적용을 배제하거나 잠탈하기 위한 탈법행위에 해당한다고 볼 수 있다. 따라서 위와 같이 늘어난 토지 등 소유자들은 동의정족수를 산정함에 있어서 전체 토지 등 소유자 및 동의자 수에서 제외되어야 할 것인데, 이처럼 과소지분의 형식적 이전을 통해 인위적으로 부풀린 토지 등 소유자들로 하여금 조합설립에 동의하는 의사표시를 하도록 하는 것이 도시정비법령의 적용을 배제하거나 잠탈하기 위한 탈법행위에 해당한다고 보기

위해서는, 토지 또는 건축물에서 과소지분이 차지하는 비율 및 면적, 과소지분을 취득한 명의자가 이를 취득하기 위해 실제로 지급한 가액, 과소지분을 취득한 경위와 목적 및 이전 시기, 과소지분을 취득한 데에 합리적 이유가 있는지, 과소지분 취득자들이 토지 등 소유자의 수에 산입됨으로써 전체 토지 등 소유자의 수에 미친 영향, 과소지분 취득자들이 조합설립에 동의하는 의사를 표명한 정도 및 그 의사가 조합설립을 위한 동의정족수에 미친 영향, 과소지분 취득자와 다수 지분권자의 관계 등 관련 사정을 종합하여 개별 사안에 따라 구체적으로 판단하여야 한다.

쟁점 102 · 감정평가법인등의 권리와 의무 등 · B급

I 개요

감정평가법인등이란 타인의 의뢰에 의하여 일정한 보수를 받고 토지 등의 감정평가를 업으로 행하는 자로서 사무소를 개설한 감정평가사와 인가를 받은 감정평가법인을 말한다. 감정평가법인등이 평가하는 적정가격은 국가 토지정책의 근간이 되는 공시지가의 조사·평가 및 지가공시제도의 효율적인 운영주체로서 업무수행상 높은 윤리성·공공성이 요구되는바, 각종 권리 및 의무를 감정평가법에서 규정하고 있고, 이에 위반할 경우 민사상·행정상·형사상 책임을 지게 된다.

제2조(정의)

이 법에서 사용하는 용어의 뜻은 다음과 같다.
1. "토지등"이란 토지 및 그 정착물, 동산, 그 밖에 대통령령으로 정하는 재산과 이들에 관한 소유권 외의 권리를 말한다.
2. "감정평가"란 토지 등의 경제적 가치를 판정하여 그 결과를 가액(價額)으로 표시하는 것을 말한다.
3. "감정평가업"이란 타인의 의뢰에 따라 일정한 보수를 받고 토지 등의 감정평가를 업(業)으로 행하는 것을 말한다.
4. "감정평가법인등"이란 제21조에 따라 사무소를 개설한 감정평가사와 제29조에 따라 인가를 받은 감정평가법인을 말한다.

II 권리

감정평가권, 감정평가업권, 타인토지출입권, 명칭사용권, 보수청구권, 청문권, 쟁송제기권 등의 권리를 지닌다.

III 의무

적정가격 평가의무, 성실의무 등, 감정평가서 교부 및 보존의무, 국토교통부장관의 지도·감독에 따를 의무 등이 있다.

제25조(성실의무 등)

① 감정평가법인등(감정평가법인 또는 감정평가사사무소의 소속 감정평가사를 포함한다. 이하 이 조에서 같다)은 제10조에 따른 업무를 하는 경우 품위를 유지하여야 하고, 신의와 성실로써 공정하게 하여야 하며, 고의 또는 중대한 과실로 업무를 잘못하여서는 아니 된다.
② 감정평가법인등은 자기 또는 친족 소유, 그 밖에 불공정하게 제10조에 따른 업무를 수행할 우려가 있다고 인정되는 토지등에 대해서는 그 업무를 수행하여서는 아니 된다.
③ 감정평가법인등은 토지 등의 매매업을 직접 하여서는 아니 된다.

---

④ 감정평가법인등이나 그 사무직원은 제23조에 따른 수수료와 실비 외에는 어떠한 명목으로도 그 업무와 관련된 대가를 받아서는 아니 되며, 감정평가 수주의 대가로 금품 또는 재산상의 이익을 제공하거나 제공하기로 약속하여서는 아니 된다.
⑤ 감정평가사, 감정평가사가 아닌 사원 또는 이사 및 사무직원은 둘 이상의 감정평가법인(같은 법인의 주·분사무소를 포함한다) 또는 감정평가사사무소에 소속될 수 없으며, 소속된 감정평가법인 이외의 다른 감정평가법인의 주식을 소유할 수 없다.
⑥ 감정평가법인등이나 사무직원은 제28조의2에서 정하는 유도 또는 요구에 따라서는 아니 된다.

제26조(비밀엄수)

감정평가법인등(감정평가법인 또는 감정평가사사무소의 소속 감정평가사를 포함한다. 이하 이 조에서 같다)이나 그 사무직원 또는 감정평가법인등이었거나 그 사무직원이었던 사람은 업무상 알게 된 비밀을 누설하여서는 아니 된다. 다만, 다른 법령에 특별한 규정이 있는 경우에는 그러하지 아니하다.

제27조(명의대여 등의 금지)

① 감정평가사 또는 감정평가법인등은 다른 사람에게 자기의 성명 또는 상호를 사용하여 제10조에 따른 업무를 수행하게 하거나 자격증·등록증 또는 인가증을 양도·대여하거나 이를 부당하게 행사하여서는 아니 된다.
② 누구든지 제1항의 행위를 알선해서는 아니 된다.

Ⅳ 책임

1. 민사상 책임(감정평가법 제28조)

감정평가법은 성실한 평가를 유도하고, 불법행위로 인한 평가의뢰인 및 선의의 제3자를 보호하기 위하여 감정평가법인등에게 손해배상책임을 인정하고 있다.

2. 행정상 책임(감정평가법 제32조, 제39조, 제41조, 제52조)

감정평가법인등이 각종 의무규정을 위반하였을 경우의 제재수단으로서 인가취소, 업무정지, 자격등록취소, 견책, 과징금, 과태료 등이 부과될 수 있다.

3. 형사상 책임(감정평가법 제48조~제51조)

이는 형법이 적용되는 책임으로서 행정형벌로 감정평가법 제48조, 제49조와 제50조에 규정을 두고 있다. 또한 감정평가법인등이 공적평가업무를 수행하는 경우에는 공무원으로 의제하여 알선수뢰죄 등 가중처벌을 받도록 규정하고 있다.

4. 몰수 및 추징(감정평가법 제50조의2)

업무와 관련된 대가를 받거나 감정평가 수주의 대가로 금품 또는 재산상의 이익을 제공하거나 제공하기로 약속한 자와 감정평가사의 자격증·등록증 또는 감정평가법인의 인가증을 다른 사람에게 양도 또는 대여한 자와 이를 양수 또는 대여받은 자에 대하여 이러한 죄를 지은 자가 받은 금품이나 그 밖의 이익은 몰수한다. 이를 몰수할 수 없을 때에는 그 가액을 추징한다.

5. 양벌규정(감정평가법 제51조)

법인의 대표자나 법인 또는 개인의 대리인, 사용인, 그 밖의 종업원이 그 법인 또는 개인의 업무에 관하여 감정평가법 제49조 또는 제50조의 위반행위를 하면 그 행위자를 벌하는 외에 그 법인 또는 개인에게도 해당 조문의 벌금형을 부과한다. 다만, 법인 또는 개인이 그 위반행위를 방지하기 위하여 해당 업무에 상당한 주의와 감독을 게을리하지 아니한 경우에는 그러하지 아니하다.

Ⅴ 행정벌

1. 의의

행정벌이란 행정법상의 의무위반행위에 대하여 제재로서 가하는 처벌을 말한다. 행정벌에는 행정형벌과 행정질서벌이 있다. 행정벌은 과거의 의무 위반에 대한 제재를 직접적인 목적으로 하지만 간접적으로는 의무자에게 심리적 압박을 가함으로써 행정법상의 의무이행을 확보하는 것을 목적으로 한다.

2. 행정형벌

(1) 의의

행정형벌이란 행정상 중한 의무를 위반한 경우 주어지는 벌로서 징역형 또는 벌금형이 있다. 이는 행정목적을 달성하기 위해 행정법규가 의무를 정해놓고 이를 위반한 경우의 제재 수단이다.

(2) 행정형벌의 사유

감정평가법 제49조에 '3년 이하의 징역 또는 3,000만원 이하의 벌금', 제50조에 '1년 이하의 징역 또는 1,000만원 이하의 벌금'을 규정하고 있다. 최근 감정평가법 제50조의2(몰수·추징) 규정을 두어 죄를 지은 자가 받은 금품이나 그 밖의 이익은 몰수하며, 몰수할 수 없을 때에는 그 가액을 추징하는 형법 규정을 반영하였다는 점에서 특징이 있다.

(3) 벌칙적용에 있어서의 공무원 의제

공적 업무(공공용지 매수, 토지수용, 사용보상, 국공유지취득처분 등)를 행하는 감정평가사는 공무원으로 본다.

(4) 양벌규정(감정평가법 제51조)

법인의 대표자나 법인 또는 개인의 대리인, 사용인, 그 밖의 종업원이 그 법인 또는 개인의 업무에 관하여 제49조 또는 제50조의 위반행위를 하면 그 행위자를 벌하는 외에 그 법인 또는 개인에게도 해당 조문의 벌금형을 부과한다. 다만, 법인 또는 개인이 그 위반행위를 방지하기 위하여 해당 업무에 상당한 주의와 감독을 게을리하지 아니한 경우에는 그러하지 아니하다.

3. 행정질서벌

(1) 의의

경미한 의무를 위반하는 경우에 주어지는 벌로서 과태료처분이다. 형법총칙이 적용되지 않는다는 점에서 행정형벌과 구별되며 행정상 책임에 해당된다.

(2) 과태료 부과 : 500만원 이하의 과태료(감정평가법 제52조)

과태료 부과 사유를 4단계로 구분(500만원, 400만원, 300만원, 150만원 이하의 과태료).

제52조(과태료)

① 제24조 제1항을 위반하여 사무직원을 둔 자에게는 500만원 이하의 과태료를 부과한다.

② 다음 각 호의 어느 하나에 해당하는 자에게는 400만원 이하의 과태료를 부과한다.

  1. 삭제 〈2021.7.20.〉
  2. 삭제 〈2021.7.20.〉
  3. 삭제 〈2021.7.20.〉
  4. 삭제 〈2021.7.20.〉
  5. 제28조 제2항을 위반하여 보험 또는 협회가 운영하는 공제사업에의 가입 등 필요한 조치를 하지 아니한 사람
  6. 삭제 〈2021.7.20.〉
  6의2. 삭제 〈2021.7.20.〉
  7. 제47조에 따른 업무에 관한 보고, 자료 제출, 명령 또는 검사를 거부·방해 또는 기피하거나 국토교통부장관에게 거짓으로 보고한 자

③ 다음 각 호의 어느 하나에 해당하는 자에게는 300만원 이하의 과태료를 부과한다.

  1. 제6조 제3항을 위반하여 감정평가서의 원본과 그 관련 서류를 보존하지 아니한 자
  2. 제22조 제1항을 위반하여 "감정평가사사무소" 또는 "감정평가법인"이라는 용어를 사용하지 아니하거나 같은 조 제2항을 위반하여 "감정평가사", "감정평가사사무소", "감정평가법인" 또는 이와 유사한 명칭을 사용한 자

④ 다음 각 호의 어느 하나에 해당하는 자에게는 150만원 이하의 과태료를 부과한다.

  1. 제9조 제2항을 위반하여 감정평가 결과를 감정평가 정보체계에 등록하지 아니한 자
  2. 제13조 제3항, 제19조 제3항 및 제39조 제4항을 위반하여 자격증 또는 등록증을 반납하지 아니한 사람
  3. 제28조 제3항을 위반하여 같은 조 제1항에 따른 손해배상사실을 국토교통부장관에게 알리지 아니한 자

⑤ 제1항부터 제4항까지에 따른 과태료는 대통령령으로 정하는 바에 따라 국토교통부장관이 부과·징수한다.

---

(3) 절차

① 과태료 부과처분(행정처분이지만 처분취소소송 불가)

국토교통부장관은 위반행위, 금액, 이의제기방법 등을 명시한 통지서를 처분대상자에게 송부하여 부과·징수한다.

② 과태료처분에 대한 불복

처분이 있음을 안 날로부터 60일 이내에 국토교통부장관에게 이의를 제기할 수 있다.

이의신청기간 내에 이의를 제기하지 않고 납부를 하지 아니한 때에는 국세체납처분에 의해 이를 징수한다. 다만 과태료처분의 경우 비송사건 약식절차에 의해 별도의 불복절차가 존재하기 때문에 행정소송은 불가능하다. 질서위반행위규제법으로 일반법이 제정되어 이를 적용하면 된다.

Ⅵ 감정평가법상 벌금, 과징금, 과태료의 비교

1. 의의

① 벌금은 행정목적을 직접적으로 침해하는 행위에 대하여 과해지는 행정형벌의 일종이다. 형법총칙이 적용되며 감정평가법 제49조 내지 제50조에 규정을 두고 있다.

② 과징금은 감정평가법 제41조에 의거 행정법규의 위반으로 경제상의 이익을 얻게 되는 경우에 해당 위반으로 인한 경제적 이익을 박탈하기 위하여 그 이익규모에 따라 행정기관이 과하는 행정상 제재금을 말한다.

③ 과태료는 행정목적을 간접적으로 침해하는 행위에 대하여 과해지는 행정질서벌에 해당하며, 감정평가법 제52조에서 위반 양태에 따라서 500만원, 400만원, 300만원, 150만원 이하의 과태료 부과 규정을 두고 있다.

2. 법적 성질

① 벌금은 행정의 실효성 확보수단으로서 행정벌 중 행정형벌에 해당한다.

② 과징금은 새로운 수단의 행정의 실효성 확보수단으로 행정상 제재금으로서 과징금의 부과는 급부하명에 해당한다.

③ 과태료는 행정의 실효성 확보수단으로서 행정질서벌에 해당하며, 행정청이 행하는 과태료 부과행위는 행정처분이 된다.

3. 부과권자, 부과절차 및 적용법규

① 벌금은 국토교통부장관의 고발에 따라 수사기관의 수사를 통해 혐의가 인정되면 검사의 기소에 의해 형사재판에 회부되어 형이 확정된다. 감정평가법에서는 벌금형에 대해 특별히 형법총칙의 배제를 규정하고 있지 아니하므로 형법총칙이 적용된다.

② 과징금은 국토교통부장관(행정청)이 업무정지에 갈음하는 과징금 부과처분을 하게 되며, 부과, 이의신청 및 징수 등은 감정평가법 제41조, 제42조, 제43조의 규정에 따른다.

③ 과태료는 1차적으로는 국토교통부장관이 부과하고 이에 대한 불복으로서 과태료 재판을 거치는 경우에서 2차적으로는 법원이 부과하게 된다. 구체적인 부과절차 및 징수 등은 질서위반행위규제법(과태료 일반법)에 따른다.

4. 불복

① 벌금형에 대해서는 상소를 할 수 있다.

② 과징금 부과처분에 대하여는 감정평가법 제42조에 따라 이의신청을 할 수 있으며, 이의신청

에 따른 결과에 이의가 있는 자는 감정평가법 제42조 제3항에 따라 행정심판을 제기할 수 있다. 또한 과징금 부과처분이 항고소송의 대상인 처분이 되므로 항고소송으로 다툴 수 있다.

③ 과태료는 질서위반행위규제법이 적용된다. 불복방법으로는 이의신청과 과태료 재판을 규정하고 있다.

Ⅶ 벌금과 과징금의 중복부과 타당성 여부

1. 개설

감정평가법상 벌금과 과징금은 모두 국민의 권리·의무에 직접 영향을 미치는 행정처분에 해당하는 것으로, 동일 사안에 대하여는 벌금과 과징금을 중복부과하는 경우 그 타당성 여부가 문제된다.

2. 관련 판례 검토

헌법재판소는 '과징금은 그 취지와 기능, 부과의 주체와 절차 등을 종합할 때 부당내부거래 억제라는 행정목적을 실현하기 위하여 그 위반행위에 대하여 제재를 가하는 행정상 제재금으로서의 기본적 성격에 부당이득환수적 요소도 부과되어 있는 것이라 할 것이고, 이를 두고 헌법 제13조 제1항에서 금지하는 국가형벌권 행사로서의 처벌에 해당한다고 할 수 없으므로, 공정거래법에서 형사처벌과 아울러 과징금의 병과를 예정하고 있더라도 이중처벌금지의 원칙에 위반된다고 볼 수 없다.'라고 하여 과징금과 벌금의 병과는 이중처벌금지의 원칙에 반하지 않는다고 보았다.

3. 검토

과징금은 행정상 제재금으로서 범죄에 대한 국가의 형벌권 행사로서의 과벌이 아니므로 행정법규 위반에 대하여 벌금 이외에 과징금을 부과하는 것은 이론상 이중처벌금지의 원칙에 반하지 않는다고 봄이 타당할 것이다. 그러나 양자는 실질적으로 이중적인 금전부담으로써 동일사안에 대해 벌금과 과징금을 함께 부과하는 것은 이중처벌의 성질이 있다고 할 것이므로 양자중 택일적으로 부과하도록 관계법령을 정비할 필요성이 있다고 판단된다.

Ⅷ 결

감정평가법상 벌금, 과징금, 과태료는 행정의 실효성 확보수단으로 규정되어 있는 것이고, 그 법적 성질은 벌금, 과징금, 과태료 모두 행정행위의 상대방인 국민의 권리·의무에 직접적으로 영향을 미치는 행정처분에 해당한다. 한편 동일 사안에 있어 벌금과 과징금의 중복부과는 이론상 이중처벌금지의 원칙에 반하지 아니하여 타당하다고 할 것이나, 양자는 실질적으로 동일한 금전부담으로써 벌금과 과징금을 택일적으로 부과하도록 관계법령을 정비할 필요성이 있다고 할 것이다.

쟁점 103 감정평가법인등의 손해배상책임 A급

I 손해배상책임의 의의 및 취지(감정평가법 제28조)

> **제28조(손해배상책임)**
> ① 감정평가법인등이 감정평가를 하면서 고의 또는 과실로 감정평가 당시의 적정가격과 현저한 차이가 있게 감정평가를 하거나 감정평가 서류에 거짓을 기록함으로써 감정평가 의뢰인이나 선의의 제3자에게 손해를 발생하게 하였을 때에는 감정평가법인등은 그 손해를 배상할 책임이 있다.
> ② 감정평가법인등은 제1항에 따른 손해배상책임을 보장하기 위하여 대통령령으로 정하는 바에 따라 보험에 가입하거나 제33조에 따른 한국감정평가사협회가 운영하는 공제사업에 가입하는 등 필요한 조치를 하여야 한다.
> ③ 감정평가법인등은 제1항에 따라 감정평가 의뢰인이나 선의의 제3자에게 법원의 확정판결을 통한 손해배상이 결정된 경우에는 국토교통부령으로 정하는 바에 따라 그 사실을 국토교통부장관에게 알려야 한다.
> ④ 국토교통부장관은 감정평가 의뢰인이나 선의의 제3자를 보호하기 위하여 감정평가법인등이 갖추어야 하는 손해배상능력 등에 대한 기준을 국토교통부령으로 정할 수 있다.
>
> **제28조의2(감정평가 유도·요구 금지)**
> 누구든지 감정평가법인등(감정평가법인 또는 감정평가사사무소의 소속 감정평가사를 포함한다)과 그 사무직원에게 토지 등에 대하여 특정한 가액으로 감정평가를 유도 또는 요구하는 행위를 하여서는 아니 된다.

감정평가법인등이 감정평가를 하면서 고의 또는 과실로 감정평가 당시의 적정가격과 현저한 차이가 있게 감정평가를 하거나 감정평가 서류에 거짓을 기록함으로써 감정평가 의뢰인이나 선의의 제3자에게 손해를 발생하게 하였을 때에는 감정평가법인등은 그 손해를 배상할 책임이 있다. 이는 의뢰인 및 제3자의 보호도모 및 토지 등의 적정가격을 올바르게 평가하여 국토의 효율적인 이용과 국민경제의 발전을 도모하기 위함에 그 취지가 있다.

II 감정평가 법률관계의 법적 성질

1. 공법관계인지 사법관계인지

감정평가의 의뢰는 상호 대등한 관계에서 행해지는 것이므로 사법관계의 성질을 갖는다고 볼 수 있다. 다만 감정평가의 사회성, 공공성에 비추어 공적 성질도 내포하고 있다고 볼 수 있다.

2. 도급계약인지 위임계약인지

감정평가는 일의 완성을 목적으로 수수료를 지급하고 약정하는 것으로서 도급계약이라고 보는 견해와 일정한 사무처리를 위한 노무의 제공을 목적으로 하는 위임계약이라는 견해가 있다. 업무수행 시 독립성이 인정되고, 업무중단 시 수행한 부분에 대한 보수청구가 인정되므로 위임계약으로 봄이 타당하다.

Ⅲ 감정평가법 제28조와 민법 제750조와의 관계

1. 문제점

상기와 같이 감정평가의 법적 성질은 사법상 특수한 위임계약에 해당하기 때문에 감정평가법 제28조 제1항의 규정이 없이도 감정평가법인등은 의뢰인 및 제3자에게 손해배상책임을 진다. 이 경우, 해당 규정을 둔 이유가 무엇인지에 대하여 논란이 있으며, 이를 민법상 특칙으로 보는지의 여부에 대한 견해가 대립하고 있다.

2. 견해의 대립

① 특칙이라는 견해(면책설)는 감정평가의 경우 적정가격의 산정이 어렵고, 평가수수료에 비해 막중한 책임을 부여한다는 점 등을 근거로 감정평가법 제28조를 감정평가업자를 보호하기 위한 특칙으로 보는 견해이다.

② 특칙이 아니라는 견해(보험관계설)는 감정평가법 제28조 제1항이 동조 제2항의 보험이나 공제사업과 관련하여 처리되는 감정평가법인등의 손해배상책임의 범위를 한정하는 것으로 민법의 특칙이 아니라고 보는 견해이다.

3. 판례

감정평가의 부실감정으로 인해 손해를 입게 된 감정평가 의뢰인이나 선의의 제3자는 지가공시법상 법률상의 손해배상책임과 민법상의 불법행위로 인한 손해배상책임을 함께 물을 수 있다고 판시하여 특칙이 아니라고 보았다.

4. 검토

적정가격의 산정이 어려움에도 손해배상책임을 널리 인정하여서는 감정평가제도가 위태로울 수 있고, 특칙이 아니라는 견해에 따를 경우 감정평가법 제28조 제1항의 규정은 무의미한 규정이 된다는 점 등을 고려할 때, 논리적으로 특칙으로 보는 견해가 타당하다.

Ⅳ 손해배상책임의 성립요건

1. 감정평가법인등이 감정평가를 하면서

감정평가로 발생한 손해에 해당하여야 하고, 가치판단작용이 아닌 단순한 사실조사 잘못으로 인한 손해에 대하여는 적용되지 않는다. 그러나 판례는 임대차관계에 대한 사실조사에 잘못이 있는 경우 감정평가법인등의 손해배생책임을 인정한 바 있다.

2. 고의 또는 과실이 있을 것(과실책임주의)

고의란 부당한 감정평가임을 안 것이며, 과실이란 통상의 주의의무를 위반한 것을 말한다. 판례는 부동산공시법과 감정평가에 관한 규칙상 기준을 무시하고 자의적인 방법에 의하여 토지를 감정평가한 것은 고의·중과실에 의한 부당한 감정평가로 볼 수 있다고 하였다.

3. 부당한 감정평가를 하였을 것

① **감정평가 당시의 적정가격과 현저한 차이가 있게 감정평가한 경우**

현저한 차이의 판단기준에 대해 판례는 보상액 결정의 1.3배가 현저한 차이에 대한 유일한 판단기준이 될 수 없다고 하면서, 부당감정에 이르게 된 감정평가법인등의 귀책사유를 고려하여 사회통념에 따라 탄력적으로 판단하여야 한다고 하였다. 또한 현저한 차이는 고의에 의한 경우와 과실에 의한 경우에 다르게 보아야 한다고 판시하였다.

② **감정평가서류에 허위를 기재할 경우**

감정평가서상의 기재사항에 대하여 물건의 내용, 산출근거, 평가가액의 허위기재로서 가격에 변화를 일으키는 요인을 고의·과실로 허위기재하는 것을 말한다.

4. 감정평가 의뢰인 또는 선의의 제3자에게 손해가 발생하였을 것

선의의 제3자란 감정내용이 허위 또는 감정평가 당시의 적정가격과 현저한 차이가 있음을 인식하지 못한 것뿐만 아니라, 감정평가서에 대해 타인이 사용할 수 없음이 명시되어 있는 경우 이러한 사용사실까지 인식하지 못한 제3자를 의미한다. 손해란 일반적으로 법익(주로 재산권)에 관하여 받은 불이익을 말한다.

5. 상당한 인과관계가 있을 것

적정가격과 현저한 차이가 있게 한 감정평가와 손해의 발생과의 사이에는 인과관계가 있어야 한다.

6. 위법성 요건이 필요한지 여부

감정평가법 제28조는 민법에 대한 특칙으로 보는 것이 타당하므로 위법성 요건은 불필요하다고 보며 이는 부당감정개념에 포함된 것으로 봄이 합당하다.

Ⅴ 손해배상책임의 내용

1. 손해배상책임의 범위

손해배상책임의 범위는 부당한 평가가 없었다면 있어야 할 법익상태와 부당한 평가가 발생한 현재의 법익상태 간의 차이를 말한다. 판례는 부당한 감정가격에 의한 담보가치와 정당한 감정가격에 의한 담보가치의 차액을 한도로 정당한 감정가격에 근거하여 산출된 담보가치를 초과한 부분이 손해액이 된다고 판시한 바 있다. 또한 감정평가 의뢰인이 부당한 감정평가 성립에 원인을 제공하였거나, 용인을 한 경우에는 이를 참작하여 배상액을 정하여야 한다(과실상계의 원칙).

2. 임대차조사 내용

판례는 고의 또는 과실로 임대차 관계에 관한 사실을 기재해 손해를 발생하게 한 경우 손해배상책임이 있다고 보았다.

3. 손해배상책임의 보장

감정평가법인등은 보증보험에 가입하거나 협회가 운영하는 공제사업에 가입해야 하는 등 필요한 조치를 하여야 한다.

4. 손해배상 확정판결 시 국토교통부장관에 통보 및 손해배상능력 등에 대한 기준 마련

감정평가법인등은 감정평가 의뢰인이나 선의의 제3자에게 법원의 확정판결을 통한 손해배상이 결정된 경우에는 국토교통부령으로 정하는 바에 따라 그 사실을 국토교통부장관에게 알려야 한다. 국토교통부장관은 감정평가 의뢰인이나 선의의 제3자를 보호하기 위하여 감정평가법인등이 갖추어야 하는 손해배상능력 등에 대한 기준을 국토교통부령으로 정할 수 있다.

쟁점 104 감정평가관리 · 징계위원회   B급

I 감정평가관리 · 징계위원회의 도입배경 및 의의

감정평가관리 · 징계위원회는 기존에 감정평가협회에서 운영하였으나, 형식적 운영으로 실효성에 문제가 제기되었다. 감정평가사에 대한 징계의 공정성을 확보하고, 엄격한 절차에 따라 징계처분을 하여 공신력을 제고하기 위해 징계위원회제도가 도입되었다. 감정평가관리 · 징계위원회는 감정평가사의 징계를 의결하기 위해 국토교통부에 설치하는 의결기관이다. 감정평가법 제40조 규정에서 감정평가관리 · 징계위원회를 반드시 두도록 필수기관으로 법적근거가 마련되어 있다.

II 감정평가관리 · 징계위원회의 성격

감정평가관리 · 징계위원회는 감정평가사를 징계하도록 하기 위해서는 반드시 설치해야 하는 필수기관이다. 또한 징계권자는 국토교통부장관이지만 징계내용에 관한 의결은 감정평가관리 · 징계위원회에 맡겨져 있어 감정평가관리 · 징계위원회는 의결권을 갖는 의결기관이다.

III 감정평가관리 · 징계위원회의 내용

1. 설치 및 구성

감정평가관리 · 징계위원회는 국토교통부에 설치하고, 원장 1명 및 부위원장 1명을 포함한 13명 이내로 구성하고 위원장은 국토교통부장관이 위촉하거나 지명한다.

2. 위원의 임기 및 제척, 기피

위원의 임기는 2년으로 하되 1차례에 한하여 연임할 수 있다. 당사자와 친족, 동일법인 및 사무소 소속 평가사는 제척되고 불공정한 의결을 할 염려가 있는 자는 기피될 수 있다.

3. 소위원회 구성 운영(감정평가법 시행령 제40조의2)

① 제34조 제1항에 따른 징계의결 요구 내용을 검토하기 위해 감정평가관리 · 징계위원회에 소위원회를 둘 수 있다.

② 소위원회의 설치 · 운영에 필요한 사항은 감정평가관리 · 징계위원회의 의결을 거쳐 위원회의 위원장이 정한다.

쟁점 105 · 징계절차 및 징계의 종류 등   B급

I. 징계의 절차

1. 징계의결의 요구(감정평가법 시행령 제34조 제1항)

국토교통부장관은 감정평가사에게 징계사유가 있다고 인정되면 그 증명서류를 갖추어 징계위원회에 징계의결을 요구한다. 이때 징계의결의 요구는 위반사유가 발생한 날부터 5년이 지난 때에는 할 수 없다(감정평가법 제39조 제7항).

2. 징계당사자에게 통보(감정평가법 시행령 제34조 제2항)

감정평가관리·징계위원회는 징계의결의 요구를 받으면 지체 없이 징계요구 내용과 징계심의 기일을 해당 감정평가사(이하 "당사자"라 한다)에게 통지해야 한다.

3. 의견진술(감정평가법 시행령 제41조)

당사자는 감정평가관리·징계위원회에 출석하여 구술 또는 서면으로 자기에게 유리한 사실을 진술하거나 필요한 증거를 제출할 수 있다.

4. 징계의결(감정평가법 시행령 제35조)

징계위원회는 징계의결의 요구를 받은 날부터 60일 이내에 징계에 관한 의결을 하여야 한다. 다만, 부득이한 사유가 있는 때에는 징계위원회의 의결로 30일에 한하여 그 기간을 한 차례만 연장할 수 있다.

5. 징계 사실의 서면 통지 및 관보에 공고(감정평가법 시행령 제36조)

① 국토교통부장관은 감정평가법 제39조의2 제1항에 따라 구체적인 징계 사유를 알리는 경우에는 징계의 종류와 사유를 명확히 기재하여 서면으로 알려야 한다.

② 국토교통부장관은 감정평가법 제39조의2 제1항에 따라 같은 항에 따른 징계사유 통보일부터 14일 이내에 다음 각 호의 사항을 관보에 공고해야 한다.

> 1. 징계를 받은 감정평가사의 성명, 생년월일, 소속된 감정평가법인등의 명칭 및 사무소 주소
> 2. 징계의 종류
> 3. 징계 사유(징계사유와 관련된 사실관계의 개요를 포함한다)
> 4. 징계의 효력발생일(징계의 종류가 업무정지인 경우에는 업무정지 시작일 및 종료일)

II. 징계의 종류

징계위원회는 일정한 절차를 거쳐 자격의 취소, 등록의 취소, 2년 이하의 업무정지, 견책 등을 징계할 수 있다.

Ⅲ 징계의결의 하자

1. 의결에 반하는 처분

징계위원회는 의결기관이므로 징계위원회의 의결은 국토교통부장관을 구속하게 된다. 따라서 징계위원회의 의결에 반하는 처분은 무효가 된다.

2. 의결을 거치지 않은 처분

국토교통부장관은 징계위원회의 의결에 구속되기 때문에 징계위원회의 의결을 거치지 않고 처분을 한 경우 권한 없는 징계처분이 되어 무효가 될 수 있다.

Ⅳ 조사위원회의 필요성 – 소위원회 설치 및 운영

징계위원회제도는 대외적으로 공정성 확보에 기여한다. 징계위원회가 사실관계의 명확한 파악과 공정하며 객관적인 징계를 하기 위해서는 별도의 조사위원회를 신설하여 개별적이고 구체적 사실관계를 확정할 필요가 있다. 따라서 조사위원회를 설치하여 내부적인 감사를 진행하는 것이 보다 공정성과 신뢰성을 확보할 수 있을 것이다. 다만 최근 감정평가법 시행령 제40조의2(소위원회) 규정을 두어 징계의결 요구 내용을 검토하기 위해서 징계위원회에 소위원회를 둘 수 있다고 규정하고 있고, 소위원회의 운영은 징계위원장이 정하도록 하고 있다.

> ■ **감정평가사 징계위원회 소위원회 규정 〈개정 2022.1.21.〉**
> **감정평가 및 감정평가사에 관한 법률 시행령 제40조의2(소위원회)**
> ① 제34조 제1항에 따른 징계의결 요구 내용을 검토하기 위해 감정평가관리·징계위원회에 소위원회를 둘 수 있다.
> ② 소위원회의 설치·운영에 필요한 사항은 감정평가관리·징계위원회의 의결을 거쳐 위원회의 위원장이 정한다.
> [본조신설 2020.2.18.]

쟁점 106 과징금(변형된 과징금)   B급

Ⅰ 의의 및 제도적 취지

과징금이란 행정법규의 위반으로 경제적 이익을 얻게 되는 경우 해당 위반으로 인한 경제적 이익을 박탈하기 위하여 그 이익액에 따라 행정기관이 과하는 행정상 제재금을 말한다. 감정평가법인 등에게 부과되는 과징금은 국토교통부장관이 업무정지처분을 하여야 하는 경우로서 그 업무정지처분이 공적업무의 정상적인 수행에 지장을 초래하는 등 공익을 해칠 우려가 있는 경우에 업무정지처분에 갈음하여 과징금을 부과할 수 있도록 한 것이므로 변형된 과징금에 해당한다.

Ⅱ 법적 성질

과징금의 부과행위는 과징금 납부의무를 명하는 행위이므로 급부하명에 해당한다. 또한 감정평가법 제41조에서는 "과징금을 부과할 수 있다."고 규정하고 있으므로 법문언의 규정형식상 재량행위에 해당한다.

Ⅲ 절차 및 내용

1. 과징금의 부과

국토교통부장관은 업무정지처분이 표준지 및 표준주택의 조사 등의 업무에 정상적인 수행에 지장을 초래하는 등 공익을 해칠 우려가 있는 경우에는 업무정지처분에 갈음하여 5천만원(법인의 경우는 5억원) 이하의 과징금을 부과할 수 있다.

2. 과징금의 부과기준

과징금은 위반행위의 내용과 정도, 위반행위의 기간과 위반횟수, 위반행위로 취득한 이익의 규모를 고려하여 부과하여야 하며, 과징금의 금액은 위반행위의 내용과 정도 등을 참작하여 그 금액의 1/2 범위 안에서 이를 가중 또는 감경할 수 있도록 하고 있다. 다만, 가중하는 경우에도 과징금의 총액은 과징금의 최고액을 초과할 수 없다.

3. 과징금의 통지, 납부의무 및 승계

통지일로부터 60일 이내에 납부해야 하며 가산금 징수에 관하여는 국세체납처분에 의해 징수할 수 있다. 국토교통부장관은 감정평가법인이 합병을 하는 경우 존속하거나 신설된 법인이 행한 행위로 보아 과징금을 부과·징수할 수 있다.

Ⅳ 권리구제

1. 이의신청

이의가 있는 자는 처분을 통보받은 날부터 30일 이내에 사유를 갖추어 국토교통부장관에게 이의를 신청할 수 있으며, 국토교통부장관은 이의신청에 대하여 30일 이내에 결정을 해야 한다. 부득이한 경우 30일 연장이 가능하다. 과징금의 이의신청의 경우에는 강학상 이의신청으로 볼 수 있다.

> **행정기본법 제36조(처분에 대한 이의신청)**
>
> ① 행정청의 처분(「행정심판법」 제3조에 따라 같은 법에 따른 행정심판의 대상이 되는 처분을 말한다. 이하 이 조에서 같다)에 이의가 있는 당사자는 처분을 받은 날부터 30일 이내에 해당 행정청에 이의신청을 할 수 있다.
>
> ② 행정청은 제1항에 따른 이의신청을 받으면 그 신청을 받은 날부터 14일 이내에 그 이의신청에 대한 결과를 신청인에게 통지하여야 한다. 다만, 부득이한 사유로 14일 이내에 통지할 수 없는 경우에는 그 기간을 만료일 다음 날부터 기산하여 10일의 범위에서 한 차례 연장할 수 있으며, 연장 사유를 신청인에게 통지하여야 한다.
>
> ③ 제1항에 따라 이의신청을 한 경우에도 그 이의신청과 관계없이 「행정심판법」에 따른 행정심판 또는 「행정소송법」에 따른 행정소송을 제기할 수 있다.
>
> ④ 이의신청에 대한 결과를 통지받은 후 행정심판 또는 행정소송을 제기하려는 자는 그 결과를 통지받은 날(제2항에 따른 통지기간 내에 결과를 통지받지 못한 경우에는 같은 항에 따른 통지기간이 만료되는 날의 다음 날을 말한다)부터 90일 이내에 제1항의 처분(이의신청 결과 처분이 변경된 경우에는 변경된 처분으로 한다)에 대하여 행정심판 또는 행정소송을 제기할 수 있다. 〈개정 2025.3.18.〉
>
> ⑤ 행정청은 제2항 또는 다른 법률에 따라 이의신청에 대한 결과를 통지할 때에는 대통령령으로 정하는 바에 따라 제4항에 따른 행정심판 또는 행정소송을 제기할 수 있는 기간 등 행정심판 또는 행정소송의 제기에 관한 사항을 함께 안내하여야 한다. 다만, 이의신청에 대한 결과를 통지하기 전에 이미 신청인이 행정심판 또는 행정소송을 제기한 경우에는 안내하지 아니할 수 있다. 〈신설 2025.3.18.〉
>
> ⑥ 다른 법률에서 이의신청과 이에 준하는 절차에 대하여 정하고 있는 경우에도 그 법률에서 규정하지 아니한 사항에 관하여는 이 조에서 정하는 바에 따른다. 〈개정 2025.3.18.〉

2. 행정심판

국토교통부장관의 이의신청에 대한 결정에 이의가 있는 자는 행정심판을 청구할 수 있다.

3. 행정소송

과징금 부과행위는 처분에 해당하므로 항고소송의 대상이 된다. 과징금 부과처분은 재량행위이므로 비례원칙 등의 행정법의 일반원칙에 위반하는 경우에는 위법하게 된다.

Ⅴ 개선안(결)

감정평가법 제41조의 과징금은 업무정지처분을 갈음하는 변형된 과징금으로서, 공익보호와 제재의 실효성 간 조화를 목적으로 한다. 그러나 과징금의 부과 여부와 액수는 행정청의 재량이 아니라 위반의 정도, 경제적 이익의 규모, 공익 침해 가능성 등 객관적 기준에 따라 판단되어야 한다. 따라서 이러한 변형된 과징금에 대한 객관적 기준을 입법적으로 명확히 규정함으로써 비례의 원칙, 예측가능성 및 법적 안정성을 확보할 필요가 있다.

> **행정기본법 제28조(과징금의 기준)**
>
> ① 행정청은 법령 등에 따른 의무를 위반한 자에 대하여 법률로 정하는 바에 따라 그 위반행위에 대한 제재로서 과징금을 부과할 수 있다.
>
> ② 과징금의 근거가 되는 법률에는 과징금에 관한 다음 각 호의 사항을 명확하게 규정하여야 한다.
>
> 　1. 부과·징수 주체
> 　2. 부과 사유
> 　3. 상한액
> 　4. 가산금을 징수하려는 경우 그 사항
> 　5. 과징금 또는 가산금 체납 시 강제징수를 하려는 경우 그 사항
>
> ③ 제2항 제4호에 따라 체납된 과징금에 대한 가산금을 부과하는 규정을 정할 때에는 가산금의 부과율 및 부과기간이 금융기관 등이 연체대출금에 대하여 적용하는 이자율 등을 고려하여 대통령령으로 정하는 부과율 및 부과기간을 넘지 아니하도록 규정하여야 한다. 〈신설 2025.3.18.〉
>
> [시행일: 2026.3.19.] 제28조 제3항

★ 감정평가법인에 과징금 부과 3가지 쟁점
■ 대판 2021.10.28, 2020두41689[과징금부과처분취소청구]

【판시사항】

[1] 감정평가업자가 감정평가법인인 경우, 감정평가법인이 감정평가 주체로서 구 부동산 가격공시 및 감정평가에 관한 법률 제37조 제1항에 따라 부담하는 성실의무의 의미

[2] 제재적 행정처분이 재량권의 범위를 일탈·남용하였는지 판단하는 방법

【판결요지】

[1] 구 부동산 가격공시 및 감정평가에 관한 법률(2016.1.19. 법률 제13796호 부동산 가격공시에 관한 법률로 전부 개정되기 전의 것) 제37조 제1항에 따르면, 감정평가업자(감정평가법인 또는 감정평가사 사무소의 소속감정평가사를 포함한다)는 감정평가업무를 행함에 있어서 품위를 유지하여야 하고, 신의와 성실로써 공정하게 감정평가를 하여야 하며, 고의 또는 중대한 과실로 잘못된 평가를 하여서는 아니 된다. 한편 감정평가업자가 감정평가법인인 경우에 실질적인 감정평가업무는 소속감정평가사에 의하여 이루어질 수밖에 없으므로, 감정평가법인이 감정평가의 주체로서 부담하는 성실의무란, 소속감정평가사에 대한 관리·감독의무를 포함하여 감정평가서 심사 등을 통해 감정평가 과정을 면밀히 살펴 공정한 감정평가결과가 도출될 수 있도록 노력할 의무를 의미한다.

[2] 제재적 행정처분이 재량권의 범위를 일탈하였거나 남용하였는지는, 처분사유인 위반행위의 내용과 그 위반의 정도, 그 처분에 의하여 달성하려는 공익상의 필요와 개인이 입게 될 불이익 및 이에 따르는 제반 사정 등을 객관적으로 심리하여 공익침해의 정도와 처분으로 인하여 개인이 입게 될 불이익을 비교·교량하여 판단하여야 한다.

【이유】

상고이유(상고이유서 제출기간이 경과한 후에 제출된 상고이유보충서의 기재는 상고이유를 보충하는 범위에서)를 판단한다.

1. 상고이유 제1, 3점에 관하여

구「부동산 가격공시 및 감정평가에 관한 법률」(2016.1.19. 법률 제13796호로 전부 개정되기 전의 것,

이하 '구 부동산공시법'이라고 한다) 제37조 제1항에 의하면, 감정평가업자(감정평가법인 또는 감정평가사사무소의 소속감정평가사를 포함한다)는 감정평가업무를 행함에 있어서 품위를 유지하여야 하고, 신의와 성실로써 공정하게 감정평가를 하여야 하며, 고의 또는 중대한 과실로 잘못된 평가를 하여서는 아니 된다. 한편 감정평가업자가 감정평가법인인 경우에 실질적인 감정평가업무는 소속감정평가사에 의하여 이루어질 수밖에 없으므로, 감정평가법인이 감정평가의 주체로서 부담하는 성실의무란, 소속감정평가사에 대한 관리·감독의무를 포함하여 감정평가서 심사 등을 통해 감정평가 과정을 면밀히 살펴 공정한 감정평가결과가 도출될 수 있도록 노력할 의무를 의미한다고 보아야 한다.

원심은 위와 같은 취지에서 판시와 같은 이유를 들어, 원고 소속감정평가사 소외인의 이 사건 감정평가는 구 부동산공시법 제37조 제1항의 '잘못된 평가'에 해당하고, 원고가 이 사건 감정평가와 관련하여 소속감정평가사 소외인을 관리·감독할 의무를 성실히 이행하였다거나, 이 사건 감정평가서의 심사단계에서 기울여야 할 주의의무를 다하였다고 볼 수 없으므로, 원고는 구 부동산공시법 제37조 제1항의 성실의무를 위반하였다고 판단하였다.

앞서 본 법리와 기록에 비추어 살펴보면, 원심의 위와 같은 판단은 정당하고, 거기에 상고이유 주장과 같이 구 부동산공시법 제37조 제1항의 성실의무의 적용범위에 관한 법리를 오해하거나 필요한 심리를 다하지 않은 채 논리와 경험칙에 반하여 자유심증주의의 한계를 벗어나는 등으로 판결에 영향을 미친 잘못이 없다.

2. 상고이유 제2점에 관하여

원심은 판시와 같은 이유를 들어, 구 부동산 가격공시 및 감정평가에 관한 법률(2013.8.6. 법률 제12018호로 일부 개정되기 전의 것, 이하 '구 부동산공시법'이라고 한다) 제42조의3에 따라 감정평가법인에 대하여 과징금을 부과하는 경우에는 징계위원회의 의결을 반드시 거칠 필요가 없다고 보아, 징계위원회의 의결을 거치지 않은 이 사건 처분에 절차적 하자가 있다는 원고의 주장을 배척하였다.

관련 법리와 기록에 비추어 살펴보면, 원심의 위와 같은 판단은 정당하고, 거기에 상고이유 주장과 같이 구 부동산공시법 제42조의2 제1항의 적용범위에 관한 법리를 오해하는 등으로 판결에 영향을 미친 잘못이 없다.

3. 상고이유 제4점에 관하여

제재적 행정처분이 재량권의 범위를 일탈하였거나 남용하였는지 여부는, 처분사유인 위반행위의 내용과 그 위반의 정도, 그 처분에 의하여 달성하려는 공익상의 필요와 개인이 입게 될 불이익 및 이에 따르는 제반 사정 등을 객관적으로 심리하여 공익침해의 정도와 처분으로 인하여 개인이 입게 될 불이익을 비교·교량하여 판단하여야 한다(대법원 2015.12.10, 2014두5422 판결 등 참조).

원심판결 이유에 의하면, 원심은 채택 증거들에 의하여 인정되는 판시와 같은 사정들, 즉 ① 원고는 신의성실의무에 위반하여 불공정한 이 사건 감정평가를 하였고, 이 사건 감정평가의 규모, 감정평가의 잘못된 정도 및 그 경위, 이에 대한 원고의 귀책 정도 등에 비추어 보면, 원고에 대하여 과징금을 부과할 필요성이 충분한 점, ② 피고는 과징금의 액수 산정에 있어 원고가 주장하는 여러 유리한 사정들을 참작하여 과징금의 액수를 이미 상당 부분 감액한 점, ③ 감정평가법인이 소속감정평가사의 관리·감독 의무를 소홀히 하였을 경우에도 피고가 이에 대한 제재처분을 하지 않는 지침을 되풀이 시행함으로써 이에 관한 행정관행이 이룩되었다고 보기에는 부족한 점 등에 비추어 보면, 이 사건 처분이 그 공익상의 필요에 비하여 원고에게 지나치게 가혹한 것으로서 재량권을 일탈·남용하였다고 보기 어렵다고 판단하였다.

앞서 본 법리와 기록에 비추어 살펴보면, 원심의 위와 같은 판단은 정당하고, 거기에 상고이유 주장과 같이 재량권 일탈·남용에 관한 법리를 오해하는 등으로 판결에 영향을 미친 잘못이 없다.

4. 결론

그러므로 상고를 기각하고, 상고비용은 패소자가 부담하도록 하여, 관여 대법관의 일치된 의견으로 주문과 같이 판결한다.

★ 감정평가사가 아닌 자가 감정평가를 한 경우에 형사처벌 2가지
(공인회계사가 유형자산 평가한 것은 벌금 500만원 유죄 확정, 심마니에 의하여 산양삼을 특수감정인으로 평가한 경우에는 무죄확정)

■ 공인회계사가 유형자산에 대한 자산재평가를 하는 경우 유죄 벌금 500만원 확정 - 감정평가사만 토지등의 경제적 가치 평가

■ 대법원 2015.11.27, 2014도191 판결[공인회계사 토지 감정평가 사건]

【판시사항】

공인회계사법 제2조에서 정한 '회계에 관한 감정'의 의미 및 타인의 의뢰를 받아 '부동산 가격공시 및 감정평가에 관한 법률'이 정한 토지에 대한 감정평가를 행하는 것이 공인회계사의 직무범위에 포함되는지 여부(소극) / 감정평가업자가 아닌 공인회계사가 타인의 의뢰에 의하여 일정한 보수를 받고 '부동산 가격공시 및 감정평가에 관한 법률'이 정한 토지에 대한 감정평가를 업으로 행하는 것이 같은 법 제43조 제2호에 의하여 처벌되는 행위인지 여부(적극) 및 위 행위가 형법 제20조가 정한 '법령에 의한 행위'로서 정당행위에 해당하는지 여부(원칙적 소극)

【판결요지】

공인회계사법의 입법 취지와 목적, 회계정보의 정확성과 적정성을 담보하기 위하여 공인회계사의 직무범위를 정하고 있는 공인회계사법 제2조의 취지와 내용 등에 비추어 볼 때, 위 규정이 정한 '회계에 관한 감정'이란 기업이 작성한 재무상태표, 손익계산서 등 회계서류에 대한 전문적 회계지식과 경험에 기초한 분석과 판단을 보고하는 업무를 의미하고, 여기에는 기업의 경제활동을 측정하여 기록한 회계서류가 회계처리기준에 따라 정확하고 적정하게 작성되었는지에 대한 판정뿐만 아니라 자산의 장부가액이 신뢰할 수 있는 자료에 근거한 것인지에 대한 의견제시 등도 포함된다. 그러나 타인의 의뢰를 받아 부동산 가격공시 및 감정평가에 관한 법률(이하 '부동산공시법'이라 한다)이 정한 토지에 대한 감정평가를 행하는 것은 회계서류에 대한 전문적 지식이나 경험과는 관계가 없어 '회계에 관한 감정' 또는 '그에 부대되는 업무'에 해당한다고 볼 수 없고, 그 밖에 공인회계사가 행하는 다른 직무의 범위에 포함된다고 볼 수도 없다.
따라서 감정평가업자가 아닌 공인회계사가 타인의 의뢰에 의하여 일정한 보수를 받고 부동산공시법이 정한 토지에 대한 감정평가를 업으로 행하는 것은 부동산 가격공시 및 감정평가에 관한 법률 제43조 제2호에 의하여 처벌되는 행위에 해당하고, 특별한 사정이 없는 한 형법 제20조가 정한 '법령에 의한 행위'로서 정당행위에 해당한다고 볼 수는 없다.

■ 감정평가업자가 아닌 피고인들이 법원 행정재판부로부터 수용 대상 토지상에 재배되고 있는 산양삼의 손실보상액 평가를 의뢰받고 감정서를 작성하여 제출한 사건

■ 대법원 2021.10.14, 2017도10634 판결[감정평가업자가 아닌 피고인들이 법원 행정재판부로부터 수용 대상 토지상에 재배되고 있는 산양삼의 손실보상액 평가를 의뢰받고 감정서를 작성하여 제출한 사건]

【판시사항】

구 부동산 가격공시 및 감정평가에 관한 법률에서 감정평가사 자격을 갖춘 사람만이 감정평가업을 독점적으로 영위할 수 있도록 한 취지 / 민사소송법 제335조에 따른 법원의 감정인 지정결정 또는 같은 법 제341조

제1항에 따른 법원의 감정촉탁을 받은 경우, 감정평가업자가 아닌 사람이더라도 그 감정사항에 포함된 토지 등의 감정평가를 할 수 있는지 여부(적극) 및 이러한 행위가 형법 제20조의 정당행위에 해당하여 위법성이 조각되는지 여부(적극)

【판결요지】

구 부동산 가격공시 및 감정평가에 관한 법률(2016.1.19. 법률 제13796호 부동산가격공시에 관한 법률로 전부 개정되기 전의 것. 이하 '구 부동산공시법'이라고 한다) 제2조 제7호 내지 제9호, 제43조 제2호는 감정평가란 토지 등의 경제적 가치를 판정하여 그 결과를 가액으로 표시하는 것을 말하고, 감정평가업자란 제27조에 따라 신고를 한 감정평가사와 제28조에 따라 인가를 받은 감정평가법인을 말한다고 정의하면서, 감정평가업자가 아닌 자가 타인의 의뢰에 의하여 일정한 보수를 받고 감정평가를 업으로 행하는 것을 처벌하도록 규정하고 있다. 이와 같이 감정평가사 자격을 갖춘 사람만이 감정평가업을 독점적으로 영위할 수 있도록 한 취지는 감정평가업무의 전문성, 공정성, 신뢰성을 확보해서 재산과 권리의 적정한 가격형성을 보장하여 국민의 권익을 보호하기 위한 것이다(구 부동산공시법 제1조 참조).

한편 소송의 증거방법 중 하나인 감정은 법관의 지식과 경험을 보충하기 위하여 특별한 학식과 경험을 가진 제3자에게 그 전문적 지식이나 이를 구체적 사실에 적용하여 얻은 판단을 법원에 보고하게 하는 것으로, 감정신청의 채택 여부를 결정하고 감정인을 지정하거나 단체 등에 감정촉탁을 하는 권한은 법원에 있고(민사소송법 제335조, 제341조 제1항 참조), 행정소송사건의 심리절차에서 공익사업을 위한 토지 등의 취득 및 보상에 관한 법률상 토지 등의 손실보상액에 관하여 감정을 명할 경우 그 감정인으로 반드시 감정평가사나 감정평가법인을 지정하여야 하는 것은 아니다.

법원은 소송에서 쟁점이 된 사항에 관한 전문성과 필요성에 대한 판단에 따라 감정인을 지정하거나 감정촉탁을 하는 것이고, 감정결과에 대하여 당사자에게 의견을 진술할 기회를 준 후 이를 종합하여 그 결과를 받아들일지 여부를 판단하므로, 감정인이나 감정촉탁을 받은 사람의 자격을 감정평가사로 제한하지 않더라도 이러한 절차를 통하여 감정의 전문성, 공정성 및 신뢰성을 확보하고 국민의 재산권을 보호할 수 있기 때문이다.

그렇다면 민사소송법 제335조에 따른 법원의 감정인 지정결정 또는 같은 법 제341조 제1항에 따른 법원의 감정촉탁을 받은 경우에는 감정평가업자가 아닌 사람이더라도 그 감정사항에 포함된 토지 등의 감정평가를 할 수 있고, 이러한 행위는 법령에 근거한 법원의 적법한 결정이나 촉탁에 따른 것으로 형법 제20조의 정당행위에 해당하여 위법성이 조각된다고 보아야 한다.

쟁점 107 감정평가사 자격증 부당행사 또는 명의대여   A급

감정평가사 甲은 A감정평가법인(이하 'A법인'이라 함)에 형식적으로만 적을 두었을 뿐 A법인에서 감정평가사 본연의 업무를 전혀 수행하지 않았고 그 법인의 운영에도 관여하지 않았다. 이에 대해 국토교통부장관은 감정평가관리·징계위원회의 의결에 따라 사전통지를 거쳐 감정평가사 자격취소처분을 하였다. 처분사유는 '甲이 A법인에 소속만 유지할 뿐 실질적으로 감정평가업무에 관여하지 아니하는 방법으로 감정평가사의 자격증을 대여하였다.'는 것이었고, 그 법적 근거로 감정평가 및 감정평가사에 관한 법률(이하 '감정평가법'이라 함) 제27조 제1항, 제39조 제1항 단서 및 제2항 제1호가 제시되었다. 甲은 사전통지서에 기재된 의견제출 기한 내에 청문을 신청하였으나 국토교통부장관은 '감정평가법 제13조 제1항 제1호에 따라 감정평가사 자격취소를 하려면 청문을 실시하여야 한다는 규정이 있지만, 명의대여를 이유로 하는 감정평가사 자격취소의 경우에는 청문을 실시하여야 한다는 규정이 없을 뿐 아니라 청문을 실시할 필요도 없다.'는 이유로 청문을 실시하지 않았다. 甲에 대한 감정평가사 자격취소처분이 적법한지 설명하시오. 20점

※ 참조조문
〈감정평가 및 감정평가사에 관한 법률〉

제13조(자격의 취소)
① 국토교통부장관은 감정평가사가 다음 각 호의 어느 하나에 해당하는 경우에는 그 자격을 취소하여야 한다.
　1. 부정한 방법으로 감정평가사의 자격을 받은 경우
　2. 제39조 제2항 제1호에 해당하는 징계를 받은 경우

제27조(명의대여 등의 금지)
① 감정평가사 또는 감정평가법인등은 다른 사람에게 자기의 성명 또는 상호를 사용하여 제10조에 따른 업무를 수행하게 하거나 자격증·등록증 또는 인가증을 양도·대여하거나 이를 부당하게 행사하여서는 아니 된다.

제39조(징계)
① 국토교통부장관은 감정평가사가 다음 각 호의 어느 하나에 해당하는 경우에는 제40조에 따른 감정평가관리·징계위원회의 의결에 따라 제2항 각 호의 어느 하나에 해당하는 징계를 할 수 있다. 다만, 제2항 제1호에 따른 징계는 제11호, 제12호에 해당하는 경우 및 제27조를 위반하여 다른 사람에게 자격증·등록증 또는 인가증을 양도 또는 대여한 경우에만 할 수 있다.
　9. 제25조, 제26조 또는 제27조를 위반한 경우
② 감정평가사에 대한 징계의 종류는 다음과 같다.
　1. 자격의 취소
　2. 등록의 취소
　3. 2년 이하의 업무정지
　4. 견책

> **제45조(청문)**
> 국토교통부장관은 다음 각 호의 어느 하나에 해당하는 처분을 하려는 경우에는 청문을 실시하여야 한다.
> 1. 제13조 제1항 제1호에 따른 감정평가사 자격의 취소
> 2. 제32조 제1항에 따른 감정평가법인의 설립인가 취소

I 논점의 정리

해당 사안은 감정평가 및 감정평가사에 관한 법률(이하 '감정평가법'이라 한다)상 감정평가사의 명의대여와 부당행사 여부를 구분하고, 부당행사에 해당함에도 불구하고 자격취소처분을 하면서 명의대여를 한 것으로 처분사유를 밝히고 있는바, 처분의 이유제시상의 하자가 존재한다. 또한 감정평가사 甲은 사전통지서에 기재된 기한 내에 청문을 신청하였다면 행정절차법에 따라 신분·자격의 박탈의 경우에는 청문을 하는 것이 타당한데, 감정평가법에서는 청문절차 규정이 없다는 이유로 청문을 실시하지 않은 것은 행정절차법 위반소지가 있다. 이하에서 구체적으로 검토해 보기로 한다.

II 자격증 명의대여와 부당행사의 구분과 내용상 하자

1. 자격증 명의대여

자격증 명의대여는 본인이 아닌 타인이 해당 자격증을 행사한 것을 의미한다. 즉, 홍길동이라는 감정평가사 자격증을 한석봉이라는 사람이 홍길동 감정평가사 자격증을 명의대여하여 감정평가업무를 행하는 것을 말한다.

2. 자격증 등을 부당하게 행사

'자격증 등을 부당하게 행사'한다는 것은 감정평가사 자격증 등을 본래의 용도 외에 부당하게 행사하는 것을 의미하고, 감정평가사가 감정평가법인에 적을 두기는 하였으나 해당 법인의 업무를 수행하거나 운영 등에 관여할 의사가 없고 실제로도 업무 등을 전혀 수행하지 않았다거나 해당 소속 감정평가사로서 업무를 실질적으로 수행한 것으로 평가하기 어려울 정도라면 이는 감정평가법 제27조에서 정한 자격증 등의 부당행사에 해당한다.

3. 소결

해당 사안은 부당행사임에도 불구하고 명의대여로 자격을 취소한 것은 내용상 하자에 해당된다. 특히 대법원 판례는 업무를 수행하지 않고, 적을 둔 것은 부당행사에 해당된다고 판시하고 있다. 예를 들어 명의대여는 홍길동 감정평가사 자격을 한석봉이라는 사람이 홍길동 감정평가사를 사칭해서 명의를 내어하여 감정평가서를 작성하여 발송하는 행위로 볼 수 있다. 감정평가사 자격에 대한 부당행사를 가지고 명의대여로 자격을 취소한 것은 내용상 하자에 해당된다고 판단된다.

III 청문을 결한 감정평가사 자격취소처분이 적법한지 여부와 이유제시 하자

1. 해당 사안의 경우가 청문 없이 자격취소처분을 할 수 있는 것인지 여부

감정평가법 제45조에서 부정한 방법으로 자격을 취득한 경우와 감정평가법인 설립인가취소의 경우에만 청문을 하도록 규정하고 있다. 감정평가법 제27조 명의대여 금지 규정에 청문규정이 없다고 하지만 행정절차법이 최근에 개정되어 신분·자격의 박탈의 경우에는 청문을 하도록 규정하고 있는바, 청문절차는 일반법인 행정절차법을 따르는 것이 타당하다고 판단된다. 따라서 신분·자격의 박탈인 감정평가사 자격취소처분은 행정절차법에 따라 청문을 반드시 실시해야 한다.

2. 징계위원회에 출석하여 구술 또는 서면으로 진술한 것이 청문에 해당되는지

감정평가법상 감정평가사 징계당사자는 감정평가관리·징계위원회에 출석하여 구술 또는 서면으로 자기에게 유리한 진술을 할 수 있지만, 이는 청식청문절차라고 볼 수 없으므로 감정평가사 甲에 대한 자격취소처분은 절차의 하자로서 위법하다고 할 것이다(견해의 대립 있음).

IV 자격증 등의 부당행사에 자격취소를 한 경우와 이유제시 하자

1. 본래의 용도가 아닌 다른 용도로 행사했는지 여부

해당 사안에서 감정평가사 甲은 감정평가법인에 등록하여 소속만 유지할 뿐 실질적으로 감정평가업무에 관여하지 아니하는 방법으로 감정평가사 자격증을 부당하게 행사하였다. 따라서 이는 해당 법인의 업무를 수행하거나 운영 등에 관여할 의사가 없고, 실제 업무 등을 수행했다고도 보기 어려우므로, 자격증을 본래의 용도가 아닌 다른 용도로 행사했다고 볼 수 있다.

2. 법의 규율을 피할 목적으로 행사했는지 여부

감정평가사 甲은 감정평가법인에 등록하여 감정평가법인을 유지하는 데에 방조한 책임이 있다. 감정평가법 제32조에서는 감정평가사의 수가 미달된 경우 인가취소 등에 대해서 규정하고 있고, 사안에서는 이러한 법의 규율을 피할 목적으로 감정평가사 甲은 해당 법인에 등록하여 소속을 유지시켰다고 볼 수 있으므로 자격증의 부당행사에 해당한다고 볼 수 있다.

3. 이유제시상의 하자

해당 사안에서는 부당행사에 해당함에도 불구하고 자격취소처분을 하면서 명의대여를 한 것으로 처분사유를 밝히고 있는바, 처분의 이유제시상의 하자가 존재한다. 처분의 이유제시를 명확히 하지 않은 절차상의 하자로 위법한 행정작용이 된다.

4. 소결

생각건대, 사안의 감정평가사 甲은 타인이 아닌 본인이 자격증을 행사하였으므로, 자격증의 명의대여에는 해당하지는 않는다. 하지만, 자격증을 본래의 용도가 아닌 목적으로 행사하였으며 또한 감정평가법인의 형식적으로 적을 두기만 하였고 감정평가사 본연의 업무를 전혀 수행

하지 않고, 그 법인의 운영에도 관여하지 않았는바, 이는 법의 규율을 피할 목적으로 자격증을 부당행사한 경우에 해당된다고 볼 수 있다. 따라서 감정평가법 제27조에서 규정한 자격증의 부당행사에 해당한다고 판단된다. 따라서 부당행사에 해당한 경우를 자격취소처분을 한 것은 감정평가법을 위반한 것으로 위법한 처분으로 평가된다. 또한 부당행사에 해당함에도 자격취소를 할 수 있는 명의대여를 한 것으로 처분사유를 밝힌 것은 이유제시상의 하자로 위법한 행정작용이 된다. 감정평가사 甲은 잘못된 감정평가사 자격취소처분에 대하여 행정쟁송을 통해 권익구제를 받을 수 있다고 생각된다.

★ 감정평가사 자격 명의대여 및 부당행사 4가지 판결
(현재는 감정평가법 제27조 명의대여 등의 금지로 규정되어 있음)

> **감정평가 및 감정평가사에 관한 법률 제27조(명의대여 등의 금지)**
> ① 감정평가사 또는 감정평가법인등은 다른 사람에게 자기의 성명 또는 상호를 사용하여 제10조에 따른 업무를 수행하게 하거나 자격증·등록증 또는 인가증을 양도·대여하거나 이를 부당하게 행사하여서는 아니 된다.
> ② 누구든지 제1항의 행위를 알선해서는 아니 된다.

① 대판 2013.10.24, 2013두12027[징계(업무정지)처분취소]

【판시사항】
부동산 가격공시 및 감정평가에 관한 법률 제37조 제2항(현행 감정평가법 제27조 제1항)에서 정한 '자격증 등을 부당하게 행사'한다는 것의 의미

【이유】
상고이유를 판단한다.

1. 상고이유 제1, 3점에 대하여

「부동산 가격공시 및 감정평가에 관한 법률」(이하 '법'이라 한다) 제37조 제2항에 의하면, 감정평가업자(감정평가법인 소속 감정평가사를 포함한다)는 다른 사람에게 자격증·등록증 또는 인가증(이하 '자격증 등'이라 한다)을 양도 또는 대여하거나 이를 부당하게 행사하여서는 아니 된다. 여기에서 '자격증 등을 부당하게 행사'한다는 것은 감정평가사 자격증 등을 본래의 용도가 아닌 다른 용도로 행사하거나, 본래의 행사목적을 벗어나 감정평가업자의 자격이나 업무범위에 관한 법의 규율을 피할 목적으로 이를 행사하는 경우도 포함한다고 할 것이다.

원심판결 이유를 앞서 본 법리와 기록에 비추어 살펴보면, 원심이 그 채택 증거에 의하여 인정되는 판시와 같은 사정을 근거로 원고는 이 사건 감정평가법인 소속으로 감정평가사 본연의 업무를 거의 수행하지 아니하였음은 물론 이 사건 감정평가법인의 운영에도 관여하지 아니한 채 감정평가사로서의 근무경력을 얻기 위하여 형식적으로 이 사건 감정평가법인 소속으로 적(籍)을 둔 것에 불과하고, 원고가 이를 위하여 자신의 자격증 등을 행사한 것은 감정평가사의 자격제도 및 감정평가법인제도를 남용하는 행위로서 법 제37조 제2항에서 정한 자격증 등의 부당행사에 해당한다는 취지로 판단한 것은 정당한 것으로 수긍할 수 있고, 거기에 상고이유 주장과 같이 채증법칙을 위반하여 사실을 오인하거나 증명책임 및 법 제37조 제2항의 적용범위에 관한 법리를 오해하는 등의 위법이 없다.

2. 상고이유 제2점에 대하여

원심판결 이유에 의하면 원심은, 일반적으로 행정상의 법률관계에서 행정청의 행위에 대하여 신뢰보호원칙이 적용되기 위해서는 먼저 행정청이 개인에 대하여 신뢰의 대상이 되는 공적인 견해를 밝혔을 것이 요구되는데, 피고가 종전에 금융기관에 상근하면서 감정평가법인에 형식적으로 적을 두었던 감정평가사들에 대하여 징계처분을 한 바 없었다는 등의 사정만으로 감정평가사 자격증 등의 부당행사에 대한 피고의 공적인 견해표명이 있었다고 볼 수 없고, 나아가 판시와 같은 사정을 종합하면 이 사건 처분은 자격증 등의 부당행사 기간, 금원 수취 여부, 감정평가법인의 자격증 부당활용 정도 등을 고려하여 행해진 것으로서 그 공익상의 필요와 비교할 때 원고에게 지나치게 가혹하여 비례의 원칙을 위반한 것으로 볼 수 없다고 판단하였다.

관련 법리에 비추어 기록을 살펴보면, 원심의 위와 같은 판단은 정당하고, 거기에 상고이유 주장과 같은 신뢰보호의 원칙이나 비례의 원칙에 관한 법리오해의 위법이 없다.

3. 결론

그러므로 상고를 기각하고 상고비용은 패소자가 부담하기로 하여, 관여 대법관의 일치된 의견으로 주문과 같이 판결한다.

② 대판 2013.10.24, 2013두3306[징계(자격등록취소)처분취소]

【판시사항】

감정평가사가 자신의 감정평가경력을 부당하게 인정받는 한편, 소속 법인으로 하여금 설립과 존속에 필요한 감정평가사의 인원수만 형식적으로 갖추게 하거나 법원으로부터 감정평가 물량을 추가로 배정받을 수 있는 자격을 얻게 할 목적으로 자신의 등록증을 사용한 경우, 부동산 가격공시 및 감정평가에 관한 법률 제37조 제2항이 금지하는 자격증 등의 부당행사에 해당하는지 여부(적극)

【이유】

상고이유(상고이유서 제출기간이 경과한 후에 제출된 준비서면의 기재는 상고이유를 보충하는 범위 내에서)를 판단한다.

1. 「부동산 가격공시 및 감정평가에 관한 법률」(이하 '법'이라 한다) 제37조 제2항에 의하면, 감정평가업자(감정평가법인 소속 감정평가사를 포함한다)는 다른 사람에게 자격증·등록증 또는 인가증(이하 '자격증 등'이라 한다)을 양도 또는 대여하거나 이를 부당하게 행사하여서는 아니 된다. 여기에서 '자격증 등을 부당하게 행사'한다는 것은 감정평가사 자격증 등을 본래의 용도가 아닌 다른 용도로 행사하거나, 본래의 행사목적을 벗어나 감정평가업자의 자격이나 업무범위에 관한 법의 규율을 피할 목적으로 이를 행사하는 경우도 포함한다고 할 것이다.

   따라서 감정평가사가 감정평가법인에 가입한다는 명목으로 자신의 감정평가사 등록증 사본을 가입신고서와 함께 한국감정평가협회에 제출하였으나, 실제로는 자신의 감정평가경력을 부당하게 인정받는 한편, 소속 감정평가법인으로 하여금 설립과 존속에 필요한 감정평가사의 인원수만 형식적으로 갖추게 하거나 법원으로부터 감정평가 물량을 추가로 배정받을 수 있는 자격을 가지게 할 목적으로 감정평가법인에 소속된 외관만을 작출하였을 뿐 해당 감정평가법인 소속 감정평가사로서의 감정평가업무나 이와 밀접한 관련이 있는 업무를 수행할 의사가 없었다면, 이는 감정평가사 등록증을 그 본래의 행사목적을 벗어나 감정평가업자의 자격이나 업무범위에 관한 법의 규율을 피할 목적으로 행사함으로써 자격증 등을 부당하게 행사한 것이라고 볼 수 있다.

2. 원심이 인용한 제1심 판결 이유에 의하면, 원심은 감정평가사에 대하여 일반적으로 겸직이 금지되지 아니하고 비상근 근무를 금지하는 법령상 근거가 존재하지 아니하므로 감정평가사가 감정평가법인

에서 겸직·비상근 형태로 일하였다고 하더라도 그것만으로 자격증을 대여하였거나 부당하게 행사하였다고 볼 수 없고, 원고는 적을 두었던 각 감정평가법인에서 직접 감정평가업무를 수행하지는 아니하였으나 은행업무 규정 자문, 감정평가 타당성 및 적정성 자문 등의 업무를 담당하였는바, 위 업무가 형식적인 내용으로서 부동산가격 공시물량 과다배정이나 감정평가법인 분사무소의 설립·유지만을 위하여 행해진 것으로 보이지 아니하며, 나아가 원고가 이 사건 감정평가법인에 적을 둠으로써 감정평가법인의 부당한 부동산가격 공시물량 배정이나 분사무소의 부당한 설립·유지에 관여하거나 방조하였다고 볼 수 없다는 이유로, 원고가 법 제37조 제2항을 위반하였음을 전제로 하는 이 사건 처분이 위법하다고 판단하였다.

3. 그러나 원심의 판단은 다음과 같은 이유로 수긍하기 어렵다.

원심이 채용한 증거와 기록에 의하면, 원고는 2006.5.8.부터 현재까지 한국외환은행에서 상근 계약직으로 근무하고 있고, 한국외환은행은 허가가 없는 이상 영리목적의 겸직행위를 금지하고 있는 사실, 원고는 한국외환은행에서 근무하는 기간 동안 이 사건 감정평가법인 등에서 감정평가서를 작성하는 등 본래의 감정평가업무를 직접 수행한 적은 전혀 없는 사실, 원고가 2006.7.4.부터 2007.4.6.까지 적을 두었던 나라감정평가법인은 2007년도 부동산가격공시물량 배정 기준인원에 원고를 포함하였고, 원고가 2008.8.14.부터 2010.5.4.까지 적을 두었던 한국씨티감정평가법인은 수시로 원고의 소속지사를 변경하면서 원고를 충청지사 및 경인지사의 유지를 위한 주재 감정평가사로 신고하였던 사실, 원고는 약 3년 10개월간 위와 같이 이 사건 감정평가법인에 적을 두면서 총 91,766,668원의 보수를 받은 사실 등을 알 수 있는데, 이 사건 처분 당시 원고 및 소속 감정평가법인이 작성한 답변서 등(을 제2, 3호증)에는 원고가 이 사건 감정평가법인에 적을 둔 기간에 담보평가 관련 자문, 상담 업무, 참고자료 제공 등을 수행하였다고 기재되어 있으나 이를 뒷받침할 만한 구체적인 자료는 제출된 바 없고, 제1심 변론종결일 이후 원고가 실제 담당한 업무라는 취지로 제출된 자료들(갑 제4, 5호증) 역시 업무내역표와 감정평가서가 불일치하고 감정평가서의 작성자를 알 수 없거나 원고가 어떤 방식으로 그 작성에 관여하였는지 알기 어려우므로, 이를 원고가 그 소속 감정평가사로서 실제 업무를 수행한 결과라고 보기에는 미흡할 뿐이다.

위와 같은 사정을 앞서 본 법리에 비추어 보면, 원고는 실제로 감정평가사로서의 업무를 수행하지 않으면서도 감정평가법인에서의 근무경력을 유지하고 감정평가업계 복귀의 편의성을 도모하는 한편, 소속 감정평가법인으로 하여금 설립과 존속에 필요한 감정평가사의 인원수를 형식적으로 갖추게 하는 등의 목적으로 이 사건 감정평가법인에 적을 둠으로써 자격증 등을 부당행사한 경우에 해당한다고 볼 여지가 크다고 할 것이다.

그럼에도 원심은 원고가 이 사건 감정평가법인에서 실질적으로 근무하였다고 볼 수 있는지 여부에 대한 구체적인 판단 없이, 앞서 본 바와 같은 이유만으로 원고의 행위가 자격증 등의 부당행사에 해당하지 아니한다고 보아 이 사건 처분이 위법하다고 단정하였으니, 이러한 원심의 판단에는 법에서 정한 자격증 등의 부당행사에 관한 법리를 오해하거나 필요한 심리를 다하지 아니함으로써 판결에 영향을 미친 위법이 있다.

4. 그러므로 원심판결을 파기하고 사건을 다시 심리·판단하도록 원심법원에 환송하기로 하여, 관여 대법관의 일치된 의견으로 주문과 같이 판결한다.

③ 대판 2013.10.24, 2013두727[징계처분취소]

【판시사항】

부동산 가격공시 및 감정평가에 관한 법률 제37조 제2항에서 정한 '자격증 등을 부당하게 행사'한다는 의미 및 감정평가사가 감정평가법인에 적을 두었으나 당해 법인의 업무를 수행하거나 운영 등에 관여할 의사가 없고 실제 업무 등을 전혀 수행하지 않았다거나 소속 감정평가사로서 업무를 실질적으로 수행한 것으로 평가하기 어려운 경우, 자격증 등의 부당행사에 해당하는지 여부(적극)

【판결요지】

부동산 가격공시 및 감정평가에 관한 법률(이하 '법'이라고 한다) 제37조 제2항에 의하면, 감정평가업자(감정평가법인 소속 감정평가사를 포함한다)는 다른 사람에게 자격증·등록증 또는 인가증(이하 '자격증 등'이라고 한다)을 양도 또는 대여하거나 이를 부당하게 행사해서는 안 된다. 여기에서 '자격증 등을 부당하게 행사'한다는 것은 감정평가사 자격증 등을 본래의 용도 외에 부당하게 행사하는 것을 의미하고, 감정평가사가 감정평가법인에 적을 두기는 하였으나 당해 법인의 업무를 수행하거나 운영 등에 관여할 의사가 없고 실제로도 업무 등을 전혀 수행하지 않았다거나 당해 소속 감정평가사로서 업무를 실질적으로 수행한 것으로 평가하기 어려울 정도라면 이는 법 제37조 제2항에서 정한 자격증 등의 부당행사에 해당한다.

【이유】

상고이유(상고이유서 제출기간이 지난 후에 제출된 상고이유보충서의 기재는 상고이유를 보충하는 범위 내에서)를 판단한다.

부동산 가격공시 및 감정평가에 관한 법률 (이하 '법'이라고 한다) 제37조 제2항에 의하면, 감정평가업자(감정평가법인 소속 감정평가사를 포함한다)는 다른 사람에게 자격증·등록증 또는 인가증(이하 '자격증 등'이라고 한다)을 양도 또는 대여하거나 이를 부당하게 행사하여서는 아니 된다. 여기에서 '자격증 등을 부당하게 행사'한다는 것은 감정평가사 자격증 등을 본래의 용도 외에 부당하게 행사하는 것을 의미하고, 감정평가사가 감정평가법인에 적을 두기는 하였으나 당해 법인의 업무를 수행하거나 그 운영 등에 관여할 의사가 없고 실제로도 업무 등을 전혀 수행하지 않았다거나 당해 소속 감정평가사로서 업무를 실질적으로 수행한 것으로 평가하기 어려울 정도라면 이는 법 제37조 제2항에서 정한 자격증 등의 부당행사에 해당한다.

원심은 위와 같은 취지에서 그 판시와 같은 사정을 들어 원고가 국민은행에 상근직으로 근무하면서 이 사건 각 감정평가법인 소속으로 감정평가사 본연의 업무를 거의 수행하지 아니하였음은 물론 위 각 법인의 운영에도 전혀 관여하지 아니한 채 형식적으로 위 각 법인에 적을 둔 것에 불과하거나 관련 업무를 실질적으로 수행하지 아니하였다고 인정하여, 원고가 이 사건 각 감정평가법인에 가입하여 적을 둔 행위는 법 제37조 제2항에서 정한 자격증 등의 부당행사에 해당하고, 이 사건 처분이 그 공익상의 필요에 비하여 원고에게 지나치게 가혹한 것으로서 징계재량권을 일탈·남용한 것으로 보기 어렵다고 판단하였다.

앞서 본 법리와 기록에 비추어 살펴보면, 원심의 위와 같은 판단은 정당한 것으로 수긍할 수 있고, 거기에 상고이유 주장과 같이 판단누락, 채증법칙 위반으로 인한 사실오인, 자기책임원칙 위반, 겸직·비상근 감정평가사의 업무의 성격이나 그 범위, 법 제37조 제2항의 적용범위에 관한 법리오해 등의 위법이 없다.

그러므로 상고를 기각하고, 상고비용은 패소자가 부담하도록 하여 관여 대법관의 일치된 의견으로 주문과 같이 판결한다.

④ **대판 2013.10.31, 2013두11727[징계(업무정지)처분취소]**

【판시사항】

감정평가사가 자신의 감정평가경력을 부당하게 인정받는 한편, 소속 법인으로 하여금 설립과 존속에 필요한 감정평가사의 인원수만 형식적으로 갖추게 하거나 법원으로부터 감정평가 물량을 추가로 배정

받을 수 있는 자격을 얻게 할 목적으로 자신의 등록증을 사용한 경우, 부동산 가격공시 및 감정평가에 관한 법률 제37조 제2항이 금지하는 자격증 등의 부당행사에 해당하는지 여부(적극)

【판결요지】

부동산 가격공시 및 감정평가에 관한 법률(이하 '법'이라 한다) 제37조 제2항에 의하면, 감정평가업자(감정평가법인 소속 감정평가사를 포함한다)는 다른 사람에게 자격증·등록증 또는 인가증(이하 '자격증 등'이라 한다)을 양도 또는 대여하거나 이를 부당하게 행사해서는 안 된다. 여기에서 '자격증 등을 부당하게 행사'한다는 것은 감정평가사 자격증 등을 본래의 용도가 아닌 다른 용도로 행사하거나, 본래의 행사목적을 벗어나 감정평가업자의 자격이나 업무범위에 관한 법의 규율을 피할 목적으로 이를 행사하는 경우도 포함한다. 따라서 감정평가사가 감정평가법인에 가입한다는 명목으로 자신의 감정평가사 등록증 사본을 가입신고서와 함께 한국감정평가협회에 제출하였으나, 실제로는 자신의 감정평가경력을 부당하게 인정받는 한편, 소속 감정평가법인으로 하여금 설립과 존속에 필요한 감정평가사의 인원수만 형식적으로 갖추게 하거나 법원으로부터 감정평가 물량을 추가로 배정받을 수 있는 자격을 얻게 할 목적으로 감정평가법인에 소속된 외관만을 작출하였을 뿐 해당 감정평가법인 소속 감정평가사로서의 감정평가업무나 이와 밀접한 관련이 있는 업무를 수행할 의사가 없었다면, 이는 감정평가사 등록증을 그 본래의 행사목적을 벗어나 감정평가업자의 자격이나 업무범위에 관한 법의 규율을 피할 목적으로 행사함으로써 자격증 등을 부당하게 행사한 것이라고 볼 수 있다.

【이유】

상고이유를 판단한다.

부동산 가격공시 및 감정평가에 관한 법률 (이하 '법'이라 한다) 제37조 제2항에 의하면, 감정평가업자(감정평가법인 소속 감정평가사를 포함한다)는 다른 사람에게 자격증·등록증 또는 인가증(이하 '자격증 등'이라 한다)을 양도 또는 대여하거나 이를 부당하게 행사하여서는 아니 된다. 여기에서 '자격증 등을 부당하게 행사'한다는 것은 감정평가사 자격증 등을 본래의 용도가 아닌 다른 용도로 행사하거나, 본래의 행사목적을 벗어나 감정평가업자의 자격이나 업무범위에 관한 법의 규율을 피할 목적으로 이를 행사하는 경우도 포함한다고 할 것이다.

따라서 감정평가사가 감정평가법인에 가입한다는 명목으로 자신의 감정평가사 등록증 사본을 가입신고서와 함께 한국감정평가협회에 제출하였으나, 실제로는 자신의 감정평가경력을 부당하게 인정받는 한편, 소속 감정평가법인으로 하여금 설립과 존속에 필요한 감정평가사의 인원수만 형식적으로 갖추게 하거나 법원으로부터 감정평가 물량을 추가로 배정받을 수 있는 자격을 얻게 할 목적으로 감정평가법인에 소속된 외관만을 작출하였을 뿐 해당 감정평가법인 소속 감정평가사로서의 감정평가업무나 이와 밀접한 관련이 있는 업무를 수행할 의사가 없었다면, 이는 감정평가사 등록증을 그 본래의 행사목적을 벗어나 감정평가업자의 자격이나 업무범위에 관한 법의 규율을 피할 목적으로 행사함으로써 자격증 등을 부당하게 행사한 것이라고 볼 수 있다.

원심판결 이유에 의하면, 원심은 법 제37조 제2항에 규정된 자격증 등을 '부당하게 행사'한다는 것은 자격증 등을 본래의 용도 외에 행사하는 것을 의미한다고 전제하고, 원고가 감정평가사 자격이 있는 사람으로서 감정평가사 등록을 마친 이상 자신의 감정평가경력을 부당하게 인정받음과 아울러 감정평가법인 근무경력과 감정평가협회 회원 자격을 유지하고자 감정평가사 자격수첩이나 감정평가사 등록증을 행사하여 형식적으로만 주식회사 고려감정평가법인(이하 '소속법인'이라 한다) 소속 감정평가사가 되었더라도, 원고의 이와 같은 행위는 자격증 등 자체를 다른 사람에게 대여한 것이 아니고 자격증 등 자체를 본래의 용도 외에 행사하거나 행사하게 한 것이 아니며 다른 사람이 자격증 등을 이용하여 자격자로 행세하면서 그 업무를 행하려는 것을 알면서도 자격증 등 자체를 빌려준 것도 아니므로 법 제37조

제2항이 규정하는 자격증 등의 대여 또는 부당행사에 해당한다고 할 수 없고, 원고가 소속법인 감정평가사로서 소속법인의 지시나 의뢰에 따라 감정평가업무를 행할 의사가 없었다고 볼 수 없으며, 그와 같이 감정평가업무를 행하는 것이 불가능하였다고 볼 수도 없어 원고의 행위가 자격증의 남용으로서 자격증의 부당행사에 해당하지도 아니한다는 이유로, 원고가 법 제37조 제2항을 위반하였음을 전제로 하는 이 사건 처분이 위법하다고 판단하였다.

그러나 앞서 본 법리에 비추어 보면, 원고가 소속법인에 가입하여 업무를 수행할 목적이 아니라 자신의 감정평가경력을 부당하게 인정받는 한편, 소속법인으로 하여금 법원으로부터 감정평가 물량을 추가로 배정받을 수 있는 자격을 얻게 할 목적으로 자신의 등록증을 사용하였다면 이는 법 제37조 제2항이 금지하는 자격증 등의 부당행사에 해당한다고 볼 여지가 충분하다. 또한 원고가 소속법인 감정평가사로서 소속법인의 지시나 의뢰에 따라 감정평가업무를 행할 의사가 없었다고 볼 수 없다거나 그와 같이 감정평가업무를 행하는 것이 불가능하였다고 볼 수 없다는 사정만으로 원고가 소속법인 가입 명목으로 등록증을 행사한 목적이 그 본래의 행사목적에 부합하는 것이라고 보기도 어렵다.

그럼에도 원심은 그 판시와 같은 이유만으로 원고가 소속법인 가입 명목으로 자신의 등록증을 행사한 행위가 법 제37조 제2항이 금지하는 자격증 등의 부당행사에 해당하지 아니한다고 보아 이 사건 처분이 위법하다고 단정하였으니, 원심의 이러한 조치에는 법에서 정한 자격증 등의 부당행사에 관한 법리를 오해하여 필요한 심리를 다하지 아니함으로써 판결에 영향을 미친 위법이 있다. 이를 지적하는 상고이유의 주장은 이유 있다.

그러므로 원심판결을 파기하고, 사건을 다시 심리·판단하게 하기 위하여 원심법원에 환송하기로 하여 관여 대법관의 일치된 의견으로 주문과 같이 판결한다.

쟁점 **108** 감정평가기준 및 타당성조사와 표본조사   B급

Ⅰ   감정평가기준(감정평가법 제3조)

1. 토지 감정평가 시(감정평가법 제3조 제1항)

감정평가법인등이 토지를 감정평가하는 경우에는 그 토지와 이용가치가 비슷하다고 인정되는 「부동산 가격공시에 관한 법률」에 따른 표준지공시지가를 기준으로 하여야 한다. 다만, 적정한 실거래가가 있는 경우에는 이를 기준으로 할 수 있다.

2. 재무제표, 담보권의 설정·경매 등 평가 시(감정평가법 제3조 제2항)

감정평가법인등이 「주식회사 등의 외부감사에 관한 법률」에 따른 재무제표 작성 등 기업의 재무제표 작성에 필요한 감정평가와 담보권의 설정·경매 등 대통령령으로 정하는 감정평가를 할 때에는 해당 토지의 임대료, 조성비용 등을 고려하여 감정평가를 할 수 있다.

Ⅱ   감정평가 타당성 조사

1. 타당성 조사의 개념(감정평가법 제8조)

국토교통부장관은 감정평가법인등의 감정평가가 감정평가법 또는 다른 법률에서 정하는 절차와 방법 등에 따라 타당하게 이루어졌는지 조사할 수 있다. 타당성 조사를 할 경우에는 해당 감정평가법인등 및 이해관계인에게 의견진술의 기회를 주어야 한다. 타당성 조사의 결과 고의 또는 중대한 과실이 있다면 감정평가법상 일정 제재조치를 취하게 된다.

2. 타당성 조사를 실시하는 경우(시행령 제8조 제1항)

국토교통부장관은 ① 법 제47조에 따른 지도·감독을 위한 감정평가법인등의 사무소 출입·검사 결과나 그 밖의 사유에 따라 조사가 필요하다고 인정하는 경우와 ② 관계 기관 또는 이해관계인이 조사를 요청하는 경우, 그리고 ③ 감정평가 제도를 개선하기 위하여 타당성 조사를 실시할 수 있다.

3. 타당성 조사를 실시하지 않거나 중지하는 경우(시행령 제8조 제2항)(확중권실)

감정평가의 타당성 조사가 ① 법원의 판결에 따라 확정된 경우, ② 재판이 계속 중이거나 수사기관에서 수사 중인 경우, ③ 「공익사업을 위한 토지 등의 취득 및 보상에 관한 법률」 등 관계 법령에 감정평가와 관련하여 권리구제 절차가 규정되어 있는 경우로서 권리구제 절차가 진행 중이거나 권리구제 절차를 이행할 수 있는 경우(권리구제 절차를 이행하여 완료된 경우를 포함), ④ 징계처분, 제재처분, 형사처벌 등을 할 수 없어 타당성 조사의 실익이 없는 경우에는 타당성 조사를 하지 않거나 중지할 수 있다.

4. 타당성 조사 절차

(1) 타당성조사의 착수(시행령 제8조 제4항)

국토교통부장관은 타당성조사에 착수한 경우 착수일로부터 10일 이내에 해당 감정평가법인등과 이해관계인에게 타당성조사의 사유, 의견제출 가능 사실 등을 알려야 한다.

(2) 의견제출(시행령 제8조 제5항)

통지를 받은 감정평가법인등과 이해관계인은 통지를 받은 날부터 10일 이내에 국토교통부장관에게 의견을 제출할 수 있다.

(3) 타당성조사 결과 통지(시행령 제8조 제6항)

국토교통부장관은 타당성조사를 완료한 경우에는 해당 감정평가법인등, 이해관계인 및 타당성조사를 요청한 관계 기관에 지체 없이 그 결과를 통지해야 한다.

5. 관련문제(감정평가의 공신력과 대외적 신뢰성 확보)

최근 「감정평가 및 감정평가사에 관한 법률」을 감정평가법과 감정평가사법으로 분법하자는 움직임이 있는데, 감정평가의 기준과 감정평가사의 운영에 대한 기준을 분리하여 국민들에게 신뢰를 주는 감정평가시장의 구축이 필요하다 할 것이다.

Ⅲ 표본조사(감정평가법 제8조의2)

1. 내용

표본조사에는 ① 무작위추출방식의 표본조사, ② 우선추출방식의 표본조사가 있으며, 우선추출방식의 표본조사의 경우 ㉠ 최근 3년 이내에 실시한 타당성조사 결과 감정평가의 원칙과 기준을 준수하지 않는 등 감정평가의 부실이 발생한 분야, ㉡ 표본조사를 실시한 결과 법 또는 다른 법률에서 정하는 방법이나 절차 등을 위반한 사례가 다수 발생한 분야, ㉢ 그 밖에 감정평가의 부실을 방지하기 위하여 협회의 요청을 받아 국토교통부장관이 필요하다고 인정하는 분야에 대하여 실시한다.

2. 의견 요청 및 고시

국토교통부장관은 표본조사 결과 감정평가 제도의 개선이 필요하다고 인정되는 경우에는 기준제정기관에 감정평가의 방법과 절차 등에 관한 개선 의견을 요청할 수 있다. 표본조사에 필요한 세부사항은 국토교통부장관이 정하여 고시한다.

쟁점 109 감정평가서 적정성 검토제도   B급

Ⅰ 도입 배경

감정평가 의뢰인이 감정평가서를 보다 잘 이해하도록 하여 감정평가에 대한 신뢰를 확보하고 감정평가 품질의 향상을 도모하고자 감정평가서 검토제도의 도입을 하였다. 국토부는 "감정평가산업의 경쟁력 강화를 위한 개선방안"에서 감정평가의 신뢰성 제고와 전문자격 자정작용을 위하여 발급된 감정평가서의 적정성을 다른 평가사가 검토하는 감정평가서 검토제도의 도입을 제시하였다.

Ⅱ 감정평가서 적정성 검토제도

1. 개념

'감정평가서 적정성 검토'란 「감정평가법」 제6조 제1항에 따라 발급된 감정평가서의 적정성을 검토하기 위하여 검토 의뢰인이 감정평가법인등(해당 감정평가서를 발급한 감정평가법인등은 제외)에게 의뢰하고, 검토 의뢰를 받은 감정평가법인등이 소속 감정평가사 중에서 검토업무를 수행할 검토평가사를 지정하고, 지정된 검토평가사가 해당 감정평가서의 적정성을 검토결과서로 작성하는 일련의 과정을 의미한다. 감정평가서 적정성 검토의 특징은 검토대상이 '감정평가서'라는 점과 그 목적이 '적정성'에 대한 판단이라는 것이다. 먼저, 감정평가서 적정성 검토는 '감정평가서'를 검토의 대상으로 한다. 여기서 '감정평가'에 대한 검토가 아닌 '감정평가서'에 대한 검토라는 점을 유의하여야 한다. 다음으로 감정평가서 적정성 검토는 '적정성'에 대한 검토이다. 미국의 감정평가 검토제는 감정평가의 적정성뿐만 아니라 완전성, 정확성, 관련성, 합리성에 대해 검토도 가능하다는 점에서 우리와 차이가 있다. 감정평가서 적정성 검토는 '(원)감정평가서'에 대한 '적정성'을 검토하는 것으로 미국의 감정평가 검토제와 같이 새로운 의견이나 가치의견을 제시할 수 없고, (원)감정평가사가 감정평가 업무를 수행하여 작성한 (원)감정평가서의 적정성을 검토평가사가 검토하는 것이다.

2. 법적 근거

> **감정평가법 제7조(감정평가서의 심사 등)**
> ① 감정평가법인은 제6조에 따라 감정평가서를 의뢰인에게 발급하기 전에 감정평가를 한 소속 감정평가사가 작성한 감정평가서의 적정성을 같은 법인 소속의 다른 감정평가사에게 심사하게 하고, 그 적정성을 심사한 감정평가사로 하여금 감정평가서에 그 심사사실을 표시하고 서명과 날인을 하게 하여야 한다.
> ② 제1항에 따라 감정평가서의 적정성을 심사하는 감정평가사는 감정평가서가 제3조에 따른 원칙과 기준을 준수하여 작성되었는지 여부를 신의와 성실로써 공정하게 심사하여야 한다. 〈개정 2021.7.20.〉
> ③ 감정평가 의뢰인 및 관계 기관 등 대통령령으로 정하는 자는 발급된 감정평가서의 적정성에 대한 검토를 대통령령으로 정하는 기준을 충족하는 감정평가법인등(해당 감정평가서를 발급한 감정평가법인등은 제외한다)에게 의뢰할 수 있다. 〈신설 2021.7.20.〉

④ 제1항에 따른 심사대상·절차·기준 및 제3항에 따른 검토절차·기준 등에 관하여 필요한 사항은 대통령령으로 정한다. 〈신설 2021.7.20.〉

감정평가법 시행령 제7조(감정평가서의 심사대상 및 절차)

① 법 제7조 제1항에 따른 감정평가서의 적정성 심사는 법 제3조 제3항에 따른 원칙과 기준의 준수 여부를 그 내용으로 한다.

② 법 제7조 제1항에 따라 감정평가서를 심사하는 감정평가사는 작성된 감정평가서의 수정·보완이 필요하다고 판단하는 경우에는 해당 감정평가서를 작성한 감정평가사에게 수정·보완 의견을 제시하고, 해당 감정평가서의 수정·보완을 확인한 후 감정평가서에 심사사실을 표시하고 서명과 날인을 하여야 한다.

제7조의2(감정평가서 적정성 검토의뢰인 등)

① 법 제7조 제3항에서 "감정평가 의뢰인 및 관계 기관 등 대통령령으로 정하는 자"란 다음 각 호의 자를 말한다. 다만, 「공익사업을 위한 토지 등의 취득 및 보상에 관한 법률」 등 관계 법령에 감정평가와 관련하여 권리구제 절차가 규정되어 있는 경우로서 권리구제 절차가 진행 중이거나 권리구제 절차를 이행할 수 있는 자(권리구제 절차의 이행이 완료된 자를 포함한다)는 제외한다.
1. 감정평가 의뢰인
2. 감정평가 의뢰인이 발급받은 감정평가서를 활용하는 거래나 계약 등의 상대방
3. 감정평가 결과를 고려하여 관계 법령에 따른 인가·허가·등록 등의 여부를 판단하거나 그 밖의 업무를 수행하려는 행정기관

② 법 제7조 제3항에서 "대통령령으로 정하는 기준을 충족하는 감정평가법인등"이란 소속된 감정평가사(감정평가사인 감정평가법인등의 대표사원, 대표이사 또는 대표자를 포함한다)가 둘 이상인 감정평가법인등을 말한다. [본조신설 2022.1.21.]

제7조의3(감정평가서 적정성 검토절차 등)

① 법 제7조 제3항에 따라 감정평가서의 적정성에 대한 검토를 의뢰하려는 자는 법 제6조 제1항에 따라 발급받은 감정평가서(「전자문서 및 전자거래기본법」에 따른 전자문서로 된 감정평가서를 포함한다)의 사본을 첨부하여 제7조의2 제2항에 따른 감정평가법인등에게 검토를 의뢰해야 한다.

② 제1항에 따른 검토 의뢰를 받은 감정평가법인등은 지체 없이 검토업무를 수행할 감정평가사를 지정해야 한다.

③ 제2항에 따라 검토업무를 수행할 감정평가사는 5년 이상 감정평가 업무를 수행한 사람으로서 감정평가실적이 100건 이상인 사람이어야 한다. [본조신설 2022.1.21.]

제7조의4(적정성 검토결과의 통보 등)

① 제7조의3 제1항에 따른 검토 의뢰를 받은 감정평가법인등은 의뢰받은 감정평가서의 적정성 검토가 완료된 경우에는 적정성 검토 의뢰인에게 검토결과서(「전자문서 및 전자거래기본법」에 따른 전자문서로 된 검토결과서를 포함한다. 이하 이 조에서 같다)를 발급해야 한다.

② 제1항에 따른 검토결과서에는 감정평가법인등의 사무소 또는 법인의 명칭을 적고, 적정성 검토를 한 감정평가사가 그 자격을 표시한 후 서명과 날인을 해야 한다. 이 경우 감정평가사가 소속된 곳이 감정평가법인인 경우에는 그 대표사원 또는 대표이사도 서명이나 날인을 해야 한다. [본조신설 2022.1.21.]

Ⅲ 감정평가서 검토의 법적 성격

1. 현행 법제의 검토

감정평가서 검토는 발급된 감정평가서에 대한 적정성을 검토하여 의견을 제시하는 것으로 감정평가(재평가 포함)에 해당하지 않으며, 포괄적으로는 현행법상 감정평가법 제10조(감정평가법인등의 업무) 제6호의 감정평가와 관련된 상담 및 자문 또는 동조 제9호의 제1호부터 제8호까지의 업무에 부수되는 업무에 포함된다.

다만 감정평가법 제7조와 시행령 제7조의2 내지 제7조의4는 감정평가서의 적정성 검토의 절차, 검토의뢰인 등을 명확히 규정하고 있으며, 감정평가업자의 보수에 관한 기준(이하 보수기준)은 상담 및 자문에 대한 수수료와 별개로 적정성 검토에 대한 수수료를 두고 있으므로 통상적인 상담 및 자문과는 다른 성격을 지닌다고 보는 것이 타당하다.

2. 임의규정

법인심사는 사전심사, 내부심사로서 감정평가법 제7조 제1항에 의해 반드시 하여야 하는 강행규정이지만 감정평가서 검토는 사후검토 외부검토로서 의뢰가 없으면 행할 수 없고 자유로운 수임 거절이 가능하다는 점에서 차이가 있다.

Ⅳ 감정평가서 적정성 검토 절차

1. 감정평가사 검토의뢰 및 의뢰서 확인

검토할 수 있는 실적 요건을 갖춘 평가사 1인 이상이면서 전체 2인 이상이 근무하는 법인이나 사무소에 수임을 맡겨야 한다. 의뢰인 적격여부, 검토대상, 검토목적, 검토 활용처, 검토의 범위 등을 제시한 의뢰서 및 감정평가서 사본 제출을 확인한다. 감정평가서의 적정성에 대한 검토를 의뢰하려는 자는 발급받은 감정평가서의 사본을 첨부하여 감정평가법인등에게 검토를 의뢰해야 한다. 검토대상이 검토를 의뢰받은 감정평가법인등이 작성한 감정평가서가 아닌지 확인해야 한다.

2. 수임결정 및 검토평가사 지정

검토 업무 범위 재확인 및 현장조사 여부, 소요시간, 수수료, 검토결과서 양식 등을 안내하고, 검토 의뢰를 받은 감정평가법인등은 지체 없이 검토업무를 수행할 감정평가사를 지정해야 한다. 추가로 검토대상 감정평가서가 작성될 당시 해당 감정평가법인등에 소속되지 아니한 감정평가사를 권장한다.

3. 검토 업무이 수행 및 검토결과서 발급

검토 의뢰를 받은 감정평가법인등은 의뢰받은 감정평가서의 적정성 검토가 완료된 경우에는 검토 의뢰인에게 검토결과서를 발급해야 한다. 검토결과서에는 감정평가법인등의 사무소 또는 법인의 명칭을 적고, 적정성 검토를 한 감정평가사가 그 자격을 표시한 후 서명과 날인을 해야 한다. 이 경우 감정평가사가 소속된 곳이 감정평가법인인 경우에는 그 대표사원 또는 대표이사도 서명이나 날인을 해야 한다.

4. 검토결과서 보관 및 협회 실적 보고

감정평가법 제33조는 회원의 관리 및 지도에 관한 사무를 하도록 하기 위해 협회를 두도록 하고 있고, 동법 제34조는 회원의 지도·관리에 관한 사항을 회칙에 규정하도록 하고 있다. 따라서 검토결과서의 품질관리 차원에서 검토결과서 보관 및 현황 파악을 위한 한국감정평가사협회 실적보고가 필요하다.

Ⅴ 검토결과서의 효력

1. 법적 효력

검토결과서는 감정평가서의 적정성에 대한 의견을 제시하는 것으로 원칙적으로 법적 효력이 발생하지 않는다. 따라서 원 감정평가사 및 감정평가서에 어떠한 영향력도 발휘할 수 없으며 국가기관 및 다른 기관을 법적으로 구속하지 못한다.

2. 간접적 효과

검토결과서는 원 감정평가서를 해석한다는 점에서 의뢰인과 의뢰의 상대방에게 보조적인 수단이 되며 행정기관이 감정평가결과를 고려하여 관계 법령에 따른 인가·허가·등록 등의 여부를 판단하는 데 활용한다는 점에서 간접적인 효과가 발생한다. 향후 검토제도의 활성화 시 절차상 이를 활용하는 제도가 만들어질 가능성이 있어 관계 법령 등의 개정을 지속적으로 살펴보아야 한다.

쟁점 110   도시 및 주거환경정비법상 조합설립인가   C급

■ 감정평가 및 보상법규 기출문제 제25회 1번

[문제1] S시의 시장 A는 K구의 D지역(주거지역)을 「도시 및 주거환경정비법」(이하 "도정법"이라 함)상 정비구역으로 지정·고시하였다. 그러자 이 지역의 주민들은 조합을 설립하여 주택 재개발사업을 추진하기 위해 도정법에서 정한 절차에 따라 조합설립추진위원회를 구성하였고, 동 추진위원회는 도정법 제16조(현행 제35조)의 규정에 의거하여 D지역의 일정한 토지등소유자의 동의, 정관, 공사비 등 정비사업에 드는 비용과 관련된 자료 등을 첨부하여 A로부터 X조합설립인가를 받아 등기하였다. X조합은 조합총회를 개최하고 법 소정의 소유자 동의 등을 얻어 지정개발자로서 Y를 사업시행자로 지정하였다. 다음 물음에 답하시오. `40점`

(1) D지역의 토지소유자 중 甲이 "추진위원회가 주민의 동의를 얻어 X조합을 설립하는 과정에서 '건설되는 건축물의 설계의 개요' 등에 관한 항목 내용의 기재가 누락되었음에도 이를 유효한 동의로 처리하여 조합설립행위에 하자가 있다."고 주장하며 행정소송으로 다투려고 한다. 이 경우 조합설립인가의 법적 성질을 검토한 다음, 이에 기초하여 쟁송의 형태에 대해 설명하시오. `20점`

※ 당시 수석 답안으로 수험가의 전형적인 해설 1안(강학상 인가로 보는 경우, 설권적 행정행위로 보는 경우 나누어서 기술함)

Ⅰ 조합설립인가의 개념

도시 및 주거환경정비법(도정법)은 정비사업을 원활히 추진하기 위해 사업시행자 조직으로서 조합을 설립할 수 있도록 규정하고 있다. 조합설립인가란, 토지 등 소유자들이 정비사업조합을 설립하기 위해 필요한 요건을 충족한 후 관할 행정청의 인가를 받는 절차를 말한다. 해당 조합은 조합설립인가가 이루어지면 법인격을 가지며(도정법 제38조), 정비사업의 시행 주체로서 권리와 의무를 수행할 수 있게 된다.

Ⅱ 조합설립인가의 법적 성질

1. 문제의 소재

조합설립행위에 하자가 있는 경우에 조합설립행위(결의)에 대한 효력을 다투는 소송을 제기하여야 하는가, 그렇지 않으면 설립행위(결의)의 하자를 이유로 조합설립인가처분의 효력을 다투는 소송을 제기하여야 하는가가 쟁점이다. 이는 조합설립인가의 법적 성질과 관련되는 문제로 이에 대한 법적 성질과 쟁송형태를 검토하고자 한다. 특히 대법원은 '조합설립인가처분은 단순히 사인들의 조합설립행위에 대한 보충행위로서의 성질을 갖는 것에 그치는 것이 아니라 법령상 요건을 갖출 경우 도시정비법상 주택재개발사업을 시행할 수 있는 권한을 갖는 행정주체(공법인)로서의 지위를 부여하는 일종의 설권적 처분의 성격을 갖는다.'고 판시하고 있는바, 최근 대법원 판례를 통해 문제를 해결하고자 한다.

2. 학설의 대립

(1) 강학상 특허로 보아야 한다는 견해

정비조합은 정비사업의 시행자이므로 정비사업을 위해 필요한 각종 사업시행계획 및 관리처분계획의 수립등 행정처분을 하는 등 행정주체로서의 지위를 가지는 점을 고려하면 조합설립인가란 법정 동의요건을 창립총회를 통해 조합으로서의 실체가 형성되면, 행정청이 그 법정요건의 충족여부를 심사하는 공법인으로서 등기할 수 있는 자격과 행정주체(사업시행자)로서의 지위를 부여하는 설권적 행정행위로 특허라고 보아야 한다는 견해이다.

(2) 강학상 인가로 보아야 한다는 견해

조합설립인가에 관하여 학설은 인가요건 외에도 등기라는 또 하나의 요건을 갖추어야 하고, 조합과 조합원들 사이의 구체적인 권리·의무는 기본행위인 조합설립행위(정관작성행위)에서 나오는 것이고, 관할 행정청의 인가처분 자체에서 나오는 것이 아니라는 점을 종합하면 인가는 보충행위, 즉 강학상 인가라고 보아야 한다는 견해이다.

3. 대법원 판례의 태도

재개발조합설립인가신청에 대한 행정청의 조합설립인가처분은 단순히 사인들의 조합설립행위에 대한 보충행위로서의 성질을 가지는 것이 아니라 법령상 일정한 요건을 갖추는 경우 행정주체(공법인)의 지위를 부여하는 일종의 설권적 처분의 성질을 가진다고 보아야 한다. 그러므로 구 도시 및 주거환경정비법(2007.12.21. 법률 제8785호로 개정되기 전의 것)상 재개발조합설립인가신청에 대하여 행정청의 조합설립인가처분이 있은 이후에는, 조합설립동의에 하자가 있음을 이유로 재개발조합 설립의 효력을 부정하려면 항고소송으로 조합설립인가처분의 효력을 다투어야 한다(대판 2010.1.28, 2009두4845[재개발정비사업조합설립인가처분무효확인]).

4. 소결

조합설립인가를 기본행위에 대한 보충행위(강학상 인가)가 아닌 설권적 처분(강학상 특허)으로 보면, 해당 행정처분이 취소되거나 그 하자가 중대 명백하여 당연무효로 되지 않는 한, 처분의 전제가 된 행위가 무효로 되는다는 사정만으로 해당 행정처분이 당연히 실효되는 것은 아니므로 법적 안정성 저해문제는 해소될 수 있다. 또한 처분의 요건이 된 행위의 하자는 곧 행정처분의 하자로서 해당 행정처분에 대한 취소사유로 주장할 수 있으므로 하자의 구별 곤란 문제도 발생하지 않는다는 점에서 강학상 특허로 보는 것이 타당하다고 생각된다.

Ⅲ 권리구제 방법론

1. 조합설립인가를 특허로 본다면, 조합설립행위(결의)는 조합인가처분이라는 행정처분을 하는 데 필요한 요건 중 하나에 불과한 것이어서, 조합설립행위(결의)에 하자가 있다면 그 하자를 이유로 직접 항고소송의 방법으로 조합설립인가처분의 취소 등으로 불복하여야 한다고 생각된다.

2. 다만 강학상 인가로 보는 견해에 따르면 기본행위의 하자가 있는 경우에는 민사소송을 통하여 기본행위의 효력을 다툴 수 있을 것으로 판단된다.

〈제25회 합격자 발표당시 출제위원 채점평〉

문제 1은 감정평가실무상 감정, 재감정의 업무수행에서 흔하게 접하게 되는 "도시 및 주거환경정비법"(이하 '도정법'이라 함)과 관련하여 조합설립인가의 법적 성질과 그 쟁송형태, 그리고 현행 "공익사업을 위한 토지 등의 취득 및 보상에 관한 법률"(이하 '공익사업법'이라 함)상 수용재결의 단계를 거쳐 이의재결이 인용된 경우 항고소송의 대상이 무엇인지, 두 가지 쟁점을 병렬적으로 묻고 있다.

〈1문〉은 종래까지 (구)주택건설촉진법·도시개발법 등에 따른 조합설립행위에 대한 인가를 강학상 인가로 보아온 판례의 입장과 학설, 그리고 2009년 대법원 전원합의체에 의해 도정법상 조합설립행위에 대한 인가를 강학상 특허로 본 판례와 학설을 이해하고, 이에 따라 쟁송형태가 어떻게 되는지를 논증하는 것이 질문의 핵심이다. 변경 전의 판례와 학설에 의하면 인가의 기본행위와의 관계에서 보충성과 유효요건이란 점에서 기본행위인 조합설립행위라는 민사관계에 하자가 있으므로 민사소송의 형식을 취하게 되나(다른 견해도 있음), 변경 후의 판례에 따라 조합설립인가를 특허로 보게 되면 조합설립행위는 설립인가(특허)의 성립요건이므로 이에 대한 하자에 관한 쟁송형태는 당연히 항고쟁송(항고소송)이어야 한다. 이 문제에서 쟁송형태에 관해 어떠한 결론을 낼지는 조합설립인가의 법적 성질을 어떻게 파악하는지에 따라 다르므로 평가의 중심은 판례와 학설에 따른 논증의 정도와 논리적 체계성이다. 수험생의 대다수는 〈1문〉의 출제의도와 질문을 잘 파악하고 있고 답안지의 양적 안배에서도 충분히 기술하고 있음에도 주어진 질문에 답하는 논증의 수준은 크게 높지 않았다.

쟁점 111 · 조합설립인가의 법적 성질과 쟁송형태(제25회 1번 재해석 별해)　C급

※ 현재의 도정법 조합설립인가 대법원 판례가 설권적 행정행위 흐름으로 정형화되고 있어서 2026년도 현재 시험에서 다시 목차를 잡아보는 해설 2안

Ⅰ 논점의 정리

이 사안의 쟁점은 도정법상 조합설립인가의 법적 성질이 무엇인지, 그리고 그 법적 성질에 따라 조합설립과정에서의 동의 하자를 다투는 쟁송의 형태가 무엇인지에 있다. 특히 추진위원회 단계에서 조합설립 동의서에 필수 기재사항인 '건설되는 건축물의 설계의 개요' 등이 누락된 경우, 그 하자가 조합설립인가에 어떻게 반영되는지가 문제된다.

Ⅱ 조합설립인가의 법적 성질

1. 관련 법령

(종전 도정법에서는 제16조, 현재는 도정법 제35조) 도정법에서는 일정 비율 이상의 토지등소유자의 동의와 정관 등의 요건을 갖춘 경우 시장·군수로부터 조합설립인가를 받도록 규정하고 있다. 조합은 조합설립인가를 받아 등기함으로써 법인으로 성립한다.

2. 학설

조합설립인가의 법적 성질에 관하여는 ① 설권적 행정행위설과 ② 강학상 인가설이 대립한다. 다수의 견해는 조합설립인가가 조합이라는 법인을 성립시키는 효과를 가지는 점에 주목하여, 이를 설권적 행정행위로 파악한다. 즉 조합설립인가 전에는 조합이 법률상 존재하지 않으며, 인가를 통해 비로소 공법인으로서의 지위를 취득한다는 점에서 새로운 법률관계를 형성하는 행위로 본다.

3. 판례의 태도

대법원은 주택재개발조합 설립인가가 있는 경우 조합이 법인격을 취득하고, 그 이전 단계의 추진위원회와는 별개의 법적 주체가 된다고 판시하여 조합설립인가의 설권적 행정행위로 판시하고 있다. 즉 대법원은 "재개발조합설립인가신청에 대한 행정청의 조합설립인가처분은 단순히 사인의 조합설립행위에 대한 보충행위로서의 성질을 가지는 것이 아니라 법령상 일정한 요건을 갖추는 경우 행정주체로서 공법인의 지위를 부여하는 일종의 설권적 처분의 성질을 가진다(대법원 2023.8.18. 선고 2022두51901 판결)."고 판시하고 있다.

4. 소결

최근 대법원 판례에서는 "도시환경정비사업조합 설립인가신청에 대한 행정청의 조합설립 인가처분은 단순히 사인(私人)들의 조합설립행위에 대한 보충행위로서의 성질을 가지는 것이 아니라 법령상 일정한 요건을 갖추는 경우 행정주체(공법인)의 지위를 부여하는 일종의 설권적 처

분의 성질을 가진다고 봄이 상당하다(대법원 2010.1.28. 선고 2009두4845 판결 등 참조). 그리고 그와 같이 보는 이상, 일단 조합설립 인가처분이 있은 경우 조합설립결의는 위 인가처분이라는 행정처분을 하는 데 필요한 요건 중 하나에 불과한 것이어서, 조합설립 인가처분이 있은 이후에는 조합설립결의의 하자를 이유로 조합설립의 무효를 주장하는 것은 조합설립 인가처분의 취소 또는 무효확인을 구하는 항고소송의 방법으로 다투어야 한다.”고 판시하고 있다. 따라서 조합설립인가처분은 행정주체(공법인)의 지위를 부여하는 일종의 설권적 처분으로 보는 것이 타당하다고 판단된다.

Ⅲ 조합설립 동의 하자의 법적 성질

1. 동의의 법적 성격

조합설립 동의는 다수 토지등소유자의 사법상 의사표시가 집단적으로 결합되어 공법적 효과를 발생시키는 요소이다. 이는 단순한 내부적 의사표시에 그치지 않고, 조합설립인가의 적법요건을 구성하는 중요한 요소가 된다.

2. 필수 기재사항 누락의 의미

도정법 및 하위법령은 조합설립 동의서에 ‘건설되는 건축물의 설계의 개요’ 등 핵심적인 사항을 기재하도록 요구하고 있다. 이러한 사항은 토지등소유자가 정비사업의 내용을 실질적으로 인식하고 동의 여부를 판단하기 위한 전제가 되므로, 그 누락은 동의의 실질적 하자로 평가된다.

Ⅳ 쟁송의 형태에 대한 검토

1. 취소소송 대상 여부

조합설립인가가 설권적 행정행위인 이상, 이는 항고소송의 대상이 되는 행정처분에 해당한다. 따라서 조합설립과정에서 동의 요건을 충족하지 못한 하자가 있다면, 그 하자는 조합설립인가의 위법사유가 된다.

2. 다툼의 방식

토지소유자는 추진위원회의 동의 징구 과정에서 필수 기재사항이 누락된 동의를 유효한 것으로 보아 인가를 한 점을 위법사유로 주장할 수 있다. 이는 조합설립인가 자체의 위법을 다투는 것이므로, 조합설립인가처분 취소소송이 적절한 쟁송 형태가 된다.

3. 민사소송은 실효적 권리구제 수단 한계

조합설립 동의 자체는 사법상 의사표시의 성격을 가지나, 이미 이를 기초로 한 조합설립인가라는 공권력의 행사가 이루어진 이상, 단순히 민사소송으로 동의의 효력을 다투는 것은 실효적인 권리구제 수단이 되기 어려운 한계가 있다. 따라서 행정소송을 통하여 조합설립인가처분의 위법성을 직접 다투는 것이 타당하다.

V 결

도정법상 조합설립인가는 조합이라는 공법인을 성립시키는 설권적 행정행위이다. 조합설립 동의서에 필수 기재사항이 누락된 경우 이는 조합설립인가의 적법요건을 충족하지 못한 하자로 평가될 수 있다. 따라서 토지소유자 甲은 이러한 하자를 이유로 조합설립인가처분 취소소송을 제기하여 그 위법성을 다툴 수 있다고 판단된다.

쟁점 112   도정법상 이전고시에 따른 수용재결 취소 여부   C급

■ 감정평가 및 보상법규 기출문제 제33회 1번

[문제1] X는 도시 및 주거환경정비법 (이하 '도시정비법'이라 함)에 따른 재개발 정비사업조합이고, 甲은 X의 조합원으로서, 해당 정비사업구역 내에 있는 A토지와 B토지의 소유자이다. A토지와 B토지는 연접하고 있고 그 지목이 모두 대(垈)에 해당하지만, A토지는 사도법에 따른 사도가 아닌데도 불특정 다수인의 통행에 장기간 제공되어 왔고, B토지는 甲이 소유한 건축물의 부지로서 그 건축물의 일부에 임차인 乙이 거주하고 있다. X는 도시정비법 제72조 제1항에 따라 분양신청기간을 공고하였으나 甲은 그 기간 내에 분양신청을 하지 않았다. 이에 따라 X는 甲을 분양대상자에서 제외하고 관리처분계획을 수립하여 인가를 받았고, 그에 불복하는 행정심판이나 행정소송은 없었다. X는 도시정비법 제73조 제1항에 따른 甲과의 보상협의가 이루어지지 않자 A토지와 B토지에 관하여 관할 토지수용위원회에 수용재결을 신청하였고, 관할 토지수용위원회는 A토지와 B토지를 수용한다는 내용의 수용재결을 하였다. 다음 물음에 답하시오. `40점`

(물음1) 甲이 수용재결에 대한 취소소송을 제기하면서, 'X가 도시정비법 제72조 제1항에 따라 분양신청기간과 그 기간 내에 분양신청을 할 수 있다는 취지를 명백히 표시하여 통지하여야 하는데도 이러한 절차를 제대로 거치지 않았다.'고 주장할 경우에, 甲의 주장이 사실이라면 법원은 그것을 이유로 수용재결을 취소할 수 있는지 설명하시오(단, 사실심 변론종결 전에 도시정비법에 따른 이전고시가 효력을 발생한 경우와 그렇지 않은 경우를 구분하여 설명할 것). `10점`

Ⅰ 논점의 정리

해당 문제는 도시 및 주거환경정비법(이하 '도정법')상 재개발 정비사업구역 내 재개발조합 X와 조합원 甲이 소유하고 있는 A토지와 B토지에 대한 공익사업을 위한 토지등의 취득 및 보상에 관한 법률(이하 '토지보상법')상 수용재결에 대하여 수용재결을 취소를 할 수 있는지 여부를 묻고 있다. 물음의 단서조항에 사실심 별론 종결 전에 도정법에 따른 이전고시가 효력을 발생한 경우와 이전고시의 효력이 발생하지 않은 경우를 나누어 검토해 보기로 한다.

Ⅱ 수용재결의 의의 및 이전고시의 의의

1. 수용재결의 의의

수용재결이란 사업인정의 고시 후 협의불성립 또는 불능의 경우 사업시행자의 신청에 의해 관할토지수용위원회가 행하는 공용수용의 종국적 절차이다. 수용재결은 수용의 최종단계에서 공익과 사익의 조화를 도모하여 수용목적을 달성함에 제도적 의미가 인정된다.

2. 이전고시

도정법 제86조의 이전고시란 공사완료 고시로 사업시행이 완료된 이후에 관리처분계획에서 정한 바에 따라 정비사업으로 조성된 대지 및 건축물등의 소유권을 분양받을 자에게 이전하는 행정처분으로 관리처분계획에서 정한 구체적인 사항을 집행하는 행위를 말하며, 행정처분이 다. 이전고시가 있은 다음 날에 수분양자는 등기를 경료하지 않았더라도 소유권을 취득한다.

III 분양신청 통지를 하지 않은 절차상 하자가 있는 경우 수용재결 취소 여부

1. 도정법상 이전고시 효력이 발생한 경우

정비사업의 공익적·단체법적 성격과 이전고시에 따라 이미 형성된 법률관계를 유지하여 법적 안정성을 보호할 필요성이 현저한 점 등을 고려할 때, 이전고시의 효력이 발생한 이후에는 조합원 등이 해당 정비사업을 위하여 이루어진 수용재결이나 이의재결의 취소 또는 무효확인을 구할 법률상 이익이 없다고 해석함이 타당하다(대판 2017.3.16, 2013두11536[손실보상금등]).

2. 도정법상 이전고시 효력이 발생하지 않은 경우

구 도시재개발법(2002.2.4. 법률 제6655호로 개정되기 전의 것) 제33조 제1항에서 정한 분양신청기간의 통지 등 절차는 재개발구역 내의 토지 등의 소유자에게 분양신청의 기회를 보장해 주기 위한 것으로서 같은 법 제31조 제2항에 의한 토지수용을 하기 위하여 반드시 거쳐야 할 필요적 절차이고, 또한 그 통지를 함에 있어서는 분양신청기간과 그 기간 내에 분양신청을 할 수 있다는 취지를 명백히 표시하여야 하므로, 이러한 통지 등의 절차를 제대로 거치지 않고 이루어진 수용재결은 위법하다(대법원 2007.3.29, 2004두6235[토지수용이의재결처분취소]).

IV 결

재개발조합 X가 도시정비법 제72조 제1항에 따라 분양신청기간과 그 기간 내에 분양신청을 할 수 있다는 취지를 명백히 표시하여 통지하여야 하는데도 이러한 절차를 제대로 거치지 않은 것이 사실이라면 도정법상 이전고시 효력이 발생하저 않았다면 분양신청의 기회를 보장해 주기 위한 것으로 토지수용을 하기 위하여 반드시 거쳐야 할 필요적 절차이고, 또한 그 통지를 함에 있어서는 분양신청기간과 그 기간 내에 분양신청을 할 수 있다는 취지를 명백히 표시하여야 하므로, 이러한 통지 등의 절차를 제대로 거치지 않고 이루어진 수용재결은 위법하다고 판례가 타당하다고 본다. 다만 이전고시 효력이 발생한 경우에도 수용재결의 취소를 구할 법률상 이익이 없다고 본 판례는 국민의 권익구제 차원에서 문제가 있는 판례로 평가된다.

쟁점 **113** 도정법에 따른 매도청구권을 행사하는 경우[사실상 사도] C급

【문제 3】 지목은 대(垈)이지만 그 현황이 인근 주민의 통행에 제공된 사실상 도로인 토지를 대상으로 「도시 및 주거환경정비법」에 따른 매도청구권을 행사하는 경우와 「공익사업을 위한 토지등의 취득 및 보상에 관한 법률」에 따른 수용재결이 행하여지는 경우에 관하여 다음 물음에 답하시오. 20점

(1) 매도청구권 행사에 따른 쟁송절차와 수용재결에 따른 보상금을 다투는 쟁송절차의 차이점을 설명하시오. 10점
(2) 토지의 감정평가방법과 그 기준에 있어 매도청구권이 행사되는 경우와 수용재결이 행하여지는 경우의 차이점을 설명하시오. 10점

---

① 대판 2016.12.29, 2015다202162[소유권이전등기]

이처럼 (구)도시정비법 제39조에 의하여 준용되는 집합건물법 제48조 제4항이 매도청구권의 행사기간을 규정한 취지는, 매도청구권이 형성권으로서 재건축 참가자 다수의 의사에 의하여 매매계약의 성립을 강제하는 것이어서 만일 행사기간을 제한하지 아니하면 매도청구의 상대방은 매도청구권자가 언제 매도청구를 할지 모르게 되어 그 법적 지위가 불안하게 될 뿐만 아니라, 매도청구권자가 매수대상의 시가가 가장 낮아지는 시기를 임의로 정하여 매도청구를 할 수 있게 되어 매도청구 상대방의 권익을 부당하게 침해할 우려가 있기 때문에, 매도청구권의 행사기간을 제한함으로써 매도청구 상대방의 정당한 법적 이익을 보호하고 아울러 재건축을 둘러싼 법률관계를 조속히 확정하기 위한 것이다. 따라서 매도청구권은 그 행사기간 내에 이를 행사하지 아니하면 그 효력을 상실한다(대판 2008.2.29, 2006다56572 참조).

그러나 매도청구권의 행사기간이 도과했다 하더라도 조합이 새로이 조합설립인가처분을 받는 것과 동일한 요건과 절차를 거쳐 조합설립변경인가처분을 받음으로써 그 조합설립변경인가처분이 새로운 조합설립인가처분의 요건을 갖춘 경우 조합은 그러한 조합설립변경인가처분에 터 잡아 새로이 매도청구권을 행사할 수 있다(대판 2012.12.26, 2012다90047, 대판 2013.2.28, 2012다34146 참조).

② 대판 2010.1.14, 2009다68651[소유권이전등기]

한편, 집합건물법 제48조 제4항에서 매도청구권의 행사기간을 규정한 취지는, 매도청구권이 형성권으로서 재건축참가자 다수의 의사에 의하여 매매계약의 성립을 강제하는 것이므로, 만일 위와 같이 행사기간을 제한하지 아니하면 매도청구의 상대방은 매도청구권자가 언제 매도청구를 할지 모르게 되어 그 법적 지위가 불안전하게 될 뿐만 아니라 매도청구권자가 매수대상인 구분소유권 등의 시가가 가장 낮아지는 시기를 임의로 정하여 매도청구를 할 수 있게 되어 매도청구 상대방의 권익을 부당하게 침해할 우려가 있는 점에 비추어 매도청구 상대방의 정당한 법적 이익을 보호하고 아울러 재건축을 둘러싼 법률관계를 조속히 확정하기 위한 것이라고 봄이 상당하므로 매도청구권은 그 행사기간 내에 이를 행사하지 아니하면 그 효력을 상실한다고 할 것이고(대판 2000.6.27, 2000다11621, 대판 2002.9.24, 2000다22812 등 참조), 이러한 법리는 집합건물법 제48조 제1항 소정의 최고절차를 요하지 않는다고 해석되는 구 주택법 제18조의2 제1항의 규정에 의한 매도청구에 있어서도 마찬가지이다.

③ 대판 2009.3.26, 2008다21549[소유권이전등기 · 부당이득금]

[4] 주택재건축사업에 참가하지 않은 자에 대하여 구 도시 및 주거환경정비법 제39조에 의한 매도청구권을 행사하는 경우, 그 매매 '시가'의 의미

사업시행자가 주택재건축사업에 참가하지 않은 자에 대하여 구 도시 및 주거환경정비법 제39조에 의한 매도청구권을 행사하면, 그 매도청구권 행사의 의사표시가 도달함과 동시에 주택재건축사업에 참가하지 않은 자의 토지나 건축물에 관하여 시가에 의한 매매계약이 성립되는 것인바, 이때의 시가란 매도청구권이 행사된 당시의 토지나 건물의 객관적 거래가격으로서, 노후되어 철거될 상태를 전제로 하거나 주택재건축사업이 시행되지 않은 현재의 현황을 전제로 한 거래가격이 아니라 그 토지나 건물에 관하여 주택재건축사업이 시행된다는 것을 전제로 하여 토지나 건축물을 평가한 가격, 즉 재건축으로 인하여 발생할 것으로 예상되는 개발이익이 포함된 가격을 말한다.

④ 대판 2014.12.11, 2014다41698[소유권이전등기등]

【판시사항】

[1] 주택재건축사업의 시행자가 (구)도시 및 주거환경정비법 제39조 제2호에 따라 토지만 소유한 사람에게 매도청구권을 행사하는 경우, 토지의 매매가격이 되는 '시가'의 의미

[2] (구)도시 및 주거환경정비법에 의한 주택재건축사업의 시행자가 같은 법 제39조 제2호에 따라 을 등이 소유한 토지에 대하여 매도청구권을 행사하였는데, 토지 현황이 인근 주민의 통행에 제공된 도로 등인 사안에서, 시가는 재건축사업이 시행될 것을 전제로 할 경우의 인근 대지 시가와 동일하게 평가하되, 각 토지의 형태 등 개별요인을 고려하여 감액 평가하는 방법으로 산정하는 것이 타당하다고 한 사례

【판결요지】

[1] (구)도시 및 주거환경정비법에 의한 주택재건축사업의 시행자가 같은 법 제39조 제2호에 따라 토지만 소유한 사람에게 매도청구권을 행사하면 매도청구권 행사의 의사표시가 도달함과 동시에 토지에 관하여 시가에 의한 매매계약이 성립하는데, 이때의 시가는 매도청구권이 행사된 당시의 객관적 거래가격으로서, 주택재건축사업이 시행되는 것을 전제로 하여 평가한 가격, 즉 재건축으로 인하여 발생할 것으로 예상되는 개발이익이 포함된 가격을 말한다.

[2] (구)도시 및 주거환경정비법에 의한 주택재건축사업의 시행자가 같은 법 제39조 제2호에 따라 을 등이 소유한 토지에 대하여 매도청구권을 행사하였는데, 토지 현황이 인근 주민의 통행에 제공된 도로 등인 사안에서, 토지의 현황이 도로일지라도 주택재건축사업이 추진되면 공동주택의 일부가 되는 이상 시가는 재건축사업이 시행될 것을 전제로 할 경우의 인근 대지 시가와 동일하게 평가하되, 각 토지의 형태, 주요 간선도로와의 접근성, 획지조건 등 개별요인을 고려하여 감액 평가하는 방법으로 산정하는 것이 타당한데도, 현황이 도로라는 사정만으로 인근 대지 가액의 1/3로 감액한 평가액을 기준으로 시가를 산정한 원심판결에 법리오해의 잘못이 있다고 한 사례

⑤ 대판 1999.5.14, 99두2215[토지수용이의재결처분취소]

공공용지의 취득 및 손실보상에 관한 특례법 시행규칙(1997.10.15. 건설교통부령 제121호로 개정되기 전의 것) 제6조의2 제1항 제2호는 사도법에 의한 사도 외의 도로의 부지를 인근 토지에 대한 평가금액의 3분의 1 이내로 평가하도록 규정함으로써 그 규정의 문언상으로는 그것이 도로법 · 도시계획법 등에 의하여 설치된 도로이든 사실상 불특정 다수인의 통행에 제공되고 있는 도로(이하 '사실상 도로'라 한다)이든 가리지 않고 모두 위 규정 소정의 사도법에 의한 사도 이외의 도로에 해당하는 것으로 보아야 할 것이지만, 그 중 사실상 도로에 관한 위 규정의 취지는 사실상 불특정 다수인의 통행에 제공되고 있는 토지이기만 하면 그 모두를 인근 토지의 3분의 1 이내로 평가한다는 것이 아니라 그 도로의 개설 경위, 목적, 주위

> 환경, 인접 토지의 획지면적, 소유관계, 이용 상태 등의 제반 사정에 비추어 해당 토지소유자가 자기 토지의 편익을 위하여 스스로 공중의 통행에 제공하는 등 인근 토지에 비하여 낮은 가격으로 보상하여 주어도 될 만한 객관적인 사유가 인정되는 경우에만 인근 토지의 3분의 1 이내에서 평가하고 그러한 사유가 인정되지 아니하는 경우에는 위 규정의 적용에서 제외한다는 것으로 봄이 상당하다.

〈설문 (1)에 대하여〉

Ⅰ 도정법상 매도청구권 행사에 따른 쟁송 절차

1. 매도청구권의 의미

재건축조합이 조합 설립에 동의하지 않은 자에 대해 일정 요건을 충족하면 매도청구권을 행사할 수 있는 권리를 말한다.

2. 매도청구권의 법적 성질

형성권으로서, 매도청구가 인정될 경우 매매계약이 성립한 것으로 간주되며, 권리 행사 시 소유권 이전과 금원 지급의무는 동시이행 관계에 있다.

3. 매도청구권의 쟁송 절차

① 유효한 재건축 결의의 존재하고, ② 조합 설립 미동의자에 대한 최고를 하고, ③ 매도청구권 행사 기간은 회답 기간 만료 후 2개월 이내로 하며, ④ 민사소송으로 매매대금 확정 및 소유권 이전 청구가 가능하다.

Ⅱ 토지보상법상 수용재결에 다른 보상금 다투는 쟁송 절차

1. 수용재결에 따른 특별법상 이의신청으로 행정심판

이의신청이란 관할 토지수용위원회의 위법, 부당한 재결에 대하여 권익을 침해당한 자가 중앙토지수용위원회에 그 취소 또는 변경을 구하는 것이다. 이는 특별법상 행정심판으로서 행정심판법 제4조에 의해 토지보상법에 의하는 것 이외에는 행정심판법이 준용된다.

2. 수용재결에 대한 보상금증감청구소송

보상금증감청구소송이란 재결에서 정한 보상금에 대하여 불복이 있는 경우 당사자소송으로 분쟁의 일회적인 해결을 도모하는 데에 그 취지가 있다. 보상금증감청구소송은 형식적 당사자소송이며, 이는 행정청의 처분 등에 의하여 형성된 법률관계에 관하여 다툼이 있는 경우 해당 처분 등의 효력을 다툼 없이 직접 그 처분 등에 의하여 형성된 법률관계에 대하여 그 일방당사자를 피고로 하여 제기하는 소송이다. 보상금증감청구소송은 관할 토지수용위원회가 재결한 보상금만을 다투는 것이고 재결청이 피고에서 제외됨으로 인해 소송당사자가 법률관계의 당사자인 사업시행자가 된다.

III 두 쟁송절차의 차이점

1. 매도청구권 행사요건 및 절차

① 유효한 재건축 결의의 존재

② 미동의자에 대한 최고

③ 매도청구권자(원고)-재건축조합/매도청구권의 상대방(피고)-조합설립에 동의하지 아니한 자

④ 제척기간(회답기간의 만료일로부터 2월)

⑤ 매도청구권의 행사 형성권-매매계약의 성립의제

매도인이 가지는 소유권이전등기 및 명도의무와 매도청구권자의 시가상당 금원지급의무는 동시이행관계에 있음

2. 토지보상법상 이의신청과 보증소

① 수용재결의 존재-제3의 독립된 관할 토지수용위원회에서 재결함

② 특별행정심판 존재-이의신청-처분청 경유주의-이의재결확정 확정판결과 동일 효력

③ 제소기간 특례-재결서정본 받은 날 30일 이의신청, 재결서정본 받은 날 90일/이의재결서정본 받은 날 60일 행정소송(보증소)

④ 형식적 당사자소송으로서 보상금증감청구소송(확인·급부소송)

⑤ 재결청 삭제-종전 필요적 공동소송이었으나, 현재는 형식적 당사자소송

〈설문 (2)에 대하여〉

I 토지의 감정평가 방법

1. 매도청구권이 행사되는 경우

매도청구에 있어 시가는 재건축사업의 시행을 전제로 평가한 가격, 즉 재건축으로 인해 발생할 것으로 예상되는 개발이익이 포함된 가격이다. 판례의 경우에도 매도청구소송에서 '시가'의 개념이 해당 재건축사업으로 인해 발생할 것으로 예상되는 개발이익이 모두 포함되어야 한다는 입장이며, 이는 토지·건물이 일체로 거래되는 가격, 즉 재건축결의 및 조합설립인가에 따라 시장에서 형성·반영되고 있는 개발이익 모두를 반영하라는 의미로 해석된다. 단, 재건축사업의 주체로서의 조합원이 지는 리스크나 향후 현실화·구체화되지 않은 개발이익까지 개발이익으로 기준시점 당시에 반영하라는 의미로 해석할 수는 없을 것이다. 따라서 지목이 대이나 현황이 사실상 도로인 토지의 경우 인근 대지 시가와 동일하게 평가하되, 개별요인을 고려하여 감액평가하는 방법으로 산정하는 것이 타당하다고 판단된다.

2. 수용재결이 행사되는 경우

수용재결에서 시가의 의미는 토지보상법 제67조에 의거 협의당시 또는 재결당시의 가격이며,

개발이익이 배제된 가격이다. 따라서 이 경우 사실상의 사도는 토지보상법 시행규칙 제26조에 따라 인근토지의 평가액의 3분의 1 이내로 평가하되, 판례에 따라 그 도로의 개설경위, 목적, 소유관계, 이용상태, 주위환경, 인접토지의 획지면적 등을 고려하여 판단해야 한다.

Ⅱ 토지의 감정평가 기준

1. 매도청구권이 행사되는 경우

매도청구 소송감정의 기준시점은 '매매계약 체결의제일'인바, 감정평가실무상으로는 법원의 감정명령서에 제시된 일자를 기준으로 하면 될 것이다. 매도청구권은 적법한 의사표시가 상대방에게 도달한 때에 상대방의 승낙을 기다리지 않고 바로 목적물에 대한 시가에 의한 매매계약이 성립되는 것으로 보는 '형성권'이라는 데 이의가 없는 것에 비추어, 매도청구의 의사표시가 상대방에게 도달한 시점이 매매계약 체결시점이 된다. 여기서 시가의 의미에는 재건축 사업으로 인해 발생할 것으로 예상되는 개발이익이 포함되어 있다.

2. 수용재결이 행사되는 경우

토지보상법 제67조에 따라 재결에 의한 보상액 기준시점은 수용 또는 사용의 재결 당시의 가격을 기준으로 하며, 해당 공익사업으로 인한 개발이익을 배제하여 평가하게 된다.

Ⅲ 토지의 감정평가 및 그 기준에 대한 차이점

1. 매도청구권이 행사되는 경우

(1) 시가의 의미

(구)도시 및 주거환경정비법에 의한 주택재건축사업의 시행자가 같은 법 제39조 제2호에 따라 토지만 소유한 사람에게 매도청구권을 행사하면 매도청구권 행사의 의사표시가 도달함과 동시에 토지에 관하여 시가에 의한 매매계약이 성립하는데, 이때의 시가는 매도청구권이 행사된 당시의 객관적 거래가격으로서, 주택재건축사업이 시행되는 것을 전제로 하여 평가한 가격, 즉 재건축으로 인하여 발생할 것으로 예상되는 개발이익이 포함된 가격을 말한다.

(2) 사실상 사도의 경우 1/3 이내로 평가되어야 하는지

(구)도시 및 주거환경정비법에 의한 주택재건축사업의 시행자가 같은 법 제39조 제2호에 따라 을 등이 소유한 토지에 대하여 매도청구권을 행사하였는데, 토지 현황이 인근 주민의 통행에 제공된 도로 등인 사안에서, 토지의 현황이 도로일지라도 주택재건축사업이 추진되면 공동주택의 일부가 되는 이상 시가는 재건축사업이 시행될 것을 전제로 할 경우의 인근 대지 시가와 동일하게 평가하되, 각 토지의 형태, 주요 간선도로와의 접근성, 획지조건 등 개별요인을 고려하여 감액 평가하는 방법으로 산정하는 것이 타당한데도, 현황이 도로라는 사정만으로 인근 대지 가액의 1/3로 감액한 평가액을 기준으로 시가를 산정한 원심판결에 법리오해의 잘못이 있다고 판시하였다.

2. 수용재결이 행사되는 경우

(1) 수용재결에서 시가의 의미

시(時)는 '때'로서 시가는 협의당시 또는 재결 당시의 가격이며, 개발이익이 배제된 가격이다.

> **토지보상법 제67조(보상액의 가격시점 등)**
> ① 보상액의 산정은 협의에 의한 경우에는 협의 성립 당시의 가격을, 재결에 의한 경우에는 수용 또는 사용의 재결 당시의 가격을 기준으로 한다.
> ② 보상액을 산정할 경우에 해당 공익사업으로 인하여 토지등의 가격이 변동되었을 때에는 이를 고려하지 아니한다.

(2) 수용되는 토지의 경우 사실상 사도의 평가

> **토지보상법 시행규칙 제26조(도로 및 구거부지의 평가)**
> ① 도로부지에 대한 평가는 다음 각 호에서 정하는 바에 의한다.
>   1. 「사도법」에 의한 사도의 부지는 인근토지에 대한 평가액의 5분의 1 이내
>   2. 사실상의 사도의 부지는 인근토지에 대한 평가액의 3분의 1 이내
>   3. 제1호 또는 제2호 외의 도로의 부지는 제22조의 규정에서 정하는 방법
> ② 제1항 제2호에서 "사실상의 사도"라 함은 「사도법」에 의한 사도 외의 도로(「국토의 계획 및 이용에 관한 법률」에 의한 도시·군관리계획에 의하여 도로로 결정된 후부터 도로로 사용되고 있는 것을 제외한다)로서 다음 각 호의 1에 해당하는 도로를 말한다.
>   1. 도로개설당시의 토지소유자가 자기 토지의 편익을 위하여 스스로 설치한 도로
>   2. 토지소유자가 그 의사에 의하여 타인의 통행을 제한할 수 없는 도로
>   3. 「건축법」 제45조에 따라 건축허가권자가 그 위치를 지정·공고한 도로
>   4. 도로개설당시의 토지소유자가 대지 또는 공장용지 등을 조성하기 위하여 설치한 도로
> ③ 구거부지에 대하여는 인근토지에 대한 평가액의 3분의 1 이내로 평가한다. 다만, 용수를 위한 도수로부지(개설당시의 토지소유자가 자기 토지의 편익을 위하여 스스로 설치한 도수로부지를 제외한다)에 대하여는 제22조의 규정에 의하여 평가한다.
> ④ 제1항 및 제3항에서 "인근토지"라 함은 당해 도로부지 또는 구거부지가 도로 또는 구거로 이용되지 아니하였을 경우에 예상되는 표준적인 이용상황과 유사한 토지로서 당해 토지와 위치상 가까운 토지를 말한다.

공공용지의 취득 및 손실보상에 관한 특례법 시행규칙(1997.10.15. 건설교통부령 제121호로 개정되기 전의 것) 제6조의2 제1항 제2호는 사도법에 의한 사도 외의 도로의 부지를 인근 토지에 대한 평가금액의 3분의 1 이내로 평가하도록 규정함으로써 그 규정의 문언상으로는 그것이 도로법·도시계획법 등에 의하여 설치된 도로이든 사실상 불특정 다수인의 통행에 제공되고 있는 도로(이하 '사실상 도로'라 한다)이든 가리지 않고 모두 위 규정 소정의 사도법에 의한 사도 이외의 도로에 해당하는 것으로 보아야 할 것이지만, 그 중 사실상 도로에 관한 위 규정의 취지는 사실상 불특정 다수인의 통행에 제공되고 있는 토지이기만 하면 그 모두를 인근 토지의 3분의 1 이내로 평가한다는 것이 아니라 그 도로의 개설 경위, 목적, 주위 환경, 인접 토지의 획지면적, 소유관계, 이용

> 상태 등의 제반 사정에 비추어 당해 토지 소유자가 자기 토지의 편익을 위하여 스스로 공중의 통행에 제공하는 등 인근 토지에 비하여 낮은 가격으로 보상하여 주어도 될 만한 객관적인 사유가 인정되는 경우에만 인근 토지의 3분의 1 이내에서 평가하고 그러한 사유가 인정되지 아니하는 경우에는 위 규정의 적용에서 제외한다는 것으로 봄이 상당하다(대판 1999.5.14, 99두2215[토지수용이의재결처분취소]).

3. 양자의 차이점

(1) 시가의 의미 차이

매도청구권의 시가는 매도청구권이 행사된 당시의 객관적 거래가격으로서, 주택재건축사업이 시행되는 것을 전제로 하여 평가한 가격, 즉 재건축으로 인하여 발생할 것으로 예상되는 개발이익이 포함된 가격을 말한다.

토지보상법상 시가 보상액의 산정은 협의에 의한 경우에는 협의 성립 당시의 가격을, 재결에 의한 경우에는 수용 또는 사용의 재결 당시의 가격을 기준으로 하는 것으로 협의 당시의 보상가격, 수용재결 당시의 보상가격을 시가로 본다는 점에서 그 의미상의 차이가 있다.

(2) 사실상 사도 평가의 차이

- 도정법 판례는 토지 현황이 인근 주민의 통행에 제공된 도로 등인 사안에서, 토지의 현황이 도로일지라도 주택재건축사업이 추진되면 공동주택의 일부가 되는 이상 시가는 재건축사업이 시행될 것을 전제로 할 경우의 인근 대지 시가와 동일하게 평가하되, 각 토지의 형태, 주요 간선도로와의 접근성, 획지조건 등 개별요인을 고려하여 감액 평가하는 방법으로 산정하는 것이 타당한데도, 현황이 도로라는 사정만으로 인근 대지 가액의 1/3로 감액한 평가액을 기준으로 시가를 산정한 원심판결에 법리오해의 잘못이 있다고 판시하고 있다.
- 토지보상법 시행규칙상 사실상 사도의 경우에 1/3 이내로 평가하도록 규정하고 있으나, 판례는 그 도로의 개설 경위, 목적, 주위 환경, 인접 토지의 획지면적, 소유관계, 이용상태 등의 제반 사정에 비추어 당해 토지 소유자가 자기 토지의 편익을 위하여 스스로 공중의 통행에 제공하는 등 인근 토지에 비하여 낮은 가격으로 보상하여 주어도 될 만한 객관적인 사유가 인정되는 경우에만 인근 토지의 3분의 1 이내에서 평가하도록 판시하고 있다.

쟁점 114 · 도시 및 주거환경정비법상 기본행위 하자와 조합설립인가처분 취소(대법원 2012두51901 판결) · B급

I · 재개발조합설립인가처분과 동의행위의 법적 성질

1. 조합설립인가처분의 법적 성격

도시 및 주거환경정비법에 따른 재개발조합설립인가처분은 단순히 사인들의 조합설립행위를 보충하는 행위에 그치지 않는다. 이는 법령이 정한 요건을 충족한 경우 조합에 공법인으로서의 지위를 부여하는 처분으로서, 행정주체의 지위를 새로이 형성하는 설권적 처분에 해당한다. 조합설립인가처분이 이루어지면 조합은 독립된 행정주체로서 사업시행권을 행사할 수 있게 되고, 이에 따라 토지등소유자들의 권리·의무 관계에도 중대한 변동이 발생한다.

2. 조합설립을 위한 동의행위의 성질

조합설립을 위한 동의행위는 조합설립인가처분의 전제가 되는 기본행위에 해당한다. 이는 다수의 토지등소유자들이 일정 비율 이상 동의함으로써 조합설립이라는 공법적 효과 발생의 기초를 형성하는 행위이다. 따라서 조합설립을 위한 동의행위는 단순한 사법상 의사표시에 그치는 것이 아니라, 공법적 성질을 가지는 행위로 평가된다.

3. 기본행위와 인가처분의 관계

조합설립인가처분은 조합설립을 위한 동의행위가 도시 및 주거환경정비법령이 정한 요건에 따라 적법하게 이루어졌음을 전제로 하여 행하여진다. 따라서 동의행위의 적법성은 조합설립인가처분의 적법성을 판단하는 데 있어 중요한 판단 요소가 된다.

II · 기본행위 하자를 이유로 인가처분을 다툴 수 있는지

1. 쟁점의 정리

이 사안의 쟁점은 조합설립을 위한 동의행위가 형식적인 지분 이전을 통한 탈법행위로 이루어진 경우, 그와 같은 기본행위의 하자를 이유로 조합설립인가처분 자체를 다툴 수 있는지 여부이다.

2. 판례의 법리

대법원은 재개발조합설립인가처분이 설권적 처분이라는 점을 전제로 하여, 조합설립을 위한 동의정족수 산정 과정에서 도시 및 주거환경정비법령의 적용을 잠탈하기 위한 탈법행위가 개입된 경우, 그 하자는 조합설립인가처분의 적법성에 직접적인 영향을 미친다고 판시하였다. 특히 동의정족수를 충족하거나 재개발사업 진행 과정에서 주도적 지위를 확보할 목적만으로 형식적인 매매나 증여 등을 통하여 과소지분을 인위적으로 분산시키고, 그 명의자들로 하여금 조합설립에 동의하도록 한 행위는 도시 및 주거환경정비법령이 정한 동의자 수 산정 규정을 잠탈하기 위한 탈법행위에 해당한다고 보았다.

이 경우 위와 같이 늘어난 토지등소유자들은 동의정족수 산정에 있어 전체 토지등소유자 수 및 동의자 수에서 제외되어야 한다.

3. 검토

① 탈법행위 해당 여부

이 사안에서는 토지 또는 건축물의 극히 소액의 지분이 사업시행예정자와 밀접한 관계에 있는 자들에게 집중적으로 이전되었다. 또한 그 이전 경위와 이전 가액, 이전 시기 등에 비추어 볼 때 정상적인 재산권 이전으로 보기 어려운 사정이 존재한다. 따라서 이는 조합설립을 위한 동의정족수 충족만을 목적으로 한 인위적인 소유자 수 증가로 평가할 수 있다.

② 동의정족수 산정의 위법성

탈법행위로 형성된 토지등소유자들을 전체 토지등소유자 수 및 동의자 수에 포함하여 조합설립인가처분이 이루어졌다면, 이는 법정 동의요건을 충족하지 못한 상태에서 인가가 이루어진 것에 해당한다.

③ 하자의 귀속

조합설립인가처분은 적법한 동의행위를 전제로 하는 설권적 처분이므로, 조합설립을 위한 동의행위에 중대하고 명백한 하자가 있는 경우 그 하자는 조합설립인가처분에 그대로 귀속된다.

4. 소결

따라서 이 사안에서 조합설립을 위한 동의행위가 도시 및 주거환경정비법령의 적용을 잠탈하기 위한 탈법행위에 해당한다면, 그 기본행위의 하자를 이유로 조합설립인가처분 자체를 다툴 수 있다. 이 경우 조합설립인가처분은 위법하여 취소될 수 있다.

III 결

재개발조합설립인가처분은 단순한 보충행위가 아니라 설권적 처분에 해당하므로, 그 전제가 되는 동의행위의 적법성은 인가처분의 적법성을 좌우하는 핵심 요소가 된다. 대법원은 형식적인 지분 이전을 통하여 동의정족수를 충족하려는 시도를 도시 및 주거환경정비법령의 적용을 잠탈하기 위한 탈법행위로 엄격히 판단하고, 그 하자를 이유로 조합설립인가처분 자체를 다툴 수 있음을 명확히 하였다. 대법원 2022두51901 판결은 도시정비사업 절차 전반에서 형식보다 실질과 공정성을 중시한 판례의 태도를 잘 보여주는 것으로 평가된다.

쟁점 115   처분사유 추가·변경 시 처분상대방의 명시적 동의가 있는 경우 허용 여부(대법원 2023두61349 판결)   R급

I   처분사유 추가·변경의 의의

처분사유 추가·변경이란 행정청이 처분 당시 제시한 처분사유 외에, 소송 계속 중 새로운 사유를 추가하거나 기존 사유를 변경하여 처분의 적법성을 다투는 것을 말한다. 이는 항고소송이 처분의 동일성을 전제로 그 위법 여부를 심사하는 구조를 가지는바, 허용 범위가 문제된다.

II   처분사유 추가·변경 제한의 원칙

항고소송에서는 처분의 위법 여부를 처분 당시를 기준으로 판단하므로, 처분청이 당초 처분의 근거로 삼지 아니한 새로운 사유를 사후적으로 주장하는 것은 원칙적으로 허용되지 않는다. 이는 처분상대방의 방어권을 보장하고, 행정처분에 대한 신뢰를 보호하기 위한 것이다.

III   기본적 사실관계 동일성 판단기준

기본적 사실관계의 동일성 여부는 처분사유를 법률적으로 평가하기 이전 단계에서, 처분의 기초가 되는 사회적 사실관계가 기본적인 점에서 동일한지를 기준으로 판단한다. 단순히 적용 법령이나 규범적 평가가 달라진 것만으로는 새로운 처분사유에 해당하지 않는다.

다만 사회적 사실관계가 동일하더라도, 규범적 평가와 근거 법령의 변경으로 인해 기속행위가 재량행위로 전환되는 등 처분의 내용을 변경할 필요성이 발생하는 경우에는, 기존 처분을 유지한 채 근거 법령만을 추가·변경하는 것은 허용되지 않는다.

IV   처분상대방의 명시적 동의가 있는 경우의 예외(대법원 2023두61349 판결)

1. 예외 인정의 취지

처분사유 추가·변경 제한 법리는 처분상대방의 방어권 보호와 신뢰보호에 목적이 있다. 따라서 처분상대방이 소송 과정에서 추가·변경된 처분사유의 실체적 당부에 대해 법원의 판단을 받는 것에 명시적으로 동의한 경우에는, 그 보호 필요성이 약화된다.

2. 명시적 동의의 효과

처분상대방이 추가·변경된 처분사유에 대하여 동일 소송절차 내에서 심리·판단하는 데 명시적으로 동의한 경우에는, 해당 처분사유가 기존 처분사유와 기본적 사실관계의 동일성이 인정되지 않더라도 예외적으로 허용된다. 이 경우 법원은 처분사유 추가·변경 제한 법리에 따라 형식적으로 배척할 것이 아니라, 추가·변경된 처분사유의 실체적 당부를 심리·판단하여야 한다.

V 명시적 동의가 없는 경우의 처리

처분상대방이 추가·변경된 처분사유에 대하여 아무런 의견을 밝히지 아니한 경우, 법원은 석명권을 행사하여 ① 처분사유 추가·변경 제한 법리의 원칙 적용을 주장하는지, 또는 ② 추가·변경된 처분사유의 실체적 판단을 구하는지에 관하여 의견을 진술할 기회를 부여하여야 한다. 처분상대방의 명시적인 동의가 없는 상태에서 법원이 추가·변경된 처분사유를 심리·판단하여 이를 근거로 처분의 적법성을 인정하는 것은 행정소송법상 직권심리주의의 한계를 벗어나 허용되지 않는다.

VI 명시적 동의가 있는 경우의 기속력

처분상대방의 명시적 동의에 따라 추가·변경된 처분사유의 실체적 당부가 심리·판단된 결과, 처분이 위법하다고 판단되어 취소판결이 확정되는 경우에는, 추가·변경된 처분사유에 대한 법원의 판단에 대해서도 취소판결의 기속력이 미친다.

VII 결

처분사유 추가·변경은 항고소송의 원칙상 엄격히 제한되나, 대법원 2023두61349 판결에서는 처분상대방이 추가·변경된 처분사유의 실체적 판단을 받는 것에 명시적으로 동의한 경우에는 예외적으로 허용된다고 판시하였다. 이는 처분상대방의 절차적 선택을 존중하여 분쟁을 일회적으로 해결하려는 판례의 태도로 이해된다.

📖 참고문헌

강정훈, 감정평가 및 보상법규 기본서, 박문각, 2025
강정훈, 감정평가 및 보상법규 종합문제, 박문각, 2025
강정훈, 감정평가 및 보상법규 판례정리분석, 박문각, 2025
강정훈, 감정평가 및 보상법규 기출문제분석, 박문각, 2025
정남철, 한국행정법론, 법문사, 2025
석종현·송동수, 일반행정법 총론, 박영사, 2025
홍정선, 행정기본법 해설, 박영사, 2025
정관영 외4인, 분쟁해결을 위한 행정기본법 실무해설, 신조사, 2025
정선균, 행정법 강해, 필통북스, 2025
박균성, 행정법 강의, 박영사, 2025
김철용, 행정법, 고시계사, 2025
홍정선, 기본행정법, 박영사, 2025
강정훈, 감평행정법, 박문각, 2025
강정훈, 보상법규 암기장 시리즈, 박문각, 2025
홍정선, 행정법 특강, 박영사, 2013
류해웅, 토지법제론, 부연사, 2012
류해웅, 신수용보상법론, 부연사, 2012
김성수·이정희, 행정법연구, 법우사, 2013
박균성, 신경향행정법연습, 삼조사, 2012
박정훈, 행정법사례연습, 법문사, 2012
김연태, 행정법사례연습, 홍문사, 2012
홍정선, 행정법연습, 신조사, 2011
김남진·김연태, 행정법Ⅰ, 법문사, 2007
김성수, 일반행정법, 법문사, 2005
김철용, 행정법Ⅰ, 박영사, 2004
류지태, 행정법신론, 신영사, 2008
박균성, 행정법론(상), 박영사, 2008
박윤흔, 최신행정법강의(상), 박영사, 2004
정하중, 행정법총론, 법문사, 2004
홍정선, 행정법원론(상), 박영사, 2008
노병철, 감정평가 및 보상법규, 회경사, 2008
강구철, 국토계획법, 2006, 국민대 출판부
강구철, 도시정비법, 2006, 국민대 출판부
佐久間 晟, 用地買收, 2004, 株式會社 プログレス
日本 エネルギー 研究所, 損失補償と事業損失, 1994, 日本 エネルギー 研究所

西埜 章・田邊愛壹, 損失補償の要否と内容, 1991, 一粒社

西埜 章・田邊愛壹, 損失補償法, 2000, 一粒社

한국토지공법학회, 토지공법연구 제40집(한국학술진흥재단등재), 2008.5

한국토지보상법 연구회, 토지보상법연구 제8집, 2008.2

월간감정평가사 편집부, 감정평가사 기출문제, 부연사, 2008

임호정・강교식, 부동산가격공시 및 감정평가, 부연사, 2007

가람동국평가연구원, 감정평가 및 보상판례요지, 부연사, 2007

김동희, 행정법(Ⅰ)(Ⅱ), 박영사, 2009

박균성, 행정법 강의, 박영사, 2011

홍정선, 행정법 특강, 박영사, 2011

강구철・강정훈, 감정평가사를 위한 쟁점행정법, 부연사, 2009

류해웅, 신수용보상법론, 부연사, 2009

한국감정평가협회, 감정평가 관련 판례 및 질의회신(제1,2집), 2009년

임호정, 보상법전, 부연사, 2007

강정훈, 감정평가 및 보상법규 강의, 리북스, 2010

강정훈, 감정평가 및 보상법규 판례정리, 리북스, 2010

한국토지공법학회, 토지공법연구(제51집), 2010

국토연구원, 국토연구 논문집(국토연구원 연구전집), 2011

감정평가 및 보상법전, 리북스, 2019

강구철・강정훈, 新 감정평가 및 보상법규, 2013

감정평가 관련 판례 및 질의 회신Ⅰ.Ⅱ(한국감정평가사협회/2016년)

한국토지보상법연구회 발표집 제1집-제19집(한국토지보상법연구회/2019년)

한국토지보상법연구회 발표집 제1집-제20집(한국토지보상법연구회/2020년)

한국토지보상법연구회 발표집 제21집(한국토지보상법연구회/2021년)

한국토지보상법연구회 발표집 제22집(한국토지보상법연구회/2022년)

한국토지보상법연구회 발표집 제23집(한국토지보상법연구회/2023년)

한국토지보상법연구회 발표집 제24집(한국토지보상법연구회/2024년)

토지보상법 해설(가람감정평가법인, 김원보, 2025년)

국가법령정보센터(2026년)

대법원종합법률정보서비스(2026년)

국토교통부 정보마당(2026년)

박문각 감정평가사

강정훈 감정평가 및 보상법규
2차 | 암기장

제5판 인쇄 2026. 3. 25. | **제5판 발행** 2026. 3. 30. | **편저자** 강정훈

발행인 박 용 | **발행처** (주)박문각출판 | **등록** 2015년 4월 29일 제2019-0000137호

주소 06654 서울시 서초구 효령로 283 서경 B/D 4층 | **팩스** (02)584-2927

전화 교재 문의 (02)6466-7202

저자와의
협의하에
인지생략

이 책의 무단 전재 또는 복제 행위를 금합니다.

정가 28,000원
ISBN 979-11-7519-774-9

MEMO

MEMO

MEMO